古代の行政区画
（9世紀〜）

地図上の地名（抜粋）：佐渡、出羽、陸奥、越後、上野 こうずけ、下野 しもつけ、常陸 ひたち、武蔵 むさし、甲斐 かい、相模 さがみ、下総 しもうさ、上総 かずさ、安房 あわ、伊豆、駿河 するが、遠江、三河 みかわ、えちご、きど

道 / 山道 / 道 / 海道 / 道

国名	現都府県
隠岐	
出雲	島根
石見	
備後	広島
安芸	
周防	山口
長門	
筑前	福岡
筑後	
豊前	大分
豊後	
日向	宮崎
大隅	鹿児島
薩摩	
肥後	熊本
肥前	佐賀
壱岐	長崎
対馬	

国名	現都府県
山城	京都
丹後	
丹波	
但馬	兵庫
淡路	
播磨	
摂津	
和泉	大阪
河内	
阿波	徳島
土佐	高知
伊予	愛媛
讃岐	香川
備前	岡山
美作	
備中	
因幡	鳥取
伯耆	

国名	現都府県
信濃	長野
伊豆	
駿河	静岡
遠江	
三河	愛知
尾張	
美濃	岐阜
飛騨	
越中	富山
能登	石川
加賀	
越前	福井
若狭	
近江	滋賀
伊勢	三重
伊賀	
志摩	
紀伊	和歌山
大和	奈良

	国名	現都府県
陸奥	陸奥	青森
	陸中	岩手
	陸前	宮城
	磐城	
	岩代	福島
出羽	羽後	秋田
	羽前	山形
	越後	新潟
	佐渡	
	上野	群馬
	下野	栃木
	常陸	茨城
	下総	
	上総	千葉
	安房	
	武蔵	埼玉
		東京
	相模	神奈川
	甲斐	山梨

ふたたび日本史を学ぶ読者の皆さんへ

　時代の変化が激しい今日，情報としての教養書が求められています。書店には how to モノが溢れ，簡便な知識の切り売りが盛んですが「それでよいのか」との批判も根強いように思われます。そのような状況のなかで，むしろ，仕事に全力を尽くした日々が一段落した人，いま現実の社会に立ち向かっている人，これから新しい道を歩もうとする人のほうが，強い問題意識をもち，鋭い思索の切り口をもっているはずです。いったん立ち止まって過去を振り返り，その成果や問題点を整理し，将来を構築することは決して無駄な作業ではないと思われます。

　本書は，以前，高等学校の教科書として使われていた『日本の歴史（改訂版）』をベースにしていますが，一般の読者を対象として記述を全面的に見直し，時代に即応した簡潔かつ明確なかたちに改めました。さらに，現代の理解の手助けになるようなテーマを選択してコラムとし，解説を加えています。また学界の動向を反映させた解説注も導入しました。誰にでも読みやすく，1冊で日本史の全体像を把握できる書物です。本書が歴史のみちすじの理解と，将来像の構築の一助となることを願っています。

編　者

【使用にあたって】
1. 年代表記は通算に便利なように西暦を主とし, 日本の年号は （　） のなかにいれた。明治5年までは旧暦と西暦とは1ヵ月前後のちがいがあるが, 年月はすべて旧暦をもとにし, 西暦に換算しなかった。このため, 安政元年 12 月 21 日は, 西暦では 1855 年 2 月 7 日であるが, 1854 （安政元）年 12 月と表記した。また改元のあった年は, その年の初めから新しい年号とした。
2. 挿入した図版には原則として出所・原作者・所蔵者を示した。なお次の図版提供は, ◆東京国立博物館 Image：TNM Image Archives　◆江戸東京博物館 Image：東京都歴史文化財団イメージアーカイブ　◆彦根城博物館 彦根城博物館所蔵 画像提供：彦根城博物館／DNPartcom　◆神戸市立博物館 Photo：Kobe City Museum/DNPartcom　◆徳川美術館 徳川美術館所蔵 © 徳川美術館イメージアーカイブ／DNPartcom である。

第1部

原始・古代

平城京の復元模型（奈良市役所蔵）

荒神谷遺跡の銅矛・銅鐸出土状況　島根県出雲市（島根県教育委員会）

←土偶（ハート形）　高さ 30.5cm，群馬県吾妻郡出土，個人蔵，画像提供 東京国立博物館 Image：TNM Image Archives

五色塚古墳　墳丘の高さ 18 m，神戸市垂水区（神戸市教育委員会）

→竹原古墳石室壁画　福岡県宮若市（宮若市教育委員会）

中宮寺半跏思惟像 像高 87.9㎝，奈良

法隆寺百済観音像 像高 210.9㎝，奈良

←**法隆寺玉虫厨子** 総高 233㎝，奈良

→**法隆寺金堂釈迦三尊像** 像高（中尊）
86.4㎝，（左脇侍）90.7㎝，（右脇侍）
92.4㎝，奈良

興福寺阿修羅像（八部衆の一つ）　像高153cm，奈良

鳥毛立女屏風（樹下美人図）　縦135.9cm・横56.4cm，正倉院宝物

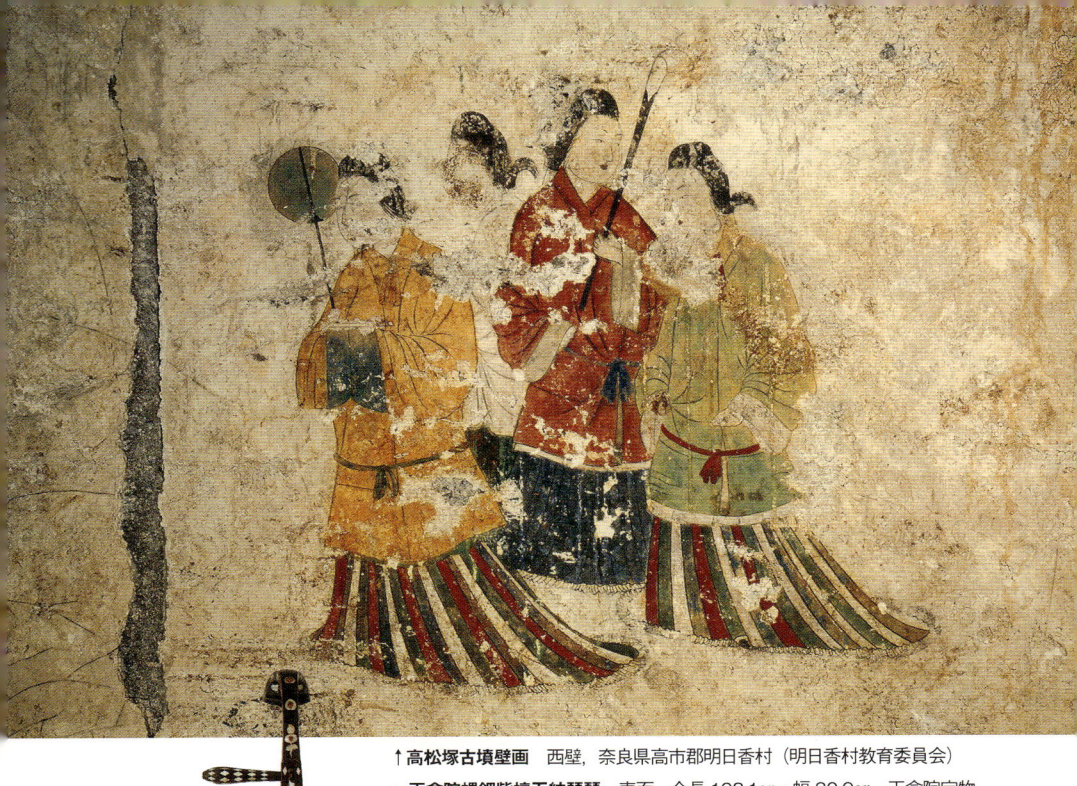

↑高松塚古墳壁画　西壁，奈良県高市郡明日香村（明日香村教育委員会）
←正倉院螺鈿紫檀五絃琵琶　表面，全長 108.1cm・幅 30.9cm，正倉院宝物

薬師寺金堂薬師三尊像　像高（中尊）254.8cm，（左脇侍）
311.8cm，（右脇侍）309.4cm，奈良

東大寺法華堂（三月堂）不空羂索観音像
像高 362㎝，奈良

観心寺如意輪観音像　像高 109.4㎝，大阪

室生寺弥勒堂釈迦如来坐像　像高 106.3㎝，奈良

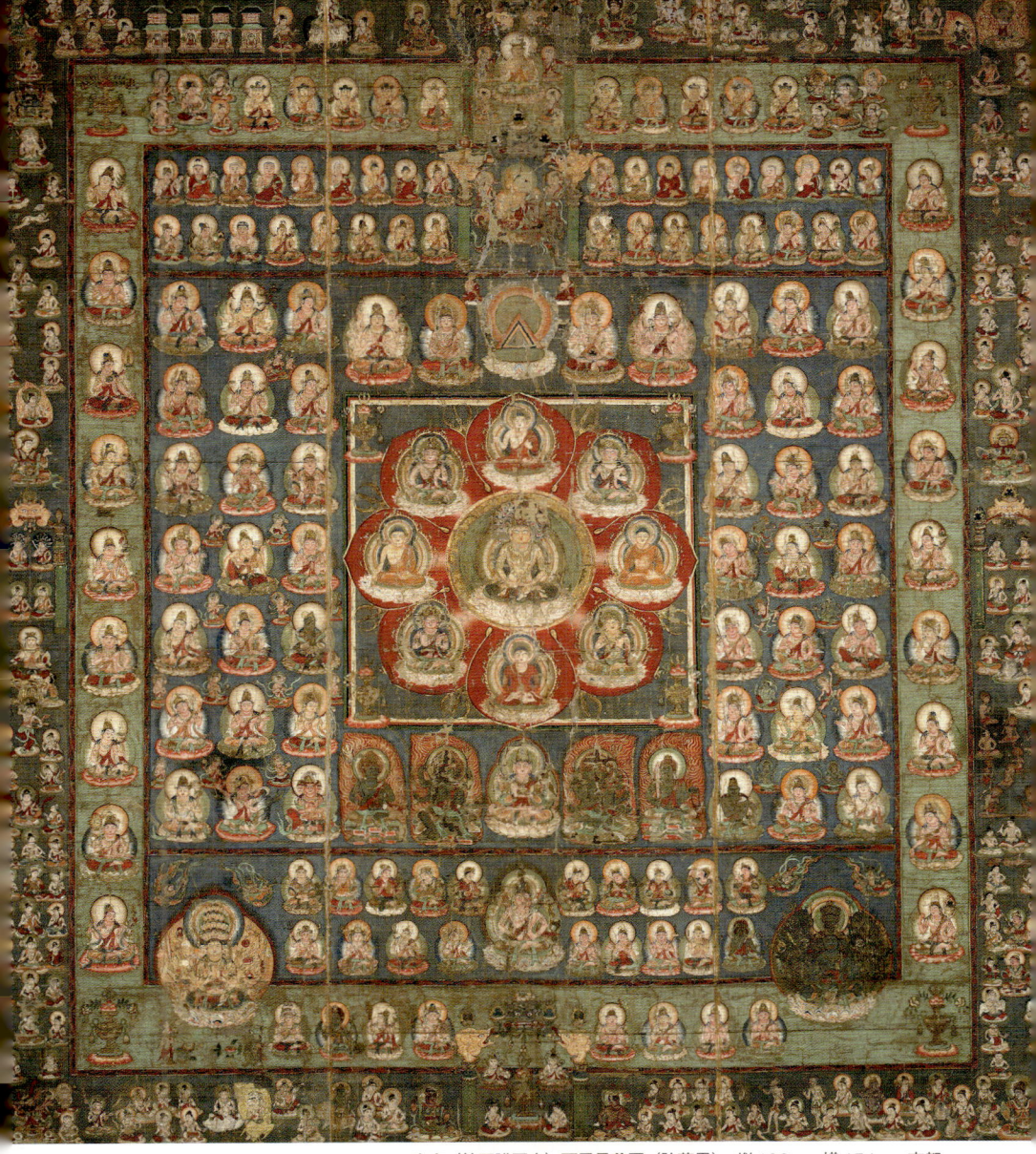

東寺（教王護国寺）**両界曼荼羅**（胎蔵界）　縦183cm・横154cm，京都

平等院鳳凰堂阿弥陀如来像
像高 279cm，京都

聖衆来迎図　全図縦210㎝・横420㎝，和歌山　高野山有志八幡講蔵

↓源氏物語絵巻　夕霧の巻部分，全図縦21.8㎝・横39.6㎝，東京五島美術館蔵

中尊寺金色堂（内陣中央壇）　岩手

日本のあけぼの

1　文化のはじまり

人類の誕生

　地球上に人類*があらわれたのは，今から約500万年前の，地質学でいう鮮新世の初めごろで，これに続く更新世にかけて人類は発展した。更新世は氷河時代にあたり，地球上に寒冷な氷期と比較的あたたかい間氷期とが，かわるがわるおとずれ，そのたびに海面の下降と上昇がくりかえされた。また地殻の変動や火山活動もはげしく，地形に変化が生じた。

　当時，日本列島はまだアジア大陸と地つづき**で，その東の縁にあり，氷河時代のあいだにいくたびか形をかえた。現在のように宗谷・津軽・対馬などの海峡によって大陸から切りはなされたのは，最後の氷期がおわろうとする，今から1万年あまり前の，地質学でいう完新世にはいったころと考えられる***。

　　＊**人類の誕生**　1924年に南アフリカで発見された頭骨の化石は，アウストラロピテクス・アフリカヌスと名づけられ，100万年前の最古の人類とされてきた。その後，1990年代にエチオピアで発見された500万年前の化石人骨は，アルディピテクス・ラミダス(ラミダス猿人)と名づけられた。下肢骨は発見されていないが，頭蓋骨の底部に脊髄が通る後頭孔がみられることから直立二足歩行していたことが推定され，現在，最古の人類とされている。

　　＊＊**氷河時代の日本列島**　200万年もの間続いた更新世は氷河時代ともよばれ，寒冷な氷河期と温暖な間氷期が交互に4〜5回おとずれた。氷期にはばく大な量の水が氷や雪として陸上に堆積し，海面が100〜200mも下降したと考えられている。これが海退であり，この結果，現在の水深が約140mの対馬海峡や津軽海峡，約40mの宗谷海峡，約10mの間宮海峡はしばしば大陸と地つづきとなった。この間に，大陸からさまざまな大型動物が日本列島の地にやってきたと考えられる。現在，ゾウが自然のなかに生息しない日本列島各地の地層から，ナウマンゾウなどの化石

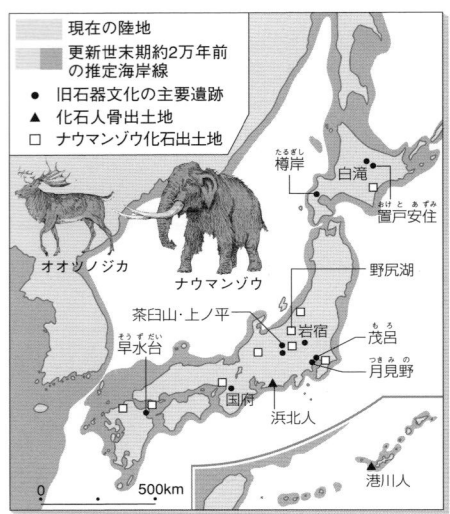

現在の陸地
更新世末期約2万年前
の推定海岸線
● 旧石器文化の主要遺跡
▲ 化石人骨出土地
□ ナウマンゾウ化石出土地

樽岸
白滝
置戸安住
野尻湖
オオツノジカ　ナウマンゾウ
茶臼山・上ノ平
岩宿　茂呂
早水台　月見野
国府
浜北人
港川人

500km

▲更新世の東アジア　（湊正雄・井尻正二『日本列島』，その他より）

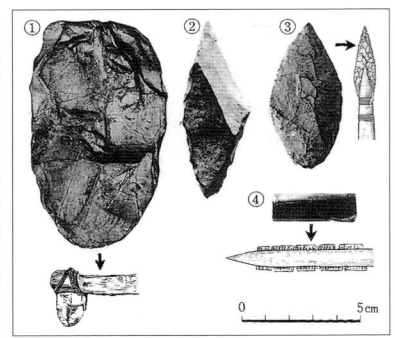

▲旧石器文化の打製石器　①は岩宿遺跡出土の楕円形石器，②は東京都前原遺跡出土のナイフ形石器，③は東京都西ノ台遺跡出土の石槍で，尖頭器の一種である。④は北海道置戸遺跡出土の細石器で，木や骨の柄にうめこんで使用した。

骨が発見されるのは，その事実を物語っている。

＊＊＊**更新世と完新世**　日本はドイツの地質学を受容し，約1万年までを「洪積世」，それ以後を「沖積世」と分類していた。しかし，「洪積世」は旧約聖書のノアの洪水のような大洪水のあった時代という意味であること，また，「沖積世」は河川が運ぶ砂礫・粘土が地層をつくる時代の意味であり，沖積平野は洪積世にもつくられたことから，学術用語としてともに不十分であった。そこで現在の欧米の学会用語の訳語である「更新世」「完新世」を用いるようになった。

更新世の日本列島にはナウマンゾウ・マンモス・オオツノジカなどの大形の動物がやってきたが，人類もこれらの群れを追って移り住んだと思われる。更新世の人骨の化石は，静岡県浜北（浜松市），沖縄県港川（八重瀬町）などの石灰岩の地層から発見されているが，いずれも遺物をともなっていない。人類は猿人・原人・旧人・新人の順に進化したと考えられ，浜北や港川の人骨は新人にあたる。

なお，1931（昭和6）年に兵庫県明石市で発見された人骨は原人の段階にあるものとして明石原人と名づけられたが，最近の研究では新人であることが判明し，さらに完新世のものとする意見が強い＊。

＊**明石人骨**　1931(昭和6)年に直良信夫が発見した明石人骨は，戦時下の空襲で実物が失われたが，戦後，長谷部言人が東京大学に残された石膏模型をもとに，北京原人と同等の進化の段階にあるとして「明石原人」と命名した。1985(昭和60)年に明石人骨の出土地が発掘され，5〜6万年前の地層と判定された結果，明石人骨は新人段階の可能性がでてきた。一方，猿人から現代人に至る骨盤の進化の研究から，縄文時代以降の新人に属するとみる学説もある。

旧石器文化

　1949(昭和24)年，群馬県岩宿(みどり市)で，更新世後期の地層である関東ローム層(赤土層)から，打製石器が発見されたのをきっかけに，全国各地の更新世の地層から各種の石器が出土するようになった。

　これらの石器は，考古学でいう旧石器時代にあたるもので，このころ土器はまだ製作・使用されていなかった。このような旧石器の発見により，更新世時代の日本にも旧石器文化(先土器文化・無土器文化)＊の存在したことが確認された。

　　＊**無土器文化・先土器文化**　1949(昭和24)年の岩宿遺跡の調査の結果，日本列島における「旧石器文化」の存在が明らかになり，これを機に列島各地で更新世の地層から石器の発見があいついだ。しかし，それらの地層から土器が出土しないことから，この文化を「先土器文化」「先縄文文化」とよび，1990年代まで広く使われた。その後，アジアにおける旧石器文化の研究が進み，この文化が世界史的にみて「旧石器文化」であると認められるようになった。

　旧石器時代の打製石器は，はじめ石を打ちかいて打撃用とした楕円形石器(握槌など)であったが，しだいに切断の機能をもつナイフ形石器(石刃)，動物をつきさす槍先のような尖頭器，さらに黒曜石などを材料にした小さな石刃，すなわち細石器(マイクロリス)を木や骨の柄にならべてはめこみ刃物にしたてる段階へとすすんだ。

　この発達段階は世界の旧石器文化と共通している。これらの石器は，見晴らしのよい丘の上から発見されることが多く，このような出土の状況は，小さな集団で動物を追い，山や森を移動して歩く原始狩猟民の生活を想像させる＊。

*日本人の形成 日本人の人種は，アジアに広く分布するモンゴロイドである。アジア大陸南部の南方系古モンゴロイドの系譜を引く縄文人が日本人の原型を形成したが，さらに大陸北部の新モンゴロイドが弥生時代から古墳時代に西日本を中心に渡来し，縄文人の系譜を引く人々と混血を繰り返し，日本人（和人）が形成された。なお，北海道のアイヌの人々や南西諸島に住む琉球の人々には，古モンゴロイドの形質が色濃く受け継がれているといわれる。

縄文文化

　完新世にはいると，日本列島の気候はあたたかくなり，氷河もとけ，大形の動物にかわって，シカ・イノシシ・ウサギなどの小形の動物がふえ，森林や湖沼の多い環境のなかで食料も豊かになった。

　この時代に，人々は土器をともなう新しい文化をうみだした。最古の土器は約12000年前のものと推定されている。さまざまな形と文様をもち，低温で焼かれた厚手の黒褐色ないし茶褐色のもろいもので，縄文土器とよばれる。この文化は縄文文化とよばれ，北海道から南西諸島にいたる長い日本列島のなかで，それぞれの地域ごとに発達している**。

　**新しい遺跡の登場　青森市の三内丸山遺跡の本格的な発掘調査は，県営野球場の建設をきっかけに1992（平成4）年から始まった。この結果，縄文時代中期の大集落であり，巨大建造物が立っていたことなど，縄文時代のイメージを一新させるものとなった。

◀**竪穴住居の内部**　地面から50〜60cmほど掘りこんでつくられた広さ約26㎡のもの。縄文時代中期の典型的な住居で，中央の炉をかこんで食事をしたり，寝起きをしていたのであろう。かまどを隅にすえたのちの住居にくらべて原始的である。（埼玉県膳棚遺跡などより復原）

縄文文化の時代は考古学でいう新石器時代にぞくし，土器を製作・使用し，石器も打製石器のほかに石槍・石鏃・石斧などの磨製石器や，弓矢・骨角器などをともなっている。土器は食物の煮たきや加工を可能にし，鋭い刃をもつ磨製石器は舟や住居づくりに役立った。また，弓矢はすばやい動きをする小形の動物をとるのに便利で，動物の骨や角などを

縄文カレンダー

貝塚の研究から縄文時代の人々の生活のサイクルがわかってきた。春から初夏にかけて，人々は潮干狩りに精をだした。貝殻には1日ごとに成長線が刻まれ，その間隔は年間の海水温の高低に応じて夏は広く，冬は狭くなる。このことから，貝塚に堆積された貝の多くが春から初夏に集中して採集されたことが明らかになった。なお，現代でも潮干狩りはこの時期におこなわれている。

土器作りは秋から冬にかけておこなわれたらしい。土器作りに用いた貝殻には粘土が付着したり，磨滅のあとがみられるが，このような貝は秋から初冬にかけて堆積した貝の層から出土する。さらに土器作りの際に，下に敷いた木の葉のあとが土器の底についているが，これらは成熟した秋の葉であることがわかってきた。

狩猟は冬に最盛期をむかえ

る。貝塚出土の牡鹿の頭蓋骨が角を生やしたままのものが多いことから，角が自然に落ちる春になる前に捕獲されていたことがわかる。この時期には毛皮も厚く，皮下脂肪も多く，さらに落葉した林のなかで獲物の姿をみつけやすいという狩猟の条件が整っていたのである。縄文時代の人々の生活は自然のいとなみとともにあった。

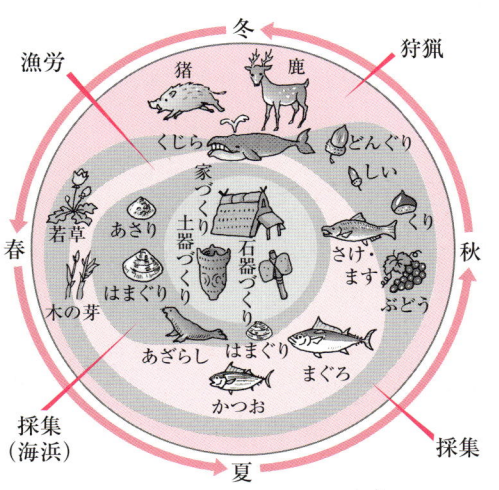

▲縄文カレンダー　縄文時代の人々は，四季の変化に応じて食物を採集し，生活をいとなんだ。現在の日本列島の状況とあわせて考えてみよう。(小林達雄氏原図)

加工した骨角器の釣針・銛などを使った漁労もおこなわれた。

生活と習俗

　縄文時代の人々は，わき水のある台地の周縁部などに竪穴住居の集落で生活をいとなんだ。住居の中央には炉があり，平均4～5人くらいが住み，炉の近くには，とち・かし・栗などの木の実をたくわえる貯蔵用の穴を掘った。集落は4～6軒程度の住居で構成されることが多いが，数世代にわたって何回か建てかえられたので，住居跡としては100個以上におよぶものもある。集落の背後には動・植物の豊かな森があり，その近くには環状または馬蹄形（U字形）の貝塚ができた。

　また，女性をかたどった土偶がつくられ，成人を示す抜歯や，死者を折りまげてほうむる屈葬などの習俗がおこなわれた。これらは，自然条件に大きく左右される不安定な狩猟・漁労・採集の生活のなかで，人々が集団の規制を強めるとともに，自然物や自然現象に霊威をみとめておそれ，呪術によって災いをさけ，豊かな収穫を祈ろうとしたものであろう。

　縄文文化は数千年にわたって日本列島にさかえ，日本の民族と文化の原型も，この時代に形づくられたと考えられる。日本人の人種的系譜については，身体的にも文化的にも，北方系・南方系の諸種の要素がみとめられる。日本語も，語法はアジア大陸北方のアルタイ語系にぞくするといわれるが，音韻や語彙には南方的要素も多くみられる。

◀**土偶**　土偶は縄文時代の後・晩期に多くつくられ，東日本に濃密に分布する。写真は青森県亀ヶ岡遺跡から出土した晩期のもの。（高さ34.5cm，東京国立博物館蔵）

▶**千葉県姥山貝塚の竪穴住居と出土人骨**　縄文中期（約4500年前）の家の跡で，この6畳ほどの広さの竪穴住居から4体の人骨が折り重なるようにして出土した。小金井良精他著『下総姥山ニ於ケル石器時代遺跡』より。東京大学総合研究博物館蔵

2　農耕社会の誕生

弥生文化

　日本列島で縄文文化がつづいていた紀元前6000〜5000年ころ，中国大陸ではすでに黄河の中・下流域に，粟・きびを栽培し，豚や犬を飼う農耕の生活がはじまっていた。紀元前6世紀ころから青銅器とともに鉄器が用いられるようになり，紀元前3世紀には秦，つづいて漢（前漢）が統一国家を形成し，前108年，朝鮮半島には漢の楽浪郡がおかれた。

日本でも大陸文化の影響をうけて，紀元前4世紀ころ，九州北部に水稲耕作と青銅器・鉄器を特徴とする農耕文化がおこった。この新しい文化は弥生土器とよばれる薄手の赤褐色の硬い土器をともなうことから，弥生文化とよばれ，紀元3世紀ころまでつづいた。それはちょうど漢民族の勢力が東方にのびる時期にあたっており，おそらくこのころに朝鮮半島から多くの人々が渡来したものと考えられる。

水稲と鉄器

　九州地方にはじまった水稲耕作は，100年ほどのあいだに近畿地方にまでひろまり，紀元前後には関東地方から東北地方南部に，2世紀ころには東北地方北部にまでおよんで，それまでの狩猟・漁労の生活を大きく変化させた。

　水田は，はじめ低湿地を利用した湿田であったが，やがてやや高い地にもひろがり，静岡市の登呂遺跡のように，畔で大規模な水田を区画し，灌漑や排水のための水路をめぐらすものがあり，地方によっては小区画の水田も発達した。

　籾は直播され，耕作の用具は，木鍬・木鋤・田下駄などの木製農具から鉄の刃先をつけた鍬や鋤へ，収穫の用具も稲の穂首を刈りとる石包丁から鉄鎌へと進歩した。脱穀には木臼・竪杵が使われた。

　そのころの鉄は，朝鮮半島から製品の素材が輸入されたが，日本でも中国地方の山地で砂鉄が採取され，瀬戸内海沿岸などで生産される塩とともに，各地方でそれらの交易がおこなわれた。

◀ **百間川遺跡の水田遺構**　百間川遺跡は，百間川の上流から下流にかけて，延長3kmにおよぶ，洪水砂におおわれた弥生時代後期の水田遺構。緩斜面の段差を利用し，低い畔の水口を通じ，また田越しによって順々に給水するため，25〜60㎡ほどの小区画にして田面の水平をたもったものと考えられる。（岡山県）

アジアと稲作

インド・東南アジア・中国・日本を含む稲作地帯は、世界的にみても人口密度がひときわ高い地域である。稲は熱帯から温帯にかけてのアジアを中心に栽培されている。この地域はモンスーンによる乾季と雨季の交代があり、高温多湿といった稲の栽培に適した気候条件をもつ。また、稲の実である米はおいしく栄養価も高いことから、稲作は早くから広まり、この地域のぼう大な人口を養ってきた。今日、稲作は世界各地に広まっているが、米の生産量は、現在でもこの地域が全世界の約9割を占めている。

稲の原産地はインドと中国の国境地帯、亜熱帯の畑作地帯と考えられている。稲には長粒のインデカ種と短粒のジャポニカ種があり、インデカ種が中国の長江下流域以南の華南で栽培されているのに対し、ジャポニカ種は長江下流域から朝鮮半島中南部、日本で栽培されている。日本列島には中国から朝鮮半島経由で伝来したと考えられている。それは、これらの地域では石器や土器に共通点がみられるからである。

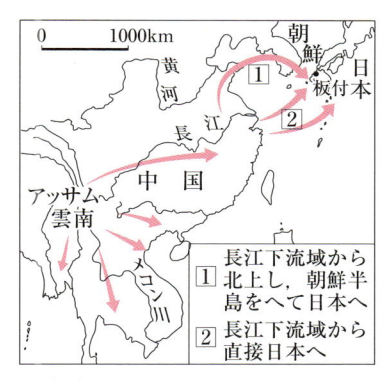

▲稲の伝来ルート

① 長江下流域から北上し、朝鮮半島をへて日本へ
② 長江下流域から直接日本へ

生産と階級

農耕の開始をきっかけにさかんとなった生産と流通の高まりは、人々の生活を豊かにした。食生活に用いる土器も、貯蔵用の壺、煮たき用の甕、もりつけ用の高杯、蒸し器としての甑など、用途に応じた形のものがつくられるようになり、麻など草木の繊維や絹糸を用いる機織もはじまった。

住居については、数個の竪穴住居や平地住居に、おもに穀物をたくわえる高床倉庫が付属するものもみられ、また住居群を濠や溝でかこむ環濠集落*もあらわれてきた。

◀**弥生土器**　弥生土器には、壺・高杯・甕・甑など、用途に応じたものがある。①壺（高さ28.5cm）、②甕（高さ26.8cm）、③高杯（高さ11.8cm）、ともに奈良県唐古・鍵遺跡出土で前期のもの。この3器種が弥生土器の基本的なものである。

＊**吉野ヶ里遺跡**　佐賀県の吉野ヶ里遺跡（吉野ヶ里町付近）の発掘は、工業団地の造成をきっかけに1986（昭和61）年から進められ、弥生時代最大級の環濠（濠）集落をはじめとして物見やぐら、墳丘墓、多数の甕棺墓、高床倉庫群などの存在が明らかになった。

▲**吉野ヶ里遺跡の環濠（濠）集落**　この遺跡は、弥生時代前期・中期・後期と拡大された、国内最大規模の環濠集落である。集落には二重の壕がめぐらされ、外壕と内壕のあいだと内壕の内側から100軒以上の竪穴住居跡と、内壕には1m四方の柱穴をもつ物見やぐらとみられる建物跡が発見された。（復原、部分、佐賀県教育委員会提供）

このような生活の向上は社会関係のうえにも大きな変化をもたらした。生産が高まると富をたくわえるものがあらわれ，集落のなかや集落相互のあいだに貧富の差がうまれ，身分の別がおこった。そして中期以降には，治水・灌漑などの共同作業や利害調整のために，一つの水系を単位とする地域集団をまとめる必要から，強い権力をもつ首長をうみだすことになった。農耕生活では季節の変化や風雨・日照が順調であることがたいせつで，首長にはこれらをつかさどる神々をしずめる呪力をもつ人が選ばれたと考えられる。

第2章

大和王権の成立

1　小国の時代

100余の国々

　農耕生活がすすむなかで，各地に首長を中心とする社会がうまれていった。1世紀ころの弥生時代中期のものと思われる福岡平野の須玖遺跡（春日市）からは，甕棺群のなかに青銅製の銅鏡・銅剣・銅鉾，ガラス製の大勾玉など，多くの副葬品をおさめた甕棺が出土した。これは首長の墓と推定され，副葬品は首長の権威を示す宝物であろう。銅鏡は漢でつくられたもの，銅剣・銅鉾は朝鮮半島からの輸入品で，これらを副葬している首長の墓がみられることは*，当時の日本に，海をへだてた中国や朝鮮半島と交渉をもつ政治権力があったことを物語っている。

> ＊**古墳研究の進展**　1964（昭和39）年，東京都八王子市で中央に舟形の遺体をおさめるための穴をもち，周囲を溝で囲んだ6〜10mほどの長方形の遺構が発見された。これは方形周溝墓と名づけられ，弥生時代前期から古墳時代にかけて，西日本から東北地方に広く分布することがわかった。その後，1970年代になると，全国各地でさまざまな墳丘墓が発見され，発掘調査がすすみ，弥生時代と古墳時代の日本列島のようすがしだいに明らかになってきた。

▲**方形周溝墓**（東京都宇津木遺跡）

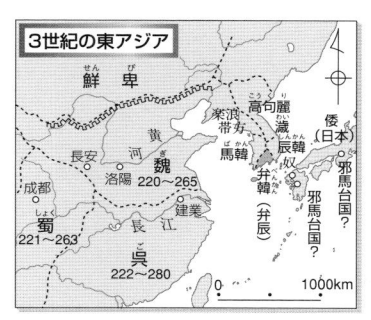

3世紀の東アジア

鮮卑 / 高句麗 / 楽浪帯方 / 倭（日本） / 黄河 / 長安 / 魏 / 洛陽 220〜265 / 馬韓 / 辰韓 / 弁韓（弁辰） / 奴 / 邪馬台国？ / 成都 / 建業 / 邪馬台国？ / 蜀 221〜263 / 長江 / 呉 222〜280 / 0 1000km

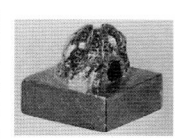

▶金印　1784（天明4）年，博多湾口の志賀島で，農民が偶然に掘りだした。「漢委奴国王」ときざまれた方2.3cm（漢尺の1寸）・重さ109gの金印。（福岡市博物館所蔵）

　当時の日本の状況は中国の歴史書からもうかがわれる。『漢書』地理志によると，紀元前後1世紀の日本は倭とよばれ，100余の国々にわかれ，朝鮮半島北部におかれた漢の楽浪郡に定期的に使いをおくっていたという。

　ついで『後漢書』東夷伝には，倭の奴の国王が紀元57年に後漢の光武帝のもとに使いをおくって印綬をあたえられ，107年にも，倭国王らが，生口160人をときの皇帝に献じたとある。須玖遺跡は奴の国にあったとの説もあるが，弥生時代中期の日本は，小国にわかれて，それぞれ中国と通交していたと思われる。

倭国の乱

　100余の小国にわかれていた社会も，2〜3世紀の弥生時代後期になると変化をみせる。首長の墓に副葬された銅剣・銅鉾は細形で実用の利器であったが，やがて九州では幅のひろい薄形の銅鉾・銅戈が，瀬戸内海沿岸では平形の銅剣がつくられるようになった。また近畿地方では，わが国独自の形をもつ銅鐸がつくられ，中部地方にもひろまった。

　これらはいずれも実用性にとぼしく，共同体の祭器として用いられたと思われるが，銅鉾・銅戈・銅剣と銅鐸の分布圏が，中国・四国の中央部でまじわっていることは，二つの政治勢力の範囲を示すものではないかと考えられている。

　中国では3世紀初めに後漢がほろび，かわって魏・呉・蜀の三国時代となった。また朝鮮半島では2世紀後半に韓族が強くなり，楽浪郡か

ら独立しようとしていた。『魏志』倭人伝によると，倭も同じころに乱れ，国々が何年も攻めあったのち，卑弥呼という女性を連合国家の王にたて，乱をおさめたという。瀬戸内海沿岸から近畿地方にかけて，丘の上や山頂に，弥生時代の中・後期の高地性集落の跡が発見されているが，これは"倭国大乱"を物語るものとする考え方もある。

邪馬台国

　卑弥呼を女王とする邪馬台国は，後漢末期に楽浪郡の南に設けられた帯方郡を経由して魏と通交した。邪馬台国は30カ国ほどを勢力下におく連合国家で，九州北部に外交と諸国の監督のための特別の役人を派遣していた。卑弥呼は239年，魏に使いをおくり，皇帝から「親魏倭王」の称号と印綬などをあたえられ，その使者たちもすべて称号と印綬をさずけられた。このように魏が倭を重んじたのは，魏が呉・蜀や高句麗と対立していたためとみられる。

　卑弥呼は呪力をもつ司祭者で，「男弟」がこれをたすけて国をおさめ，多くの奴婢がしたがい，宮廷はつねに兵にまもられていた。倭人の国々には大人と下戸といわれる身分が成立し，法の秩序がととのい，租税がおさめられ，市があって諸地域間の交易がおこなわれていた。卑弥呼が死んだあと男王がついだが，国中はしたがわず，壱(台)与という女王をたててはじめておさまったという。

　邪馬台国の位置については，古くから九州説と大和説がある。もし邪馬台国が九州にあったとすれば，銅鉾・銅戈分布圏を中心とする地域的な連合国家であり，大和にあったとすれば，銅鐸分布圏の勢力がすでに西日本を支配していたことになろう。

2　古墳文化の発展

古墳の築造

　3世紀後半の邪馬台国の記事を最後に，ほぼ1世紀あまり，倭に関する記録は中国の歴史書から姿を消すが，日本では3世紀後半には，近畿

地方や瀬戸内海沿岸・九州北部に古墳がつくられはじめた。古墳は弥生時代の集団墓地とは異なり、特定の個人をほうむることを目的とした大きな墳丘をもつ墓であり、古墳がさかんに築造された3世紀後半〜7世紀の文化を古墳文化とよぶ。

4世紀ころの前期古墳は、多くは前方後円墳という特異な外形をもち、集落や水田を見渡す丘のうえに、自然の地形を利用してきずかれた。墳丘には、石を葺き、円筒埴輪をめぐらし、内部には竪穴式石室や粘土槨をつくって棺をおさめ、副葬品としては鏡・玉・剣などの呪術的なものを多く用いた。

このような大きな墳丘をもつ古墳は、これまでみられなかった新しい政治的支配者の出現を示している。その中心は大和*であったが、前方後円という一定の墳丘の形が地方にひろまったことは、地方の首長がしだいにヤマト王権の身分秩序に編入され、服属するようになったことを物語るものであろう。

> *ヤマト政権　4世紀から7世紀の中央政府は、かつて「大和朝廷」と表記されていたが、現在では「ヤマト政権」と表記されることが多い。その理由は、第一に国名としての「大和」の表記が8世紀後半の養老令施行後のことであり、また初期のヤマト政権の中心は大和国全域に及ぶものではなかったこと、第二に初期のヤマト政権は大王家を中心とする政治連合に過ぎず、後年の天皇が百官を従えて政治をとる「朝廷」の実態とかけ離れていることによる。

4世紀末から5世紀にかけての中期古墳になると、数もいちじるしくふえ、東北地方南部から九州地方南部にかけてひろく分布している。この時期の古墳として、誉田御廟山古墳（伝応神天皇陵〈羽曳野市〉）・大仙陵古墳（伝仁徳天皇陵〈堺市〉）などが有名である*。墳丘はいっそう大

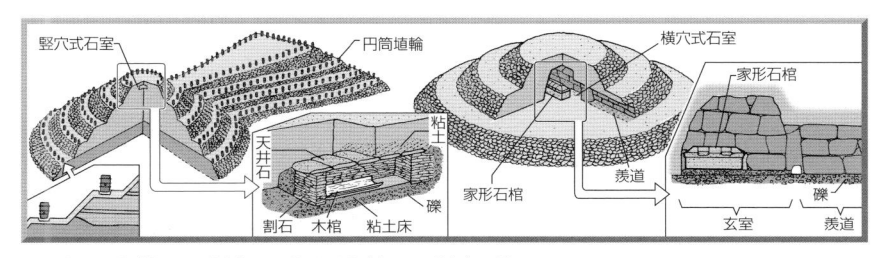

▲**竪穴式石室**（左、4世紀）**と横穴式石室**（右、6世紀）**の模式図**

古墳の築造

仁徳天皇陵と伝えられている堺市にある5世紀の前方後円墳は，総面積46万㎡，墳丘の長さは486mもある。平地にきずかれたこの古墳のぼう大な土をはこぶには，計算上1日1000人を動員しても，4年近い年月が必要となる。

最近の研究によると，古墳の築造には一定の方式があり，後円部の直径と前方部の長さをほぼひとしくするなど，かなり高度な設計がおこなわれていたらしい。まわりの濠は墳丘に盛る土をとったためにできた溝に水をためたものであるが，その水面を基準として，墳丘の形をととのえたとも考えられている。

神戸市にある五色塚古墳は全長197mの前方後円墳で，前方部を瀬戸内海にむけている。近年，もとの姿に復原されたこの古墳の斜面は，五色塚の名の由来となった多色の葺石（こぶし大から人頭大）でおおわれ，後円部の頂上には円筒埴輪や朝顔形・きぬがさ形埴輪などがめぐらされている。

私たちが古墳という言葉から連想する樹木がうっそうとおいしげる小山の姿は，古墳が後世放置されてからの景観なのである。

きくなり，濠をめぐらし，やがて横穴式石室があらわれ，副葬品も馬具・鉄製武器などが主となっていった。支配者の性格が司祭者から軍事的指導者にかわったのであろう。

*仁徳陵古墳　大阪府堺市にある日本最大規模の前方後円墳で，宮内庁が「仁徳天皇陵」と名づけた古墳の築造年代は，その墳丘上に残された円筒埴輪の形式から5世紀半ばから後半と推定されている。ここに，仁徳天皇が4世紀前半に没したと解釈できる『古事記』の記述と比べ，約半世紀のずれが生じている。このような学問上の疑義があることから，今日では，学術的には，所在地の地名をとって「大仙陵古墳」などの名称でよばれるようになった。

大和と朝鮮

4世紀初め，中国では魏・呉・蜀のあとをうけた晋が，北方民族の侵入をうけて江南（長江の南）に移り，朝鮮半島では北部の高句麗が楽浪郡

をほろぼし，南部でも4世紀中ごろ馬韓（ばかん）から百済，辰韓（しんかん）から新羅がおこってそれぞれ国家を形成した。

　しかし，半島南部の伽耶（かや）（加羅（から））*とよばれる地域だけは，小国分立の状態がつづいた。大和の王権は，この地を足場に4世紀後半から百済と通交し，新羅をおさえて高句麗とも対立し，とくに4世紀末以来，高句麗とはげしく戦った。高句麗の広開土王（こうかいどおう）（好太王）碑**には，倭の兵が「辛卯の年（391年）（しんぼう）」以来，半島に進出し，高句麗軍がこれと戦ったと記録されている。

> *任那と伽耶　4〜6世紀の朝鮮半島は，高句麗・百済・新羅の三国のほかに，半島南部に小国家群が分立し，ゆるやかな連合体を形成していた。これらを総称して「伽耶」とよぶが，『日本書紀』は「任那（みまな）」と記すとともに，「任那日本府」がおかれたとする。「任那」と記すのは日本側の資料で，朝鮮側にはほとんどみられない。また，「日本府」という名称の統治政庁はなかったことから，「任那」の名称は使われなくなった。

> **好太王碑　好太王の正式名称は「国岡上広開土境平安好太王」であるが，12世紀の朝鮮最古の歴史書『三国史記』に「広開土王」と略称されたことからこの名も定着した。碑文は，1884（明治17）年，陸軍参謀本部の酒匂景信（さかわかげあき）中尉が「拓本」を持ち帰り，公表した。1970年代に朝鮮側研究者から，日本の朝鮮進出を正当化する意図により石灰を塗って改竄（かいざん）されたという説が出されたが，その後，石灰塗布以前の原石拓本が確認されるに及び，その説は完全に否定された。

◀ **広開土王碑**（高さ約6.4m，1984年撮影，田中俊明氏提供）

4世紀の朝鮮半島

0　　　　300km

広開土王碑　丸都　鴨緑江（こうかいどおう）　高句麗　漢城　百済　新羅　金城　伽耶　南加羅　加羅　対馬　壱岐　志賀島　倭（日本）

半島南部の伽耶は，それ以前に弁韓（べんかん）とよばれていた国々を総称したものである。

倭の五王

　中国の『宋書』倭国伝によると，5世紀には讃・珍(弥)・済・興・武とよばれる倭の五王が中国南朝の宋につぎつぎに使いをおくったという。これは大和の王であろう。

　その目的は，倭の国内における支配権と，朝鮮半島南部に対する軍事権を中国の皇帝にみとめさせることにより，倭の東アジアにおける国際的地位を確保しようとしたものである。

　5人のうち最後の倭王武は『古事記』『日本書紀』に伝える雄略天皇であると考えられるが，その上表文には，大和の王みずから国内・国外

鉄剣は語る

　埼玉県行田市にある埼玉古墳群には，稲荷山古墳とよばれる全長115mの前方後円墳がある。この古墳は，1968(昭和43)年の発掘のとき，後円部の墳頂部を浅く掘って死者を埋めた礫槨のなかから鉄剣が出土した。10年後にこの鉄剣にさびどめをほどこすための調査をしたところ，X線撮影により115文字の金象嵌の銘文が発見された。この銘文中に「辛亥年」「獲加多支鹵大王」の文字があり，大王が『日本書紀』の大泊瀬幼武＝雄略天皇と推定されたので，辛亥年は471年であることが有力となった。また，この発見によってこれまで「獲□□□歯(たじひの〈みず?〉は)大王」(反正天皇)と読まれていた熊本県玉名郡菊水町(現，和水町)の江田船山古墳出土の大刀銘の王名も，「獲加多支鹵大王」と読めるようになっ

た。こうして5～6世紀に大和王権が，東国と九州の豪族を支配していたことが明らかになったのである。

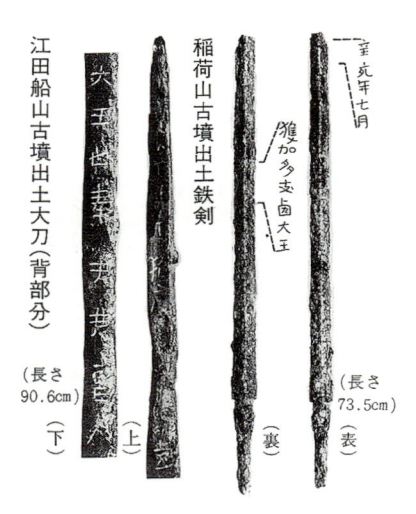

稲荷山古墳出土の鉄剣(右)と江田船山古墳出土の大刀(左，東京国立博物館蔵)

への軍事遠征によって，地方の首長を統合して大王の地位をきずきあげたことが示されている。しかし，5世紀後半に高句麗の勢力がのびると，朝鮮半島における倭の地位は低下した。

大陸の人々

　朝鮮半島や中国との交渉がさかんになると，大陸から多くの人々が日本に渡ってきた。その多くは半島での戦乱や飢饉をのがれてきた人々であったが，大和の王権はすすんで彼らをうけいれた。

　5世紀までに，秦氏（はたうじ）・漢氏（あやうじ）の渡来が伝えられ，5世紀末から百済が高句麗に圧迫されると，さらにこの地域の人々が渡来してきた。これらの渡来人*を，朝廷は帰化人とよんだ。

> **＊渡来人**　主に古代に朝鮮半島から渡来して日本に住み着いた人々を，その子孫も含めて帰化人とよんだ。「帰化」には夷狄（いてき）の者がその国の君主の徳を慕って来朝し，臣下になるという中華思想がみられる。実際には，自分の意志で来日した者とは限らず，捕虜や強制連行による場合も多いことから，用語としては「渡来人」がよいとされた。しかし，「渡来人」では日本に住み着き，日本人になったという意味までを表現できないという問題点がある。

　彼らは畿内とその周辺に住み，朝廷の文筆・財政などの行政実務，さらに鍛冶（かじ）・武器製造・機織・製陶・土木・建築などの生産部門や，動物の飼育などの分野で，大きく貢献した。これらの技術者集団である史部（ふひとべ）や，韓鍛冶部（からかぬちべ）・錦織部（にしごりべ）・陶部（すえつくりべ）などは，みな帰化人によって形成されたものである。

3　大王と豪族

氏姓制度

　大和王権の国内統一がすすむと，大和とその周辺に力をもつ中央の豪族たちは大王（おおきみ）のもとで朝廷を構成し，かつて小国の王であった各地の豪族も，朝廷の統治組織に組みこまれていった。朝廷を構成する豪族は，氏上（うじのかみ）とそれにひきいられる氏人（うじびと）が，氏の集団全体を支配するとともに，

◀地方豪族の居館（復原，群馬県三ツ寺Ⅰ遺跡，国立歴史民俗博物館蔵）

その地位を代々うけつぎ，大王から彼らの身分をあらわす氏・姓をあたえられた。これを氏姓制度という。

　朝廷の有力豪族には，大和をはじめ畿内の地名を氏の名とし臣の姓をもつ葛城氏・平群氏などや，朝廷での職務を氏の名とし連の姓をもつ大伴氏・物部氏などがあり，そのなかでも，国政の中心となったものは大臣・大連とよばれた。これらのもとに，造・首などの姓をもつ伴造，さらに史・村主などの姓をもつ伴があり，彼らは数多くの中・小豪族から構成されて朝廷の職務を分担した。

　さらにその下には，伴造や伴にひきいられ，労役や貢納にしたがう多くの部民がいた。地方豪族は，君・直などの姓をもつ国造・県主・稲置などに編成された。

　このように大臣・大連を頂点とし，多くの部を底辺とする職務による支配体系が，5世紀末から6世紀にかけて形成されたと考えられる。

部民と屯倉

　部とは，朝廷や大王・王族・豪族にしたがい，これに労役を奉仕したり品物をおさめたりする一団の人々をいう。部には，朝廷のなかでいろいろな生産にしたがう品部，大王や王族の宮につかえ，宮の経費を負担する子代・名代，豪族の経済をささえる部曲とよばれる農民などがあった。

　また，各地方には朝廷が土地を支配するために設けた屯倉と，豪族の

土地である田荘があった。屯倉は，水田をはじめ鉄や塩の生産地，交通の要地などに設けられた役所・倉庫を意味するが，やがて土地・建物・生産者をふくむ組織をさすようになった。6世紀には，屯倉は畿内やその周辺の地域から全国にひろがった。

国造の反乱

部民や屯倉による大和王権の支配がすすめられ，地方豪族をあらたな組織に組みいれていくなかで，5世紀後半から6世紀前半にかけて，吉備・筑紫・武蔵などで国造の反乱がおこったと伝えられる。

なかでも筑紫国造磐井の反乱は規模が大きく，新羅とむすんで朝廷に反抗したともいわれるが，反乱も鎮圧され，筑紫と武蔵の国造は，屯倉をさしだして罪をまぬかれたという。また筑紫と吉備に対して，朝廷は積極的に屯倉を新設する方針をとり，吉備へは中央から役人をつかわして戸籍をつくり，耕作民である田部を登録するなど，直接の支配を強化していった。

漢字と仏教

6世紀になると，中国南朝の新しい文化が百済から日本に伝えられた。百済王は，南朝の儒教や医・易・暦などの学術とともに，仏教を日本に伝えた。

朝廷で文筆にたずさわった渡来人は，倭王武の上表文のような漢文の外交文書を作成した。しかし，5世紀から6世紀にかけてつくられた大刀や鏡の銘文をみると，漢字のもつ意味にあわせてそのまま音読みして用いる方法だけでなく，漢字のもつ意味とかかわりなく，音だけをかりて日本語の表記に使う方法や，日本語の意味（訓）にあてはめて用いる方法などが，すでにおこな

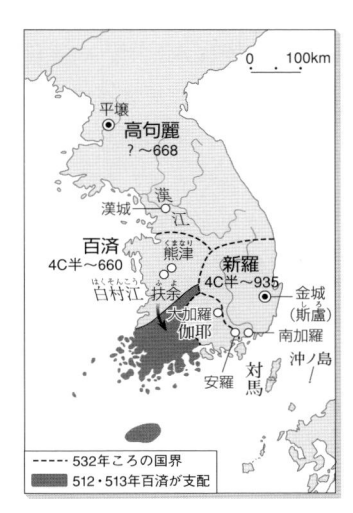

▲ 6世紀の朝鮮半島

われていたことがわかる。

　また人間の苦悩を救う仏教の教えは，大王・豪族にまず受けいれられ，やがて一般民衆にも普及していった。仏教は精神面だけでなく，造寺・造仏などと関連して，土木・建築・金工など数多くの新しい技術をもたらした。このようにして5〜6世紀に形成された文化は，その後の日本文化の基本となった。

　しかし，日本と関係のふかかった百済も，政治的には高句麗・新羅に圧迫され，また加羅諸国も新羅にしだいに統合され，562年，大和朝廷はついに「任那」の最後の拠点を失った。

共同体と祭祀

　古墳時代には，自然や祖先に対する信仰も引きつづきさかんで，自然神や氏の守護神（氏神）のやどるところとして，各地で社がつくられた。皇室の祖先神である天照大神をまつる伊勢神宮，大国主神をまつる出雲大社，海神をまつる住吉大社，大和の三輪山を礼拝する大神神社などは，古くから知られている。朝廷による地方の統一がすすむにつれて，それらの神々は特定の由緒をもつ神や氏の祖先神として，朝廷の神話のなかに位置づけられるようになった。

　豪族は大王の支配にしたがったのちも，それぞれに氏神をまつり，祖先の物語を伝承して，同族集団としてのまとまりをたもった。しかし，しだいに彼らの系譜や伝承は大王家のもとにとりいれられ，6世紀には大王家のそれを中心として『帝紀』『旧辞』が成立した。

　農耕社会で成長してきた豪族は，豊作を神に祈る春の祈年祭や，収穫を神に感謝する秋の新嘗祭などをたいせつな行事としてとりおこなった。また農耕をさまたげたり，殺生したりすることは共同体に対する罪と考えられ，さらに悪い病気やさまざまの災い・けがれなども罪と考えられた。

　そこでこれらの罪をはらうことによって清浄になることや，忌みつつしむことが必要とされ，祓や禊が重んじられ，ことに大祓が共同体の行事となった。このころ，鹿の骨を焼いて神意を占う太占の法や，熱湯に手をいれて手がただれるかどうかで，その結果を神判とみる盟神探湯

▶仏教の伝来

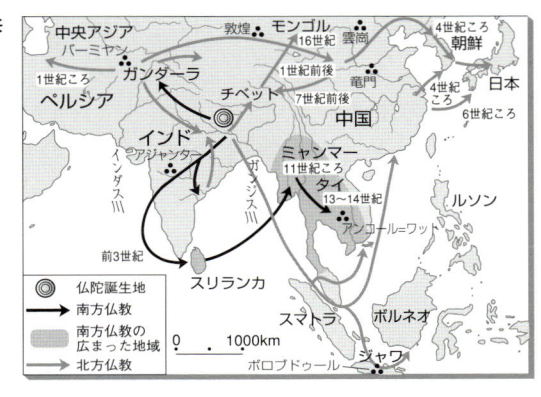

仏教の伝来

　紀元前6～5世紀にヒマラヤ山麓の王族からでた釈迦が説いた仏教は，その後，アジアの各地に広まった。このうち日本にもたらされた仏教は北方仏教の系列のもので，西域・中国・朝鮮半島を経由して伝えられた。

　百済の聖明王からの公式の仏教伝来の年代については，壬申年＝552年と戊午年＝538年の二説がある。前者は『日本書紀』の説だが，その年が南都六宗の一つ三論宗で説く末法第1年目にあたっており，それにあわせた可能性があること，記事のなかに金光明最勝王経の一節を書きかえた作文がまじっていることなどにより，信頼性が少ないといわれる。これに対して後者は，元興寺（飛鳥寺の後身）の由来を書いた『元興寺縁起』や聖徳太子の伝記『上宮聖徳法王帝説』が説くところで，これらの記事は『日本書紀』よりも古い史料に基づいて書かれていると考えられ，当時の朝鮮半島の政治情勢からみても不自然でないので，現在は538年説のほうが有力である。

　この，仏教の伝来は中国南朝の梁→百済→倭という外交ルートによるもので，儒教の五経博士などの渡来と歴史上共通している。なお仏教が，民間にこれ以前に伝えられていたことは，古墳から仏像をえがいた鏡が発見されることからもわかる。すでに鞍作鳥の祖父にあたる司馬達等は，6世紀に大陸から渡来し，大和国に草堂をいとなみ，仏教に帰依していたという。

など，呪術的な風習もおこなわれていた。

古墳時代の生活

　古墳は6世紀ころから，豪族ばかりでなく一般の有力農民のあいだでもつくられ，一つの地域に小さな円墳が数百もまとまってみられるようになった。これを群集墳という。

　この時代の人々は竪穴住居や掘立柱の建物に住み，集落の人口もふえた。このような傾向は畿内にいちじるしかったが，関東地方などではこれにくらべるとまだ上下の格差が大きく，また同じ地域の共同体間にも差異があった。

沖ノ島の祭祀遺跡

　玄界灘に浮かぶ沖ノ島は，東西約0.5km，南北約1km，周囲約4km，標高約241mの絶海の孤島である。島全体が天然記念物の原生林におおわれ，太古からの祭祀遺跡としてのたたずまいを残している。

　沖ノ島では，古代の祭祀形態が時代とともに変化した。4世紀後半から5世紀にかけて，祭祀は巨岩のうえでおこなわれた。大きな岩は神々が降臨する場所と考えられていたのであろう。遺物としては，銅鏡・玉類・鉄製の武器・農耕具など，4世紀から5世紀にかけての古墳の副葬品と共通するものが多い。

　5世紀から6世紀，一部は7世紀にかけて，祭祀は巨岩の下の岩陰でおこなわれており，装身具・馬具・須恵器など後期古墳の副葬品に共通する奉献品がみられる。7世紀後半から8世紀にかけては，紡織具や武器の金属製の武器の雛形祭祀品のほか，大量の祭祀用土器があらわれ，それ以前の奉献品とは大きな違いがみられる。そして8世紀から10世紀にかけては，露天での祭祀となり，銅鏡・須恵器・奈良三彩・貨幣などが奉献された。

　奉献品には国産品だけでなく，朝鮮半島や中国，遠くペルシアなどからの輸入品も含まれることから，沖ノ島の祭祀は一地方権力のみならず，国家的な祭祀としておこなわれた可能性が高い。そして，この島が大和王権の大陸との交渉・通交の要地に位置することから，祭祀は海上交通にかかわるものと考えられている。

▶**群集墳** 和歌山県岩橋千塚古墳群の一部。紀ノ川の南，高さ約130mの山の斜面一帯に，前方後円墳もふくめて大小の円墳500あまりが群集している。

▲**土師器**（左，奈良文化財研究所蔵）**と須恵器**（右，豊田市郷土資料館蔵）土師器は古墳時代中期の壺（高さ31cm），須恵器は古墳時代後期の脚付壺（高さ46.8cm）。

▲**家形埴輪** 切妻造の家形埴輪（高さ53.2cm，群馬県出土，東京国立博物館蔵）。

　食生活の多様化を反映して，土器の種類も多くなった。これまでの弥生土器の技術をうけつぐ赤褐色の土師器に加えて，古墳時代の中期以後には，朝鮮半島南部からきた工人によって，硬質で灰色の須恵器の製作もはじめられ，それ以後，平安時代まで，両者は併用された。

　衣服は人物埴輪などをみると，男性は衣と乗馬ズボンのような袴，女性は衣とスカート風の裳をつけていたことがわかる。

第3章

古代国家の形成

1　飛鳥の宮廷

蘇我氏の台頭

　大陸から新しい文化を導入して支配体制を強力にしてきた大和朝廷のなかで，しだいに勢力をのばしてきたのが蘇我氏である。蘇我氏は，6世紀ころから飛鳥の地に進出し，その地の漢氏など帰化人の知識・技術を用いて，朝廷の財政・生産をにない，また仏教をひろめた。さらに朝廷の屯倉をつぎつぎに設け，新しい方式で管理をすすめながら政界を指導した。

　他方，蘇我氏は二人の娘を欽明天皇の妃とし，それらの妃がうんだ皇子・皇女をつぎつぎに即位させて外戚（母方の親戚）の地位を確立したが，その後，この二人の系統のあいだで皇位継承の争いがおこった。当時，大王の地位は，父子の直系にうけつがれるとはかぎらず，まず兄弟のあいだで継承されることがあったから，政争の原因となることが多かった。

　この皇位継承の争いのさなかに，大臣の蘇我馬子は587年，政敵の物部守屋をほろぼし，また592年には崇峻天皇も暗殺した。このような政情不安なときに推古天皇が日本ではじめての女帝として即位した。これは皇位継承にむずかしい問題があるとき，先帝の皇后が天皇としてたてられるという，その後の例をひらいた。そして女帝の甥の聖徳太子（厩戸皇子）*・**が皇太子として摂政となり，蘇我馬子とともに実際の政治にあたった。推古天皇は蘇我氏の基盤である飛鳥に宮をかまえ，ここに飛鳥時代がはじまった。

　　＊聖徳太子・厩戸皇子　「聖徳太子」という呼称は生前には用いられず，没後100年以上経過した後，8世紀半ばの漢詩文集『懐風藻』にあらわれる。一方，8世紀前半に成立した『日本書紀』の「用明天皇紀」には，天皇の4

人の男子のうちの1人が「厩戸皇子」であると記している。「皇子」の尊称は7世紀後半の天武朝以降のものであり，6世紀末〜7世紀初めの太子の時代には「王」とよばれていたことから，「厩戸王」の名称が使われるようになった。

＊＊**伝聖徳太子画像**　12世紀初めから聖徳太子の肖像として法隆寺に伝来し，紙幣にも採用されたが，モデルが太子であるという確証のないことから「伝」がつくこととなった。近年，平城京から発掘された木簡の落書きに太子像とよく似た豊かな袖口の服をまとった男性の画像が発見され，伝聖徳太子像の制作年代を奈良時代前半とする見方がでている。ただし，模写された可能性も否定できず，制作年代を平安時代まで下げる説もある。

聖徳太子の政治

603年，冠位十二階の制が定められた。これは徳・仁・礼・信・義・智の六つをそれぞれ大小にわけて十二階とし，冠の色と飾りとによって等級を示したものである。これまでの代々うけつがれる氏姓とはちがって，個人の功労に応じてあたえられる制度として，豪族を官吏に編成してゆく第一歩となった。しかし皇族や蘇我氏には適用されず，豪族も畿内のものにかぎられていたらしい。

翌604年，憲法十七条が制定された。これは君・臣・民の関係を示し，臣（官吏）の政治に対する心がまえを説いたものである。その際，政治の基本秩序を儒教にもとめ，それを実現する心がまえとして仏教精神を強

▲**石舞台**　奈良県高市郡明日香村にある巨大な横穴式石室で，蘇我馬子の墓ともいわれている。現在は石室が露出している。（田中真知郎氏提供）

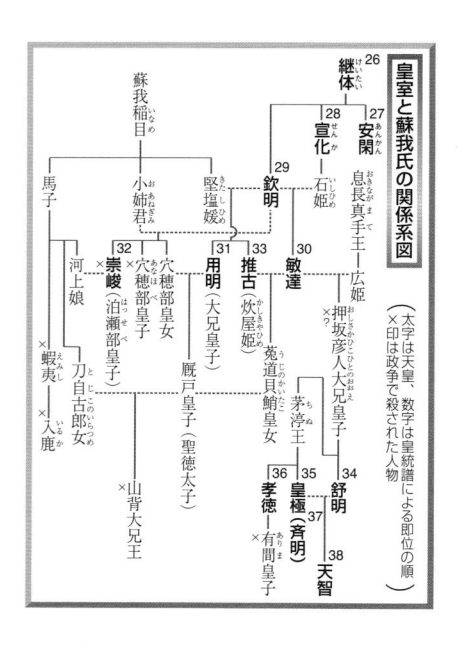

皇室と蘇我氏の関係系図

（太字は天皇、数字は皇統譜による即位の順　×印は政争で殺された人物）

調しているが，現実の政情にてらしたかなり具体的な条文もある。また『天皇記』『国記』などの歴史書が編集され，やがて，"大王"にかわって"天皇"という称号が用いられるようになる。

遣隋使

589年，隋が長いあいだ南北に分裂していた中国を統一すると，朝鮮半島では百済・新羅がこれに朝貢した。しかし，高句麗がしたがわなかったので，隋は高句麗に遠征したが，結局，失敗した。

朝廷はこのような情勢をみて，607年，小野妹子を隋につかわし，翌年，隋が裴世清を来日させると，その帰国に際し，ふたたび妹子をおくるとともに，高向玄理・僧旻・南淵請安ら多くの留学生・学問僧をつかわした。

隋との外交の目的は，百済をへないで中国の制度・文物を直接輸入することにあったが，ここで注目されるのは，日本が中国と対等の外交形式をとったことである。そのねらいは，日本が朝鮮3国，ことに562年に加羅をほろぼした新羅に対し，優位な立場に立とうとしたことにあっ

たらしい。

2　大化の改新

政変の原因

618年，中国では隋にかわって唐がおこり，律令制度による中央集権体制を完成させたうえ，その勢力を朝鮮半島におよぼした。そのため高句麗・百済・新羅は，国内でそれぞれ権力の集中をはかって改革をすすめたが，3国間にも相互の緊張が高まった。645年，唐が高句麗に遠征すると，半島の情勢はいよいよさしせまったものとなった。

このような国外情勢は日本国内の緊張も高め，蘇我氏はますます権力をのばし，馬子のあと蝦夷が大臣となり，皇極天皇のときには，蝦夷の子入鹿が，対立していた聖徳太子の子山背大兄王を攻めほろぼし，政権の独占をはかった。しかし，かえって皇族や他の豪族の強い反発をまねき，これがその後におこる政変の直接の原因となった。

改新の政治

そのころ遣隋使にしたがって中国へ渡っていた留学生らがあいついで帰国し，唐のととのった律令制度についての知識をもちかえった。豪族のなかでも中臣鎌足(のちの藤原鎌足)らは，わが国を律令にもとづく

▶ 7 〜 8 世紀のアジア

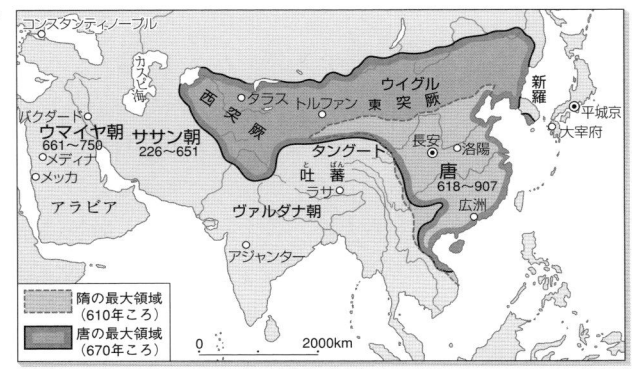

強力な統一国家にしようとし，当時権力をふるっていた蘇我入鹿に反発していた中大兄皇子とはかり，ついに645年，武力による政変をおこし，蝦夷・入鹿をたおした。

　すぐに，孝徳天皇をたて，中大兄皇子が皇太子，中臣鎌足が内臣となって実権をにぎると，政策の立案のため，唐から帰国した僧旻と高向玄理をあらたに国博士に任じ，また中国にならってはじめて大化という年号を定めた。ここに大化の改新*とよばれる一連の改革がはじまった。

　翌646（大化２）年，４カ条からなる改新の詔がだされた。それは，(1)皇族や豪族が個別に土地・人民を支配する体制をやめて公地・公民とし（公地公民制），豪族にはかわりに食封をあたえる，(2)中央（京・畿内）と地方（郡）の行政区画を定め，軍事・交通の制度をととのえる，(3)戸籍・計帳をつくり，人民を登録し，班田収授をおこなう，(4)新しい調などの税制を定める，という内容であったが，その実現にはなお数十年の年月を必要とした。

> ＊大化の改新　蘇我氏を打倒したのち，646（大化２）年正月に出された孝徳天皇による「改新之詔」は，公地公民制への移行をめざす政策を明らかにし，律令国家建設への道筋を明らかにしたものといわれる。その意味で「大化の改新」とは，孝徳天皇の時代の諸改革をあらわす概念といえる。これに対し，蘇我氏打倒の政変については，『続日本紀』の藤原鎌足の関連記事に，「藤原内大臣乙巳年功」とあるところから，「乙巳の変」という名称でよばれるようになった。

近江の朝廷

　改新のあと朝廷内部の不和や分裂がつづき，都は難波へ移ったが，中大兄皇子は叔父の孝徳天皇としだいに不仲となり，天皇をみすてて飛鳥へかえった。天皇は難波の都で病死し，天皇の子有間皇子が，のちに謀叛をくわだてたとして処刑されるという事件もおこった。

　孝徳天皇のあとをうけた斉明天皇は，宮廷造営の土木工事や，阿倍比羅夫らによる蝦夷遠征などをおこなったため，政情は安定しなかった。一方，朝鮮半島では新羅が統一をすすめ，唐とむすんで660年に百済をほろぼした。百済では，その後も豪族が兵を集めて唐や新羅に抵抗し，日本にも救援をもとめてきたので，朝廷は百済に軍をおくった。しかし

663年，白村江*の戦いで唐・新羅軍に敗れ，朝鮮半島での日本の地位はまったく失われた。高句麗も668年にほろぼされ，朝鮮半島は新羅によって統一された。

> ＊白村江　「白村江」は『日本書紀』の表現であり，「はくすきのえ」と読んでいる。中国の『旧唐書』『新唐書』では「白江」，朝鮮の史書『三国史記』では「白沙」とあり，今日の錦江下流といわれる。歴史用語は歴史を理解するためのツールであるが，「はくすきのえ」が事件から半世紀も後の編纂物である『日本書紀』にでている地名であることから，現在の教科書表記に落ち着いたのである。

　中大兄皇子は新羅や唐の攻撃にそなえて，大宰府に水城と山城をきずき，対馬と筑紫に防人をおいた。さらに667年には都を近江の大津宮に移し，西日本各地に城をきずいた。翌年，皇子は即位して天智天皇となり，わが国の最初の令である近江令を定めた。また670年には全国にわ

巨大道路の建設

　近年，全国各地で古代の巨大道路の遺構が発掘されている。その特徴は，平野を可能なかぎりまっすぐにすすむ点にあり，ときには丘を削ってまでも直線にこだわっている。また，道幅は最大で12mにもおよび，今日の4車線分もの広さをもち，両側には側溝もそなえていた。当時の民衆の日常生活や経済活動の水準から考えると，とても異質で巨大規模の土木事業である。

　この道路建設は7世紀後半におこなわれ，緊急時におけるすみやかな情報伝達や軍事移動などを目的としたらしい。都と大宰府とを結ぶ山陽道には，16kmごとに駅家がおかれ，20頭の軍馬が常駐し，いざというときにそなえた。これらの道路建設，駅家制度は周辺の地域住民の負担により実現されたと考えられる。

　この大規模土木事業が，663年の白村江での敗戦とそれにつづく近江京の造営，軍事動員へのそなえを視野に入れた庚午年籍の整備などの一連の危機対応策の一つと考えると，当時の高い危機意識を今に伝える遺跡とみることができる。その後，対外的な危機がやわらぎ，律令国家が変容するにつれて，これらの道路は荒廃していった。

▲**大野城と水城**　大野城は外敵から大宰府をまもるためにつくられた山城。水城は長さ1kmにおよぶ土塁で，外側を濠とし，2カ所に城門を設けた。(ウイングス・P・E宮崎一雄氏提供)

たる戸籍としてはじめて庚午年籍をつくり，内政の充実をはかった。

　しかし天智天皇がなくなると，翌672年，その子大友皇子と天皇の弟大海人皇子のあいだに皇位をめぐる争いがおこり，畿内はもとより美濃・伊賀・伊勢・尾張の地方官や豪族をまきこむ大きな内乱となった（壬申の乱）。天智天皇の政治に不満をもっていた豪族は大海人皇子に味方したので，乱は大海人皇子側の勝利におわり，翌年皇子は，飛鳥浄御原宮で即位して天武天皇となった。

3　律令国家

大宝律令

　天武天皇は，即位ののち一人の大臣もおかず，皇子たちとともに政治をおこない，豪族を新しい支配体制に組みいれようとした。そして684年，八色の姓を定め，豪族を皇室との関係の遠近に応じて新しい身分に位置づけた。また律令や国史の編さんにも着手した。

　つぎの持統天皇（天武天皇の皇后）はこれをうけついで，689年，飛鳥浄御原令を施行するとともに，藤原京*の造営をすすめ，694年，古京の飛鳥からこの新京に都を移した。藤原京はわが国ではじめての中国風な都城である。続いて文武天皇の701（大宝元）年には，刑部親王・藤原不比等らの手によって大宝律令が制定され，ここに日本は律令国家としての形をととのえた。

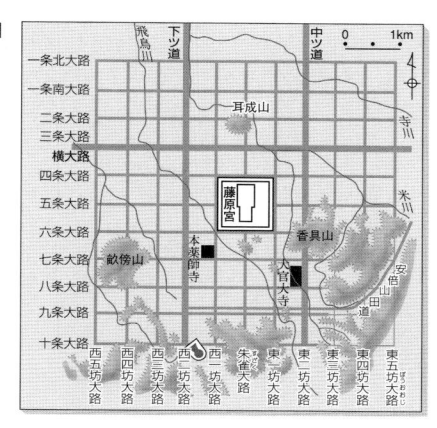

▶藤原京略図

＊**藤原京**　初の本格的な都城である藤原京は，1966（昭和41）年に中心部分の藤原宮の区域が確認され，京域は東西約 2 km，南北約 3 kmの岸俊男説が有力であった。しかし，1979（昭和54）年にその外側に京域内の道路跡とみられる遺跡が発見され，1996（平成 8 ）年には東西京極の位置が確認されて，東西5.3kmと判明した。さらに，2004（平成16）年には京域の北端とみられる道路が確認され，南北4.8kmにおよぶ十条十坊の巨大都市であったと推定されるようになった。

　天皇の位が，父子の直系にうけつがれるという原則が成立したのもこのころである。また，7 世紀末から 8 世紀初めに，わが国はみずからを"日本"と称したことから，中国の歴史書も，『唐書』からはそれまでの「倭」にかわって「日本」という国号を採用した＊＊。

　　＊＊**日本の国号**　古来，中国の各王朝は日本を「倭」と蔑称でよび，日本側も「大倭（やまと）」と記した。『旧唐書』には，648（大化 4 ）年の日本の使者が「倭国は自らその名を嫌って日本と改めた」とある。702（大宝 2 ）年の遣唐使から「日本」という国号が対外的に本格的に用いられ，近年話題となった遣唐使井真成（せいしんせい）の墓誌にも「国は日本と号す」とある。「日本」の呼称が国号として定まったのは，国家建設を意欲的にすすめた天武朝のころの可能性が高いとされる。

中央と地方の官制

　大宝律令は唐の律令を手本とするが，刑法にあたる律が唐の律をほぼうけついでいるのに，行政組織や官吏の服務規定などを定めた令は，日

本の国情にあわせてつくられている。令によれば，政治をおこなう太政官は，太政大臣・左大臣・右大臣・大納言の三位以上の公卿を中心に構成され，ついで中納言・参議が設けられた。政治は彼らの合議で決められ，天皇の裁可をへ，八省によって施行される仕組みであった。

　上級の官吏には，経済的・身分的な特権があたえられた。官吏は位階に応じた官職に任命され（官位相当の制），位禄・季禄，位田・職田などがあたえられた。また，五位以上の貴族の子（三位以上は子と孫）には，その父や祖父の位階に応じて一定の位階と官職があたえられた（蔭位の制）。

　当時の刑罰には，笞・杖・徒・流・死の五刑があったが，貴族と官吏はとくに重い罪でなければ，実刑を科されず，免職や罰金ですますことができた。

　全国は畿内・七道の行政区のもとに，国・郡・里が設けられ，それぞれ国司・郡司・里長が任じられた。そして中央からつかわされた国司

唐と日本の律令

　律は刑罰法，令は国家の行政機構とその運用の基本を役人に示した行政法である。中国の律令は南北朝時代の北魏で発達し，隋・唐で完成した。

　中国では，皇帝が「徳」をもって天下をおさめるために，社会秩序としての「礼」がもっとも重んじられ，それを破るものを「法」で罰することが基本とされたから，律のほうが重視された。

　律令は国家統治の法としてすぐれていたので，日本や，新羅・高麗・渤海・遼・金などの周辺民族にひろくうけいれられた。しかし，日本では，律令は国家の行政制度をととのえるためにとりいれられたから，律よりも令のほうが重んじられ，つとめて日本の国情にみあうように修正された。

　たとえば中央官制において，一般行政が太政官にまとめられ，それとならんで，宮廷祭祀をおこなう神祇官がおかれて2官となったのがそれで，班田制・租調庸制・兵制などにも大きなちがいがある。律令を日本の社会の実情にあわせようとする努力は，格や式がだされることによって，その後もつづけられた。

【律令官制表】

【中央】

神祇官

太政官
- 太政大臣*
- 左大臣／右大臣
- 大納言
- 少納言
- 左弁官／右弁官

弾正台（風俗取り締まり、官吏の監察）

五衛府（衛門府／左右衛士府／左右兵衛府）（宮城などの警備）

＊太政大臣は適任者がなければおかれない。

【地方】

諸国
- 国（国司）
- 郡（郡司）—里（里長）
- 軍団
- 坊（坊令）
- 東西市司

要地
- 左右京職
- 摂津職
- 大宰府—防人司など

四等官制 官職	省	大宰府	国	郡
かみ（長官）	卿	帥	守	大領
すけ（次官）	大少輔	大少弐	介	少領
じょう（判官）	大少丞	大少監	大少掾	主政
さかん（主典）	大少録	大少典	大少目	主帳

中務省（詔書の作成など）／式部省（文官の人事など）／治部省（仏事・外交事務など）／民部省（民政・租税など）／兵部省（軍事、武官の人事など）／刑部省（裁判・刑罰など）／大蔵省（財政・貨幣など）／宮内省（宮中の事務など）

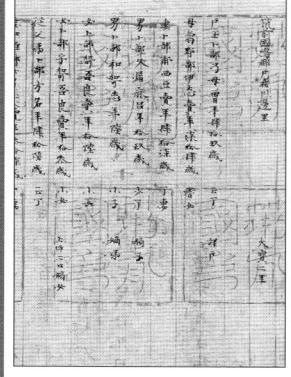

▲**古代の戸籍**　702（大宝2）年につくられた筑前国嶋郡川辺里の戸籍の一部。戸主とその家族の姓名・年齢などが記され、さらにその下には注記もみられる。字面に押された印は筑前国印。（宮内庁正倉院事務所蔵）

が、国造など地方豪族のなかから任命された郡司をひきいて、人民を戸籍・計帳に登録し、50戸ごとに1里を編成し、律令政治の基盤とした。なお特別な地域として、京には左京職・右京職、摂津には難波を管理する摂津職、九州には外交・軍事と管内諸国を統轄する大宰府がおかれた。

班田農民

　国内の民の多くは公民とよばれる農民で、男女とも6歳以上になると、班田収授法によってそれぞれ一定面積の口分田があたえられた。班田は6年ごとにつくられる戸籍にもとづいておこなわれ、口分田は一生耕作することができるが、売買は禁じられた。口分田の額は男子が2反（1反＝360歩＝約11.7アール）、女子がその3分の2、私有の奴婢は良民男女のそれぞれ3分の1とされ、田地は条里制によって整然と区画されていた。死者の田はつぎの班田の年に国家にかえされた。

　農民はこうして最低限の生活を保障されたが、国家に対して租・調・庸、さらに雑徭・兵士役などの義務を負った。租は、口分田にかけられ、

規定の収穫量の3％の稲を地方の倉におさめた。調は，絹・布をはじめ政府の指定する地方の産物を，庸は，中央での労役である歳役のかわりに布・米などをだすもので，ともに農民がはこんで中央政府の倉におさめた。雑徭は国司が徴発する地方の労役であり，また兵士役は各地の軍団に勤務するもので，一部は衛士や防人となって，都のまもりや九州の防衛にあたらなければならなかった。調・庸以下はいずれも，おもに正丁とよばれる成年男子に人別に課せられたものである。

　このほか政府は公出挙といって春に租稲の一部を農民に貸しつけ，秋の収穫のときに5割の利息をつけて返納させ，その利息分を地方政治の財源にあてた。これも強制的な貸しつけで，農民にとっては重い負担となった。

　『万葉集』には，8世紀の前半に筑前の国守をつとめた山上憶良の貧窮問答歌がのせられている。これは貧しい農民が問答をする形式の長歌で，衣食住にもことかく生活の苦しさと，きびしい税のとりたてにせめられるありさまとがうたいあげられており，国司の目がとらえた地方の農民生活が反映されているものと考えられる。

　当時の身分制度をみると，人々は良民・賤民に大きくわけられ，一般の農民は良民にぞくした。賤民には，陵戸・官戸・家人・公奴婢・私奴婢の5種の身分(五色の賤)が規定されたが，身分によって，口分田・労役などの権利・義務にちがいがあった。賤民制は，唐の律令にならって設けられたが，日本では数も少なく，身分上の区別もあいまいで，良民との通婚もおこなわれていた。

4　飛鳥・白鳳の文化

氏寺から官寺へ

　6世紀に伝えられた仏教は，はじめ豪族たちに信仰され，7世紀初めの飛鳥時代には，畿内の諸豪族が祖先の供養や病気をなおすためにきそって氏寺を建てた。蘇我氏の飛鳥寺(法興寺)はその最初のもので，聖徳太子の建立と伝えられる四天王寺・斑鳩寺(法隆寺)，秦氏の広隆寺

など␣も有名である。

　この時期の文化は，中国の南北朝と朝鮮3国の文化の影響を強くうけており，飛鳥文化とよばれる。聖徳太子の仏教の師は，高句麗の僧慧慈といわれ，太子みずからまとめたとされる三経義疏は，法華経・維摩経・勝鬘経それぞれの注釈書で，南朝の梁にその手本があるという。寺院の伽藍には，高句麗・百済の寺院と共通性のあるものが多く，仏像でも，鞍作鳥（止利仏師）がつくったという法隆寺金堂釈迦三尊像は，中国北朝や高句麗系の技法を伝え，中宮寺の半跏思惟像は，南朝や百済系の技法を伝えているものといわれる。また広隆寺の半跏思惟像は，新羅からもたらされた仏像と考えられる。

　7世紀後半の文化を白鳳文化とよぶが，このころ仏教は，朝廷内部でも正式に信仰されるようになっていった。天皇が祈願をかけた寺として最初のものは，舒明天皇の百済大寺であるが，これは天武天皇のとき，大官大寺と名称をかえて完成した。同じ時期に川原寺や薬師寺も建てられ，官寺とされた。

　さらに676年，天武天皇は地方の国々に金光明経などの護国の経典をくばり，僧尼の統制をきびしくし，国家仏教の政策をとりはじめた。白鳳文化は，薬師寺金堂薬師三尊像や法隆寺金堂壁画のように，新羅をつうじて初唐文化の強い影響をうけ，豊かで力にみちたものとなった。

薄葬令

　7世紀には，これまでのように豪族が巨大な古墳をつくる風習はすたれ，かわって氏寺が権威の象徴となった。この時代のおわりになると，氏寺は畿内を中心に，西は九州北部から東は北陸・関東地方北部にまでひろくおよぶようになった。

　646（大化2）年，朝廷がいわゆる薄葬令をだして，古墳の大きさをいちじるしく小規模なものに制限したのも，一つには古墳が豪族の身分をあらわす意味をもたなくなっていたからである。7世紀末か8世紀初めのものといわれる飛鳥地方の高松塚古墳は，身分の高い人の墓と思われるが，わずか径18m，高さ5mの小円墳であった。またこのころ仏教による火葬の風習がひろまり，古墳はしだいに姿を消していった。

① アッシリア　② ギリシア　④ ガンダーラ　③ ササン朝ペルシア　⑤ 中国　⑥ 日本

▲**法隆寺の西院全景**　金堂は1949（昭和24）年に火災にあい，壁画の大部分を焼損した。中門・金堂・五重塔・歩廊は，世界でもっとも古い木造建築の遺構である。

▲**忍冬唐草文様の伝播**　飛鳥時代の建築や工芸品の細部に多くみられる忍冬唐草文様は，中国からさらにペルシア・東ローマにまでさかのぼることができる。これはエジプト・アッシリアにおこり，ギリシアで形成された文様が伝わってきたものと考えられている。

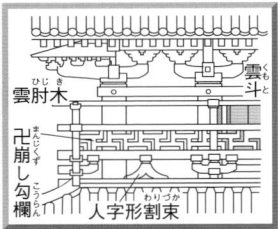

雲肘木　雲斗　卍崩し勾欄　人字形割束

▲▶**法隆寺金堂と組物**　金堂は二重の基壇のうえに，高い重層の建物をのせ，屋根は入母屋造である。北魏などから伝来した卍崩し勾欄や人字形割束などに飛鳥建築の特徴がみえる。本尊の釈迦三尊像を安置する。

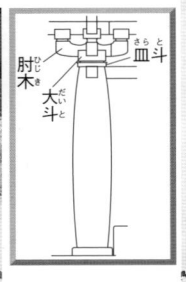

皿斗　肘木　大斗

▲**エンタシスの柱**（法隆寺回廊）　ギリシアのパルテノン神殿につうじる手法である。（渡辺義雄氏撮影）

▶**法隆寺五重塔**　五重塔は高さ約32m，建物の中央を，初層から第五層まで心柱がつらぬいている。

七堂伽藍

　「伽藍」は，サンスクリット語の「サンガラマ」に「僧伽藍摩」の漢字をあてたものを略した語であって，本来は僧侶たちが住む建物の敷地を意味したが，やがて土地・建物をふくむ寺院の総称となった。七堂の構成は時代や宗派によって異なるが，奈良時代には塔・金堂・講堂・僧房・経蔵・鐘楼・食堂を七堂に数えた。

　「塔」は釈迦の墓「ストゥーパ」の漢訳「卒塔婆」にもとづく。本来は基壇のうえに半円球状に土を盛り，上に貴人の象徴である蓋を建てたが，中国では楼閣のうえにストゥーパをのせた形式となり，日本に伝来した。塔は釈迦の墓として重んじられ，飛鳥寺の伽藍配置では塔を中心に3棟の金堂が取りかこんでいた。

　「金堂」は本尊をまつる建物で，原始仏教ではみられなかった仏像が，1〜2世紀ころからつくられるようになると，それを安置するために建てられた。仏を金人ということから金堂の名が生じたが，日本で仏像崇拝がひろまると，塔よりも重視されるようになった。薬師寺や東大寺の伽藍配置では，金堂を中心にそれを飾るように東西に二つの塔を配置した。

　「講堂」は仏法を講ずるための建物で，多くの僧侶が入ることから金堂よりもひろくつくられた。「僧房」は僧侶の寄宿舎で，細長い建物のなかを仕切って共同生活をした。「経蔵」は経典を保管する書庫，「鐘楼」は時刻を知らせるための鐘をつるした建物である。「食堂」は，僧侶が食事をする建物で，食事も修行の一つと考えられ，全員そろって一緒に食べたので，講堂よりもさらにひろくつくられた。

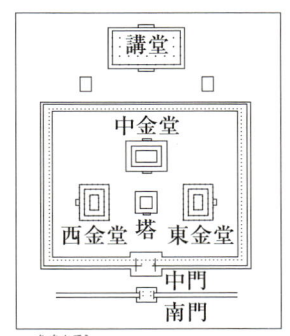

▲飛鳥寺式

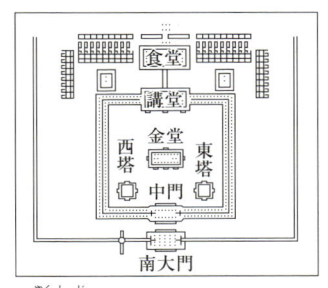

▲薬師寺式

宮廷歌人

　白鳳時代には，百済から漢学の教養を身につけた多くの王族・貴族が日本に渡ってきた影響もあって，宮廷で漢詩文がさかんとなり，大友皇子・藤原不比等らの作品が今にのこされている。

　漢詩文などの影響で日本の古い歌謡の形式がととのい，和歌として五・七調の長歌や短歌が発達した。またそれを記述するのに，漢字の音訓を用いる万葉仮名が定着した。天智天皇・額田　王や柿本人麻呂らは，白鳳時代の宮廷のみずみずしく力強い雰囲気をうたいあげている。柿本人麻呂らの歌には，「やすみしし吾大王」「高照らす日の皇子」「　皇　は神にし坐せば」などという言葉を用いて天皇や皇子をたたえるものが多く，天武・持統両天皇のころに高まった天皇の権力を背景とする時代の雰囲気を伝えている。

5　平城京の政治

国土の開発

　文武天皇が若くしてなくなったあと，その母が即位して元明天皇となると，710(和銅3)年，平城京をきずき，藤原京からここに都を移した。これは律令国家の成長にあわせ，水陸の交通が便利で，宮都にふさわしい土地に都を移したのであろう。以後，都が平安京(京都)に移るまでの80年あまりを奈良時代という。

　政府はその前後から支配の領域の拡大につとめた。まず8世紀初め，東北地方では陸奥国と越後国をわけて出羽国をおき，出羽柵・多賀柵(のちの多賀城)などを設け，同じころ九州南部でも，日向国をさいて大隅国を設け，多褹島(種子島)なども領土に編入した。このようにして，蝦夷や隼人に対する統治もすすんだ。

　産業の開発にもつとめ，農業では水田のほか，畑に粟・麦・豆などを植えるように国司・郡司に指導させ，鉱物資源についても，陸奥の金，周防・長門の銅，近江・美作の鉄などの開発をすすめていった。また708(和銅元)年，武蔵国から銅を産出すると，年号を和銅とあらため，

径約3㎝

▲富本銭（奈良文化財研究所蔵）

和同開珎（かいちん）という銭貨を鋳造し*，蓄銭叙位令（ちくせんじょいれい）などを発して銭貨の流通をはかったが，まだ地方では稲や布が交易の手段として用いられた。

　道路も都を中心に整備され，約16km ごとに駅家（うまや）を設ける駅制がしかれて，都と地方の連絡にあたる官吏がこれを利用した。

　　＊富本銭　1998（平成10）年に，奈良県の飛鳥池遺跡（あすかいけいせき）で富本銭とその破片など33点が，7世紀後半の地層から出土した。これにより富本銭が，それまで最古の貨幣とされた708（和銅元）年鋳造の和同開珎より古いことが明らかとなった。『日本書紀』の683（天武12）年の記述に，「今より以後，必ず銅銭を用いよ」とあり，これが富本銭と考えられる。なお「富本」とは，後漢が五銖銭（ごしゅせん）を発行した際の「富国の本は食貨に在り」の語句に由来するといわれる。

遣唐使

　白村江の敗戦のあと，天智天皇のときから30年あまり遣唐使は中断されていたが，702（大宝2）年に復活された。この8世紀の遣唐使は日唐の政治関係が安定していたため，文化を輸入する使節としての役割を十分にはたした。正式には1回に4船，500人をこえる大規模な使節団が編成され，貴族や僧侶は海を渡るという危険にさらされながらも，さかんな唐の文化を学び，帰国するときは多くの漢籍や仏典などをもちかえった。

　一方，7世紀の百済・高句麗の滅亡により，朝鮮半島からは多くの亡命者がわが国に帰化した。そのうち王族・貴族は8世紀の政界で活躍し，農民はおもに東国の開発にしたがった。新羅との関係は，使節の往来は多かったが安定せず，対等の外交を主張する新羅とこれを朝貢国として位置づけようとする日本とのあいだで，しばしば衝突がおこった。これ

◀ 8世紀の東アジアと日唐交通路

遣唐使

遣唐使は630年の犬上御田鍬（いぬかみのみたすき）にはじまり，9世紀前半まで十数回にわたって派遣され，わが国の文化に大きく貢献した。しかし，遣唐使の旅は苦難にみち，食料も米を蒸してかわかした乾飯（ほしいい）が主食で，栄養失調になることも多かった。

航路は，8世紀初めから東シナ海を横断する南路か南島路をとったが，季節風の知識がほとんどなく，船の構造も弱かったので，荒海をのりきること

ができず，しばしば遭難した。吉備真備（きびのまきび）や玄昉（げんぼう）とともに入唐した阿倍仲麻呂もその犠牲者であった。秀才のほまれ高かった仲麻呂は，35年の滞在ののち，753（天平勝宝5）年帰国の途についたが，4隻の船のうち彼の乗った船だけが安南（あんなん）（ベトナム）に漂着し，ふたたび唐へもどった。「天の原ふりさけみれば春日なる　三笠の山にいでし月かも」は，唐朝につかえて生涯をおえた彼の望郷の歌である。

に対し，中国の東北部におこった渤海は，唐・新羅と対抗する必要上，日本に朝貢し，北方の毛皮などをもたらした。

政治と社会の変化

8世紀初め，皇族・貴族の均衡がとれていた政治体制は，藤原氏の進出でくずれはじめた。藤原鎌足の子不比等（ふひと）は，律令体制の確立に力をつくす一方，婚姻によって皇室とのむすびつきを強め，勢力をのばした。

不比等の死後，皇族勢力を代表する長屋王は藤原氏をおさえようとしたが，不比等の4子の策謀によって自殺させられた(長屋王の変)。

　こうして藤原氏は，不比等の娘光明子を聖武天皇の皇后(光明皇后)にたてて権力をにぎった。しかしこの4子は疫病で死に，皇族出身の橘諸兄が政権をにぎった。この政権に対し，藤原広嗣が大宰府で反乱をおこしたが，しずめられた(藤原広嗣の乱)。

　この間，長屋王のもとで722(養老6)年，百万町歩の開墾計画がたてられ，翌年には三世一身法が施行されて，田地の不足をおぎなう政策がとられた。三世一身法は，新たに灌漑施設をつくって土地をひらいた場合には子から3代まで，古い施設を利用してひらいた場合には本人1代だけに，墾田の私有をみとめるというものであった。さらに橘諸兄のもとで743(天平15)年，墾田永年私財法*が施行され，開墾した土地は永久に私有することをみとめた。

> ＊墾田永年私財法　「墾田永世私財法」ともよばれたが，『続日本紀』に「墾田は……ままに私財と為し……永年取るなかれ」とあることから，近年では「墾田永年私財法」と表記されることが多い。平安時代には私的土地所有の法的な根拠とみられ，律令国家の公地制を動揺させ，荘園制度発展の端緒となったとされた。しかし，近年はわが国の律令制になかった墾田に関する規定を明記し，開墾者の権利の保護と規制を目的とし，律令を補完する法と考えられている。

　その結果，貴族や寺社は，郡司などの地方豪族とむすんで開墾をすすめ，また農民の墾田を買い集めて私有地をひろげ，ここに初期荘園がうまれた。荘園は領主の別宅や倉庫などの施設を中心として経営された。他方，農民のなかには，天災や租税の負担にたえかね，口分田や家をすてて浮浪・逃亡するものもあらわれた。

　藤原広嗣の乱に際して，聖武天皇は平城京からぬけだし，乱の平定後も，なお山城の恭仁，摂津の難波，近江の紫香楽と都を移したが，この間，社会不安が深刻になった。そこで，天皇は仏教の力によって政治・社会の動揺をしずめようとはかり，741(天平13)年に国分寺建立の詔，つづいて743(天平15)年には盧舎那大仏造立の詔をだした。都がやがて平城京にもどると，紫香楽宮ではじめられた東大寺の大仏造立の事業は

平城京に移され，10年後には大仏開眼供養がおこなわれた。

　しかし政治は安定せず，その後も藤原仲麻呂（恵美押勝）・僧道鏡らによって政争がくりかえされた。藤原仲麻呂は，橘諸兄の死後，祖父藤原不比等が編さんした養老律令を施行するとともに，橘奈良麻呂をたおし，淳仁天皇から恵美押勝の名をたまわって，政治の実権をにぎった。しかし，孝謙上皇を看病して信任をえた僧道鏡と対立し，これをのぞこうとして兵をあげたが，逆に敗死した。

　道鏡は，弓削氏の出身であったが，孝謙上皇の病をなおしたことから，復位した称徳天皇の時代に異例の法王に任じられ，仏教政治をおこなった。その後，豊前の宇佐八幡宮の神託と称して道鏡を皇位につけようとする事件がおこったが，これに反対する藤原百川や和気清麻呂らはこれをはばみ，称徳天皇の死後，天智天皇の孫にあたる光仁天皇が即位すると，道鏡は下野国に追放された。

6　天平文化

国史と地誌

　8世紀の文化は平城京を中心にさかえ，聖武天皇のときの年号をとって天平文化とよばれている。律令国家の支配層である貴族には，国の歴史や国土・産物についての知識がもとめられるようになった。

　712（和銅5）年にできた『古事記』は，天武天皇のとき古くから伝わる『帝紀』『旧辞』を稗田阿礼に命じてよみならわせたものを，元明天皇が太安麻呂（安万侶）に筆録させたものである。720（養老4）年にできた『日本書紀』は，舎人親王らが中国の史書の体裁にならい国家の正史として完成させたものである。

　これと前後して，政府は713（和銅6）年，国ごとに土地の産物・地名の由来，古老の伝聞などを記録し，言上するよう命じた。これをうけて国司の報告したものが風土記で，まとまったものとしては常陸・播磨・出雲・豊後・肥前の5カ国のものがのこっている。

▶ **東大寺大仏殿**
（『信貴山縁起絵巻』，
部分）　創建当時の
大仏殿は東西88m，
南北47mの巨大なも
のであったが，平安
末期に焼失した。12
世紀末にえがかれた
この絵巻は，創建当
時の姿をしのばせる
貴重なもの。現在の
大仏殿は，18世紀初
めの再建である。（奈
良　朝護孫子寺蔵）

学問と文芸

　教育機関として，中央には大学，諸国には国学がおかれ，貴族や豪族
の子弟を対象に儒教の経典を中心とする教育がおこなわれた。詩文では
淡海三船・石上宅嗣らが知られ，『懐風藻』は7世紀以降の漢詩文を集
めている。和歌では，山上憶良・山部赤人・大伴家持らの歌人があいつ
いであらわれ，『万葉集』が編さんされた。

　『万葉集』には，白鳳時代に集められた古代の歌謡をはじめ，律令国家
建設をすすめた天皇・貴族の歌が数多くのせられ，東歌や防人の歌の
ように，一般民衆の歌もひろくとりいれられているので，7～8世紀の
政治と社会を知る大きな手がかりとなっている。

国家仏教

　天平年間に東大寺や国分寺が建立されたのは，金光明最勝王経や華
厳経などの仏教経典の思想にもとづき，東大寺大仏を中心に国ごとに
国分寺を配して，天皇に統合される平安な国土を祈ったからであろう。
奈良の寺院には，のちに南都六宗とよばれるようになる三論・成実・
法相・倶舎・華厳・律の諸学派が形成され，仏典の研究がすすめられた。
これには入唐学問僧はもとより，唐から日本に戒律を伝え，唐招提寺を
ひらいた鑑真らのような外来僧の活動も大きな力となった。

寺社参拝と民衆

神社・仏閣は，今日では初詣などの参拝客で大いににぎわっているが，古代の民衆には寺社参拝が制限されることがあった。たとえば，伊勢神宮は皇祖神として，また国家最高神として，天皇のみが幣帛を捧げることのできた私幣禁断の社であった。古代仏教では国家鎮護が主眼であり，聖武天皇は「もし一枝の草，一すくいの土をもって，造立に協力したいと願う者があれば，これを許可せよ」とまでいって民衆の協力に期待したが，いざ東大寺造営が完成すると民衆の参詣を禁じた。

その後，飢饉や疫病から庶民の願いにより新たな神社がうまれ，平安時代末期に朝廷からの財政支援が弱まって，寺院が庶民の寄付をえて再建されていくようになり，東大寺の大仏も民衆の寄付で再建された。伊勢神宮では，庶民に参詣をすすめ，誘導する御師とよばれる集団がうまれ，伊勢信仰が広まることとなった。中世以降，数多くの参詣人を集め，近世には大量の民衆が集団で参拝する「お蔭参り」の現象までうむことになるのである。

このような国家仏教のもとでは，僧尼は鎮護国家のための法会・祈禱に専念させられ，民間に道場を建て，直接に布教することが禁じられていた。しかし行基のように，農民のための灌漑用水や交通の施設をつくるなどの社会事業をすすめながら，布教につとめる僧もあらわれた。

天平の美術

天平時代の代表的な建築に唐招提寺金堂・東大寺法華堂(三月堂)・正倉院宝庫などがある。仏像は，金銅像のほかに塑像や乾漆像の技法が発達し，塑像では東大寺法華堂の日光・月光菩薩像や，東大寺戒壇院の四天王像がのこされ，乾漆像では法華堂の不空羂索観音像，興福寺の八部衆像などが伝えられている。

正倉院には聖武天皇の遺愛品を中心に，宮廷で用いられた工芸品や薬品などが多くおさめられている(正倉院宝物)。宝物のなかには唐ばかりでなく，唐をつうじてもたらされたインド・ペルシア・アラビア・東南

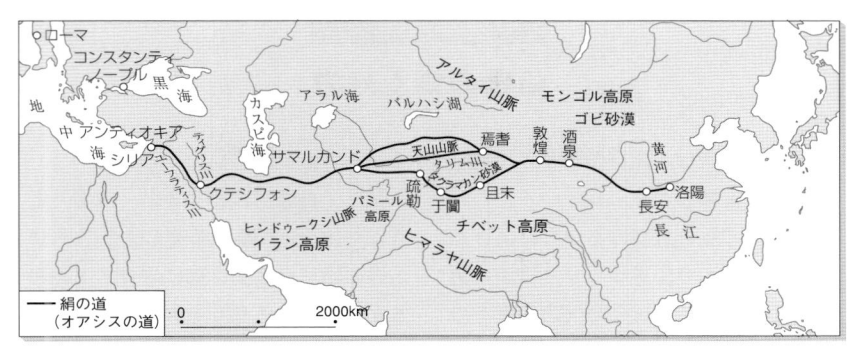

▲絹の道要図

▲白瑠璃碗　▲銀薫炉　▲紺瑠璃杯　▲緑地狩猟文錦（部分）▲漆胡瓶
（いずれも宮内庁正倉院事務所蔵）

◀薬師寺吉祥天像　吉祥天は福徳をつかさどる女神で，宝冠と頭上の輪光がなければ，唐風の衣装をつけた豊満な天平の貴婦人といってもよいほどの世俗的な印象が強い。麻布にえがかれている。（縦53.3cm，奈良　薬師寺蔵）

▶鑑真像　鑑真は聖武天皇のまねきに応じ，たびたびの渡航の失敗にも屈しないで日本に渡来した。この像は艱難で盲目になった高僧の慈悲の相をよく表現している。（乾漆像，高さ80.1cm，奈良　唐招提寺蔵）

　アジアなど遠い異国のものや，外国の意匠をまねて日本でつくられたものも多い。

仏像のつくり方

日本の仏像は木像が多いが，飛鳥時代から金銅像もつくられている。これは中子（中型）と外型のあいだに溶けた銅を流しこんで像をつくり，表面に鍍金をするもので，天平時代の東大寺の大仏の場合には，8回にわけて鋳込みをしたという。

白鳳時代には塑像がはじまった。これは木を芯にして上を粘土でかためたものである。天平時代には塑像が流行したほか，あらたに乾漆像がつくられた。粘土や木でだいたいの形をつくり，上に麻布をはって漆でぬりかため，できあがってから粘土などをぬいてかるくしたものが多い。

弘仁・貞観時代になると，木像，とくに一木造の像が発達した。これは仏像の頭部から胴体部にかけて1本の木から彫りおこしたもので，干割れをふせぎ軽量化をはかるため内刳りをほどこすことが多い。

平安後期にはこれにかわって寄木造が流行した。像の各部分を分割して別個につくり，それらをはぎあわせて全体を完成する方法である。これは分業による量産が可能で，また小さな素材で大きな像をつくれるために，仏像の大量の需要に応じることができた。

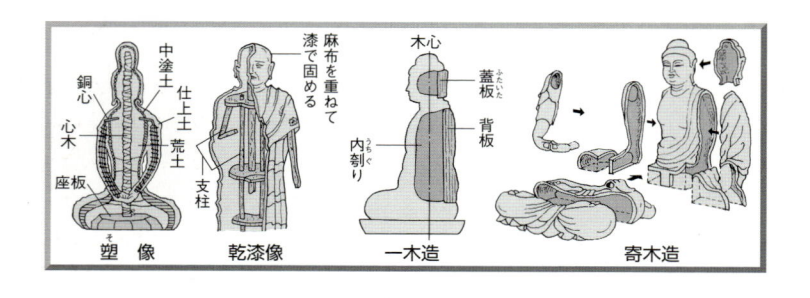

塑像　　乾漆像　　一木造　　寄木造

1 平安遷都

造都と征夷

　光仁天皇のあとをついだ桓武天皇は、あらたな政治基盤を確立するため、寺院などの旧勢力の強い奈良から、水陸交通の便利な山城の地に都を移すことを考え、まず長岡京へ、ついで794（延暦13）年平安京へ遷都した。これから源頼朝が鎌倉に幕府をひらくまで、国政の中心が平安京にあった約400年間を平安時代とよぶ。

　天皇は律令体制をたてなおすため、まず民生の安定につとめた。これまでの徴兵による兵士は質が低下して役に立たないため、全国の軍団をほとんど廃止して、弓馬にたくみな郡司の子弟を健児とし、国司の役所である国衙をまもらせ、また班田収授を励行し、公出挙や雑徭を軽減し

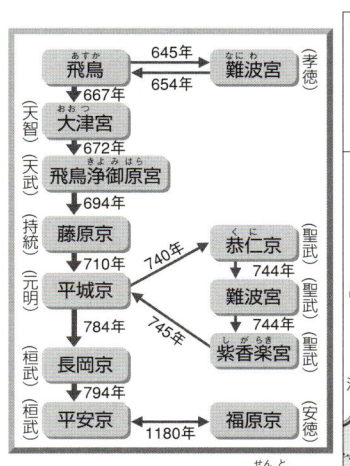

▲古代皇居の変遷　（　）内は遷都したときの天皇名を示す。

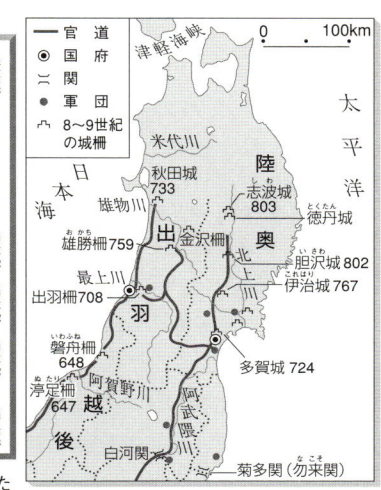

▲東北経営の進展

て農民の負担を軽くした。国司の交代も，勘解由使をおいて監査するなど，地方官をきびしくとりしまった。

一方，奈良時代の末ころからはげしくなった蝦夷*の反乱に対しては，坂上田村麻呂を征夷大将軍に任じて北上川の中流域までを平定させた。田村麻呂はここに胆沢城をきずき，鎮守府を多賀城からこの地に移した。

蝦夷征討はいちおうの成果をあげたが，征討の事業は，新都の造営とともに財政を圧迫し，農民を苦しめたので中止せざるをえなかった。

> *蝦夷　「蝦夷」は，近世ではアイヌを意味したが，古代では「えみし」と読み，東北地方を中心とした地域の住民をさす呼称であった。それは人種概念ではなく，政治的もしくは文化的な概念である。東北地方にアイヌ語の地名が多く残っていることからアイヌがいたことは事実であるが，東北地方の住民すべてがアイヌであったわけではない。律令国家は，中央の支配に抵抗するこの地域の人びとを「毛人」，のちには「蝦夷」と表記したのである。

律令制の変容

桓武天皇のあとをついだ平城天皇・嵯峨天皇も，ひきつづき律令政治の改革をめざした。しかし両者のあいだに争いがおこり，嵯峨天皇は810(弘仁元)年，平城上皇が復位と平城京への復都を企てて失敗した藤

蝦夷と城柵

蝦夷は平安時代末ころから「えぞ」とも読み，中世・近世には北海道やそこに住むアイヌをさすようになったが，古代には「えみし」と読んで，大和王権の支配に服さなかった東北地方の人々を意味した。

東北地方に設けられた城柵は蝦夷支配のとりでとしての軍事施設と考えられてきたが，近年の発掘調査によっ

て，むしろ地方行政の拠点としての性格が強いと考えられるようになった。多賀城・秋田城・胆沢城などでは，一辺が数百ｍの外郭を，土をつきかためた塀の上に屋根瓦をのせた築地塀でかこみ，その中央に政庁を配置している。蝦夷に対して律令国家の威信をみせつけるためではなかったかと考えられている。

▲多賀城正殿復原模型（東北歴史博物館蔵）

原薬子の変（平城上皇の変）＊をきっかけに，政務上の機密事項をまもる
ために蔵人頭をおき，藤原冬嗣をこれに任命した。その後も蔵人頭に
は天皇の側近が任じられ，宮廷庶務の処理や天皇と太政官との連絡にあ
たった。

> ＊薬子の変・平城上皇の変　かつて「薬子の変」とよばれた事件は，嵯峨天
> 皇の兄の平城上皇が国政に介入し，皇権が分裂した結果，おこった。こ
> のとき天皇は，上皇の寵愛をうけていた藤原薬子を解官し，その兄仲
> 成を左遷した。その後，薬子は自殺，上皇は剃髪して決着をみたが，平
> 城上皇の意志が働いていたことは明らかなのに，『日本後紀』は仲成・薬
> 子兄妹に罪を着せた。このことから，近年，従来の「薬子の変」ではなく，
> 「平城上皇の変」とよぶことがある。

　ついで都の治安を維持するために検非違使が設けられ，蔵人頭や検非
違使は，勘解由使などとともに律令に規定されていない官職で，これを
令外官といった。

　さらに租税制を維持することがしだいに困難となり，律令の原則をか
えて現状にあわせる政策が多くなった。なかでも重要なのは，823（弘仁
14）年，大宰府の管内に口分田やそのあまりの田の6分の1をさいて設
けた公営田である。

　公営田は村々の有力者を管理者とし，農民に食料と労賃をあたえて耕
作させ，その収穫のなかから，彼らの租・調・庸にあたる分を差しひき，
のこりを官の収入にした。これは，これまでの口分田や成年男子を中心
に賦課した租税の体系を大きくかえるものであり，このあと同じような
方式で，各官司の役人の給与にあてるため官田・諸司田などが設けられ

た。

　また律令の規定をあらためる 格 と，その施行細則としての式は，詔・勅・太政官符などの形でそのたびに発布され，実際の政治をおこなう基準となっていたが，嵯峨天皇はそれまでの格式を整理して，弘仁格式にまとめた。この事業は清和天皇の 貞 観格式，醍醐天皇の延喜格式にひきつがれて三代格式といわれ，律令につぐ貴重な法典となった。これとは別に， 淳 和天皇のとき，令の公式の解釈を示した『 令 義解』も編集された。

2　弘仁・貞観文化

新仏教の展開

　平安遷都から9世紀末ころまでの文化を弘仁・貞観文化とよぶ。この時期の文化には唐文化の影響が強く，新しい仏教，ことに密教がさかんになった。

　桓武天皇は仏教勢力が政治にかかわりをもつことをおそれて，平城京の寺院を平安京に移さず，むしろ僧や寺院に対する監督をきびしくした。この動きに応じてあらわれたのが最 澄 と空海である。

　最澄は近江，空海は讃岐にうまれ，ともに南都(奈良)で学んだのち，山林で修行をかさね，804(延暦23)年には唐へ渡って，それぞれ天台宗と真言宗を学んだ。

　帰国後，最澄は桓武天皇の庇護をうけ， 成 仏に身分や能力の差のないことを主張して南都仏教とはげしく対立した。そして僧侶に戒律をさずけるための戒壇をあらたに比叡山に設立することを願い，延暦寺を建てた。

　空海は嵯峨天皇に願い，高野山に金剛峯寺を建て，京都では教王護国寺(東寺)をたまわって国家のために密教の修法をおこない，密教理論の体系化につとめた。密教は，釈迦の教えを教典によって学んだり修行したりして悟りをひらこうとする一般の仏教(顕 教)に対し，大日如来を中心に形づくられた仏・菩薩の世界に，秘密の呪法をもって接すれば，

▲**室生寺金堂**　正面 5 間，側面 4 間(現在は側面 5 間)で檜皮葺(現在は柿葺)。柱の組み方など簡素な構造が特徴である。山地に建てられた弘仁・貞観期の寺院建築の性格をみることができる。(室生寺蔵)

▶**室生寺五重塔**　8 世紀末ころに建立されたと推定されている。非常に小型の建築で，屋根は檜皮葺である。(室生寺蔵)

心身ともに仏と同一になり，現世利益もえられるとする教えである。

　天台宗でも，最澄の死後，円仁・円珍によって密教化がすすみ，真言宗とともに貴族社会とむすびついて発展した。東寺を中心とする真言宗の密教を東密，天台宗の密教を台密という。

　空海は漢文学にもつうじ，『性霊集』をのこしたほか，書道でも嵯峨天皇・橘逸勢とともに唐様の名手とされ，のちに三筆と称された。また庶民教育のために綜芸種智院をひらき，干ばつになやまされていた讃岐の農民のために満濃池をきずいた。

漢文学の隆盛

　この時代は貴族のあいだで漢文学がさかんとなり，大学でも，儒教を学ぶ明経道にかわって，中国の史学・文学を学ぶ紀伝(文章)道が中心となった。有力な氏族は大学別曹を設けて，一族の子弟の教育につとめた。和気氏の弘文院，藤原氏の勧学院，橘氏の学館院，在原氏の奨学院などが知られる。これらは図書館と寄宿舎をかねたような施設で，学生には学費が支給され，また大学では講義がうけられた。

　勅撰漢詩集として『凌雲集』『文華秀麗集』『経国集』などが編さんされ，

◀**薬師寺僧形八幡神像**　9世紀末の制作と考えられる神像彫刻で，彩色もかなりのこっている。薬師寺の鎮守八幡宮の神体。（木像，高さ39.1cm，奈良　薬師寺蔵）

▶**元興寺薬師如来像**　神護寺の薬師如来像とならぶ傑作。薬壺をもった左手をやや下にさげ，目を細め，口をひきしめている。榧の一木造。（木像，高さ165.4cm，奈良　元興寺蔵）

漢文学は隆盛期をむかえた。その背景には，文章は国をおさめるたいせつなわざであるとの思想があり，紀伝道の家がらである菅原氏や小野氏からすぐれた官吏がでて，国司として善政をおこなったものも多い。しかし藤原氏が政治を独占すると，このような意識は失われていった。

密教芸術

　天台・真言の両宗は山林修行を中心とする仏教で，それまでの官寺仏教とは異なっていた。したがって建築でも，堂塔は山中の地形に応じて自由な配置で建てられた。大和の室生寺はその代表的なものといえよう。

　仏像は修行者の手になる木彫りのものがふえ，ことに一木造で翻波式の衣文と，豊満で神秘的な表現形式に特色があった。神護寺薬師如来像や法華寺十一面観音像などはその代表である。また密教の教理は，図像的な表現をかりて明らかにされると考えられ，諸仏の世界を一定の方式にもとづいて図化した曼荼羅がつくられた。神護寺や東寺の両界曼荼羅など，その遺品は多い。

3　貴族政治の展開

藤原氏の台頭

　嵯峨天皇がなくなると，藤原氏の北家は急激に勢いをのばした。天皇の信任のあつかった藤原冬嗣は，皇室との姻戚関係をふかめ，その子良

房は太政大臣に任じられたあと，858（天安2）年，清和天皇が幼少で即位すると，その外祖父（がいそふ）として，天皇にかわって事実上，政治を掌握した。

　この間，良房は承和の変で伴健岑・橘逸勢らの有力な氏族の勢力をしりぞけた。また，866（貞観8）年，応天門の変がおこった。これは内裏（だいり）のなかで，政治をおこなう朝堂院の正門である応天門に火災がおこり，ときの大納言伴善男が左大臣源信（まこと）をおとしいれようとして放火させたとされ，善男が処罰された事件である。この結果，伴（大伴）とこれに関係のふかかった紀氏の勢力が中央政界から追われた。この事件をきっかけに，清和天皇は，太政大臣に「天下の政治を摂（と）り行わせる」こととし，藤原良房が正式に摂政となり，藤原北家の力が強まった。

　その養子基経は，つぎにたった陽成天皇の伯父（おじ）で，右大臣として摂政の任にあたり，さらに太政大臣に任じられたが，天皇を廃して光孝天皇を位につけた。光孝天皇はその功にむくいるため，884（元慶8）年，基経に天皇をたすけ百官をひきいて政治をとるよう命じた。つぎの宇多天皇もこの意志をつぎ，天皇に奏上したり，天皇から命令することは，すべて太政大臣に「関（あずか）り白（もう）させる」こととした。これが関白のはじめであ

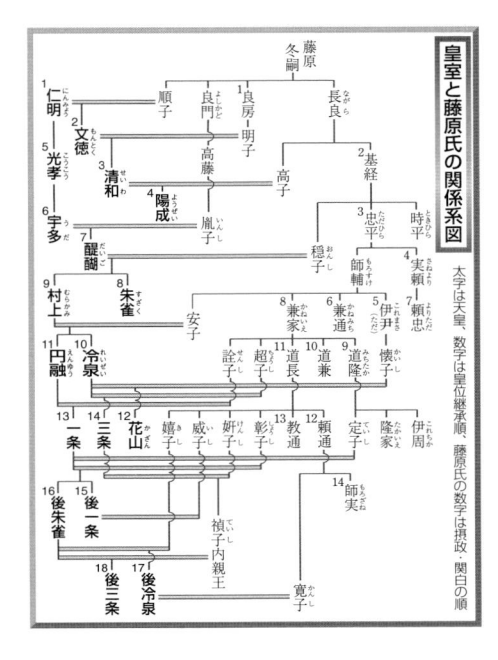

皇室と藤原氏の関係系図

太字は天皇，数字は皇位継承順，藤原氏の数字は摂政・関白の順

る。

延喜の治

　しかし藤原基経がなくなると，宇多天皇は摂政・関白をおかず，菅原道真を登用してみずから政治をおこなった。道真は基経の子時平とならんで昇進し，醍醐天皇のときには，時平が左大臣，道真が右大臣となった。これは学者の家がらとしては異例の昇進であるが，901（延喜元）年，道真は時平の策謀で大宰府に流された。

　醍醐天皇の時代には，くずれつつあった国司や戸籍の制度をまもる努力がはらわれ，延喜格式や『日本三代実録』という法典と国史の編さんの最後をかざる事業もおこなわれた。そのため，この時代はのちの村上天皇の治世とともに，延喜・天暦の治といわれて後代には理想とされたが，すでに地方政治はみだれ，律令体制はくずれつつあった。

地方政治と国司

　このころから地方政治をになう国司のなかには，任地先の国衙に目代を派遣して政治をおこない，国司の俸禄だけを手にしようとするものがあらわれた。これを遙任という。

　一方，在国の国司で最上位のものは受領とよばれ，国務を一手におさめ，一定の租税を政府に請け負う形で任国を私領化し，多くの富をたくわえるようになった。988（永延2）年，「尾張国郡司百姓等解」によってうったえられた藤原元命は，このような国司の一例である。

　この受領の支配に対抗して，在地の豪族は中央の貴族・寺社とむすび，荘園をひらいて租税をおさめなかったから，受領は政府の荘園整理令を実行しながら，貴族・寺社とするどく対立した。しかし受領は，一方で貴族・寺社に財物を寄進してその地位をえたり（成功），同じ地位に再任されたり（重任）するための努力をしなければならない立場におかれていた。

　やがて目代のもとで，地方豪族から登用された在庁官人が国政の実務をにぎるようになって，在地勢力が進出し，地方政治はしだいに変質していった。

承平・天慶の乱

　延喜と天暦との中間にあたる承平・天慶年間には，時代をゆるがす東西二つの内乱がおこった。

　そのころ，有力な地方豪族のなかには，勢力をのばすために，弓矢をもって戦い，またその配下に家子とよばれる一族や，郎党などの従者をひきいて武士化するものがあらわれた。朝廷や貴族は，地方武士を「侍」として奉仕させ，宮中を警備する滝口の武士に任じたり，諸国の追捕使や押領使に任命して，地方の治安維持を分担させたりした。

　地方武士の動きは，とくに東国ではげしかった。桓武平氏の高望王は上総の国司として関東にくだると，その子・一族らは，そのまま土着して地域の支配者となった。平将門もその一人である。承平年間，将門は同族および他氏とのあいだに私領をめぐる争いをおこしたが，さらに土地や租税をめぐって国司・郡司と対立すると，国司に対抗していた豪族と手をむすび，939（天慶2）年，国府に対する反乱をおこした（将門の乱）。将門はたちまち常陸・下野・上野の国府を攻めおとし，関東の各国司を任命し，みずから"新皇"と称するにいたった。

　同じころ，西国でも伊予の掾（国司）として赴任したまま土着した藤原純友が，伊予の日振島を拠点に瀬戸内海の海賊をひきいて，各地で放火・略奪をはたらき，940（天慶3）年には，山陽道・南海道の国々をおそい，ついに大宰府を攻めおとした（純友の乱）。

　これらは，地方の武士勢力が国家に対し武力によっておこしたはじめての反乱で，結局は政府の力でしずめられたが，その平定には，東国で

▲将門の首を運ぶ藤原秀郷の隊列（『俵藤太絵巻』，金戒光明寺蔵，京都国立博物館提供）

▲純友を攻める藤原倫実（『楽音寺縁起』，広島　楽音寺蔵）

は平貞盛と藤原秀郷ら，西国では源経基らの武士の力をかりたので，源平二氏が進出するきっかけとなった。

4　摂関政治

摂関の地位

　醍醐天皇のあと，藤原時平の弟にあたる忠平が，太政大臣として摂政や関白に任じられたが，村上天皇は忠平の死後摂関をおかず，政治をあらためようとした。しかしそれも一代かぎりで，その後は藤原北家のなかでも忠平の子孫だけが摂関に任じられ，969（安和2）年，安和の変によって左大臣源高明が地位を追われると，摂関はつねにおかれるようになった。

　しかも，この摂関の地位をめぐって，忠平の子孫同士の争いがつづいて，この争いに勝ちのこった藤原道長は，4人の娘をつぎつぎに天皇・皇太子の妃とし，朝廷で権勢をほしいままにした。後一条・後朱雀・後冷泉の3天皇はみな道長の外孫で，道長の子頼通も，この3天皇の時代，約50年間にわたり摂政・関白をつとめ，摂関家の勢力のもっとも安定した時代となった。

　摂政・関白は，令制の左・右大臣や太政大臣の職務とかかわりなく，その上に位するものとなり，もっぱら天皇の外戚にあたるものが任じら

▲**貴族の遊楽** 1024（万寿元）年9月，後一条天皇と東宮は藤原頼通の邸へ行幸啓した。天皇は寝殿内にあり，多くの貴族たちとともに船楽を楽しんでいる。ひろびろとした建物，庭の池の竜頭鷁首の船，公卿の束帯姿など，貴族の生活がしのばれる。13～14世紀の作。（『駒競行幸絵詞』，部分，和泉市久保惣記念美術館蔵）

れた。また天皇が幼少のときには摂政となり，成人ののちには関白となるのが慣例となり，摂関につくものは藤原氏の氏長者という私的な地位もかねるようになった。

貴族の生活

　そのころの貴族は，結婚すると夫が妻のもとに通い（妻問婚），または数人の妻のうち，おもだった妻の家に同居することが多かった。したがって婚姻生活の中心はむしろ妻の家にあり，子もそこで養育された。天皇の外祖父が勢力をふるう摂関政治は，このような貴族の生活慣習によるところが大きい。

　男子は15歳前後で元服すると成人としてあつかわれ，官職をえて朝廷に出仕したが，その昇進の順序や限度は，家がらによってほぼ一定していた。朝廷での仕事も，すべて先例によっておこなわれ，儀式的な年中行事が発達し，これらについて十分にこころえていることがたいせつな教養とされた。

　政争にあけくれた貴族社会では，天災や社会不安がおこると，それは

▲**清涼殿の落雷**(『北野天神縁起絵巻』，部分，京都　北野天満宮蔵)

政治的事件で不遇な最期をとげた人の祟りだとし，その霊をなぐさめる御霊会がさかんになった。菅原道真をまつる北野天満宮が建てられたのもそのあらわれである。また，京都の祇園社(八坂神社)の御霊会は，都市の疫病流行を外来の牛頭天王の祟りとし，多くの矛(鉾)をたててこれを鎮めようとしたものといわれ，現在の祇園祭の山鉾巡行はこれに由来する。

　さらに吉凶を占う陰陽道の信仰から，物忌といって，不吉なことがあると家にとじこもるとか，外出するのに方位の吉凶を占い，凶の方角だと一度場所を移して，方角をかえて出発する方違など，身にふりかかる災いをさけようとする世相が一般化した。

東アジアの変動

　日本の律令体制がしだいに形をかえていった10世紀は，東アジアの変動期でもあった。894(寛平6)年，菅原道真が遣唐使に任じられながらその中止をもとめ，結局遣唐使は廃止された。これは唐がおとろえ，アジアの国際関係に変化が生じていたからであり，唐・新羅・渤海はいずれも10世紀前半にほろんだ。

　その後，中国では五代の動乱をへて宋(北宋)がおこり，朝鮮では高麗，北方では遼(契丹)が国を建てた。すでに日本と新羅や唐とのあいだでは，私貿易がおこなわれていたが，10世紀にはいると，貿易を目的とし

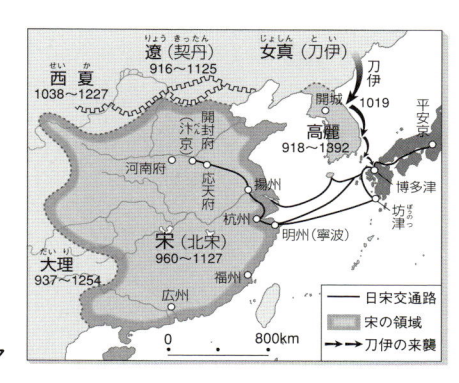

▶10・11世紀ころの東アジア

て海を渡る商人の活動がさかんになった。

　唐や宋はおもな港に貿易を統制する役所をおき，大宰府と連絡をとり
ながら，したがわない商人をとりしまった。これらの商人は，アラビ
ア・インドや南海の諸国とも貿易し，日本でも，貴族や大宰府の土豪・
商人・荘園領主などと自由に私貿易をおこなった。また宋の商人のなか
には博多津（福岡市）に住むものがおり，日本の僧のなかにも宋船で宋に
渡るものがいた。

　1019（寛仁３）年には，とつぜん北方から刀伊（女真人）が，対馬・壱
岐・筑前をおそった（刀伊の来襲）。これは大宰府とその周辺の土豪の力
によってしりぞけられたものの，平安になれた朝廷や貴族に大きな衝撃
をあたえた。

5　国風文化

かな文学

　藤原氏がさかえた10〜11世紀の文化を藤原文化，または国風文化とよ
んでいる。この時期は遣唐使の中止によって大陸文化を相対化するなか，
日本的な思想や意識が表面にあらわれ，文化の国風化がすすんだ。また，
貴族が地方政治からはなれ，その意識も宮廷生活を中心とする世界にか
ぎられるようになった社会的背景も，文化に強く反映している。

　平安初期の漢文学に対し，和歌がふたたびさかんになり，物語や日記

▲**草がなが記された最古級の土器** 富山県射水市の赤田１遺跡から出土した９世紀後半のものと推定される酒杯の裏面に，平がなの前段階にあたる草がなで墨書された「な」「に」「は」などの17文字が確認された。これは草がなが記された土器としては最古級の資料とされている。（射水市教育委員会蔵）

▲**紫式部**（『紫式部日記絵詞』，のちの後一条天皇を宿した中宮彰子（左）に，『白氏文集』を進講する紫式部（右）。

があらたな文学として登場した。これは表音文字としての平がな・片かながつくられ，日本的な感情が自由に表現できるようになったためでもある。

　紀貫之らが編さんした『古今和歌集』は最初の勅撰和歌集で，貴族のこまやかな感情や技巧をこらした表現にすぐれ，その後の和歌の手本とされた。また紀貫之の『土佐日記』は，彼が土佐守の任期をおえて帰京するまでを紀行文としてまとめたもので，日記文学のはじまりとなった。

　物語では口伝えの説話が発展した素朴な『竹取物語』から，本格的な文学としての『源氏物語』にいたるまで，すぐれた作品が多く書かれ，国文学の最盛期をむかえた。とくに紫式部の『源氏物語』は宮廷生活のなかでくりひろげられる男女の恋愛感情の動きやその背景となる自然を，こまやかな感覚で美しくえがいている。また清少納言は，人生や自然を女性らしい才気で観察し，随筆『枕草子』にまとめた。

　これらの文学は摂関時代の宮廷の生活ぶりをよく示し，作者には貴族の娘や宮廷で奉仕する女官が多くみられる。これは，貴族が娘を宮廷にいれ，外戚の地位をえることをきそった当時の風潮とも関係がある。

浄土信仰

清少納言と紫式部

摂関政治の時代に，外戚の地位をのぞんだ貴族は自分の娘を後宮にいれて，皇子がうまれることを期待した。その際，多くの有能な女房をつけたから，宮廷ではなやかなサロンが形成され，そこに多くの文学作品がうまれることになった。

一条天皇には，藤原道隆の娘の皇后定子と，道長の娘の中宮彰子があり，後宮においても，この両者は対立関係にあった。清少納言は定子に，紫式部は彰子につかえた女房で，ともに下級貴族の家にうまれたが，豊かな学識と文才にめぐまれていた。

清少納言は日本・中国の古典の知識をもとに才気あふれるやりとりを積極的にくりひろげ，才女の評判が高かった。その際の自慢話などもおりこんだ随筆『枕草子』には，女性らしいするどい観察力がみうけられる。定子の死によって宮廷を去り，その後は明らかでない。

紫式部はその文才を藤原道長にみとめられたが，むしろひかえめな人がらで，漢文の素養のあることを他人から気づかれないようにしたほどであったといい，『紫式部日記』のなかで清少納言の生き方を軽薄だと批判している。そして，理想的な貴族，光源氏の一生をえがいた大長編小説『源氏物語』を書いた。彰子の宮廷サロンが勢力をえるにつれて，この二人の女性のあいだにもはげしい感情の対立がうまれたように思われる。

仏教と在来の神祇信仰との調和をめざす神仏習合の動きは，すでに奈良時代にはじまるが，平安時代には，神々を特定の仏とむすびつけ，神の本来の姿は仏であるとする本地垂迹説がうまれた。

一方，南都仏教や天台宗・真言宗などの有力寺院の荘園が地方にふえていくと，荘園領主の鎮守神をまつって荘民の心のよりどころとするものが多くなった。また，今までの山岳信仰が仏教・道教とむすびついて，修験道という特異な信仰を発達させた。

これまでの仏教がこのような動きを示していたとき，あいつぐ戦乱や災害に律令政府が無力であるという現実は，仏法のおとろえを感じさせ，世も末になるという末法思想をうみだした。これは，釈迦がなくなってから2000年たつと末法の時代にはいって仏法がおとろえるという思想で，

これにもとづいて1052（永承7）年が末法の初年にあたるという考え方が流行した。

これとあいまって，この世でなく死後の世界（彼岸）に浄土をもとめ，阿弥陀仏にすがって極楽浄土に往生することを理想とする浄土教がひろ

藤原道長の経筒

奈良県南部の大峰山（金峯山）は，修験道の祖とされる役小角がひらいたといわれるが，ひらかれたのは考古遺物からは古墳時代後期までさかのぼると考えられている。奈良時代には金峯山（大峰山）は金御嶽とよばれて，地下には黄金の浄土があると信じられ，平安時代には修験の霊場となり，貴族の参詣もさかんになった。

藤原道長は1007（寛弘4）年8月に金峯山へ参詣し，そこにみずから書写した法華経などを埋納したが，このことは道長の日記『御堂関白記』に記されている。

その経典をおさめた経筒が，1691（元禄4）年に金峯山経塚から出土したと伝えられている。2枚の銅板を貼りあわせてつくられ，底部には経筒の製作者の「伴延助」の名が，蓋の側面には「南無妙法蓮華経」を意味する梵字が，筒の側面には500字以上におよぶ銘が刻まれている。

銘文には日付や「道長」の文字もみえる。これはこれまでに発掘された経塚遺物のなかでもっとも早い紀年のある経筒とされ，国宝に指定されている。

▲藤原道長埋納経筒　1007（寛弘4）年，藤原道長が金峯山にのぼって祭儀をおこない，法華経などを埋納したときに用いたもの。「大日本国左大臣正二位藤原朝臣道長」の銘がある。埋納用の経筒としては，日本では現存最古。（金銅製，高さ34.6cm，直径15.3cm，奈良県，金峯神社蔵，京都国立博物館提供）

▶空也像 「市 聖」とよばれた空也が，民間で念仏行脚をしている姿をあらわしたもの。口に「南無阿弥陀仏」ととなえると，その一音一音が阿弥陀仏になったという伝説を彫刻化したもの。鎌倉時代中期の康勝の作。（木像，高さ117.5cm，京都 六波羅蜜寺蔵）

◀法界寺阿弥陀如来像（寄木造，高さ280cm，京都）

まった。空也は民衆にこの考えを説いて念仏をすすめ，源信は『往生要集』をあらわして，念仏によって極楽往生できる根拠をあきらかにし，貴族をはじめ多くの人々に信仰をひろめた。

国風の美術と風俗

　浄土教のひろまりは，美術のうえにも強い影響をおよぼした。貴族の阿弥陀信仰をあらわす阿弥陀堂建築のうち，藤原道長は法成寺御堂を建て（現存しない），続いてその子頼通が宇治の別荘を寺とした平等院鳳

▲平等院鳳凰堂　1052（永承7）年，藤原頼通が宇治の別荘を寺としたのが平等院である。その阿弥陀堂である鳳凰堂は，1053（天喜元）年に落成した。裳階をつけた中堂を中心に左右につくられた2階建ての翼廊は，鳳凰が翼をひろげた姿をかたどったようにみえる。（京都）

▲**寝殿造**(東三条殿復原模型)　東三条殿は平安時代に摂関家が住居としたところで，当時の代表的な寝殿造である。東西約109m・南北約218mの広さで，周囲に築地塀をめぐらし，東と西に四足門がある。敷地の中央に寝殿があり，東面には透渡殿が設けられて東対と接続する。西面は透渡殿から西透廊がのびて釣殿へとつづく。庭園には池や中島があった。（国立歴史民俗博物館作成）

風堂は，極楽の蓮池をかたどった池に面して左右に回廊をのばした優美な御堂である。

　堂内には定朝作の阿弥陀如来像が安置され，壁面には，彫刻や絵画で阿弥陀仏や多くの菩薩たちの来迎のさまがあらわされている。定朝はこれまでの一木造にかわって，仏師の組織的な分業により，いくつかの部分にわけて彫った仏身を寄せあわせてつくる寄木造の技法を完成し，多くの仏像の注文に応じた。人々の極楽往生の願いにこたえて，阿弥陀仏が来臨するありさまを示した来迎図がさかんにえがかれた。

　貴族の住宅としては，白木造・檜皮葺・板床の諸屋を廊でつなげる日本風な寝殿造の建物がつくられ，室内には日本の風物をえがいた大和絵の屏風や蒔絵の調度品などが用いられた。書道も前代の唐様に対して優美な和様が発達し，小野道風・藤原佐理・藤原行成があらわれ，のちに三跡と称された。

　服装も中国的な服制にかわって，男子は正装として束帯・衣冠，平服として直衣・狩衣を用い，また女子は正装として俗に十二単とよばれる女房装束，略服として小袿を用い，生活のうえでも国風化がすすん

でいった。

6　荘園と武士団

荘園の発達

　律令の土地制度がくずれていくなかで，地方の農村では経済力の豊かな豪族や有力農民の動きが活発になっていた。彼らは，周辺の農民を支配下にいれながら，墾田の開発をすすめた。

　そのため彼らの経営能力に目をつけた国司は，一定の期間をかぎって田地の耕作を請け負わせ，租税を徴収するようになった。その請け負い人は田堵とよばれ，請け負った田地は田堵の名をつけて，名または名田とよばれた。田堵のなかには国司とむすびついて勢力を拡大し，大規模な経営をおこなう大名田堵も多くあらわれた。

　10～11世紀にかけて大名田堵は，各地で勢力を強めた結果，開発領主とよばれて一定地域を支配するまでに力をのばしていった。そこで国司は支配下の地域をあらたに郡や郷などの単位に再編成し，開発領主を郡司や郷司に任じ，その徴税を請け負わせるようにした。成長した開発領主は，国司や他の領主の干渉をしりぞけるために，中央の有力な寺

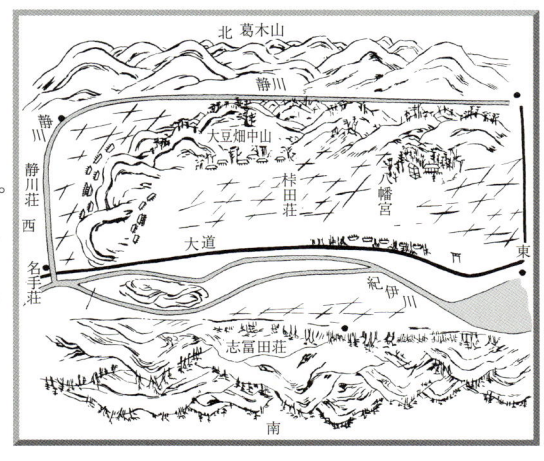

▶**荘園の絵図**　神護寺領紀伊国桛田荘（現，和歌山県伊都郡かつらぎ町）の図で，荘園村落の実情をよく知ることができる。荘園の東北端に八幡宮があり，民家は山麓や紀伊川（現，紀ノ川）のへりの大道にそっている。四隅と紀伊川の南の点は荘の領域を示す。この荘園は9世紀初めに開発され，12世紀末に神護寺に寄進された。（京都神護寺蔵）

社・貴族に郡や郷を寄進して荘園とした。

　寄進をうけた荘園の領主を 領 家とよぶが，この荘園がさらに上級の大貴族たちにかさねて寄進されたとき，その上級領主を本家とよんだ。領家・本家のうち実質的な支配権をもつものを本所といい，本所は荘園の富を自分のものにするかたわら，寄進した開発領主は下司などの荘官となり，領地の支配権を強めた。こうした荘園は初期荘園と対比して寄進地系荘園とよばれ，11世紀半ば以後，各地につぎつぎとうまれていった。

荘園と公領

　荘園のなかには，荘園領主の権威によって国家から租税を免除される不輸の権を獲得するものもあらわれた。有力な寺社や貴族の荘園は中央政府から太政官符や民部 省 符によって租税の免除をみとめられることがあり，それを官 省 符 荘とよんだ。

　平安中期には，国司によって不輸の権をみとめられた荘園もうまれていて，これを国 免 荘とよんだが，さらに田租などの徴収のため耕地の面積を調査する検田使などの国司の使者が立ちいらないという不 入の権をえるところも多くなった。

　このため国司は荘園整理令によって，荘園の停止や特権の審査をおこなったが，荘園の整理は容易ではなく，国司と荘園領主との対立がふかまった。しかし，荘園がしだいに定着してくると，国司の長である受領も荘園以外の土地を私領のように経営するようになった。これを公領（国衙 領）とよぶ。

　そうした段階の荘園や公領では，耕地の大部分は 名 田として，有力農民にわりあてられ，彼らは 名 主とよばれた。名主は名田の一部を下人などの隷属農民や作人とよばれる農民などに耕作させるとともに，年貢・公事などを荘園領主や受領におさめて，村落の農民の中心となっていた。このように律令の土地制度は，荘園や公領を中心とした土地制度に大きくかわっていった。

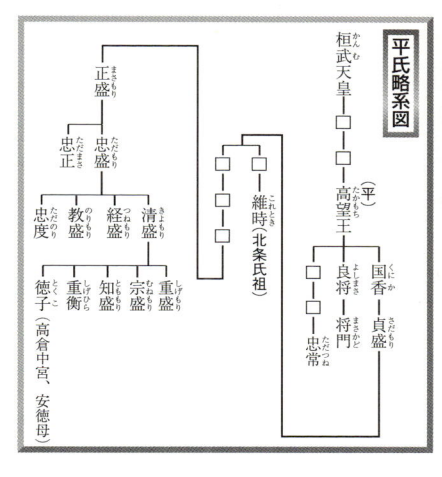

平氏略系図

桓武天皇□─□（平）高望王─国香─貞盛

良将─将門

忠常

（以下、略系図内の系譜）
正盛─忠盛
忠正
経盛
清盛
教盛
忠度
重衡
知盛
宗盛
重盛
徳子（高倉中宮、安徳母）
維時（北条氏祖）

▲宿直の侍（『石山寺縁起絵巻』、石山寺蔵）

武士団の成長

地方政治が混乱するなかで，各地の武士団は荘園や公領を足場に大きく成長した。それをまとめたのが武士の棟梁である。彼らの多くは在庁官人などの国衙の役人や，受領の経験者であった。

承平・天慶の乱のあと，関東では桓武平氏が勢力をふるい，1028（長元元）年には平忠常の乱がおこった。忠常を討った清和源氏の源頼信は，もともと摂津国に土着してその地で基礎をかためていたが，これをきっかけに関東に勢力をのばした。

頼信の子頼義とその子義家はさらに奥州に進出し，陸奥・出羽の豪族安倍氏を前九年合戦，清原氏を後三年合戦でほろぼした。この結果，義家は関東・奥州の武士団とひろく主従関係をむすび，源氏の東国での基盤をきずいた。また奥州では義家に協力した奥州藤原氏が勢力をえて，清衡・基衡・秀衡の3代にわたり平泉を中心にさかえた。

関東の桓武平氏は，平忠常の乱で一度は勢力がおとろえたが，伊勢国に住みついていた平氏が，その後，伊勢・伊賀両国に基盤をきずいた。なかでも平正盛・忠盛は，荘園寄進をつうじて朝廷への進出をはかり，西国の受領に任じられて，西国を中心に勢力をのばした。

奥州藤原3代

　3代の基礎をきずいた清衡は，陸奥・出羽の「俘囚の長」の地位を継承し，源義家が陸奥守を解任されると，そのあとをうけて奥州に大勢力をきずいた。奥州産の金の経済力を背景に，奥州白河関から津軽外ケ浜まで勢力をのばし，陸奥・出羽両国の支配権をにぎったという。その中心地の平泉に建てられたのが中尊寺である。

　清衡の子基衡は無位無官で一生をおえたが，そのあいだに藤原氏の勢力はいっそう独立性を強め，陸奥の国司の田地調査を拒否して合戦にまでおよぶ事件をおこした。3代秀衡になって，鎮守府将軍・陸奥の国司となるが，それは同時に中央の支配政権の浸透を物語るものであった。

　平泉を中心とする政治や文化には，京都と北方の文化の影響が濃かった。また，海路や陸路をつうじてひろい範囲での文化の交流のあったことが，最近の発掘調査から知られるようになってきた。

　しかしその3代の政治・文化も，源頼朝が東国の支配権を確立すると圧迫をうけ，やがて頼朝に追われて弟の義経がにげこんできたことから標的とされ，奥州藤原氏は秀衡死後の1189（文治5）年，ついに鎌倉の大軍によって攻めほろぼされた。

　攻めいってきた頼朝は平泉の富と文化におどろいて，鎌倉にかえると，平泉の中尊寺の二階大堂（大長寿院）に似せた2階建ての寺院を建立している。それが今も発掘がおこなわれている鎌倉の永福寺である。

▲**藤原3代**（岩手，毛越寺蔵）　上は清衡，左下は秀衡，右下は基衡である。

第2部

中世

『男衾三郎絵巻』（東京国立博物館蔵）

蒙古襲来絵詞　下巻部分，縦 39.7㎝，宮内庁三の丸尚蔵館蔵

秋冬山水図　秋景図　雪舟筆，縦 46.4㎝・
横 29.4㎝，東京国立博物館保管

東大寺南大門金剛力士像　阿形　運慶・
快慶作，像高 839㎝，奈良

大徳寺大仙院花鳥図　伝狩野元信筆，縦 174.5cm，京都

第5章 武家社会の形成

1 院政と平氏政権

院政の開始*

　関白藤原頼通の娘に皇子がうまれなかったことから，ときの摂関家を外戚（がいせき）としない後三条天皇が即位した。天皇はみずから政治をとる意欲にもえ，1069（延久元）年に荘園整理令**をだし，記録荘園券契所（けんけいじょ）（記録所）をおいて，不法な荘園を禁止しようとした。

　この整理令は国司まかせでなく，国司と荘園領主にそれぞれ書類を提出させ，政府が直接きびしく審査したので，荘園を経済的な基盤としていた摂関家は大きな打撃をうけた。

> ＊**中世社会のはじまり**　かつては中世の開始時期は源平の争乱であった。武家政権の鎌倉幕府が，源平の争乱という大きな政治的・社会的変動を通して成立することで，大きな時代の移り変わりをイメージしやすかったといえる。近年，院政期を中世の成立の画期とみるのは，中世社会の特色である政治権力の分散化，軍事専門家層の発言権の強化，主従制度の発達，重層的な土地所有制度，新仏教の発展などが11世紀半ばすぎからあらわれたとみる学説が定着したことによる。
>
> ＊＊**延久の荘園整理令**　かつては摂関家出身の慈円（じえん）による『愚管抄（ぐかんしょう）』の記述をもとに「摂関家の抵抗もあって必ずしも十分な成果をあげられなかった」と記述されていたが，近年の研究により，実際には摂関家も荘園目録を提出していること，摂関家領荘園の一部が整理されていることが確認されており，藤原頼通の抵抗によって「記録所への文書提出については摂関家を除外した」と記述する『愚管抄』の記事が誤りであることが確認されている。

　つづく白河天皇も後三条天皇の遺志をついでみずから政治をおこない，荘園整理もひきついだが，1086（応徳3）年幼少の堀河天皇に位をゆずったのちも，上皇としてその御所（ごしょ）に院庁（いんのちょう）をひらき，天皇を後見（こうけん）しながら

政治の実権をにぎる院政の道をひらいた。これは，上皇が父権を行使して自分の系統に皇位を伝えようとしてはじめた政治形態であり，堀河天皇の死後には，本格的に院政がおこなわれた。

　上皇は，摂関家におさえられていた中・下級貴族や上皇の乳母（めのと）の近親者などを院近臣（いんのきんしん）や院司（いんじ）に組織して政治的基盤とし，源氏・平氏の武士を北面の武士や検非違使（けびいし）に任じて，軍事的基盤とした。

院政時代

　上皇の地位は，天皇による任命の手つづきを必要とせず，上皇個人の意志によるものであったから，法と慣例にこだわらない専制的政治がおこなわれた。上皇の意志を示す院宣（いんぜん）や院庁からだされる院庁下文（くだしぶみ）がしだいに強い力をもつようになった。この体制は鳥羽・後白河上皇をふくめ，ほぼ1世紀にわたってつづいた。

　3上皇に共通するのは，仏教を厚く信仰したことで，出家して法皇（ほうおう）となり，紀伊の熊野詣（くまのもうで）や高野詣（こうや）を何度もおこない，法勝寺（ほっしょうじ）以下六つの大寺（六勝寺（ろくしょうじ））をはじめ多くの寺院を建てた。これらの寺院や院の御所・離宮（りきゅう）などをつくる費用にあてるため，一国の経済的収益を皇族や特定

▲熊野詣略図

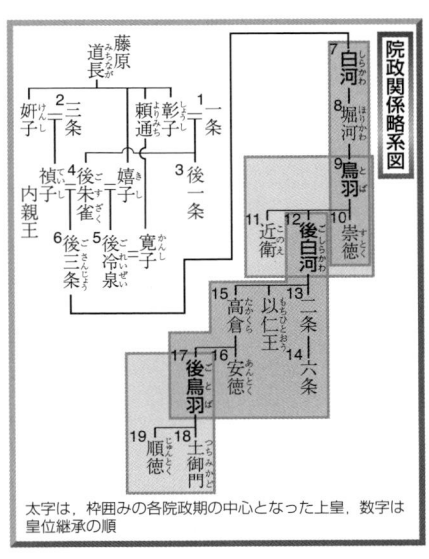

太字は，枠囲みの各院政期の中心となった上皇，数字は皇位継承の順

の貴族にゆだねる知行国制がひろがった。

　一国の支配権をあたえられた知行国主は，子弟や近親者を国守に任じて，経済的収益をにぎった。なかには多くの知行国をもつ貴族や皇族もあらわれるようになった。そして荘園も，専制的な権力をにぎった上皇の保護を期待して，上皇のもとに集まった。

　こうした院の権力をおびやかしたのは，上皇の仏教の厚い信仰をえて勢力をきずいた大寺院である。下級の僧侶や荘園の武士を僧兵に組織し，国司と争ったり，神木や神輿をおしたて，朝廷に強訴をくりかえした。とくに興福寺・延暦寺(南都・北嶺)の僧兵が威勢をふるった。

保元・平治の乱

　僧兵の強訴をふせぎ，上皇の身辺を警固することで力をのばしてきた源氏や平氏の武士が，中央政界に進出するきっかけをつくったのは，保元・平治の乱である。

　鳥羽法皇が1156(保元元)年になくなるとまもなく，皇室や摂関家の内部対立から保元の乱がおこった。この乱は朝廷内の政治の主導権や，寄進によってうまれた荘園の支配権をめぐってひきおこされたもので，地方から多くの武士が動員された。その結果，後白河天皇・藤原忠通方が，東国を基盤にした源氏の棟梁源義朝や西国に基盤をもって急速に台頭してきた平清盛らの力によって，源為義の武力をたのんだ崇徳上皇・藤原頼長方を打ち破った。この乱は貴族社会の内部の争いも武士の力をかり

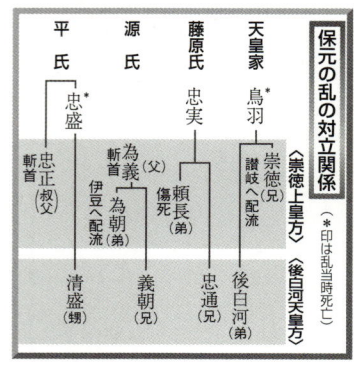

保元の乱の対立関係

（＊印は乱当時死亡）

〈崇徳上皇方〉 〈後白河天皇方〉

天皇家
鳥羽*
　崇徳(兄)／讃岐へ配流
　後白河(弟)

藤原氏
忠実
　頼長(弟)／傷死
　忠通(兄)

源氏
為義／斬首(父)
　為朝(弟)／伊豆へ配流
　義朝(兄)

平氏
忠盛*
　忠正／斬首(叔父)
　清盛(甥)

▲僧兵　興福寺の僧兵が天皇の使者に強訴しているところ。この絵巻の原本は，13世紀末の作。(『天狗草紙』，模本，部分，東京国立博物館蔵)

日宋貿易

　平氏の繁栄の基盤となった日宋貿易で，日本から宋へ輸出されたものとしては，奥州産の砂金のほか，伊勢産の水銀，薩摩産の硫黄，志摩産の真珠，さらには刀剣・扇などがあげられる。他方，宋からは銅銭・経典・書籍・陶磁器などがさかんに輸入された。とりわけ銅銭の流入により，日本の社会は大きな影響を受けた。

　1179（治承3）年の夏，「銭の病」という奇病が流行したとの記録があるが，大量に流入する銅銭が，まさに疫病が流行するように流通したことから，人々はこれを「銭の病」とよんだのであろう。鎌倉時代の後期にはさらに大量の銅銭が輸入されるようになり，これ以後，貨幣経済は日本に本格的に浸透していくのである。

ずには解決できないことを示した。

　これにつづいて，院政をはじめた後白河上皇の二人の院近臣，藤原通憲（信西）と藤原信頼の対立から，1159（平治元）年には平治の乱がおこった。この争いで，清盛は義朝をたおして，諸国武士団のうえにたつ武家の棟梁としての実力と地位をえるとともに，他の近臣の勢力もしりぞけて，後白河院政を背景に平氏全盛の基礎をかためることができた。

平氏の栄華

　平氏は諸国の武士団の組織化に力をつくしながら，多くの荘園や知行国を手にいれて富をたくわえた。また清盛は日宋貿易に力をいれて，瀬戸内海航路をととのえ，大輪田泊（現，神戸港）を修築し，宋の商船を畿内にまでひきいれた。宋からの高級織物や香料・書籍などの輸入品は，平氏の富をさらに大きくした。

　こうした武力と富によって平氏は後白河上皇につかえ，ついには清盛が太政大臣になったのをはじめ，一族も高位高官につき，清盛の娘徳子（建礼門院）は高倉天皇の中宮となって，「平氏にあらざれば，人にあらず」とまでいわれるようになった。だがこの平氏政権も，武士の政権とはいえ，それまでの朝廷の支配機構をそのまま利用してきずかれていた

だけに，平氏によって圧迫された旧勢力の強い反発をうけた。

　1177(治承元)年，院近臣の藤原成親らは，後白河法皇を動かして平氏打倒をはかったが，発覚して失敗におわる(鹿ヶ谷の陰謀)。しかし，その後も平氏への反発がつづいたため，清盛は，1179(治承３)年，法皇をおしこめ，多数の貴族の官職をうばい，全国の半ば近い知行国を手にいれた。これで平氏の栄華は頂点に達したかにみえたが，かえって反対勢力の結集をうながし，地方にちらばっていた源氏をはじめ，実力を養っていた諸国の武士団や大寺院の僧兵が兵をあげる結果となった。

院政期の文化

　平氏の都での栄華のありさまは，安芸の厳島神社にのこされている目にもあざやかな平家納経からうかがえる。これは平氏が一族の発展を祈願して，厚く信仰する厳島神社におさめたものである。同じころ奥州で独立した勢力をきずいていた奥州藤原氏は，都から文化をとりいれて，平泉に文化の花をひらかせた。その代表が中尊寺金色堂で，堂の内外におされている金箔には奥州産の金がふんだんに使われ，まさに黄金時代の花であった。

　このように院政時代には，厳島や平泉をはじめ地方に文化がひろがった。陸奥の白水阿弥陀堂，九州豊後の富貴寺大堂などすぐれた阿弥陀堂が建てられたが，それらはいずれも地方の豪族が武士団としての力をたくわえ，都の文化をとりいれた結果であるが，これらの文化作品の多く

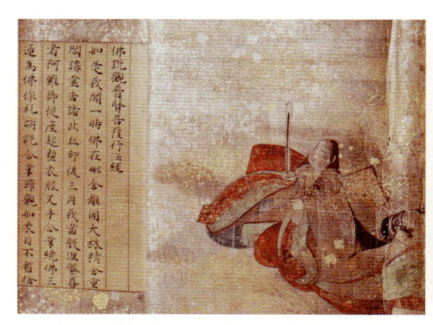

▲厳島神社平家納経(厳島神社蔵)

▲富貴寺大堂内部の復元模型(大分県立歴史博物館蔵)

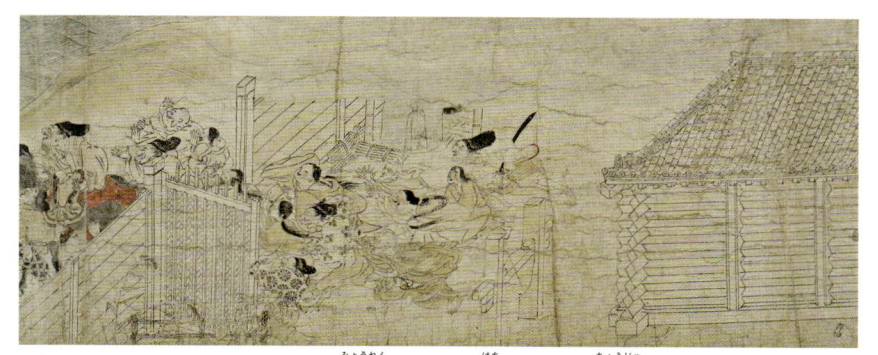

▲『**信貴山縁起絵巻**』　12世紀の絵巻。命蓮という僧が鉢をとばして長者（地方豪族）の倉を信貴山までははこんだという話をえがいたもの。動的な線描で庶民の生活や風俗をえがいている。（飛倉の巻，部分，奈良　朝護孫子寺蔵）

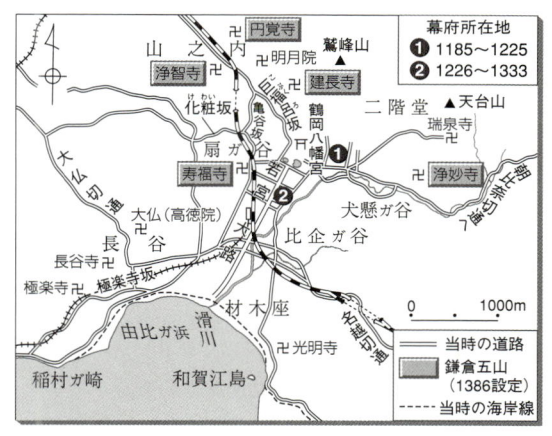

▲鎌倉要図

▲**伝源頼朝像**　藤原隆信筆といわれる，鎌倉時代の肖像画の傑作。（部分，縦139cm・横112cm，京都神護寺蔵，京都国立博物館提供）

は，摂関時代からの浄土信仰による浄土教芸術であった。

　一方，都でも文化にあらたな展開がみえはじめていた。文化の中心にあった貴族の関心が多様化してきた影響である。藤原道長の栄華のありさまを編年的にのべた『栄花（華）物語』や，藤原氏の政治の表裏を二人の翁に語らせた『大鏡』などの和文体の歴史物語があらわされ，絵と詞書によって物語を表現する絵巻物もつくられた。『源氏物語絵巻』や『伴大納言絵巻』はその代表であるが，地方社会を題材とした『信貴山縁起絵

巻』などもある。

　さらに武士の合戦の姿をいきいきとえがいた『陸奥話記』などの軍記物語や，インド・中国・日本の1000余の説話を集めた『今昔物語集』のような説話集も書かれた。また田楽のような庶民的芸能や，今様といわれる民間の歌謡が貴族のあいだに流行し，今様を愛好した後白河法皇は，これらの民間歌謡を『梁塵秘抄』に編集した。

2　幕府の誕生

源平の争乱

　1180（治承4）年，平清盛が孫の安徳天皇を位につけると，その専制に不満をいだいた後白河法皇の皇子以仁王と源頼政が平氏打倒の兵をあげた。それに応じて伊豆では源頼朝*が，信濃では源義仲が挙兵し，さらに近江や四国・九州などの平氏に反発する武士団がつぎつぎと蜂起し，源平の争乱がはじまった。

　　＊伝源頼朝像　神護寺蔵「源頼朝像」は，14世紀に編纂された『神護寺略記』の記事と14世紀の成立とされた大英博物館蔵「源頼朝像」の画賛を根拠に，鎌倉時代初期の似絵とされてきた。しかし，えがかれた冠の様式や絹地の大画面図の作例などから，鎌倉後期から南北朝期の成立とする説，モデルを足利直義とする説などがでた。また，大英博物館蔵本の成立を17世紀とみる説もでた。こうして通説がゆらいだ結果，現在は「伝源頼朝像」と表記されている。

　頼朝が兵をあげた東国には，古くから中央の政権に抵抗してきた伝統があり，武士団にはさかんな独立心が育まれていた。彼らは未開の原野を切りひらき，牧をつくっては馬をそだて，荘園で農業をいとなんでいたが，年貢や公事の徴収をめぐって国司や荘園領主の圧迫になやまされることが多かった。頼朝は兵をおこすと，こうした独立性の強い東国の武士団をひろくまとめて，挙兵後約2カ月で南関東を制圧した。

　平氏は都を福原（現，神戸市）に移し，反乱勢力にそなえたが，富士川の戦いに敗れ，都をもどして畿内を中心とする支配体制をかためた。だが鎌倉に根拠地をおき，幕府の基礎をきずいていった頼朝は，1183年，

東国の府・鎌倉

鎌倉は三方を山でかこまれ，一方は海にのぞむ地にある。源頼朝がここを根拠地に選んだのは，要害の地であることと，父義朝がここに館を設けて，根拠地としていたことによる。

頼朝は，鶴岡八幡宮とそこから南にのびる若宮大路を中心軸にした都市計画をたて，整備していった。執権の北条泰時の代になると，京都からあらたな行政制度がとりいれられ，東国の府として鎌倉は大きく成長した。

最近の中世鎌倉の発掘によって，鎌倉のさまざまな姿が明らかにされつつある。若宮大路の幅は相当ひろく，防災・防衛上の機能をはたしていたこと，若宮大路の側溝から発見された木簡には御家人の名が書かれており，大路をかこむ築地が御家人の負担できずかれたこと，そのほか，南の海寄りの商業地区の市場のようすや，大路・小路周辺の武士の屋敷，庶民の小屋の建て方・住まい方など，都市生活の姿がしだいに明らかになってきた。

三方が山の鎌倉と外をむすぶのは，山を切りひらいてつくった切通しである。ここは軍事的・防衛的な機能をもつと同時に，その周辺の山腹には穴をあけてつくった「やぐら」といわれる墓所がたくさんのこっている。商業地域として発展したものもある。

鎌倉と東国の御家人とは，鎌倉街道とよばれる平坦な道でむすばれており，今でも各地にその名称が伝えられている。物資の運搬の面では，海寄りの商業地域に接した和賀江津と，東の東京湾側に面し鎌倉の外港として発展した六浦津が重要であり，そこには鎌倉をめざして各地の年貢や物資がはこばれてきた。

朝廷との折衝で東国支配権をみとめさせると，東国の復興と年貢確保のためと称し，その支配地に地頭をおくなどして経済的基盤とした。

これに対し，清盛の死後，平氏は飢饉の影響もあって軍事力がおとろえ，ついに安徳天皇を奉じて西走した。頼朝は弟の範頼・義経に平氏を追撃させるとともに，各地に東国武士団を配置してゆき，平氏が長門の壇の浦の戦いで滅亡した1185（文治元）年には，ほぼ全国の軍事的支配権をにぎった。

この間，頼朝は平氏の土地を没収した平家没官領を朝廷からあたえ

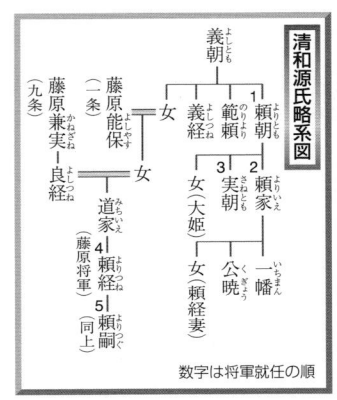

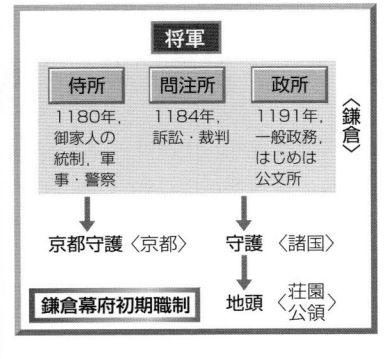

数字は将軍就任の順

清和源氏略系図

鎌倉幕府初期職制

られ，これらをあわせて関東御領を成立させた。また平氏の先例にならって知行国を朝廷にもとめ，4カ国の知行国をえた（関東知行国〈関東御分国〉）。こうして財源となった荘園・公領の経営と御家人らの裁判のためにおかれたのが公文所（のち政所）や問注所であり，その長官である別当や執事には，朝廷の下級官人で京から下ってきた大江広元・三善康信を任じた。頼朝は，東国武士団の力と朝廷の権威・統治技術を利用して，幕府の基礎をかためたのである。

鎌倉幕府の成立

さらに後白河法皇が義経に頼朝の追討を命じたことから，1185（文治元）年，頼朝は大軍をもって朝廷にせまり，守護・地頭を諸国の荘園・公領におくことをみとめさせ，東国武士団をこれらに任命した。

守護は国ごとに任命され，国内の武士を御家人に組織して幕府の命令をとりおこない，大犯三ヵ条とよばれる京都大番役の催促と謀叛人・殺害人の逮捕の業務を遂行した。地頭は荘園や公領におかれ，年貢の徴収・納入，土地の管理，治安の維持にあたった。守護・地頭の設置により，諸国では国司と守護，荘園では荘園領主と地頭との二重支配がおこなわれた。

やがて頼朝は，逃亡した義経をかくまったとして奥州藤原氏をほろぼし，全国の軍事支配を達成すると，1192（建久3）年，法皇の死後，征夷大将軍に任命され，ここに鎌倉幕府が名実ともに成立した。

家礼と家人

中世初期の段階では，主従関係は必ずしも強いものとは限らなかった。源頼朝の挙兵に際し，京都で平知盛に仕えていた加賀見長清は関東へむかおうとしたが，なかなか許可がおりない。そこで平家の家人に申し出ると，「源氏の人を家礼とすることさえ畏れ多いのに，これはまるで家人のように召し使うような仕打ちだ」として知盛に進言してくれ，長清は関東へ下ることができた。ここに従属性の強い「家人」と，比較的に従属性の弱い「家礼」の二つのタイプの従者のいたことがわかる。

鎌倉幕府は平氏追討を通じて，広く御家人の編成をおこない，東国の御家人については本領安堵・新恩給与をおこなったが，西国については守護が武士の名前を幕府に報告するだけで，御家人として認める程度にとどまり，本領安堵や新恩給与まではおこなわなかった。この違いも主従制の二つのタイプに起因するものであり，西国御家人は幕府の強い保護はあたえられなかったため，幕府から離れ，承久の乱では朝廷方につくものも多かった。

将軍と御家人

　頼朝は武士団にみられる主人と従者（家人）の主従関係を幕府の根本にすえ，将軍は御家人とよばれる従者に御恩をあたえ，御家人は将軍に奉公する制度をととのえた。

　将軍が御家人のもつ土地の権利をみとめる本領安堵やあらたに領地をあたえる新恩給与，御家人を守護職・地頭職に任命することなどが御恩であり，御家人が将軍の命令で戦場にでかけたり（軍役），京都大番役・鎌倉番役をつとめることなどを奉公といった。ここに御恩と奉公という形で，相互に義務を負う契約的な主従関係がうまれたが，この主従関係にもとづく社会制度を封建制度とよんでいる。

　こうした鎌倉幕府の支配体制により，武士団の地位は向上し，経済力もそなわったが，同時に国司や荘園領主とのあいだに土地をめぐる争いがしばしばひきおこされた。幕府は政所や問注所などの政治機構の整備をはかってこれに対処したが，やがて貴族出身で朝廷との関係を重くみ

る将軍頼朝と，守護・地頭の権利を主張する御家人との対立が生じた。

北条氏の台頭

　頼朝がなくなると，有力御家人は将軍のもっていた多くの権限を制限し，さらに有力御家人による合議によって，政治や裁判をおこなおうとするようになった。その中心にあったのが，頼朝の妻政子の父北条時政である。

　時政は将軍頼家を廃して実朝をたて，みずから政所の長官となり実権をにぎった。この地位は執権とよばれ，時政以後，北条氏が代々この職を独占した。

　時政のあと，その子義時が執権となったが，そのころ，西国では源平の争乱からの復興もなって，朝廷が勢いをとりもどしていた。

　後鳥羽上皇は，分散していた広大な天皇家領をまとめて手にいれ，強力な院政をおこない，あらたに西面の武士をおいて軍事力も増強した。そして将軍実朝が甥の公暁に暗殺されたのを機会に，上皇中心の政治をもとめ，1221（承久3）年京都で幕府打倒の兵をあげた。しかし，味方とたのんだ大寺院の僧兵や東国の武士が上皇方につかず，さらに幕府の危機をまえに，東国御家人が結束して上皇方を打ち破った（承久の乱）。

　乱後，幕府は後鳥羽・土御門・順徳の3上皇を配流し，京都に六波羅探題をおいて，朝廷の監視と京都内外の警備，西国御家人の指揮にあたらせた。上皇方についた貴族・武士の領地をとりあげ，その地に地頭をおいたが（新補地頭），彼らの多くは東国出身の御家人であった。新補地頭には田地11町ごとに1町の給田と，1反につき5升の加徴米があたえられる新補率法が定められ，ここに以前からの本補地頭とあいまって地頭制度が完成した。こうして承久の乱をへて，幕府の全国支配は達成されたのである。

　保元の乱から承久の乱にいたる65年間は，なかに源平の争乱をはさんで戦乱のつづいた時代である。摂関家出身の僧慈円は『愚管抄』のなかで，この時代を「武者（武士）の世」といっている。この歴史書は承久の乱の直前に書かれたもので，歴史の流れを道理によって説明しており，武者の世がうまれたのも歴史の道理とうけとめられたのである。

執権政治

　執権政治の完成は，義時の子執権泰時の代になってからである。政子の死後，摂関家からむかえた藤原頼経が元服して将軍（藤原将軍）に任じられるその直前に，泰時は，政治や裁判を執権と有力御家人から構成される評定衆によっておこなう体制をきずいた。執権を補佐する連署には北条氏の一族をあて，ここに北条氏による執権政治が完成をみた。

　1232（貞永元）年には"武家の法典"ともいえる御成敗式目（貞永式目）51カ条が定められ，執権政治の中心にすえられた。この法典は，武士社会の慣習や道徳，頼朝以来の幕府の先例をとりいれて成文化されたもので，武士の土地の争いについての裁判の基準を示している。守護・地頭などの職権も定められた。その対象となったのは幕府の勢力範囲にかぎられており，朝廷や荘園領主の支配下では公家法や荘園の法がまだ効力をもっていた。しかし幕府権力の拡大とともに式目の効力の範囲はひろがってゆき，後世に大きな影響をあ

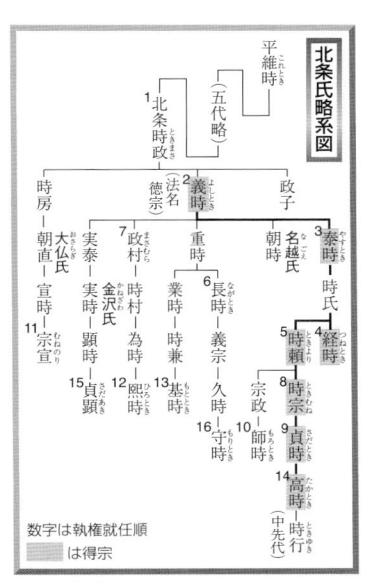

北条氏略系図

数字は執権就任順
　■■は得宗

▶**武士の館**　筑前国の武士の館をえがいたもの。周囲に堀をめぐらし，板塀を設け，門の上には物見やぐらを設けて外敵にそなえている。母屋・馬小屋などの家屋が建ちならび，奥には馬場がみえる。13世紀末の絵巻。（『一遍上人絵伝』，部分，神奈川　清浄光寺蔵）

たえた。

　泰時の政策は，孫の執権時頼に継承されて，裁判の公正とともに迅速をはかるために引付衆がおかれたが，同時に北条氏に敵対する勢力はほろぼされていった。藤原将軍にかわって皇族将軍として宗尊親王がむかえられ，いよいよ北条氏の独裁の傾向が強まった。

3　武士団の世界

館とその周辺

　村落に根拠地をおく多くの武士の姿をみよう。まず山野を背景として館をかまえ，周囲に小さな河川から水を引いた堀や溝をめぐらしていた。館の周辺には収穫がすべて武士の手にはいる直営地（門田）がひろがり，武士に隷属する農民（下人・所従）がその耕作をおこなった。直営地のまわりには一般の農民（名主・百姓）の田畑がひろがり，彼らはそこで収穫される野菜類を館の主人におさめるとともに，労働奉仕もおこなった。

　館のなかには，主人の家族の住む母屋を中心に，主人につかえる家人のひかえる遠侍，武芸にかかわる馬小屋や物見やぐら・馬場などがあった。館は主人を中心とした武士団の拠点であり，そこには合戦にそなえて鎧・刀・弓矢などがたくわえられ，馬場では流鏑馬・笠懸や犬追物などがおこなわれ，主人の子弟や家人が訓練にいそしんでいた。

◀笠懸　笠懸は，板を的にして騎射をきそいあうもので，はじめ笠を的にしたことからこの名がでた（『男衾三郎絵巻』，部分，東京国立博物館蔵）。

こうした日常生活のなかから，名誉を尊び，死をもいとわないいさぎよさを特徴とする道徳がうまれ，“兵の道”とか“弓矢のならい”などといわれた。戦がおこって主人から出動の命令がでると，武士団は一族とともに出陣した。“いざ鎌倉”とばかりに，東国の御家人は鎌倉へつうじる整備された道（鎌倉街道）を馬にのってかけつけた。

一族のむすびつき

　武士の軍事行動の単位は家と一族である。家の中心は惣領（家督）とよばれ，惣領は兄弟などの庶子をしたがえて合戦にのぞんだ。庶子もそれ

女性と家

　日蓮は書状のなかで，日本の人口は約500万人おり，そのうち約300万人が女性であると記している。この数値はそのまま信じられないが，当時女性が多かったことはたしかであろう。

　たとえば仏像の胎内におさめられている文書には，その造仏に寄進した人の名前が記されていて，女性の名が多くみえる。鎌倉の新仏教は，そうしたたくさんの女性に信仰をうったえてひろまった。『一遍上人絵伝』には，一遍の信仰に共鳴する多くの女性がえがかれている。

　出家した女性には男性と同様に法名がつけられたが，出家以前の女性は，朝廷に仕える女房など特別に位階をあたえられた女性をのぞくと，政子や富子などのような実名はなく，おさないときからの童名や通称でよばれた。そのため土地を売買するときに作成する売券などに署名する際は，「源氏女」とか「平姉子」など，氏姓と女子であることを示す名前とが記された。結婚後も，父と同じ氏姓を称した。

　結婚後の女性は，出産や子の養育，家中の経営など，さまざまな形で家と強くむすびついていたため，家への従属をまねきがちであった。しかし父母からゆずられた土地は異姓の財産で家から独立しており，家のなかでの妻や母の地位は安定していた。

　家長などがはやくなくなった場合には，家の危機を救う存在として，家を代表した。亡き夫にかわって惣領・庶子などに土地を配分したり，土地争いをさばいたりする女性は多かった。

ぞれ家を独自につくり，枝分れしながら，一族としてのひろがりとむすびつきをもつようになった。一族はこのむすびつきをかためるために寺院を建て，寄り集まって団結をちかった。この寺院は生死をともにする武士団の精神的よりどころとなった。こうした家や一族のむすびつきを惣領制という。

　一族の武士団は，さらに周辺の武士団と交流をもった。戦場ではもちろん，巻狩や水練などの訓練をともにすることにより，たがいに親密な関係をつくり，婚姻関係がむすばれることも多かった。

　武士団のなかでの女性の地位は相当に高く，多くは分割相続によって庶子と同様に土地を所有し，経済的に独立していた。しかし婚姻により女性の土地が一族からはなれてゆくことがしばしばあったので，鎌倉時代の後半には一期分といって，女性の死後には一族にもどされる相続方法がとられるようになり，しだいに女性の地位は低下していった。

荘園領主との争い

　武士団は地頭や荘官として荘園村落の警察・裁判をおこなうかたわら，農民から年貢を徴収し，荘園領主におさめていた。荘園領主の多くは京都・奈良に住んでいたが，武士団は荘園村落に根拠地があったので，現地の支配権はしだいに彼らの手に移るようになった。

　なかでも地頭は，幕府を背景としてしだいに力をのばした。彼らは，新たに田をひらいてそこからの年貢を自分の収入としたり，天候不順などを理由に，年貢の徴収できる田が少なくなったと荘園領主に報告したりした。このため年貢収入が減った荘園領主は，幕府にうったえ，地頭と争うようになった。

　この争いは幕府の裁判所にもちこまれ，多くは荘園領主に有利な判決がだされたが，長い年月と多額の裁判費用が必要とされたため，しだいに荘園領主は地頭に荘園の管理をまかせ，定まった額の年貢を請け負わせる地頭請の契約をむすんだり，紛争をきらって荘園の土地を地頭とわけあって支配する下地中分をおこなったりするようになった。こうして地頭の荘園支配はいっそうすすんだ。

▶伯耆国東郷荘（鳥取県）の下地中分図　13世紀半ばに荘園領主と地頭とのあいだで下地中分が成立したことにもとづいて作成されたもの。田地・山林・牧野などを，地頭分・領家分に2分している分割線の左右には，幕府の執権・連署の認定の花押もみられる。（部分，東京大学史料編纂所所蔵）

4　よみがえる農村

戦乱と飢饉

　源平の争乱以来，長いあいだつづいた戦乱とともに農村をおそったのは飢饉である。なかでも承久の乱から10年後の1230（寛喜2）年におこった数年にわたる寛喜の大飢饉は，全国にひろがり，稲・麦をはじめとする穀物はみのらず，餓死者が続出し，田畑にはねずみの大群がかけめぐるありさまであったと伝えられている。

　このたえまない戦乱と飢饉のため，荘園領主や地頭は農民に対して種や食料を貸しあたえたり，無料で配給したりして，農業生産の回復をはかった。農民も，餓死者や逃亡人がつづくなかで，やがて有力農民を中心にむすびつきを強め，農村の荒廃にたちむかった。

　戦乱や飢饉がおさまり，執権政治が安定をみせたころには，ようやく農村もよみがえった。復興した農村では，農耕に刈敷や草木灰などの肥料が使われ，牛馬の利用や農具の普及によって農業生産力があがった。西国の先進地帯では米と麦をつくる二毛作の田もふえた。鍛冶や鋳物師・紺屋などの手工業者が，農村に住みついたり，各地をまわり歩いたりして，仕事に従事していた。

▲**牛耕**（『松崎天神縁起絵巻』，山口県防府天満宮蔵） 牛や馬に犂をひかせることによって，人力よりも深耕が可能となる。これにより土中の根粒細菌が空気中の窒素（肥料の三大要素の一つ）を取り込み，地力が回復する。

▲**収穫の様子**（『一遍上人絵伝』部分，神奈川　清浄光寺（遊行寺）蔵）

荘園の生活

　農民が団結して飢饉をしのぐことができたのは，彼らが村落の鎮守の神社をつうじて宮座というむすびつきをもち，これにたちむかったからである。春さきに鋤や鍬で田をおこす作業や田植え，夏の草取りや虫追い，秋の収穫，これら1年の農村の年中行事は，宮座を中心とした共同作業としておこなわれた。

　農民は荘園領主に年貢・公事をおさめ，地頭に労力（夫役）を提供したが，地頭の現地支配権が強まると，労力の提供をめぐって地頭と鋭く対立するようになった。彼らは宮座のむすびつきをさらに強め，“一味神水”といって神前で水をくみかわして，集団で一致して行動する一揆の力によって団結をちかい，地頭に対抗した。

　農村の復興は都市にも影響をおよぼした。農業生産力の上昇にともなって，荘園領主の住む京都や奈良には大量の年貢が集まり，幕府のおかれた鎌倉にも大量の物資が集中した。鎌倉は京都にならって行政制度がととのえられ，盗賊のとりしまりが強化されたり，商業取引の場所が定められたりして，都市としての発展をみた。

地名が語る歴史

地名にはその土地の歴史がきざまれている。人がそこに生き，自然とたたかったあと，人と土地との関わりが，地名にみいだされる。たとえば「堀ノ内」「土居」という地名は，そこがかつて武士団の館跡であったことを物語っており，「惣領分」「庶子分」の地名は，武士団の惣領と庶子とで土地をわけあったことを物語っている。

荘園制の名残を示しているのは，荘園の境界を示すための標識である「牓示」，地味のよい領主直営地の「佃」「用作」，百姓の名や名田につけられた「次郎丸」「石丸」「久富」などの人名のような地名である。商業経済の発展を物語る「二日市」や「本市」「新市」なども多くみられる。

中世の人々は地名をたいせつにした。それは地名を聞いただけで，その土地の自然や社会についての情報がえられ

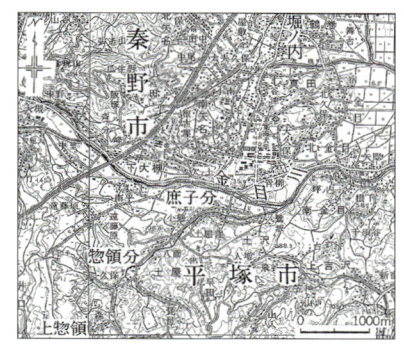

▲今にのこる中世の地名（神奈川県）

るからである。また土地を開発して領主権をにぎった開発領主は，その地名を苗字として，強い愛着を示した。たとえば遠江国相良荘の武士が，肥後国人吉荘に移ってもそのまま相良氏と称したようにである。先祖から"一所懸命の地"として伝えられた苗字の地は，墓所もおかれ特別な意味があったのである。

米と銭

農民の納める年貢は米が中心であったが，遠い地域では，かるくて運賃の安い絹・布・綿などが年貢とされ，米が地域の特産物と交換されて荘園領主のもとにおくられた。このため米や特産物・日用品を交換する定期市が農村を中心に月３回ほどひらかれ（三斎市），市を巡回する商人があらわれた。

日宋貿易によってもたらされた宋銭は交換に便利であったから，商人や市での需要に応じて全国に流通し，年貢の銭納も多くなった。また高

▲**鎌倉時代の市**　図は備前国福岡市（現，岡山県瀬戸内市）での市日のもようである。道路をはさんで建てられた仮小屋では，活発な交換風景がみられる。（『一遍上人絵伝』，部分，神奈川　清浄光寺蔵）

▶**借上**　13世紀前半，京都から鎌倉へ訴訟に下った女性が病気で金にこまり，借上から金を借りているところ。縁側には長くつないだ銭がおかれている。（『山王霊験記絵巻』，部分，和泉市久保惣記念美術館蔵）

▲**青磁壺**（高さ23cm，称名寺所蔵〈神奈川県立金沢文庫保管〉）

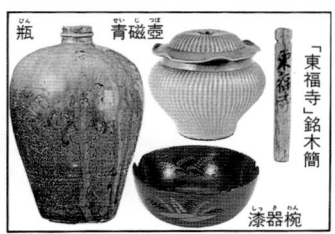

▲**新安沖海底出土物**（韓国　国立中央博物館蔵）

利貸業者の借上が金融機関としてふえていった。

　都市と農村をむすぶ道路・港湾の整備によって，淀川などの交通の要地には遠隔地取引をおこなう問丸(問)という商人が活躍し，彼らは代金決済のために為替を使うようになった。

　港湾や道路の整備には幕府も力をそそいだが，これを積極的におこなったのが勧進上人である。彼らは特定の寺院にぞくさない民間の布教者であり，聖や上人とよばれ，平安時代の末から，さまざまな人々に寄付をもとめ，仏像や鐘などをつくったほか，寺院・荘園・道路・港湾の復興や建設をおしすすめていった。東大寺の再建をになった重源をはじめ，鎌倉の和賀江津や摂津の兵庫(現，神戸港)なども勧進上人によって整備された。

　修築された港や街道には関所が設けられ，通行人から関銭や津料が徴収されて，港湾・寺院の修築や建築の費用などにあてられた。ところが各地におかれた関所は，商工業者の自由な通行をさまたげるものであったから，商工業者はこの関所や守護・地頭の妨害からのがれ，自由な取引ができるように朝廷や荘園領主に保護をたのんだ。この結果つくられたのが，座という商工業者の団体である。

5　鎌倉文化

文学の新生

　鎌倉時代の文化は，公家支配の伝統がのこるなかに武士が力を強めていくという時代性を反映して，優雅な貴族文化が継承される一方で，武士・庶民たちに支持された素朴だが，新しい文化が成長するという性格をもっていた。

　西国では源平の争乱後，荘園や都市の復興のきざしがみられ，伝統的な公家文化にもあらたな息吹が生じた。その代表が後鳥羽上皇が苦心して編集した『新古今和歌集』である。この歌集には言外に奥ふかい気分をただよわせた幽玄という新境地がみえ，西行・鴨長明・藤原定家らの歌がおさめられている。

▲ 西行（さいぎょう）(1118〜90) も
とは北面の武士で, 隠
者となり, 各地を遍歴
して秀歌（しゅうか）をのこす。
（神宮文庫蔵）

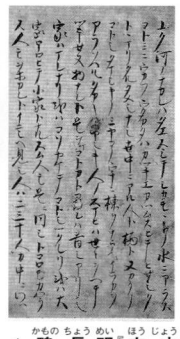

▲ 鴨長明（かものちょうめい）『方丈（ほうじょう）
記（き）』(部分, 大福光寺
蔵)

▲琵琶法師(『七十一番職人歌
合』, 部分, 前田育徳会蔵)

　西行は諸国を歩いて自然への感動をあらわした歌を『山家集（さんかしゅう）』にのこ
し, 鴨長明は争乱によって移りかわる世相を随筆『方丈記』につづった。
藤原定家は"歌の上手"といわれ,『新古今和歌集』を代表する歌人である。
後鳥羽上皇もまたすぐれた歌人で, その序文に和歌の道について「世を
おさめ, 民をやわらげる道」とのべている。この考えは将軍源実朝にも
影響をあたえ, 実朝は歌集『金槐和歌集（きんかい）』をのこした。

　歴史が武士を中心に動くこととなったことから,『平家物語』などの武
士を主人公とした軍記物語の傑作（けっさく）がうみだされた。これらの物語は琵琶（びわ）
法師（ほうし）によって日本国中に語りひろめられ, 武士の自信をいっそうふかめ
させた。武蔵の金沢に北条氏一族の金沢氏（かねさわ）が和漢の書物を集め, 金沢文
庫を建てたように, 学問に力をそそぐ武士も多くあらわれた。幕府の成
立と発展の歴史を書いた『吾妻鏡（あずまかがみ）』があらわされるほどに, 武士の自信
はふかまっていった。

　貴族のあいだでは, 過ぎ去ったよき時代への懐古（かいこ）から, その時代の説
話を集めた『宇治拾遺物語』などの説話（せつわ）文学もさかんで, 古典の研究や朝
廷の儀式を研究する有職故実（ゆうそくこじつ）の学もおこった。鎌倉の発展とともに,
『海道記（かいどうき）』や『東関紀行（とうかんきこう）』, さらに阿仏尼（あぶつに）の『十六夜日記（いざよい）』などのような, 京
と鎌倉を往来する人々の紀行文も多くつくられた。

親鸞の結婚

　親鸞は日本仏教史のなかで肉食妻帯を明言した第1号の僧侶であった。一生不犯(ふぼん)の戒律のもと，世の非難を承知のうえで，あえて公然と妻帯に踏み切ったきっかけは，比叡山をおりて六角堂に参籠(さんろう)したとき，結婚について夢のお告げがあったことによるといわれている。それは，仏道修行者がなにかの宿縁で女性と結ばれたことがあるならば，救世観音(ぐぜかんのん)がその女性になりかわり，一生の間その行者によく仕え，死に臨んでは極楽にみちびくという内容であった。親鸞はここに仏に仕える者が妻帯することの積極的な意義を見出し，のちに恵信尼(えしんに)と結婚して6人の子女をもうけた。

　親鸞が不犯(ふぼん)の戒律に疑いをもった背景には，当時の仏教界において僧侶の妻帯がなかば公然化していたという事実がある。13世紀後半の仏教説話集『沙石集(しゃせき)』は，後白河法皇の「（妻帯を）隠すのは聖人，しないのは仏」ということばを紹介したうえで，今の世は妻帯を隠す聖(ひじり)はやはり少なく，妻をもたない聖はいっそう稀(まれ)であると述べている。このように，当時の仏教界のモラルが低下するなかで，親鸞はあえて結婚生活に踏み切ったのである。

念仏の教え

　平安末期からの戦乱と飢饉により，この世は仏の教えもすたれる末法(まっぽう)の時代であると説く仏教思想が，貴族のみならず武士・庶民にも真実のようにうけとめられた。彼らは，こぞって末法の世での救いをもとめた。

　武士の家にうまれ出家した法然(ほうねん)は，死後の極楽浄土での往生を願う浄土教の教えのなかから，「南無阿弥陀仏」と，念仏をとなえて，阿弥陀仏による救いを信じる専修念仏(せんじゅ)の重要性を強調した。この法然の教えは，源平の争乱後の社会にまたたく間にひろまった。

　貴族の子で法然の弟子となった親鸞(しんらん)は，法然の教えをうけつつ，ひたすら阿弥陀仏に救いをもとめる信仰心があれば，かならず救われると説き，煩悩のふかい人間(悪人(あくにん))こそ阿弥陀仏の救おうとする人々であるという，悪人正機(しょうき)の教えを説いた。親鸞は越後に流罪となると，そののち東国にあって農民のあいだに教えをひろめた。承久の乱後，武士の家

◀**法然の説法** 法然は1207（承元元）年，弟子の風紀問題で土佐に流された。図はその途中，摂津の経ヶ島で，人々に説法をしているところ。手前右下には琵琶法師の姿もみられる。（『法然上人行状絵図』，部分，京都　知恩院所蔵）

にうまれた一遍は全国をめぐって，札をくばって念仏をひろくすすめたり，踊念仏をおこなったりする布教方法に工夫をこらした。

　こうして念仏の教えは，財力もなく，文字も読めない庶民や武士を中心に，各地にひろまっていった。

迫害をのりこえて

　法然の活動と同じころ，宋に渡り日本に禅宗をひろめたのは栄西である。禅宗は坐禅という修行によって，悟りをひらくことをもとめたもので，念仏が阿弥陀仏による他力の救いであるのに対して，自力による救いを強調している。

　栄西は鎌倉に下り幕府の保護をえて禅宗をひろめたが，さらに道元は坐禅そのものが悟りの境地であると説き，禅宗の考え方を徹底させた。幕府はこの禅宗を保護して，宋から多くの禅僧をまねき，鎌倉に建長寺・円覚寺などの禅宗寺院を建てた。禅宗のきびしい修行が武士の気風にあい，そのうえ海外の新文化を歓迎する風潮もあって，幕府は禅宗の保護に力をいれたのであろう。

　新仏教がひろまると，旧仏教勢力はこれに強く反発した。旧仏教を保護する朝廷は禅宗の布教をやめさせようとし，また法然・親鸞を流罪にしたが，新仏教の活動はおとろえるどころか，迫害をのりこえて全国に

▶踊念仏　一遍は念仏をとなえながら，全国各地を遊行（ゆぎょう）した。図は一遍とその弟子たちが踊念仏をしている場面で，周辺で，貴族・武士・庶民らが見物している。（『一遍上人絵伝』，部分，神奈川　清浄光寺蔵）

ひろまった。鎌倉時代の末期には，宗派としての形をととのえ，念仏では法然・親鸞・一遍を開祖とする浄土宗・浄土真宗・時宗（じしゅう）の宗派が成長し，禅宗では栄西の臨済宗（りんざい）や道元の曹洞宗（そうとう）が発展していった。

　禅や念仏の教えがひろまるなかで，関東の一漁村にうまれた日蓮は東国を中心に法華宗（日蓮宗）をひろめた。「南無妙法蓮華経」という題目（だいもく）をとなえることにより，法華経に記された真理がすべての人々と国家を幸福にすると説いたが，この日蓮の主張は，幕府にうけいれられず，日蓮も流罪にあった。しかし幕府の迫害にもかかわらず，その教えは関東の武士層を中心にひろまった。

新仏教と旧仏教

　新仏教といっても法然・親鸞・栄西・道元・日蓮は，いずれも延暦寺で天台宗を学んでおり，旧仏教から出発している。ただ新仏教は，多くの教えのなかから一つの救いをえる方法（念仏（ねんぶつ）・禅（ぜん）・題目（だいもく））を選び，旧仏教の枠をとびだしていった。平易な教えであったから，庶民・武士をはじめ貴族にいたるさまざまな人々のあいだにひろまっていった。

　こうした新仏教の活発な動きに対し，旧仏教側の僧たちもただ反発していたわけではなく，社会の変化に応じて，新たな運動をおこした。法相宗の貞慶（じょうけい）（解脱（げだつ））や華厳宗の高弁（こうべん）（明恵（みょうえ））が，旧仏教の復興に力をそそいだ結果，叡尊（えいぞん）・忍性（にんしょう）（良観（りょうかん））らが戒律を重視する律宗をおこし，貧民や病人などの救済・施療をすすめ，新仏教とほとんどかわらない活動を

鎌倉新仏教の教団化

法然は学識と包容力に富む人柄であったため，貴族から武士，庶民にいたるまではばひろい信者を獲得した。伝統的な仏教勢力からの迫害をうけつつも，京都の知恩院を本山とする浄土宗が形成されていった。法然の弟子親鸞は関東で浄土真宗をおこしたが，在世中には教団の組織化はすすまず，鎌倉時代末期に親鸞の曾孫覚如が京都で本願寺の正統性を主張して教団の統一化をはかり，室町時代にかけて勢力をのばした。一遍は念仏をすすめるも教団化にむかわなかったが，弟子の真教が各地に道場をもうけて布教活動をおこない，時宗としての教団化の動きがはじまった。

禅宗は臨済宗が栄西や宋から来日した仏僧により伝えられたが，かれらを開山とする寺院が建立されたことから，それぞれの寺院を中心に発展することとなった。曹洞宗は道元の没後，後継者の間で坐禅と布教のどちらを重視するかの対立がみられたが，ひたすら坐禅を重視した永平寺においてもしだいに厳格な教えはあらためられ，曹洞宗の教団化がすすんだ。

法華宗の日蓮は佐渡に流されたのち，信仰がひろがったが，没後に門弟間の対立が激しくなるなか，日蓮宗としての発展が準備された。

このように新仏教では宗派ごとの教団が形成されたが，それは鎌倉時代半ば以降，各宗派の特色に応じて徐々に進行したのである。

おこなった。

こうして旧仏教の勢力はあいかわらず強く，また古くからの山岳信仰をもととした修験道も力をのばし，神々の信仰では伊勢の外宮の神官度会家行によって神道理論が形成され，伊勢神道がうまれた。

芸術の新傾向

源平の争乱により焼失した奈良の諸寺院は，勧進上人重源のなみなみならぬ努力で復興した。東大寺の大仏の修理，大仏殿・南大門の再建は容易なことではなかったが，重源は大仏様という力強い建築様式を中国の宋からとりいれ，南都仏師の運慶・湛慶父子や快慶らの協力もえて，この事業をなしとげた。東大寺南大門の運慶・快慶合作の金剛力士像に

▲東大寺南大門（上）・円覚寺舎利殿（下）と組物

▲興福寺の無著像

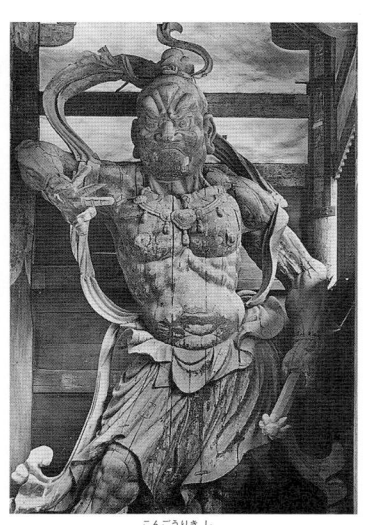

▲東大寺南大門金剛力士像

はこの復興の力がみなぎっている。その特徴は力強い写実性にあった。

　鎌倉中期になると，日本・中国をむすぶ海の道を渡って多くの唐物（からもの）とともに，禅宗様といわれる建築様式などの新技術がもたらされ，また蘭（らん）渓道隆（けいどうりゅう）・無学祖元（むがくそげん）らの禅僧がやってきた。禅宗様は整然とした美しさ・精巧さを特徴としており，禅寺の建築に用いられたが，やがて古くからの和様をもとに，大仏様・禅宗様*をとりいれた折衷様（せっちゅうよう）がさかんとなった。

> **＊大仏様と禅宗様**　大陸から伝来した寺院の建築様式は，平安時代に国風化がすすんで，優美で穏和な「和様（わよう）」をうみだした。鎌倉時代にはいると，東大寺再建のために宋から新しい建築様式が移入され，これを「天竺様（てんじく）」とよび，禅宗の流行とともに禅宗伽藍が輸入され，これを「唐様（から）」とよんできた。しかし，「天竺様」ではインドの建築様式との誤解をうむため「大仏様」とよび，また「唐様」では唐代の様式，中国風との誤解を生じるため「禅宗様」とよぶようになった。

　絵画の面でも写実的な要素は強くなり，絵巻物では一遍の生きた社会をみごとに再現した『一遍上人絵伝』，武士の生活や合戦を豊かにえがいた『男衾三郎絵巻（おぶすま）』や『蒙古襲来絵巻』などがつくられた。俗人の肖像をえがく似絵（にせえ）には，鎌倉時代初めに藤原隆信（たかのぶ）・信実（のぶざね）父子の名手がでて，写実的でしかも人間味あふれる作品をえがいた。

　工芸の面では，武士の成長によって武具の製作が活発となり，刀剣の長船長光（おさふねながみつ）・粟田口吉光（あわたぐち）・岡崎正宗らがあらわれ，名品をうんだ。また宋・元から渡来の唐物の強い影響をうけて，書道では平安時代からの和様をもとにして青蓮院流（しょうれんいん）がおこり，陶器では尾張の瀬戸焼をはじめ，各地でその生産が活発になった。

第6章

武家社会の転換

1　蒙古襲来

東アジアと日本

　鎌倉幕府が誕生し成長していたころ，大陸のモンゴル（蒙古）高原では，チンギス゠ハン（成吉思汗）にひきいられたモンゴル諸部族の遊牧民族国家が発展していた。このモンゴル帝国はまたたくまに西アジアを征服し，東は中国北部の女真族の金をほろぼし，朝鮮半島の高麗を服属させた。

　平氏政権のころから日本と交渉があった中国王朝は，金によって南に追われていた南宋である。南宋からは，唐物とよばれる書籍・香料・薬品・陶器が輸入され，大量の宋銭ももたらされ，日本からは金・水銀・硫黄・木材などが輸出されていた。はじめのうち鎌倉幕府は対外貿易に無関心であったが，政治が安定するとともに日宋貿易への関心を強めた。やがて国内でも港湾・航路などがととのえられると，日宋間をむすぶ唐船の往来はひんぱんとなり，大量の唐物が鎌倉にもたらされた。

元　寇

　13世紀後半，モンゴル帝国の皇帝となったチンギス゠ハンの孫フビライ（忽必烈）は，都を大都（北京）に移して国号を元とあらため，南宋を圧迫し，日本に対しても朝貢を要求してきた。たびかさなるこの要求に，幕府の執権北条時宗が無視してこたえなかったため，フビライは日本侵攻を決意した。

　1274（文永11）年，元は徴発した高麗の軍勢をあわせて対馬・壱岐をおかし，九州北部の博多湾に上陸した。太鼓やどらを打ちならし，毒をぬった矢や火薬をこめた武器を手にして，集団でおしよせた。この元軍の戦法に，一騎討ちを得意とする御家人たちは苦戦の連続で，このため

マルコ＝ポーロの日本観

13世紀末に東洋へ旅行したマルコは，『東方見聞録』で日本についてつぎのようにのべている。「チパング（日本国）は，東のかた，大陸から1500マイルの大洋中にある，とても大きな島である。……この国ではいたるところに黄金がみつかるものだから国人は誰でもばく大な黄金を所有している。この国へは大陸から誰もいったことがない。商人でさえ訪れないから，豊富なこの黄金はかつて一度も国外にもちだされなかった。右のようなばく大な黄金がその国に現存するのは，すべてこの理由による。引き続いてこの島国の国王がもっている一宮殿の偉観について述べてみよう。この国王の宮殿は，それこそ純金ずくめでできているのですぞ。……この宮殿の屋根はすべて純金でふかれている。……宮殿内に数ある各部屋の床も，全部が指二本幅の厚さをもつ純金で敷きつめられている。このほか広間といわず窓といわず，いっさいがすべて黄金づくりである。……またこの国には多量の真珠が産する。ばら色をした円い大型の，とても美しい真珠である。ばら色の真珠の価格は，白色真珠に勝るとも劣らない。……真珠のほかにも多種多様の宝石がこの国に産する。ほんとうに富める国であって，その富の真相はとても筆舌には尽くせない。」

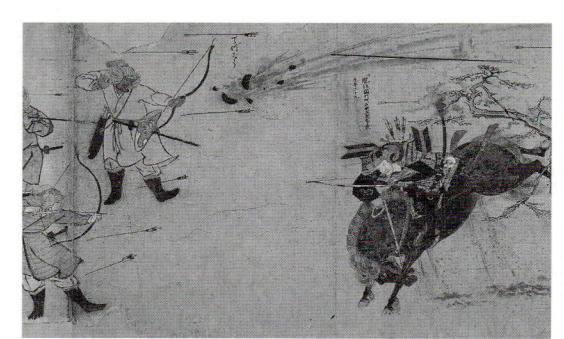

▲「てつはう」になやまされる**竹崎季長**（『蒙古襲来絵巻』，部分，宮内庁三の丸尚蔵館蔵）

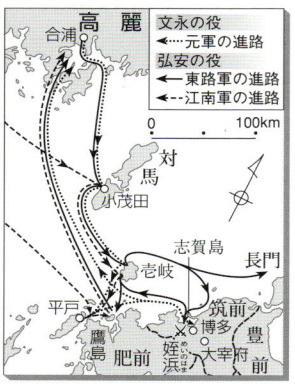

▲**文永・弘安の役図**

蒙古襲来

『蒙古襲来絵巻』は，肥後国の御家人竹崎季長がこの合戦でいかに戦ったかをえがかせた絵巻であり，同時に季長がそのときの恩賞をもとめて，獲得するまでの苦労もえがかれている。

合戦は恩賞によって，その労がむくわれ，また自弁の武装・費用もおぎなわれる。恩賞なくしては合戦はおぼつかない。文永の役では，日本軍は苦戦の連続だった。「てつはう」とよばれる火薬を利用した武器を使い，集団戦をいどむ敵軍になやまされた。季長はこのとき，先駆けの功をいそぎ，「弓矢の道，先をもって賞とす，ただ駆けよ」と叱咤して敵陣に突っ込んだのである。だが蒙古軍の攻撃にあい，季長らは馬を射られて，あやうく死にかけたのであった。

軍功は合戦の大将軍（総指揮官）に報告され，さらに大将軍から幕府の侍所に注進されたはずであったが，季長に恩賞の伝達がない。やむなく鎌倉に恩賞をもとめていくこととなり，馬鞍を売って費用をつくった。訴訟がかなわないならば，出家してもどってこない，と決意をかためて鎌倉にやってきた。しかし季長の訴えはなかなかとりあげられなかった。ついに直訴を試みて恩賞奉行安達泰盛の屋敷に談判におよんだ。

このとき迫真の弁舌により季長の訴えはみとめられ，肥後国海東郷（現，熊本県宇城市）を拝領した。当日，恩賞をえたのは120余人におよんだが，季長のみは恩賞奉行の手から直接にたまわったという。季長がこのことにいかに感激したかは，絵巻をえがかせた直接の動機がこの一件にあったことから知ることができる。

日本軍の主力は大宰府にしりぞいたが，元軍は海を渡っての不慣れな戦いによる損害や内部対立から，兵をひきあげた（文永の役）。

　2度目の襲来は1281（弘安4）年のことである。この間に南宋をほろぼしたフビライは，元帝国の威信をかけて前回に数倍する大軍で博多湾におしよせた。しかし元軍は，博多湾一帯にきずかれた防御用の石塁と，大量に動員された武士の抵抗になやまされたうえ，そこに大暴風雨もあり，大損害をうけて敗退した（弘安の役）。この2度にわたる元軍の襲来を元寇（蒙古襲来）*という。

＊元寇・蒙古襲来　文永の役と弘安の役について，当時日本側は「蒙古来襲」「蒙古合戦」「異国合戦」などとよんだ。一方，「元寇」の語は，水戸藩が編纂した『大日本史』で用いられ，江戸時代後期における国学の発達とともにひろまった。明治以降，国家主義が高揚すると「元寇」の語は教科書のなかに定着し，第二次世界大戦期には「神風」などの語とともに流行した。しかし，戦後はしだいに使われなくなり，近年は「蒙古襲来」「モンゴル襲来」が定着するようになった。

　元の2度にわたる失敗の理由は，経験のとぼしい海をこえての戦いと，元に征服された高麗や南宋などの人々の抵抗にあった。しかし日本軍の勝利の原因には，それにもまして，まずこの大軍をよくふせいだ御家人をはじめとする武士の活躍があげられる。

　幕府は3度目の襲来にそなえて，九州地方の御家人に課していた異国警固番役を強化するとともに，全国の荘園・公領から非御家人の武士も動員する体制をきずくなど，とくに西国の支配力を強化し，九州の政務などをおこなう鎮西探題もおいた。

徳政と悪党

　ところが幕府は，こうした御家人の活躍に対し十分にこたえることができなかった。恩賞をあたえようにも，外国からの敵では没収地があるはずもなかった。また幕府の政治が，御家人の協力を基盤としたこれまでの執権政治から，執権北条氏の家督をつぐ得宗家による専制政治（得宗専制政治）へと移っていて，得宗家の家人である御内人の勢力が強まり，御家人の要求はみすてられがちであった。ことに時宗の死後，有力な御家人安達泰盛が御内人の代表である内管領にほろぼされると，得宗専制政治は頂点をむかえた。

　中小の御家人は，少ない領地を手ばなしてみずからの戦費にあてねばならなかった。そうでなくても分割相続によって領地はこまかくわけられ，御家人の生活は苦しくなっていた。ついに幕府もこうした状態をみすごせず，御家人の領地の質入れや売買を禁じるとともに，1297（永仁5）年には，すでに質入れしたり売られたりした御家人の領地を無償でもとの持ち主に返させるという永仁の徳政令をだした。しかし，その効果は一時的なものであった。

悪　党

　幕府は西国の武士をひろく組織することはなかった。頼朝の時代に東国武士については所領は安堵したが，西国では守護に御家人となる武士を幕府に報告させ，京都の大番役をつとめさせただけである。

　承久の乱ののち，西国に新補地頭に任じられたのも多くは東国の御家人であって，この結果，源平の争乱から承久の乱までのあいだに，多くの西国の武士が没落した。しかし幕府の厚い保護が期待できないなかから，西国の高い生産力と商業経済の発展をうまくとらえて力をのばした武士もいた。

　彼らは地頭の代官となったり，荘園領主とむすんだりして年貢を請け負い，借上をおこなって富をたくわえた。その行動範囲はひろく，いくつもの荘園や諸国にまたがり，また山賊や海賊とのつながりをもつものも多かった。東国武士とはちがった価値観をもって集団で行動する彼らは，"悪党"と恐れられる一方，富をたくわえて"有徳人"とよばれる一面をももっていた。

　播磨国では，1300年前後まで，悪党の姿は六方笠（女性用の笠の一種）に柿帷（柿色の衣）を着るという，ふつうとはちがう「異類異形」のありさまであったものが，やがて良馬を50騎・100騎とつらねて，金銀をちりばめた唐櫃や弓矢・兵具をおび，荘園をあらしまわったという。そればかりか悪党は周辺の諸国からやってきたのに，国中の過半の武士を味方につけたともいう。

▲異形のもの（『融通念仏縁起絵巻』，部分，京都　清凉寺蔵）

こうしたなかで御家人は，分割相続から嫡子に全所領を相続させる単独相続に切りかえたり，地縁的なむすびつきを強めたりして，社会の変化に対応した。

　他方，畿内周辺では新興武士が，荘園の年貢の請け負いや高利貸活動（借上）をおこない，流通経済にうまくのって富をたくわえていた。彼らはしばしば成長してきた農民と争い，武力を使って荘園をあらしたので，荘園領主や幕府とも対立するようになり，悪党とよばれた。悪党はその勢力下に御家人を組みこんだり，朝廷や寺院の勢力ともさまざまなむすびつきをもったりして，力をのばしていった。

2　南北朝の動乱

幕府の滅亡

　14世紀になると，西国では悪党の動きがしだいに大きなひろがりをみせはじめたが，そのころ幕府では得宗専制政治が極度にすすんでいた。多くの守護や地頭，幕府の重要な役職などが北条氏によって占められ，北条氏と対等であるはずの有力御家人も北条氏にしたがった。御家人の名門足利氏も北条氏につかえ，その惣領は執権北条高時から名前の一字をもらい，足利高氏*と名のっていた。

◀**騎馬武者像**(伝足利尊氏画像)　兜もかぶらず，刀をぬいて馬上にまたがった姿，合戦によって折れた矢，これらはこの武将の苦戦と勝利のありさまをよく物語っている。(京都　守屋氏蔵)

この時期に幕府をおどろかせたのが，後醍醐天皇による正中の変と元弘の変の2度にわたる討幕計画の発覚である。そのころの朝廷は幕府に実権をうばわれ，しかも後嵯峨天皇ののち，皇位や皇室領の荘園をめぐって持明院統と大覚寺統の二つの皇統が対立しており，討幕をおこなうほどの力はないとみられていた。

　幕府はこの皇統の対立に対し，両統が交代で皇位につく両統迭立の方式を提唱したりして，朝廷の政治を左右していた。だが西国の高い経済力と，寺社や悪党の勢力の成長を背景に，両統迭立に不満をもつ後醍醐天皇が，天皇中心の政治の復活をめざして討幕計画をおこしたのが二つの事件である。

　計画は2度とも失敗におわったが，これをきっかけに畿内周辺の寺社勢力や悪党勢力，さらに北条氏に反発する御家人もたちあがった。後醍醐天皇の皇子護良親王**や河内の武士楠木正成らのしつような抵抗がつづくなか，幕府は反乱を鎮圧するために足利高氏らを派遣したが，その高氏は途中から御家人をひきいて幕府にそむき，六波羅探題を攻めおとした。

　関東の有力御家人新田義貞も周辺の御家人をひきつれて鎌倉に攻めいり，高時以下の北条氏一族をほろぼし，こうして1333（元弘3）年，鎌倉幕府は滅亡した。足利高氏はその功により，後醍醐天皇の名尊治の一字をあたえられ，尊氏と名をあらためた***。

　　＊**足利高氏・足利尊氏**　歴史上の人物が改名をおこなった場合，「羽柴秀吉」と「豊臣秀吉」，「桂小五郎」と「木戸孝允」などのように，改名前後の両方の名前を表記する意味がある場合には，煩わしさをいとわずに両方を記すことがある。「足利高氏」については，北条高時の一字を拝領した「高氏」であったが，討幕の功績により，後醍醐天皇の諱である「尊治」の一字を拝領して「足利尊氏」と改名したという経過をあらわすために，両方を書き分けて示すことがある。

　　＊**＊護良親王**　「護良」はかつては「もりなが」と読んでいた。その根拠は，一条兼良の著作と伝える『諱訓抄』の写本に「モリナカ」と読み仮名がふってあることなどであった。しかし，『諱訓抄』は1681（天和元）年の写本が最古であり，逆に「もりよし」の読みを裏づける中世後期以降の資料がみられることなどから，近年は「もりよし」の読みが一般化した。ただし，護良親王を祭神とする鎌倉宮や宮内庁では，「もりなが」と読むことを定

京の鴨川の川合（賀茂川と高野川の合流点）と、一条・土御門・近衛・中御門・大炊御門・二条の六つの大路が鴨にのぞむ河原は、あわせて賀茂七瀬とよばれ、「七瀬の祓」がおこなわれる場所であった。これは、天皇の災いをおわせた人形を、7人の勅使が七瀬にもちはこんで川に流す行事で、毎月初めにおこなわれた。天皇に限らず、類似の祓いは貴賤を問わずひろくおこなわれていた。

鴨川は賀茂の神が北上した神の通り道であり、聖なる空間とみなされていたのである。中世の世界観によれば、鴨川にかぎらず、川とは彼岸と此岸をわける場であり、河原はあの世とこの世の境界であった。あの世へ死者を送り、あの世からの声を聞く場であり、神や仏の力がおよぶところと考えられていた。そのため河原は、刑場や市、見世物などさまざまな公開の場となり、『二条河原の落書』のように落書を掲示して衆目にさらし、政情を批判をする場ともなった。

めている。

*＊＊伝足利尊氏画像** 長いあいだ「足利尊氏像」とよばれたこの像は、近年「騎馬武者像」とよばれることが多い。尊氏像でない理由の一つは、画像の上に尊氏の子義詮の花押があることで、子が父の肖像の頭上に花押を据えることは考えられないというのである。この花押は、足利義詮が部下の軍忠を認めた証判と考えられている。また、人物の太刀の目貫と馬具の革紐に輪違の紋があることなどから、像主の候補として尊氏側近の高師直やその子師詮があげられている。

建武の新政

後醍醐天皇は天皇親政の理想のもとに、摂政・関白を廃止し、意欲的な新しい政治をめざした。その翌年の1334年に年号を建武とあらためたので、この新政治を建武の新政*とよぶ。

*建武の新政** 戦前の皇国史観によれば、天皇制の発展の視点で国史を見通した場合、古代と近代の天皇制国家の発展の間に武家政治がおこなわれ、天皇制が弱体化した時代があった。しかし、後醍醐天皇がでて「延喜・天暦の治」を理想とし、鎌倉幕府を倒して天皇親政をおこなった。

この政治を，天皇による政治の「中興」であると評価したのである。現在は，皇国史観の見方にとらわれることなく，単に「新政」とよぶ。

しかしその体制は，中央に記録所と幕府の引付をうけついだ雑訴決断所をおき，地方に国司と守護をあわせおいたように，公武両政治を折衷したものであった。

一方，鎌倉幕府をたおし新政府に参加した御家人は，武家政治をのぞんでいた。このため新政府は，公武諸勢力のさまざまな要求に応じることができず，不満がおこって政治が混乱したが，そのようすは，京都二条近くの賀茂川の河原にたてられた二条河原の落書に「此比都ニハヤル物」として書き記されている。

1335（建武2）年，北条高時の子時行の反乱（中先代の乱）を討つため鎌倉にむかった足利尊氏は，これを機会に武家政治の再興をはかり，新政府に反旗をひるがえした。尊氏は六波羅探題をほろぼしたころから，諸国の御家人との主従関係をつくりはじめ，新政府のもとでも勢力を増大させていたのである。

その翌年，尊氏は京都で持明院統の光明天皇をたてるとともに，建武式目を定めて施政方針を示し，1338（暦応元）年には征夷大将軍に任命され，幕府をひらいて武家政治を再興した。

こうして後醍醐天皇の新政治もわずか3年でくずれたが，天皇は大和南部の吉野にのがれて皇位の正統性を主張したので，こののち朝廷は吉野の南朝と京都の北朝とにわかれて対立することになった（南北朝時代）。

動乱のふかまり

尊氏が幕府政治を再興したにもかかわらず，社会の動揺はおさまらず，南北両朝間の対立は，南朝側の北畠親房らが東国や九州で抗戦をつづけたため，長びいた。

それに加えて幕府の内部にも対立がおき，尊氏の執事高師直と尊氏の弟直義の争いは，ついに観応の擾乱といわれる争乱にまで発展し，ふたたび全国的な動乱がひきおこされた。それは鎌倉時代の後半にはじまる社会の動揺が，根ぶかかったことを示している。

農村ではこれまでの有力農民を中心とした村落に対し，小農民の成長

によって新しい村落のむすびつきがもとめられていた。彼らは領主の不当な要求に対抗するだけの実力をそなえつつあった。領主のほうでも，中小の地頭・御家人や新興武士が，一族のせまいむすびつきから，地域的なひろいむすびつきをつくろうとしていた。彼らは国人とよばれ，荘園侵略をくりかえし，そのときの情勢に応じて，さまざまな勢力とむすびついたので，動乱はふかまるばかりであった。

守護大名

　南北朝の動乱がふかまるなかで，しだいに大きな力をきずいてきたのが国ごとにおかれた守護である。幕府は地方の武士を組織するために，守護の権限を強化し，鎌倉幕府が定めた三カ条の権限にくわえて，田地をめぐる争いの際，実力行動をとりしまる権限や，裁判の判決を執行する職権をあたえたので，守護はそれらを利用しながら荘園の侵略をくりかえし，地方在住の武士である国人を家臣にして勢力をのばした。こうした守護をとくに守護大名という。

　尊氏は，1352（文和元）年，半済令を発布し，一国の荘園・公領の年貢の半分を守護にあたえ，守護はこれを国人にわけあたえる制度をつくった。これによって守護の支配権はさらに強化されたが，尊氏はそのかたわら，足利氏一門を諸国の守護に配置し，幕府の体制がためをはかった。

　大きな力をもった守護大名は，荘園領主から年貢の徴収を請け負う守護請をおこなったり，半済を実施したりして，荘園・公領を侵略し，これを国人にわけあたえてその家臣化をおしすすめた。このように荘園・

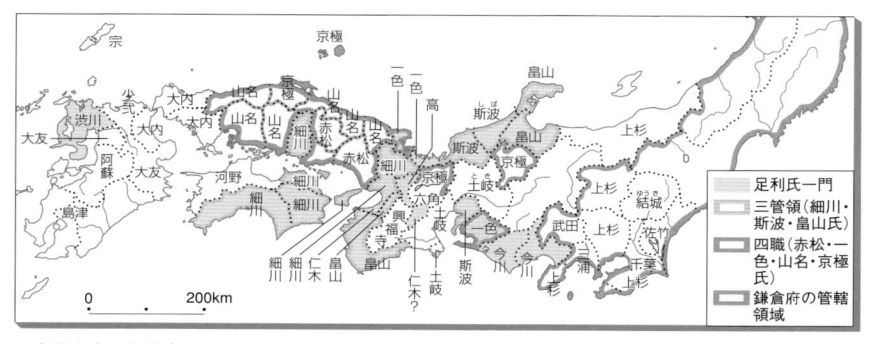

▲**守護大名の形勢**（15世紀初めごろ）

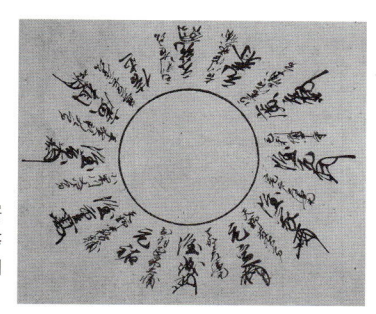

▶ **傘 連判** 国人一揆では誓紙に署
名・加判する際，序列を設けず，対等
を意味する傘連判をもちいた。（毛利
博物館蔵）

公領を支配下にいれ，家臣団編成をおこなう守護大名の諸国支配の体制
を守護 領 国制とよぶ。その領国支配に対して，国人たちはしばしば地
域的に連合し，国人一揆をおこして対抗したので動乱は長びいたが，や
がて守護大名はこれをおさえて，一国の支配を完成させていった。

3　室町幕府と勘合貿易

室町幕府

14世紀末，足利尊氏の孫義満の代になって，60年ほどつづいた南北朝
の動乱はおわった。義満は，1392（明徳3）年に南北両朝の合体を実現さ
せ，守護大名をおさえて幕府の全国支配を完成させた。幕府は京都の室

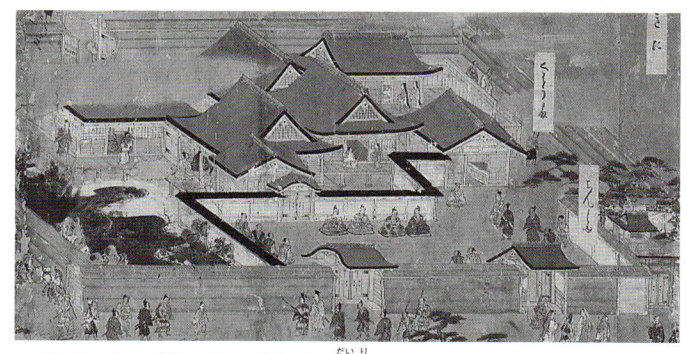

▲**室町将軍邸**　義満の建てた将軍邸は内裏の近くにあって，その規模は内裏を
圧倒していた。王朝風の伝統的様式をとりいれた建築様式は，それ以後の将軍
邸の模範となった。（『洛中洛外図屏風』，部分，国立歴史民俗博物館蔵）

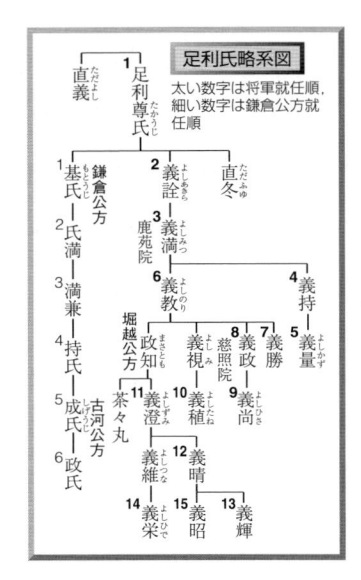

足利氏略系図

太い数字は将軍就任順，細い数字は鎌倉公方就任順

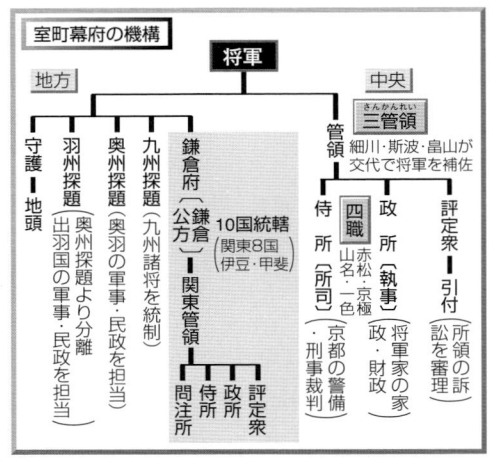

室町幕府の機構

町におかれたので，室町幕府というが，その邸宅には名花・名木が集められ，"花の御所"とうたわれた。

　室町幕府は諸国における守護の領国支配のうえにきずかれていたので，幕府の機構でもっとも重視されたのは，将軍をたすけ将軍と守護大名とのあいだを調整する管領である。管領は足利氏一門の細川・斯波・畠山氏の３家から選ばれ（三管領），また侍所の長官（所司）には山名・赤松・一色・京極の諸家のなかから選ばれた（四職）。

　しかし，これらの諸家のなかには数カ国もの守護をかねている大名もおり，将軍は守護大名の実力のまえに，たえず不安定な状態におかれていた。そこで義満は，より大きな力と権威をえるため，朝廷や寺社勢力への支配を強めて太政大臣となり，また朝廷が長年にわたって維持してきた京都の行政・裁判権などを手におさめると，その力と権威によって守護大名の勢力をけずることにつとめた。六分一衆（殿）ともよばれた山名氏をたおした明徳の乱や，領国６カ国をもつ大内義弘をたおした応永の乱はそのあらわれである。

　地方機関としては，鎌倉に鎌倉府，九州に九州探題などが設置された。このうち鎌倉府は関東８カ国に伊豆・甲斐を加えた10カ国を統轄し，そ

の長官は鎌倉公方とよばれ，足利尊氏の子基氏の子孫が世襲し，その補佐役の関東管領には上杉氏が歴代その職についたが，独立性が強く，しばしば幕府と対立・抗争した。

　幕府の財源は，諸国にちらばる直轄領である御料所からの収入や守護や地頭への課税が基本的なもので，そのほかに段銭・棟別銭・関銭があった。段銭は田地1反単位，棟別銭は1軒単位で課された税で，幕府はこれらを寺社の造営・修理を名目にしばしば課税し，その一部を収入とした。また，関銭は交通の要地におかれた関所の通行税である。さらに幕府は京都で高利貸業をいとなむ土倉・酒屋からの土倉役（倉役）・酒屋役や，日明貿易の利益を重要な財源としていた。

倭寇の活動

　蒙古襲来ののち，日元両国間には正式な国交はなかったが，日元貿易は活発であった。建長寺造営の費用をえるため建長寺船などが派遣され，足利尊氏も天竜寺船を派遣して後醍醐天皇をとむらう天竜寺の造営をおこなった。

　14世紀後半，南北朝の動乱のなかで室町幕府がその基礎をかためていた時期には，東アジア地域全体でも大きな変化がおきた。中国では元にかわって漢民族王朝の明が建国され，朝鮮半島では高麗がたおれて李成桂が朝鮮を建国した。沖縄では15世紀前半に，中山王国の尚氏が南

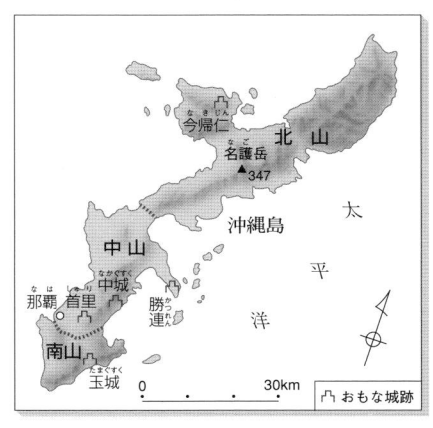

▲琉球の三山分立と主要城跡

沖縄本島では10〜12世紀になって米・麦の農耕がはじまり，按司とよばれる首長が各地にうまれた。按司らは城をきずき，勢力を拡大し争ううちに，14世紀にはいると，南山・中山・北山とよばれる小国家が成立した。こうして独自の発展をとげてきた琉球が繁栄をほこるのは，1372（応安5）年に中山王が明とのあいだに外交関係をむすんでからである。

これをきっかけに琉球船は，日本・朝鮮・東南アジアへとでかけて特産品を買いつけ，中国との朝貢貿易を展開した。1429（永享元）年，中山国王尚巴志が3王国を統一した結果，内政がかたまると，琉球王国は貿易立国としていっそうの発展をめざした。その繁栄は，明代に中国に朝貢した回数が琉球が171回におよんだのに対し，第2位の安南が89回と少ないのとくらべてみればわかる。日本の遣使の回数はわずか19回にすぎなかった。

最盛期は16世紀前半であったが，やがて豊臣秀吉や薩摩の島津氏が服属をもとめたため動揺がはじまり，1609（慶長14）年の島津氏の侵攻で，王国の体制のままで日本に服属することになった。

山・中山・北山の3王国を統一して琉球王国を建てた。

こうして東アジア諸地域で，あらたな国家の建設がなされているかたわらで，海の道を舞台に活動する集団がいた。その出身は九州や瀬戸内海沿岸の土豪・商人で，彼らの一部は貿易がうまくゆかなくなると，海賊的な行動をとり，倭寇とよばれておそれられた。李成桂はこの倭寇撃退に名をあげ，ついに高麗をたおしたのである。

勘合貿易

倭寇の活動をおそれた明は，私貿易を禁止するとともに，日本に倭寇のとりしまりをもとめてきた。これにこたえて義満は1401（応永8）年，九州管轄のためにおいた九州探題に倭寇のとりしまりを命じ，明との国交をひらいた。義満は，明の皇帝への国書に「日本国王臣源」と記しており，明との国交をつうじて権威を高めるとともに，日明貿易の利益にも

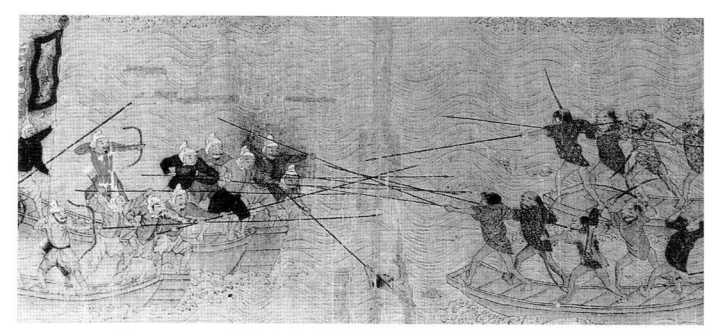

▲**倭寇の図**（『倭寇図巻』，部分，東京大学史料編纂所蔵）

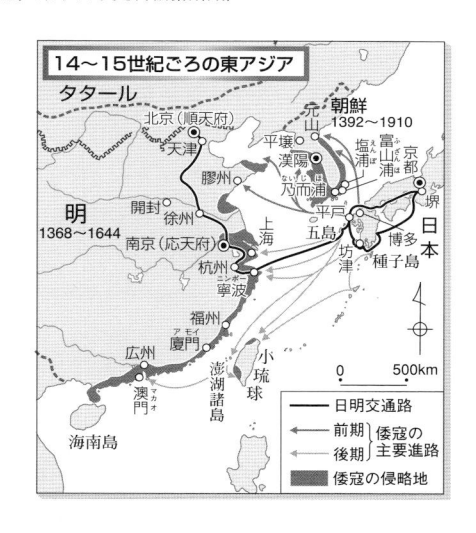

14～15世紀ごろの東アジア

ひかれていた。

　日明貿易は，公私の船を区別するために合い札の勘合*が用いられたので，勘合貿易ともよばれている。当時，明は外国に対して朝貢貿易の形式をとることを強制しており，日明貿易も日本が貢物を明に献上し，明が日本に物をあたえるという形式がとられた。日本からは銅・硫黄・刀剣などが輸出され，明から銅銭や生糸・絹織物などをもちかえった。

　　＊**勘合**　明の皇帝が，日本などの諸外国の国王にあたえた入貢船の渡航許可証である「勘合」については，かつては「勘合符」とも表記されていた。しかし，「勘合符」は江戸時代以降に使われ広まった言葉で，当時の史料にはみえないことから，近年は「勘合」とあらわすようになった。

勘合貿易の実権は，はじめ幕府の手にあったが，やがて大内氏や細川氏の手に移った。大内氏は博多商人，細川氏は堺商人とむすんではげしく争い，ついに1523（大永３）年の寧波での両者の衝突（寧波の乱）により，大内氏が貿易を独占するようになった。

　明につづいて朝鮮とも対馬の宗氏を仲介にして国交がひらかれた。日朝貿易では綿布がおもに輸入され，銅・硫黄や琉球貿易でえた南海諸島の特産品が輸出され，交易は朝鮮の三浦（富山浦・乃而浦・塩浦）でおこなわれた。1419（応永26）年には，朝鮮軍が倭寇の本拠地とみた対馬を襲う事件もあったが（応永の外寇），その後も貿易は順調につづき，1510（永正７）年の三浦での紛争（三浦の乱）により，貿易はおとろえた。

　琉球王国は，明の私貿易禁止や日本の倭寇とりしまりで，貿易活動に有利な地位を占め，東アジア諸国間の中継貿易をおこなった。日本にはシャム（現，タイ）・マラッカなどの東南アジア地域から香料や薬品の材料をもたらしたが，みずからも中国・日本の文化を移植した。

4　北山文化

金閣と北山文化

　鎌倉末期にめばえ，室町時代に開花した文化を，14世紀末，義満が京都北山につくった別荘にちなんで北山文化とよぶ。別荘に建てられた華麗な金閣（鹿苑寺）の建築様式は，伝統的な寝殿造風に禅宗様が加わっている。そこによくあらわれているように，将軍や守護大名の保護のもとにそだてられた北山文化は，公家社会の伝統と大陸文化とを基調にしたものであった。

　この時代にはまだ武家独自の文化はそだたず，武家の公家文化へのあこがれとともに，武家の奢侈的性格が色濃くでている。北山文化の華麗さの源流には，鎌倉末期から南北朝の動乱期にかけて流行した"ばさら"という風俗があった。ばさらは悪党から守護大名へとひろがったもので，たとえば近江の守護大名佐々木導誉は，金銀をちりばめた武具や綾・錦の高価な織物に身をつつみ，人目をはばからぬ傍若無人な振舞いで，

人々の度肝をぬいて、「ばさら大名」と称された。このような守護大名の台頭によって北山文化の花はひらいたのである。

動乱期の文化

ばさらの風俗がはじまる鎌倉末期の社会に生きた庶民や武士・貴族の姿をいきいきとえがいた随筆に卜部兼好*の『徒然草』があり，つづいて南北朝の時代には，公家や武家の盛衰をえがいた歴史書や歴史文学がうみだされた。

> ＊吉田兼好・卜部兼好　かつて，『徒然草』の著者として吉田兼好で教科書に登場していたが，その名は正しくは卜部兼好であることがわかってきた。卜部氏が「吉田」を名のるのは室町時代になってからであり，鎌倉・南北朝時代の史料には吉田兼好の名はみられないからである。国文学では「兼好法師」の名で登場することが多い。

源平の争乱以後の朝廷の歴史を公家の立場からみた『増鏡』や，日本の歴史をふりかえり皇位継承の正しい道理を南朝側から主張した北畠親房の『神皇正統記』，足利氏の立場から戦乱の動きを叙述した『梅松論』である。ばさらの武士をはじめ動乱期を生きた人々をえがいた軍記物語には，『太平記』がある。

仏教界では，貴族の没落にともない，彼らに保護されていた天台・真言の旧仏教が，鎌倉時代まで維持していた主流的地位を失い，かわって新仏教がしだいに教団を形成し，武士・農民・商工業者に信仰をひろめていった。

なかでも臨済宗は，足利尊氏が夢窓疎石に帰依して以来，将軍家の保護をえてさかえた。将軍義満は，南宋の制度にならって五山・十刹の制をととのえ，南禅寺を五山の上におき，京都五山（天竜・相国・建仁・東福・万寿の5寺），鎌倉五山（建長・円覚・寿福・浄智・浄妙の5寺）を定め，五山につぐ禅寺を十刹とした。

義堂周信・絶海中津らの五山の僧は政治・外交の顧問となり，日明貿易の盛行とともに学問・文芸の中心となった。宋でおこった朱子学が研究され，漢詩文を中心とする五山文学がうまれ，五山版とよばれる出版がおこなわれた。禅僧はまた，宋・元の水墨画をえがいて禅の境地を

示した。明兆・如拙・周文らはその代表者である。

集団の芸能

　動乱のなかで集団の芸能として発達してきた連歌や能・狂言も，このころにまとめあげられた。連歌は和歌の上の句と下の句をわけて数人で交互につらねていくもので，二条良基の編集した『菟玖波集』により，和歌と対等の地位をあたえられた。

　もともと神事芸能として出発した猿楽や田楽は，いろいろな芸能をふくんでいたが，そのなかからしだいに歌舞・演劇の形をとる能が発展した。

　室町時代には，能楽師は他の芸能者と同じく，座をつくって寺社に保護されるようになった。その一つ大和猿楽四座の観世座にでた観阿弥・世阿弥父子は，将軍義満の保護をえて，猿楽能を完成した。

▲歌の会　正面に柿本人麻呂の画像をかかげ，人々が色紙をまえに考えこんでいる。左下では茶菓の準備がすすめられている。（『慕帰絵詞』，部分，京都　本願寺蔵）

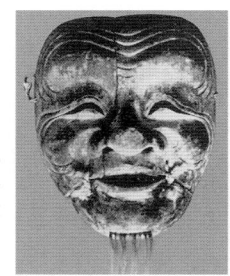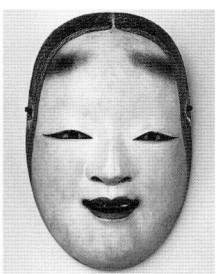

▶能面　能は演じる役に応じて男・女・鬼などの能面をつけて舞った。左図の翁（京都　白雲居蔵）は祝儀的な舞に多く用いられ，右図の小面（京都　金剛家蔵）は若い女性をあらわしている。

▲**観世能図** 自然の松をそのまま背景にし，本物の橋のように橋掛りをかけるなど，初期の能舞台のようすがよくえがかれている。場所は鴨の河原と思われる。（『洛中洛外図屏風』，部分，国立歴史民俗博物館蔵）

　写実と幽玄を根本とした能の真髄は，世阿弥の『風姿花伝』（『花伝書』）に語られており，観阿弥・世阿弥の手になる能の脚本（謡曲）は，今日まで大きな影響をあたえている。能はこのあと寺社の保護をはなれ，武士の援助のもとに発展してゆき，能の合間に演じられる滑稽と風刺を主とした狂言とともに，参加者や観衆のひろい支持をうけていった。

第 7 章

下剋上と戦国大名

1 下剋上の社会

惣村の形成

　守護大名が大きな勢力をきずいてきた14世紀後半には，荘園領主や国人の支配する農村で，惣や惣村とよばれるむすびつきが発達していた。このむすびつきは，戦乱から村落をまもり，国人・荘園領主に抵抗するために，有力農民が，成長してきた小農民を構成員にいれてつくったもので，自治的性格をもち，沙汰人・乙名とよばれる地侍の指導者を選出し，警察・裁判などもみずからおこない，武力もそなえていた。

　惣村を維持するため，その構成員である惣百姓は会合（寄合）をひらいて規約（村掟・惣掟）を定め，財産として共有地（惣有地・入会地）をもっていた。また領主と交渉して，責任をもって年貢を請け負う百姓請（地下請）を実現したり，年貢の免除や引き下げをもとめた。

　こうした惣村の動きに対抗するため，荘園領主や国人は守護大名の力にたよった。これに応じて守護大名は半済や守護請をおこなって荘園の支配を強め，さらには一国内を領国として支配し，惣村に対しても田別に段銭，人別に夫役を課していった。

土一揆

　農民たちは，はじめのうちは領主に抵抗するのに，領主のもとにおしかけて訴える愁訴・強訴や，山林ににげこんで耕作を放棄する逃散などの消極的な手段をとっていた。

　しかし守護の領国支配がすすむと，彼らは周辺の村々と連合して郷や組という連合組織をつくるようになり，一致団結した集団行動の一揆や，逃散といっても他村ににげこむ積極的な行動もとるようになった。そし

一　揆

平安時代末期から，寺院の大衆(僧兵)や農村の百姓らは，共同の行動をとろうとするとき，しばしば一味団結を神仏にちかった。

その際に"一味神水"といって，神にちかった文書(起請文)を神前で焼き，水にまぜてまわし飲みした。それによって，一味による決定は神の意志であると確信し，通常では無理であると考えられるような問題の解決にむかって行動することができた。

こうした行動や，行動する集団が一揆とよばれたが，それがひろくみられるようになったのは，鎌倉時代末期以後である。若狭国太良荘の一揆の起請文は，地頭の代官の不法をうったえて，団結をちかったもので，そこには百姓らが貧弱ながらも花押(みずからのサイン)を一人ずつ加えている。鎌倉時代までの有力農民中心の村落とはちがい，たくさんの農民の名前が記されている点が注目される。

一揆のむすびつきは，さらに国人や地侍にまでひろくおよび，国人一揆や地侍の一揆では，動乱のなかでの一味の行動をちかいあう契約状をつくったものが多い。全員が平等であるという意味から，各人が傘状に署名し，花押を加える傘連判などの方法もとられた。

て地域的にひろいつながりをもつ土一揆という武力蜂起をおこすようになると，経済的にも地域のつながりがふかまるなかで，守護大名と実力で対抗するまでに成長していった。

幕府の動揺

足利義満の死後，将軍義持の時代になると，義満におさえられていた守護大名が勢力を増した。彼らは義持の死に際し，義持にあとつぎを指名してほしいとのぞんだが，義持はそれに対して，「自分が遺言したとて用いられなければしかたがない。みなで協議してきめよ」とことわったという。ここに守護の力の上昇がうかがえる。結局，くじ引で出家していた弟の義教があとつぎに選ばれた。

義教はあとをつぐと，その直後の1428(正長元)年，正長の土一揆*がおこった。これは近江坂本の運送業者(馬借)が徳政を要求してたちあ

公家がみた惣村

前関白九条政基は，1501（文亀元）年3月下旬から約3年半にわたり，応仁の乱で荒廃した京都をはなれ，九条家領だった摂津国日根野庄（現，大阪府泉佐野市）に滞在し，そのときの記録が『政基公旅引付』としてのこされている。

農民の結束はかたく，政基の思い通りにはいかなかった。番頭とよばれる有力農民たちをよびつけて指示をだすと，「寄合で話しあってから」と口々にいう。荘園領主じきじきの命令であっても，村の最高の決定機関である惣の寄合をへなければ実行されないというのである。惣の掟が村人たちを統制していたのであろう。

村の自治は警察・刑事裁判にもおよんでいた。飢饉がつづくなか，少年が夜間にまぎれて食料の蕨粉を盗んだところ，一家皆殺しの縁坐制が適用され，二人の少年と母親が殺された。その後も同様の事件がおこり，二人の女性とその子どもら4，5人が一家皆殺しとなった。これを聞いた政基は，どうすることもできないと心を痛めている。その一方で，村をあげての祭礼の際には猿楽などが披露された。農民が演じる舞いを見物した政基は，「都の能に恥じない」と高く評価している。

▲馬借　京都・奈良を中心に淀川や琵琶湖畔にかけての一帯には，馬で荷を運送する馬借が多かった。馬は1頭で2〜3俵の米をはこんだが，それとともにさまざまな噂や情報も伝えた。（『石山寺縁起絵巻』，部分，石山寺蔵）

がったのをきっかけに，京都近郊の農民が参加しておこしたものである。彼らは幕府の財源となっていた高利貸業をいとなむ土倉・酒屋や，寺院

柳生徳政碑文

　1428（正長元）年の将軍の代替りにおきた土一揆は，またたくまに畿内・近国の各地にひろがった。大和国でも「当国にも里別に徳政をかるなり」と，惣村が単位になって徳政が実施されたことがわかっている。

　そのなかでも柳生の神戸4カ郷の場合は，徳政の実施のことが疱瘡地蔵が彫られている高さ約3mの岩にきざまれている。「正長元年ヨリサキ者，カンヘ四カンカウニヲキメアルヘカラス」というもので，正長元年以前の負目（負債）の破棄を宣言したものである。

　これは領主が徳政令としてだしたものではなく，惣村の手によりおこなわれた私徳政と考えられる。人々の往来する柳生街道の近く，地蔵の石仏の右下に，仮名まじりで彫りつけられてい

るのは，徳政が神仏の意志にもとづくものであることを強調したかったのであろう。こののち各地では，将軍の代替りのときや天変地異にみまわれると，すぐにこうした徳政の動きが惣村からうまれ，それがひろがると，徳政一揆となって幕府に徳政令をだすように強くせまったのである。

▶地蔵
（桑原英文氏提供）

をおそい，売買・質入れの文書を破りすて，それらの無効を宣言した。

　＊正長の土一揆　『大乗院日記目録』は摂関家出身の興福寺大乗院門跡尋尊が書き記した記録で，政治や社会に関する内容の記述も多く，重要史料である。原本は内閣文庫に納められている。正長の徳政一揆について，かつては「天下の土民蜂起す」という書き出しとされていたが，その後「一天下の土民蜂起す」が正しいことが明らかになり，訂正された。該当部分の写真版が『国史大辞典』の「大乗院日記目録」の項に掲載されている。

　この正長の土一揆を目のあたりにした義教は，将軍権力の強化と守護大名の勢力をおさえこむ政策をとった。やがて独立した勢力をもつ鎌倉府の足利持氏を攻めて自殺させ（永享の乱），ひきつづき守護大名の処罰を強行した。こうしたなかで義教は守護大名の反感をかい，1441（嘉

吉元)年，不安にかられた播磨の守護大名赤松満祐に殺害されてしまった(嘉吉の変)。

　嘉吉の変の直後にも徳政一揆がおき，この一揆は幕府に徳政令をだすことをせまると，将軍殺害で混乱する幕府はやむなく要求に応じた(嘉吉の徳政一揆)。こののち徳政令を要求する徳政一揆は畿内を中心にくりかえしおきたが，幕府はこれをおさえることができず，なんども徳政令をだした。

　その際，幕府は徳政令によって土倉・酒屋からの税収が減少するのをおぎなうために，借り主または貸し主(土倉・酒屋など)から，借銭額・貸銭額の１割(ときには２割)をその手数料(分一銭という)としてうけとり，双方に徳政をみとめたり，その適用を免除したりした。そのため幕府の権威はますます低下していった。

応仁の乱

　義教死後の幕府は守護大名の勢力争いの場となり，やがて細川勝元と山名持豊(宗全)を中心とする二大勢力が抗争するようになった。両派は，将軍義政のあとつぎをめぐる弟義視と義政の妻日野富子のうんだ義尚との争いを中心に，斯波・畠山などの守護大名のあとつぎ問題などでも二つにわかれて争った。

　このころの相続は分割相続から単独相続へと完全にかわり，家を相続した惣領(家督)の立場が強くなったぶん，その地位をめぐり，一族や家臣団がたがいに争うことが多くなった。こうした争いをつうじて下位の

▲応仁の乱(『真如堂縁起絵巻』，京都　真正極楽寺蔵)

ものの実力がしだいに強化され，実権は主人から下位のものへと移っていった。指導力を失い，権威のおちた幕府の力ではもはや家督争いを解決できず，二大勢力は東西にわかれてついに戦闘状態にはいった。

戦乱は1467（応仁元）年から11年間にわたってつづいた（応仁の乱）。戦場となった京都は，傭兵（ようへい）として使われた足軽（あしがる）の乱暴などで焼野原となり，戦乱のあいだに，貴族や寺社だけでなく幕府の没落・衰退は決定的なものとなった。諸国の荘園・公領は守護代や国人に押し取られ，京都に住むかつての支配層の生活の場と経済は，根底からくずされてしまった。

応仁の乱の終結は，両軍が戦いにつかれたうえに，京都に出陣して戦っていた守護大名が，在国の守護代や国人に実権をうばわれそうになり，いそぎ京都からひきあげたことでなった。しかし守護大名家の家督争いは解決されなかったので，その後も守護大名間の争いは各地でくすぶった。

南山城（京都府）では守護大名の畠山氏が政長（まさなが）と義就（よしひろ）の2派にわかれて争っていたが，1485（文明17）年，同国の国人は宇治の平等院で集会をひらき，その決議により両軍を国外に退去させ，約8年間にわたる自治をおこなった（山城の国一揆）。

諸国にはこうした国一揆や土一揆がおこり，また主君を実力でたおす家臣がつぎつぎとあらわれ，世は下剋上の風潮を強めていった。

市のにぎわい

室町時代になると，惣村の発達や生産物の多様化によって市日の回数がふえ，月6回の六斎市（ろくさいいち）となった。市場相互のつながりもでき，巡回の行商人（連雀商人（れんじゃく）・桂女（かつらめ）など）もふえた。

都市では見世棚（みせだな）（店棚）をかまえた常設の小売店が増加し，京都・奈良の近郊には特定商品だけをあつかう専門の市場もうまれた。小売店に商品を供給する問（とい）も多くあらわれ，商品運送のために馬借（ばしゃく）や車借（しゃしゃく）などの運送業者がふえ，港湾をむすぶ廻船の往来もさかんとなった。

農業では，栽培技術や灌漑技術の発達によって，先進地域では稲の収穫が大はばにふえた。水稲の品種改良もすすんで早稲（わせ）・中稲（なかて）・晩稲（おくて）の作付も普及し，二毛作は関東地方にも普及し，桑（くわ）・楮（こうぞ）・漆（うるし）など手工業原

▲**室町時代の職人・商人** 職人にはこのほか，鋳物師(いもじ)・研師(とぎし)・紙すき・塗師(ぬし)・経師(きょうじ)などがおり，商人には心太(ところてん)売り・饅頭(まんじゅう)売り・とうふ売りなどがいる。

料の栽培もさかんになった。

　このころの食生活は2食から3食へとかわり，禅宗寺院でつくられていたうどんやとうふが一般にひろまって，野菜料理も発達し，普及するようになった。茶の栽培もひろがり人々は茶商人が路上で"一服一銭(いっぷくいっせん)"で売る茶を買ってのんだ。

　こうした食生活の変化と多様化にともなって市はにぎわい，野菜づくりや茶の栽培が京都・奈良の近郊で発達し，海辺や湖辺の村々では，漁業や製塩業がさかえた。

座と関所

　手工業者はしだいに荘園への隷属をたちきり，独立して注文生産や市場めあての商品生産をおこなうようになった。鍬・鎌・鋤などの農具や，鍋・釜などの日用品のほか，時代の要求や日明貿易の輸出品ということもあって，刀剣が多く生産された。このほか種々の特産品が，京都をはじめ諸国でみられるようになった。

　京都や奈良では鎌倉時代にはじまった職人や商人の同業者の組合である座が大規模となり，種類や数もふえた。座は寺社や公家に税をおさめるみかえりに，一定地域での売買の独占権や関銭の免除をみとめられた。有名なものに，大山崎油座(おおやまざき)や北野神社(きたの)麹座(こうじ)がある。こうした座の発達からは，商工業の発展とともに，荘園を守護大名や国人にうばわれた寺社や公家が，座にその財源をもとめていった動きをみいだすことができる。

交通の要地に設けられた関所も座と同様である。外国貿易がさかんになり，地方の特産品が京都や奈良にはこばれ，商品流通が進展すると，公家や寺社，さらに幕府も関所をおいて，関銭を徴収した。

　しかし座も関所も，商人にとっては自由な売買や通行の障害であったから，しだいに商工業の発展をさまたげるものとなった。貨幣が発行されず，輸入された宋銭や明銭の永楽通宝などが利用されるにすぎなかったことも発展をさまたげた。さらに粗悪な私鋳銭が流通し，取引の際に悪銭をきらい良質の銭を選ぶ撰銭がおこなわれ，取引を混乱させた。このため幕府や戦国大名は撰銭令をたびたび発して，各貨幣間の交換比率を定めたり，流通貨幣の種類を制限したりした。

▲**京都の商店街**　室町時代末期の京都の室町通りをえがいたもの。板屋根の家のなかでは商品がならべられ，家の前に店棚がみえる。行商人の姿もみえる。（『洛中洛外図屏風』，部分，山形　米沢市蔵）

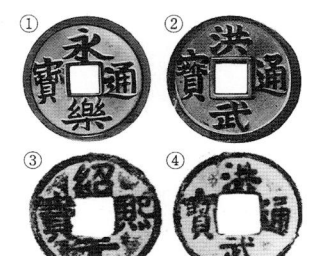

◀**明銭と私鋳銭**　室町時代には永楽通宝①のほかに洪武通宝②・宣徳通宝などが用いられた。永楽通宝などの明銭が輸入されると，やがてこれを模して粗悪な私鋳銭（びた銭）③④がつくられるようになった。（日本銀行金融研究所貨幣博物館蔵）

▲**慈照寺銀閣** 銀閣は，伝統的な寝殿造を基調とした金閣に対し，書院造風を基調とした新しい住宅建築の様式をとっている。（京都　慈照寺提供）

▲**慈照寺東求堂同仁斎** 東求堂の一隅に，義政の書斎であった同仁斎とよばれる4畳半の部屋がある。3尺の棚と1間の付書院（つくり付けの机）がついている。東求堂は池をはさんで相対する銀閣とともに，簡素で幽玄な気風を示す東山文化の代表的建築である。（京都　慈照寺提供）

2　東山文化

銀閣と東山芸術

　北山文化で開花した室町時代の文化は，その芸術性が生活文化のなかにとりこまれてゆき，新しい独自の文化としてひろく根づいていった。

　将軍義政は応仁の乱ののち，京都東山の山荘に隠退して，義満の金閣にならって銀閣（慈照寺）を建てた。簡素で幽玄のおもむきの強い書院造風の銀閣には，この時代独自の性格がみられるところから，銀閣に代表される文化を東山文化とよぶ。

　義政は銀閣を建てるのに7年もついやしたが，財政難のため銀箔をはる計画もついに実現できなかった。このことからもわかるように，東山文化には北山文化をつくりあげたほどの富はなかったが，そのかわり，生活に根ざした文化が発達した。

　書院造は，武士・僧侶・貴族の住宅にとりいれられて発達したもので，床や付書院をもつその住宅様式は，今日の和風住宅のもととなった。庭

現代につながる生活文化

この時代の文化は，侘茶や立花ばかりでなく，衣・食・住の生活全般にかかわる文化が今日に直接つながっている。それは7月の盂蘭盆や5月の菖蒲湯などの年中行事にうかがえるように，公家と武家にひろがった文化が，さらに庶民にまでうけいれられていったことが大きな意味をもっている。

衣の面では，武家の服装が簡略になったことが影響して，庶民にうけいれられやすくなり，同時に庶民の経済力が高くなったため，武家・庶民に共通した風俗が流行した。

男性の素襖，女性の小袖の着流しのほか，帯や髪型・化粧などにもみられる。麻にかわって朝鮮から輸入された木綿が衣料の中心になったことも重要である。

食生活では，禅宗寺院を中心に考えられた食物と調理法が公家・武家・庶民へとひろがってゆき，膳立てや食器，食事の礼儀作法が定められた。米を常食にする人がふえ，粥も好まれた。日本料理の原型はここにつくられた。

住居では，庶民の板葺屋根の長屋式の家と，寝殿造風を基礎とした武家・公家の邸宅には大きな差があったが，これらの邸宅が戦乱や火災にあうなかで簡素な家がつくられるようになった。また，庶民は荏胡麻からとる灯油の灯火を用いるようになった。

▶**花道**　仏前に花を供える供花から，座敷飾としての立花が発達し，侘茶の流行とともに，投げ入れの技法を用いる生花が主流となった。立花の名手として同朋衆の立阿弥や，京都六角堂頂法寺の塔頭である池坊の僧侶専慶・専応が知られる。（『慕帰絵詞』，部分，京都　本願寺蔵）

園は書院造の建物に調和させてつくられ，自然の地形をたくみに利用したり，人工的・象徴的な庭づくりをする枯山水の手法が用いられた。

茶をたてて心の静けさをもとめる侘茶や床をかざる立花（花道）がはじめられた。このうち侘茶は，もともと茶の異同をのみわけて，かけ物を

争う勝負事である闘茶（とうちゃ）を芸術的に高めたもので，村田珠光がこれをはじめ，こののち堺の武野紹鷗（じょうおう）をへて，千利休（せんのりきゅう）によって茶の湯（茶道）として完成された。このように，東山文化の多くは今日の生活文化につながっている。

　北山文化の時代におこった墨の濃淡で自然や人物を表現する水墨画は，東山文化の気風にあって，書院造の床の間（とこま）の飾りや襖（ふすま）絵に使われてさかんとなった。京都相国寺（しょうこくじ）の画僧であった雪舟（せっしゅう）は明に渡って画法を学び，水墨の山水画を完成させた。この水墨画の手法を大和絵にとりいれたのが狩野正信・元信父子の狩野派である。工芸では金工の後藤祐乗（ゆうじょう）がでて活躍するとともに，蒔絵（まきえ）技術も大いにすすんだ。

庶民文芸の流行

　庶民の地位の向上により，武士や貴族だけでなく，庶民が参加して楽しむ文化もうまれた。

　世阿弥（ぜあみ）らによって大成された猿楽能は，上流社会で愛好されたほか都市の庶民のあいだでも親しまれたが，それとは別に，より素朴で娯楽性の強い田楽能（でんがくのう）が農民のあいだでもてはやされていた。和泉（いずみ）の一農村の祭りで，能が農民によって演じられるのをみた貴族は，その演技に感嘆している。能ばかりでなく，盆踊りや念仏踊り・風流（ふりゅう）踊りなど，農村や都市の庶民が直接参加する芸能が流行し，狂言には口語や民謡がとりいれられて庶民に愛好された。

　短編の物語として読み聞かされた『一寸法師（いっすんぼうし）』などの御伽草子（おとぎぞうし）には庶民が主人公となる作品が多く，庶民の素朴な夢が託（こ）されている。古浄瑠

▲**風流踊り**　祭礼の際に小歌などにあわせ，華美な服装で踊りながら大路を練り歩く風流踊りが，15世紀前半，鉦・太鼓にあわせ念仏をとなえて踊る念仏踊りと融合し，現在の盆踊りになったとされる。(『洛中洛外図屏風』，部分，大英博物館蔵，ユニフォトプレス提供)

◀**『物くさ太郎』**　信濃に住む怠け者太郎が，女房ほしさに上洛，歌才により国司にまで出世する物語。(大阪府立大学総合図書館中百舌鳥所蔵)

璃・小歌なども庶民にもてはやされ，小歌集として『閑吟集』が編集されている。こうした庶民文化が東山文化のすそ野をつくっていた。

　連歌では応仁の乱後に宗祇がでて正風連歌を確立し，全国をまわり歩いて『新撰菟玖波集』を撰集し，民間の連歌を芸術的に高めた。その後，多くの連歌師は地方の大名・国人をたよってひろく旅行し，文化の伝達者としての役割をはたしたが，やがて山崎宗鑑が自由でユーモラスな新しい俳諧連歌をうみだすと，連歌はあらゆる階層に歓迎された。

　一方，衰退のいちじるしい公家は，伝統的文化のにない手として有職故実や古典研究に力をいれ，なかでも一条兼良はそうした分野で多くの仕事をのこした。また吉田兼倶は，伊勢神道に対抗して唯一神道をとなえ，神道を中心に儒学・仏教を結合しようとした。

文化の地方普及

　京都を中心に発達した文化は，室町時代をつうじて地方の大名・国人に伝えられたが，応仁の乱によって京都が焼かれると，貴族・僧侶が地方の大名に身をよせ，文化はひろく地方にもおよんだ。ことに大内氏の城下町山口には雪舟をはじめ多くの貴族・僧侶が集まり，西の京都とい

▲足利学校　下野国足利におかれた儒学・易学の学校。1439年，関東管領上杉憲実が鎌倉の円覚寺快元を庠主にまねいた。ザビエルは「高野・根来・比叡・三井寺とならぶ坂東における大学」と評している。（史跡足利学校提供）

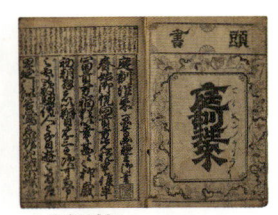

▲『庭訓往来』　南北朝〜室町初期の教科書で，往来（往復書簡）の形態をとっている。武士の道徳観などにもふれている。（東京　凸版印刷株式会社印刷博物館蔵）

われるほどに文化の花がひらいた。大内氏は日明貿易に力をいれ，競争相手の細川氏をしりぞけてからは，貿易を独占した。この日明貿易の富が，山口の文化をささえた。

　このほか肥後の菊池氏や薩摩の島津氏は，禅宗の五山の僧桂庵玄樹をまねいて儒学をひろめ，のちに薩南学派とよばれる朱子学のもとをきずいた。土佐では南村梅軒が朱子学を講じて，南学の祖と伝えられている。関東では15世紀中ころに足利学校が関東管領上杉憲実によって繁栄の基礎がつくられ，そこには武士・僧侶など日本各地から多くの学生が集まり，「坂東（関東）の大学」とイエズス会の宣教師に称された。

　このころの教育は，一般に寺院で武士の子弟を対象におこなわれ，『庭訓往来』や『貞永式目』などが教科書として使われた。都市の有力な商工業者たちは，その職業がら読み・書き・計算を必要とし，そのために『節用集』という，いろは引きの国語辞書も刊行された。村落の指導者層のあいだにも，読み・書き・計算の必要性が説かれるようになり，農村へもしだいに文字の知識が浸透していった。

仏教のひろまり

　鎌倉仏教各宗が武士・農民・商工業者などの信仰をえて，都市や農村にひろまっていったことも注目される。禅宗の五山派は幕府の衰退とともにおとろえたが，これに対し自由な活動をもとめて地方布教をこころざした禅宗諸派（林下）は，武士・庶民の支持をうけ各地にひろまった。

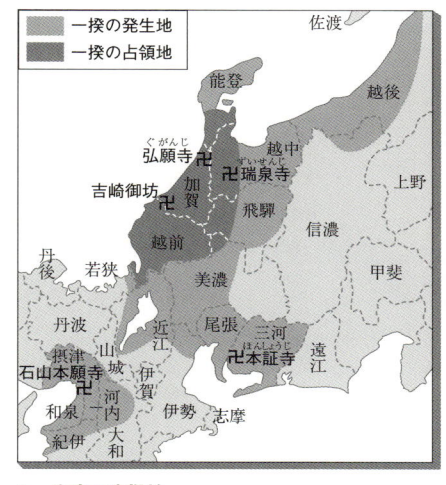

一揆の発生地
一揆の占領地

佐渡　能登　越後　越中　上野　弘願寺卍　卍瑞泉寺　吉崎御坊卍　加賀　飛驒　信濃　越前　丹後　若狭　美濃　甲斐　丹波　近江　尾張　三河　遠江　山城　卍本証寺　伊賀　摂津　河内　伊勢　志摩　石山本願寺卍　和泉　紀伊　大和

▲一向宗の本拠地

▲『吉崎御坊絵図』(滋賀　照西寺蔵)

林下とは俗世間をはなれた山林などできびしい修行をもとめる禅の流れで，曹洞系では永平寺・総持寺，臨済系では大徳寺・妙心寺などであり，大徳寺の一休宗純は代表的な僧である。

　公家とのむすびつきをふかめて京都で勢力を拡大した浄土宗は，東国へ布教活動をひろげていった。浄土真宗（一向宗）は農民のほか，各地を移動して生活をいとなむ交通・商業・手工業者にうけいれられ，とくに本願寺派は蓮如の活動によって，北陸・東海・近畿地方の農村に根をおろした。また日蓮宗は西国方面へ進出し，貴族や都市民の信仰を集めた。

3　戦国の世

戦国大名の登場

　応仁の乱後，下剋上の風潮は全国をおおい，諸国には実力によって領域を支配する大名がつぎつぎとうまれ，たがいに争いをつづけた。これを戦国大名とよぶ。

　戦国大名のさきがけとなったのは北条早雲（伊勢宗瑞）である。関東では，15世紀前半の永享の乱により衰えた鎌倉公方が，下総の古河公方と

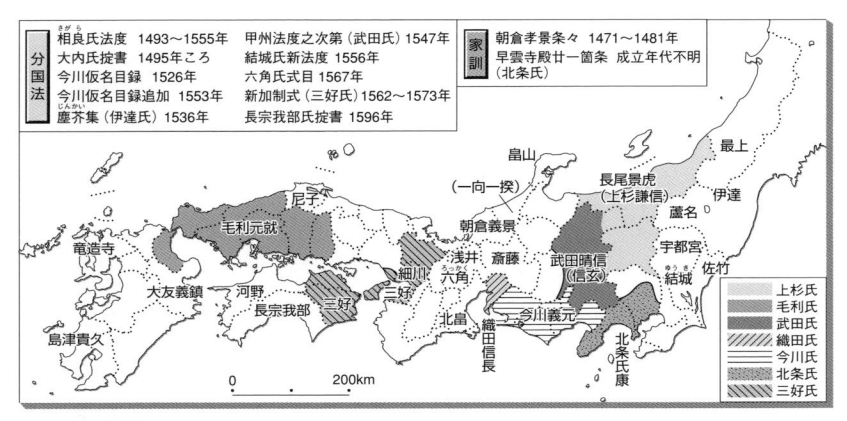

▲戦国大名の勢力範囲と分国法

伊豆の堀越公方に分裂していた。京都から下ってきた早雲は，この混乱に乗じ，15世紀末に堀越公方をほろぼして伊豆をうばうと，相模に進出して小田原を本拠とした。やがてその子や孫の代には関東の大半を支配する大名となった。

　また16世紀半ば，越後の守護上杉氏の守護代長尾景虎は，主家の上杉氏をついで上杉謙信と名のり，関東にまで進出するとともに，そのころ甲斐国内を統一して信濃に領域をのばした武田信玄（晴信）としばしば戦った。

　こうして諸国にうまれてきた戦国大名のうち，守護大名自身が国人や守護代をおさえて戦国大名に成長したのは，東国の武田・今川，九州の大友・島津の諸氏など少数にかぎられており，多くは国人や守護代からなりあがったものである。戦国大名たちは約100年にわたって戦乱をくりかえすうちに，しだいに全国統一への道を歩んでゆくことになる。

分国支配

　戦国大名の領国を分国とよぶ。彼らの分国統治の第一の目標は富国強兵であった。大河川の治水・灌漑事業によって，平野部の開拓と農業生産の安定と増大をはかった。産業の開発に努力して，金・銀などの鉱山の開発や綿花栽培をこころみた大名もいる。彼らは分国経済の中心として城下町を建設し，道路を整備して宿駅・伝馬制度をととのえ，関所も

撤廃した。

　この富国策とともに戦国大名は，領内の国人から地侍にいたるまで，すべての武士を家臣団に編入する強兵策にとりくんだ。だが，惣村や荘園制度とむすびついていた武士の家臣団への編入はたやすいことではなく，やがて惣村の直接支配と荘園制度の解体をめざした。

　まず家臣の知行地について，その年貢額を銭に換算した貫高で表示し，軍役賦課の基準とした（貫高制）。また，新しい家臣を有力家臣にあずけるという形で組織して（寄親・寄子制），戦力を強めた。つづいて検地を実施して領内の把握につとめた。こうした戦国大名の施策は，社会の構造を根本的にかえていった。

　戦国大名は領内統制のために独自に分国法（家法）*を定めた。それは喧嘩両成敗**の規定や，家臣の私的同盟を禁止したり，所領の自由な売買や分割相続を禁じたりするなどのきびしい家臣団統制と，年貢の未納や逃散を禁じるなどの農民統制とからなっている。そこには大名の強大な権力が示されているが，分国法のなかには近江の六角氏や肥後の相良氏のように，大名と家臣との協約によって定められたものもあり，大名が権力を安定させるのに，多くの苦心をはらったことがうかがえる。

　　*朝倉敏景十七箇条・朝倉孝景条々　戦国家法の代表である「朝倉敏景十七箇条」は，越前の守護朝倉孝景が子孫のために作成したといわれる。「朝倉英林壁書」などの別称もあるが，近年は「朝倉孝景条々」と表記されることが多い。その理由としては，「孝景」が「敏景」と称したことについて確実な同時代史料で確認できないこと，「朝倉敏景十七箇条」の名称は後世の『群書類従』の編者によるものであること，16条からなる伝本もあることなどがあげられる。
　　**喧嘩両成敗法　かつては「当事者間のうらみを残さないために是非のいかんを問わないで双方とも処罰した」と記述されていた。近年では「家臣相互の紛争を私闘で解決することの禁止とすべての紛争を大名による裁

▶印判　戦国大名のなかには，分国内の公文書に花押にかえて印判（印章）を用いる大名が多くなった。写真は北条氏の虎印判（左）と織田信長の「天下布武」の印判（中），武田氏の竜印判（右）である。

判にゆだねさせることが目的であった」と記述し，全国統一へむかう大
名権力の強化という視点から説明されるようになった。

一向一揆

　北条早雲の伊豆進出で戦国の世がはじまろうとするころ，加賀では守
護大名が，一向宗（浄土真宗）の宗教組織にもとづいた一向一揆によって
たおされるという事件がおきた。

　加賀の一向一揆の基礎をつくったのは蓮如である。応仁の乱前後，親
鸞の血統をうけつぐ浄土真宗本願寺派の再興をはかった蓮如は，惣村を
そのまま宗教組織の講に編成したり，かなまじりのやさしい文章の手紙
（御文）によって念仏の教えをひろめた。その教えは近江からさらに北陸

自由都市・堺

　堺はその名のとおり和泉国と摂津国
の堺にあたり，南荘と北荘にわかれ，
両国にまたがっていた。室町時代にす
でに1万戸の集落であったといわれる
が，ここが大きく発展したのは，応仁
の乱後に堺の商人が四国を地盤とする
守護大名の細川氏と手をむすんで日明
貿易を推進してからである。

　堺が国際貿易港として整備されると
ともに，あいつぐ戦火から市街を防衛
するため，町民は南・北・東の三方に
堀をめぐらし，番人をやとって自衛し
た。年貢の地下請をおこなったり，裁
判もおこなった。こうした堺について，
「大きな特権と自由をもち，共和国の
ごとき政治をおこなっている」と，こ
の地にきたヨーロッパ人は異口同音に
語った。それはヨーロッパの自由都市
と同じ姿をみたからである。

　会合衆を中心とする自治市政は，
貿易・金融業によるすぐれた経済力を
背景に，細川氏にかわって勢力をのば
してきた三好氏や松永氏ともわたり
あってその保護をえた。茶の湯や印
刷・出版，芸能などの面での文化の発
展にも大きく貢献した。技術面では織
物や鉄砲の製造，医術などに目をみは
らせるものがあった。

　しかし織田信長が上洛して，堺に矢
銭（軍用金）2万貫を要求したのに対し，
会合衆らが拒絶したことから，ついに
信長の武力的圧力に屈することになり，
さらに豊臣秀吉により堀をうめられ，
自治都市の伝統はくずれさった。

へとひろがり，各地に本願寺派の拠点がつくられた。

　その一拠点加賀で一向宗の坊主や国人たちが，農民門徒をひきいてお
こしたのが加賀の一向一揆である。彼らは1488（長享2）年，守護富樫氏
をたおすと，その後約1世紀にわたって，合議にもとづく一国の支配を
おこなった。

　やがて一向宗は惣村の形成がすすんだ東海・近畿地方にもひろがり，
各地の戦国大名間の争いにまきこまれ，加わっていったが，近畿地方の
坊主・武士は，石山本願寺の指令によって一向一揆をおこし，大名と争
うようになった。一向一揆以外に，農民・都市民の一揆も，この戦国の
世につぎつぎとおこった。

京と町衆

　一向宗とならんで庶民にうけいれられた日蓮宗（法華宗）は，15世紀に
日親が京都で布教をおしすすめた結果，商人層にひろまった。応仁の乱
で京都が焼けたあと，京都の町の復興をになった町衆の中心が，この
日蓮宗徒の商人である。

　町衆はいくつかの町の連合である町組をつくり，これを自治組織の単
位として町掟を定め，月行事という指導者を選び，自治的運営にあ

▲祇園祭りの風景　京都の四条通りを巡行する祇園会の山鉾。（『洛中洛外図屏風』，部分，山形
米沢市蔵）

たった。彼らは京都を支配する幕府や管領の細川氏に対抗し，周辺から
おしよせてくる土一揆から町を自衛し，一向一揆には法華一揆をおこし
て対抗した。

　京都の庶民文化はこの町衆によってになわれた。応仁の乱でおとろえ
ていた祇園祭りも，町ごとに山鉾をつくって参加する町衆の華麗な祭り
として，このころ復興した。

都市の自治

　戦国時代には各地で自治組織をもった都市がうまれた。その代表は，
産業や交通の発展によりうまれた伊勢の桑名や安濃津などのような港
町・宿場町，庶民の寺社巡礼の流行によってうまれた宇治・山田のよう
な門前町である。これらの町民は平和をもとめ自由な取引を主張した。
一向宗門徒が中心となってつくった寺内町でも，堀をめぐらし，職人や
商人が集まり住んで，自治的運営をおこなった。

　貿易の要港であった堺と博多の商人は，それぞれ細川氏や大内氏と手
を組んで日明貿易をおこない，富みさかえた。堺では会合衆，博多で
は年行司が中心となり，しだいに領主の支配から独立して自治市政を
おこなうようになった。

　しかし，この戦国都市の自治組織も，戦国大名との対立のなかでくず
されていった。それというのも，戦国大名が城下町を平野部に建設し，
分国の経済を整備してくると，その経済を統制する必要から，当初，商
工業の発達をはかるため都市にみとめていた自由な取引の特権を否定し
ていったからである。

第3部

近世

東海道五十三次

彦根屏風 部分，六曲一双，縦94.5cm・横274.8cm，彦根城博物館蔵

唐獅子図屏風 狩野永徳筆，部分，六曲一双，縦224cm・横453cm，宮内庁三の丸尚蔵館蔵

智積院襖絵　桜図部分，
長谷川久蔵筆，全図縦
172.5㎝・横 138.5㎝,
京都

南蛮屏風　部分，六曲一双,
縦 163.5㎝・横 362.5㎝,
大阪　南蛮文化館蔵

紅白梅図屏風　尾形光琳筆，部分，二曲一双，縦156cm・横172.5cm，静岡　ＭＯＡ美術館蔵

富嶽三十六景　神奈川沖浪裏，葛飾北斎筆，縦26.4cm，東京　太田記念美術館蔵

婦女人相十品　ポッピンを吹く女　喜多川歌麿筆，縦38.7cm，東京国立博物館蔵

十便十宜図（釣便図）　池大雅・蕪村筆，縦・横各17.9cm，神奈川　川端康成記念会蔵

色絵藤花文茶壺　野々村仁清作，高さ29cm，静岡　ＭＯＡ美術館蔵

第8章　幕藩体制の確立

1　ヨーロッパ人の来航

ヨーロッパ人の来航

　日本国内で戦国大名が各地ではげしく戦っていたころ，イスラム教徒によってアジアとの交通をさえぎられていたヨーロッパ人は，アジアに達する新しい道をもとめて海外に進出した。その先頭にたったのは，新興のスペイン（イスパニア）とポルトガルであった。スペイン人は15世紀末に大西洋を横断してアメリカ大陸に達し，さらに太平洋にでてフィリピン諸島のマニラを根拠地としてアジア貿易にのりだした。同じころ，ポルトガル人は，アフリカ大陸をまわってインドに達する航路をひらき，中国のマカオを根拠地として明との貿易に従事した。

　1543（天文12）年，九州の種子島にポルトガル人をのせた1隻の中国船

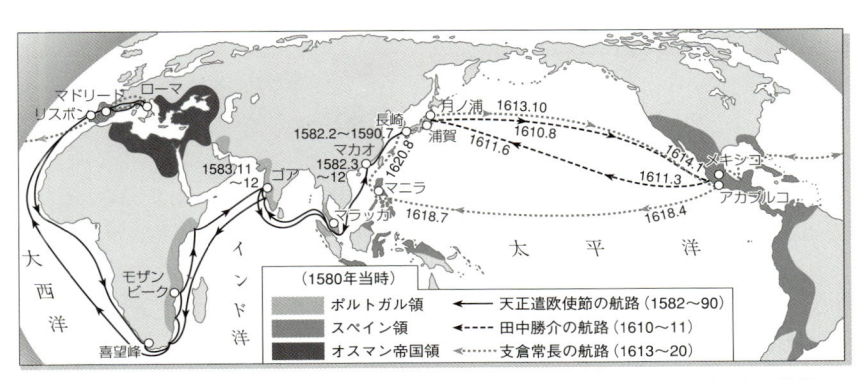

▲**16世紀末の世界と天正遣欧使節**　スペインはイタリア人コロンブスを援助し，大西洋を横断してアメリカ大陸に達する西航のコースをひらき，南北アメリカ大陸に植民地をひろげ，さらにアジアへ進出してフィリピン諸島周辺を領有した。ポルトガルはヴァスコ＝ダ＝ガマがアフリカ大陸南端をまわってインドに達する東航のコースをひらき，インドやマラッカに植民地をきずいた。この時代を大航海時代ともよんでいる。天正遣欧使節の一行は長崎を発し，ポルトガルの東航コースを通ってヨーロッパに達した。

が流れついた。これがヨーロッパ人の日本にきたはじめである。ポルトガル人はその後，日本との貿易の利益が大きいことを知って，毎年のように貿易船を九州の諸港に派遣するようになった。ポルトガル人に50年ほどおくれてスペイン人も肥前の平戸（ひらど）に来航し，日本との貿易に参加した。貿易は肥前の平戸・長崎，豊後の府内（ふない）（現，大分市）などでおこなわれた。

　当時の日本人は，ポルトガル人やスペイン人を南蛮人（なんばんじん）とよんだので，この貿易を南蛮貿易という。南蛮人は鉄砲・火薬・絹布などをもたらし，日本からはおもに銀や刀剣・海産物などを輸出した。

鉄砲の伝来

　中国船が種子島についたとき，島主の種子島時堯（ときたか）は，ポルトガル人のもっていた鉄砲を買いもとめて家臣にその製法を学ばせ，日本ではじめて鉄砲がつくられた。

　種子島に伝えられた鉄砲の影響は大きかった。戦国時代の諸大名は争って鉄砲をもとめ，それまでの騎馬隊を主力とする戦法は，銃をもった歩兵隊を中心とする戦法に切りかわり，家臣団の編成も変化してきた。

鉄砲と火薬

　種子島家にはポルトガル伝来と伝える銃と八板金兵衛（やいたきんべえ）の製作と伝える銃との2挺（ちょう）が伝世されているが，いずれも先込（さきご）めの火縄銃である。そのため，雨の日には火縄の火が消えるとか，はやくしても1分間に4発ほどしか撃てないとかの欠点があった。

　しかし，この新兵器は“種子島”という名でたちまち各地に伝えられ，まもなく国内で生産されるようになった。その背景には刀鍛冶の技術があった。彼らはそれまで武士たちのもとめで刀や槍などをつくっていたが，鉄砲が伝えられると，和泉の堺，紀伊の根来（ねごろ），近江の国友（くにとも）などで刀を鍛錬（たんれん）する技術を応用し，種々の工夫を加えて銃身を製造した。また弾丸となる鉛は国内に鉱山があり容易に製造できた。

キリスト教のひろまり

　キリスト教が伝えられたことも，日本の社会と文化に大きな影響をおよぼした。当時，ヨーロッパでは宗教改革がすすみ，勢力のおとろえたカトリック教会の側では，教勢を回復するためにアジアなどの新しい地域での布教をこころみていた。

　そのなかのイエズス会(耶蘇会)創立者の一人フランシスコ゠ザビエルは，1549(天文18)年鹿児島にきて以来，2年ほど各地をまわって布教の準備をした。その後，宣教師があいついで来日し，熱心に布教した。キリスト教は日本の従来の思想と対立することも多かったが，宣教師が社会事業や医療活動などにつとめたこともあって，武士や商人・農民などのあいだにひろまり，各地に南蛮寺などとよばれる教会堂やコレジオ(宣教師の養成学校)・セミナリオ(神学校)などが建てられた。

　キリスト教はおもに西日本にひろまったが，信者の多くはまずしい人々で，その数は数十万人にもおよんだ。貿易をのぞむ大名もすすんでキリスト教を保護し，なかには洗礼をうけてキリシタン大名とよばれるものもあらわれた。大友義鎮(宗麟)・有馬晴信・大村純忠の3大名は，

ザビエルの日本人観

　ザビエルははじめて接した日本人にきわめて好意的な目をむけた。来日3カ月後の11月5日，彼はゴアの会友にあてて長文の手紙を書いたが，そこにはつぎのような日本人観が示されていた。「日本人は私がこれまで出会ったなかではもっともすぐれた国民である。彼らはたいてい貧乏だが，武士でも平民でもそれを恥と思わない。キリスト教国では考えられないことであるが，日本ではどんなに富裕な平民でも武士には敬意をはらい，武士はまた，どんなに財宝をつまれても平民とは結婚しない。名誉は富よりも大切なものと考えられているのである。武士は侮辱や嘲笑をうけたら，だまってがまんすることをしない。賭博は一切やらない。盗みは大きな悪徳で，非常に憎まれている。大部分の人は読み書きができる。日本人は大変善良で，社交性があり，知識欲は旺盛である。」

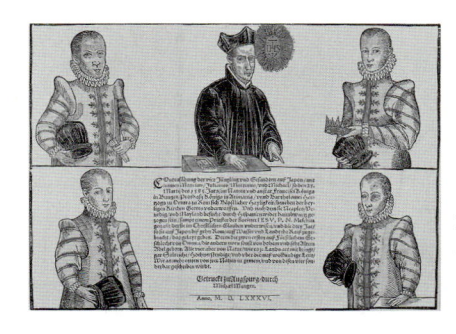

◀**少年使節たち** 左上は中浦ジュリアン，左下は原マルチノ，右上が伊東マンショ，右下が千々石ミゲル。（京都大学附属図書館蔵）

宣教師ヴァリニャーニのすすめで，1582（天正10）年に少年使節をローマ教皇のもとにおくっている（天正遣欧使節）。

2 織豊政権

織田信長

　はげしい戦国争乱のなかで，室町幕府の支配力はまったく失われ，戦国大名のなかには，京都にのぼって朝廷や幕府の権威をかりて全国に号令しようとするものが多くあらわれた。そのなかで，全国統一のさきがけとなったのは尾張の織田信長である。

　信長は1560（永禄3）年，上京をくわだてて進撃してきた駿河の今川義元の大軍を尾張の桶狭間の戦いで破り，1568（永禄11）年には京都にのぼって足利義昭を将軍にたてた。

　その後，信長は比叡山の延暦寺や石山（大坂）の本願寺と戦って寺院勢力をおさえ，1573（天正元）年には信長の命令にしたがわなくなった将軍義昭を京都から追放した（室町幕府の滅亡）。ついで，近江の浅井氏と越前の朝倉氏をほろぼし，さらに1575（天正3）年，甲斐の武田勝頼を三河の長篠合戦で破った。

　まもなく信長は，交通上の要地である近江に安土城をきずいて全国統一の拠点とし，領国内の経済力を強めるため，城下には多くの商工業者を集め，楽市・楽座の制をおしすすめて，商人が自由に営業できるようにした。商業がさかんであった堺を直轄にしたことも，信長の権力を強

▲**織田信長**(左，愛知　長興寺蔵)と**豊臣秀吉**(右，京都　高台寺蔵)

▶**鉄砲隊の活躍**　長篠合戦において，織田・徳川の連合軍は，鉄砲隊の威力で図の右から攻撃する武田の騎馬隊を破った。(『長篠合戦図屏風』，部分，愛知　徳川美術館蔵)

めるのに役立った。また，通行税を徴収するために各地に設けられていた関所を廃止し，道路を修理するなどしたので，物資の運搬や旅行はひじょうに便利になった。

　信長は1582(天正10)年に武田氏をほろぼしたあと，さらに中国地方の毛利氏を攻撃するため安土を出発したが，京都の本能寺に宿泊中，家臣の明智光秀に攻められて敗死した(本能寺の変)。

豊臣秀吉

　信長の事業をひきついだのは家臣の豊臣秀吉である。信長が本能寺でたおれたとき，秀吉は備中の高松城で毛利氏の軍と対戦していたが，ただちに和をむすんで軍をかえし，京都の西の山崎の戦いで明智光秀の軍を破った。ついで翌1583(天正11)年には，信長の重臣であった柴田勝家を近江の賤ヶ岳の戦いで破り，信長の後継者の地位を確立した。

　秀吉はこの年，石山本願寺のあとに壮大な大坂城をきずきはじめた。ここは前面に摂津の海をひかえ，淀川によって畿内の各地につうじることができる陸海交通の要地であった。中世に活躍した堺の商人もここに移り，大坂は長く日本の経済の中心となった。

　全国統一をめざす秀吉は，1585(天正13)年には長宗我部元親を降伏させて四国を平定し，1587(天正15)年には，九州の大半を領地としてい

▶**聚楽第** 豊臣秀吉が関白公邸として京都に建てた城郭風の豪邸で聚楽城ともよばれたが，関白秀次の自刃後に破壊された。(『聚楽第図屏風』，部分，東京 三井記念美術館蔵)

た島津義久をしたがえた。またこの間に，秀吉は関白・太政大臣になり，朝廷から「豊臣」の姓をあたえられるなどして，その権勢を強めた*。そして1590(天正18)年には，関東の大部分を領有していた小田原の北条氏をほろぼし(小田原攻め)，さらに伊達政宗ら東北の諸大名もことごとく服従させて全国統一をなしとげた。

> ＊**惣無事令** 1990年代から使われるようになった用語で，「無事」は和平・和睦の意味である。豊臣政権がだし，一定地域において平和を維持させ，私闘を禁止する命令のことで，「豊臣平和令」ともいわれる。秀吉はこの命令を九州や関東，東北の諸大名にあいついで発し，地域紛争の停止と紛争解決の裁定権を自分にゆだねることを要求し，したがわない場合は軍事行動に訴えた。これにより中世社会の慣習であった自力救済権は否定されることとなった。

そして1588(天正16)年には，京都の聚楽第に後陽成天皇をむかえ，その機会に諸大名に秀吉への忠誠をちかわせるなど，みずからの武力と朝廷の権威を背景に諸大名を圧倒した。

検地と刀狩

　秀吉は征服地の拡大とともに新領土を家臣にわけあたえたが，蔵入地とよばれる秀吉の直轄領は約200万石余におよんだ。さらに京都・大坂・堺・伏見・長崎などの重要都市を直轄にするなどして財政的基盤をかためた。主要な街道を整備したり，天正大判などの貨幣を鋳造したり

▲**検地の実施**(『検地絵図』)　検地は方位をはかったのち，細見竹（さいみだけ）４本を四隅に立て，その中央に梵天竹（ぼんてんだけ）４本を立ててそこから水縄を縦横に張り，中央を直角に交差させておこなった。(松本市立博物館蔵)

もした。

　秀吉の事業のなかで，後世にもっとも影響をおよぼしたのは検地と刀狩である。秀吉の検地は中央から役人を派遣し，全国にわたってほぼ同一の基準で耕地や宅地の面積・等級を調べて，耕作者とともに検地帳（水帳（みずちょう））に登録するもので，これを太閤検地という。検地帳に登録された耕作者は，年貢や労役の負担者とされ（一地一作人の原則），荘園制のもとでの一つの土地に何人もの権利がかさなりあう状態が否定された。これによって秀吉は全国の土地を確実ににぎり，大名の配置がえもたやすくなって，近世封建制の基礎が定まった。

　刀狩とは農民から武器をとりあげることである。秀吉は，農民が刀や弓などの武器をもつと，一揆をおこす原因にもなると考え，1588（天正16）年刀狩令をだして，すべての武器を没収した。これによって兵農分離（へいのうぶんり）がすすみ，さらに1591（天正19）年には身分統制令*をだし，武士・農民・町人などの身分や職業を固定する方策をすすめた。

> 　***人掃令**　1591（天正19）年８月の身分統制令は，武士・農民・商人・職人の身分を定めた法令と考えられてきたが，近年，武士一般にまでおよぼすものではなく，武家奉公人・町人・農民の身分の移動を禁じた法であることがわかった。翌年，豊臣政権はこの法令をもとに全国の大名に戸口調査を命じたが，その目的は朝鮮出兵に際して陣夫（じんぶ）を調達するための戸口調査であった。その結果，これらの法が身分を固定化する統制令の性格をもつことになった。

　しかし，あいつぐ戦いに追われて支配組織は十分にはととのえられなかった。秀吉の側近である石田三成らの五奉行，有力大名の徳川家康を

はじめとする五大老の制度が軌道にのりだしたのは，秀吉の晩年のことである。

秀吉の対外政策

　秀吉は，はじめキリスト教の布教をみとめていたので，キリスト教はさかんなひろまりをみせて信者の数もふえ，それとともに神社や寺院が破壊されることも多くなった。そこで1587（天正15）年，九州出兵の際，博多でバテレン追放令をだして宣教師の国外追放を命じ，布教を禁止した。このとき大名のキリスト教信仰は禁止され，信仰をすてなかった明石城主の高山右近は領地を没収された。

　しかし，一般の武士や庶民の信仰は禁止されなかった。発令の直接の原因は，長崎が教会領となっていたことなどを知って，スペインやポルトガルがキリスト教の布教をつうじて植民地化をすすめているという危機感を強めたことにあると考えられる。

　秀吉はまた外交の面でも積極的で，倭寇などの海賊的な行為を禁じるとともに，日本人の海外発展を援助したので，日本船の東南アジア方面への進出がさかんになった。秀吉はさらに明（中国）の征服をくわだて，まず朝鮮に対して国王の入貢と明への先導とをもとめた。しかし朝鮮がこれに応じなかったので，秀吉は2度にわたって出兵をおこない，明の援軍や，朝鮮民衆のはげしい抵抗にあって苦戦を強いられた（文禄・慶

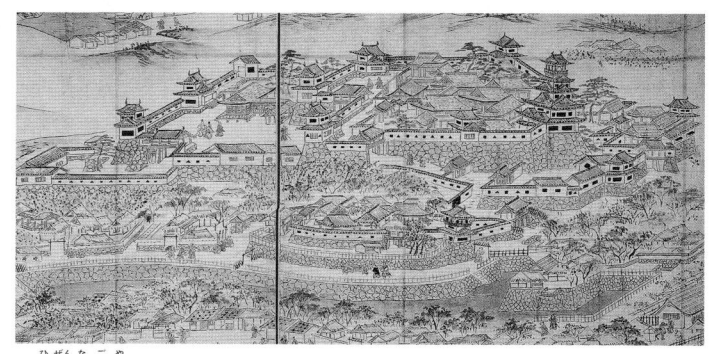

▲**肥前名護屋城**（狩野光信筆『肥前名護屋城図屏風』）　名護屋城は朝鮮出兵の基地となり，160以上の諸大名の陣屋がならんだ。大坂城につぐ規模をもった巨大な城であった。（佐賀県立名護屋城博物館蔵）

従軍日記

　ルイス゠フロイスの『日本史』によると，秀吉は1586（天正14）年に大坂城で宣教師たちに対し，「自らの名声と権勢を後世に伝えるために」朝鮮出兵を計画したと語ったという。しかし，そのために多大の犠牲を強いられたのは日本・朝鮮の民衆であった。

　日本の将兵にとっても戦争は地獄であった。文禄の役に従軍した鍋島家の家臣田尻鑑種が，帰国の途中で妻にあてて書き記した「高麗日記」のなかに，日本軍の苦しい退却のありさまが克明にえがかれている。

　鉄砲の力で勝ちはしたものの，兵糧不足になやむ日本軍があわやひえを食べて飢えをしのいだこと，逃亡していた朝鮮の農民をつれもどし，兵糧を徴発しようとして人質を牢にいれたこと，咸興では蜂起した朝鮮の民衆が弓や棍棒を武器として日本軍に抵抗したこと，日本軍は大雪にみまわれ，食糧不足と寒さにおそわれて退却も思うにまかせなかったこと，などが書きつづられており，戦争の悲惨さを雄弁に伝えている。だが，鑑種自身は故国の土をふむことなく，釜山付近で不帰の客となった。

　朝鮮民衆の犠牲はさらに大きかった。慶長の役の従軍僧豊後臼杵の安養寺の慶念は，その「朝鮮日々記」のなかで，いたるところで修羅の巷と化し，多くの民衆が殺されたこと，人買い商人まで横行したことなどを記している。

▲ **李舜臣**（1545〜98）亀甲船を考案し，朝鮮の水軍をひきいてたびたび日本軍を破った。（CPC 提供）

◀**亀甲船**（復原）　亀形の屋根に鉄板の装甲をほどこした全長36mほどの朝鮮水軍の軍船で，日本軍の鉄砲や斬込みを防ぎ，火砲により日本軍を攻撃した。（佐賀県立名護屋城博物館蔵）

長（ちょう）の役）。1598（慶長３）年，秀吉の死によって全軍は撤兵したが，朝鮮出兵とその失敗は，明・朝鮮両国の反日感情をつのらせたほか，国内的にも豊臣政権がくずれる原因の一つになった。

3 桃山文化

城の文化

　信長・秀吉の時代をその居城の地名にちなんで安土桃山時代ともいい，その時代の文化を桃山文化とよぶ（桃山の名は，秀吉の伏見城跡に桃を植えたことに由来する）。

　この時代は，久しぶりに全国が統一され，下級の武士や農民から身をおこした新しい大名が多くうまれるとともに，商工業の活発な活動によって富をえた豪商もあらわれた。そうした新興勢力が支配的になると，文化のうえにも大きな変化があらわれ，清新で，しかもはなやかな文化がさかえた。仏教色がいちじるしくうすれ，現実の生活を楽しむ風が強まったことや，南蛮文化がさかんにとりいれられたことも見落とせない。

　建築は壮麗な石垣と天守閣をもつ城で代表され，城主の居館（きょかん）は豪華な彫刻や絵画でかざられた。大広間には障壁画（しょうへきが）が発達し，狩野永徳や狩野山楽らが中心となって，金地に豊かな色彩を用いた濃絵（だみえ）が襖（ふすま）や屏風にえがかれた。

町衆の生活

　京都・大坂・堺・博多などで活躍する富裕な町衆の文化も花をひらき，室町時代にはじまった茶道・花道や能・狂言などが大いに流行した。とくに茶道では千利休が侘茶の方式を完成したほか，織田有楽斎（うらくさい）・古田織部（ふるたおりべ）らの大名も，それぞれ茶道の流派をひらいた。茶席で用いられる茶碗も朝鮮出兵のとき諸大名がつれてきた朝鮮の陶工によって，有田焼（ありた）・薩摩焼・萩焼（はぎ）・平戸焼などがはじめられ，風雅（ふうが）な趣きをもつものがうみだされた。

　民衆の娯楽も豊かになり，17世紀初めの慶長年間には，出雲（いずも）の阿国（おくに）と

▲二条城二の丸御殿　二条城は徳川家康が京都に居館として造営した平城。二の丸御殿は書院造の典型的建物で，外観・内装ともに豪壮・華麗である。二の丸庭園も大名庭園の代表とされる。（京都　元離宮二条城事務所蔵）

▲姫路城　関ヶ原の戦いののち，池田輝政が工をおこし，1609（慶長14）年に竣工。姫山にそびえる平山城で，連立式天守閣群がみごとである（本丸・西の丸が現存）。（白鷺城，姫路市広報課提供）

▲西本願寺書院（鴻の間）　上下段あわせて200畳にもおよぶ大広間で，欄間の鴻の彫刻から鴻の間とよばれる。雄大・豪壮な桃山時代の建物である。（京都　本願寺蔵）

▲妙喜庵待庵　妙喜庵は大山崎にある臨済宗の禅院で，茶室の待庵は秀吉が千利休に建てさせたと伝える。わずか２畳の茶室は，利休の草庵風茶室の完成された姿といわれる。（京都　妙喜庵蔵）

　いう女性が京都にあらわれ，男装して刀をさすというかわった姿の踊りなどをはじめた。この踊りはかぶき踊り（阿国歌舞伎）といわれて人気を集め，これから女歌舞伎がさかんになった。琉球から渡来した三味線を伴奏にして浄瑠璃をうたい，それにあわせて人形をあやつる人形浄瑠璃もしだいに流行した。各地で盆踊りもさかんにおこなわれた。

　日常生活にも変化がおこった。住居は京都などでは２階建ての民家も

◀**牡丹図**(狩野山楽筆)　大覚寺宸殿の牡丹の間の北側にえがかれた襖絵で，山楽の代表作とされる。金地の空間に紅白の牡丹が色あざやかに咲きほこるありさまをえがく。(部分，京都　大覚寺蔵)

でき、瓦屋根も用いられはじめた。衣服では小袖が一般的となり，とくに女性は小袖の着流しがふつうになった。垂れ髪であった女子も髪を結い，男性も烏帽子などはかぶらず，まげを結うようになった。

世界史のなかの茶

　ヨーロッパ人が飲み物としての茶にであったのは16世紀半ばであった。イエズス会宣教師が日本の茶の湯の文化にふれたことがきっかけという。その後，1610年にはオランダ東インド会社が日本の緑茶を本国にもち込んだ。これがヨーロッパに茶が輸入されたはじめである。こうして茶はオランダを経由してヨーロッパ諸国に入ったが，フランスでは茶があまりに高価なため，安価なコーヒーに人気が集まった。

　当時，ヨーロッパ人が飲んだ茶は中国産の緑茶で，彼らはこれに砂糖とミルクを入れて飲んだ。イギリスで紅茶が好まれるのは，ポルトガルからとついだ王妃が熱心な東洋趣味のもち主で

あったからという。紅茶は茶葉を発酵させたもので，18世紀初期にはイギリスでも紅茶よりも緑茶の需要が多かった。その後，これが逆転し，18世紀半ばにはイギリス東インド会社が輸入する茶の割合は3分の2が紅茶，3分の1が緑茶となっていた。また，当時のイギリスの茶の消費量は他のヨーロッパ諸国全体の消費量の3倍に達したといわれる。

　19世紀後半，スエズ運河の開通により，中国とは別にインドからの茶の輸入もはじまり，イギリスの飲茶の風習はますますさかんとなった。茶は七つの海に君臨したイギリスの立場を象徴とする飲み物といえるだろう。

▶**婦女の礼装** この女性は織田信長の妹で浅井長政夫人の小谷の方、のち柴田勝家夫人。小袖のうえに着ている打掛を肩ぬぎにして腰に巻いたのを腰巻という。（和歌山 持明院蔵）

南蛮文化

　南蛮貿易がさかんになり、宣教師の布教が活発になるにつれ、庶民のなかにも南蛮風の衣服を身につけたり、南蛮菓子を食べたりするものがでてきた。カッパ・カステラ・コンペイトウ・パンなどの南蛮系外国語は今日までのこされている。人々がタバコを吸うようになったのもこのころからである。

　宣教師たちは、天文学・医学・地理学など実用的な学問を伝えたほか、油絵や銅版画の技法をもたらし、日本人の手によって南蛮屏風がえがかれた。また宣教師によって活字印刷術も伝えられ、キリスト教関係の本や、『平家物語』『伊曽保物語』なども刊行された（キリシタン版・天草版）。活字印刷は朝鮮からも伝えられ、いくつかの書籍も出版された。

4　江戸幕府の成立

幕府の開設

　信長・秀吉のあとをついで政権をにぎったのは徳川家康である。三河の小大名であった家康は、今川氏滅亡後に遠江・駿河をあわせるなどして、しだいに勢力をのばし五大老の一人となった。1590（天正18）年、秀吉をたすけて小田原の北条氏をほろぼした家康は、秀吉から関東の地をあたえられて江戸に移り、約250万石の大きな大名となった。

　秀吉の死後、その子秀頼は幼少で、家康がしだいに実権をにぎるようになった。そのため、秀吉の恩をうけた五奉行の一人石田三成は、小西

▲**2代将軍秀忠**（徳川記念財団蔵）

▲**3代将軍家光**（徳川記念財団蔵）

▲**関ヶ原の戦いにのぞむ家康**　家康の一代記を絵巻物にしたこの図巻には，中央の馬上に家康の勇姿がえがかれている。（『東照社縁起絵巻』，部分，栃木　日光東照宮宝物館蔵）

行長らとはかって家康をしりぞけようと兵をおこしたが，家康は1600（慶長5）年，美濃の関ヶ原の戦いでこれを破った。三成方についた大名は処刑されたり領地を没収され，また秀頼も領土を減らされて一大名となった。

　関ヶ原の戦いののち，家康は国内統治の政策をすすめ，1603（慶長8）年征夷大将軍に任じられ，江戸幕府をひらいた。以後，260年あまりにわたって徳川氏の時代がつづいた。この時代を江戸時代という。

　家康は将軍職をわずか2年で子の秀忠にゆずり，みずからは大御所（前将軍のこと）として政治の実権をにぎった。しかし，家康はなお大坂城にいる豊臣秀頼に不安を感じ，ついに2回の大坂の役（大坂冬の陣・夏の陣）をおこして，1615（元和元）年に豊臣氏を攻めほろぼした。

幕府の職制

　江戸幕府の制度は2代将軍秀忠，3代将軍家光の時代にほぼととのい，対外的にはいわゆる鎖国体制がかたまった。こうしてできた国家・社会の仕組みは，将軍と大名（幕府と藩）とが強力な領主権をもって土地と人民とを支配する体制という意味で幕藩体制とよばれる。

　将軍は旗本（1万石未満だが将軍に謁見でき，約5000人），御家人（将

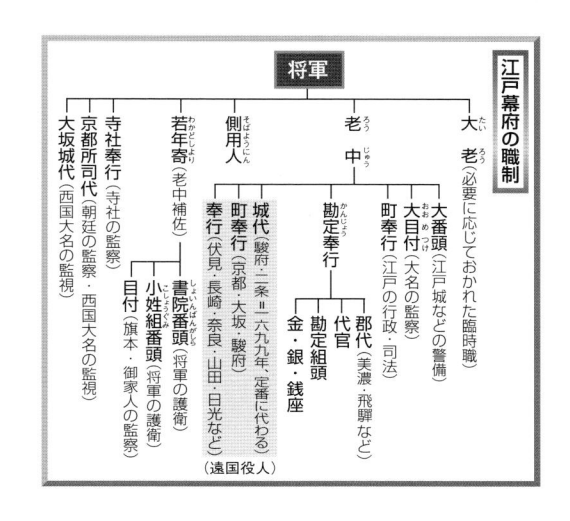

江戸幕府の職制

将軍

大老（必要に応じておかれた臨時職）

老中

側用人

若年寄（老中補佐）

寺社奉行（寺社の監察）

京都所司代（朝廷の監察・西国大名の監視）

大坂城代（西国大名の監視）

大番頭（江戸城などの警備）

大目付（大名の監察）

町奉行（江戸の行政・司法）

勘定奉行

　郡代（美濃・飛驒など）
　代官
　勘定組頭
　金・銀・銭座

町奉行（京都・大坂・駿府）

城代（駿府＝二条＝一六九二年、定番に代わる）

奉行（伏見・長崎・奈良・山田・日光など）

書院番頭（将軍の護衛）

小姓組番頭（将軍の護衛）

目付（旗本・御家人の監察）

（遠国役人）

軍に謁見を許されず，約1万7000人）という直属の家臣団を多数かかえ，諸大名をはるかにしのぐ強大な軍事力をもっていた。財力の面でも，幕府領（天領）とよばれる将軍の直轄地が17世紀末に400万石に達したほか，江戸・京都・大坂・長崎などの重要都市や，佐渡・伊豆・但馬生野・石見大森などの金・銀山を直轄にして貨幣の鋳造権をにぎり，諸大名の財力を大きく上まわっていた。

　幕府の職制では，譜代大名が老中・若年寄などの要職につき，旗本は町奉行・勘定奉行などの役職についたが，おもな役職には2名以上を任じて月番交代で政務をとらせ，権力の独占ができにくいようにしてあった。

大名の統制

　将軍に臣従した1万石以上の領地をもつものを大名とよび，大名がその家臣や領国を支配する組織および領域を藩とよんだ。大名には，親藩・譜代・外様の別があった。このうち親藩は御三家など徳川氏一門の大名，譜代ははじめから徳川氏の家臣であったもの，外様は関ヶ原の戦いの前後に徳川氏に臣従した大名である。大名ははじめ200人に足りなかったが，中期以降260〜270人になった。それぞれ独自の支配をすすめていたので，幕府は大名の配置に意をくばり，とくに外様大名の動きを

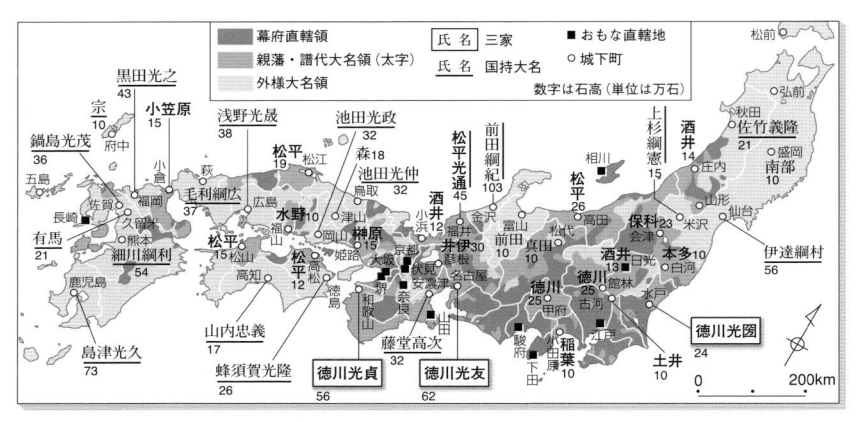

▲**大名の配置**（1664年ころ）

警戒した。

　豊臣氏がほろんだ1615（元和元）年，幕府は大名の居城を一つにかぎることを命じ（一国一城令），さらに武家諸法度を定めて，大名のまもるべきことがらを示した。この法度には，新しく城をきずくことや大船を建造することを禁止するなど，大名の武力をおさえる規定や，大名同士が将軍の許可なく婚姻をむすんではならないという規定などもふくまれていた。大名がもしこれに違反すると，改易（領地没収）・減封（領地削減）・転封（国替）などのきびしい処分がおこなわれた。

　武家諸法度は将軍のかわるたびに少しずつあらためられ，３代将軍家光のときから参勤交代制が加えられ幕府の統制力が強められた。これによって大名は，原則として１年おきに１年間江戸にとどまり，その妻子は人質として江戸に住むことになった。大名は，軍役として戦時にそなえ石高に応じて一定数の兵馬を用意したり，江戸にいくつかの屋敷をかまえ，多くの家臣を常駐させなければならないうえ，多数の家臣や従者をつれて江戸と領国を往復したので，財政上大きな負担となった。

朝廷と寺社

　幕藩体制のなかで，朝廷や寺社も幕府の統制のもとにおかれた。将軍は形式上は天皇によって任命されるものであったから，幕府は朝廷に対して表向きはうやまっていたが，実際には皇室の領地（禁裏御料）はき

わめて少なかったうえ，1615(元和元)年には，禁中並公家諸法度を制定して，天皇・公家の行動に規制を加えた。さらに京都所司代がきびしく監視の目をひからせたので，朝廷の政治活動は幕末にいたるまでほとんどできなかったが，文化的役割は大きかった。

　寺社もきびしく統制された。幕府は寺社奉行をおき，寺院には宗派ごとに本山・末寺の組織をつくらせ，寺院法度を定めて規制した。さらに幕府はキリスト教禁教策の一つとして寺請制度を設け，すべての人々をいずれかの寺の檀家にし，その寺にそれを証明させることとし，いったん定めた寺院をかえることはゆるさなかった。このため寺院の宗教的活動はとぼしくなり，檀家の葬儀や供養を主とするようになっていった。

5 「士農工商」

農民の統制

　近世では村が行政の最小の単位であったが，それはまた農民の生活の基盤でもあった。すでに中世の村でも，農民は祭りや共同作業をつうじて強くむすばれていたが，近世では，村民は入会地や用水を共同利用し，田植え・稲刈り・屋根葺き・井戸がえなどのときには結・もやいなどとよばれる共同作業をおこなった。このような農民のむすびつきは，行政支配のために利用された。

　村の規模は，数十戸から百戸前後のものが多く，灌漑施設や山林などを共有しているところが多かった。領主は村に名主(または庄屋・肝

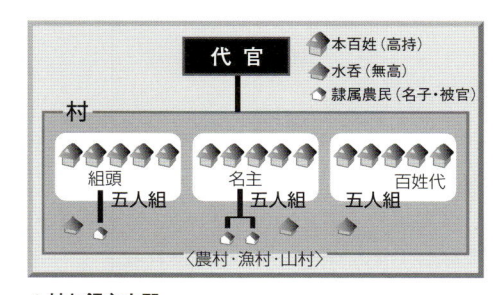

▲村と領主支配

煎)・組頭・百姓代などの村役人(村方三役)をおいて，領主の命令を農民に伝えさせ，年貢米の納入や戸籍などの事務をとらせた。

村民は五人組とよばれる数戸ずつで編成した組合をつくらされて，たがいにたすけあったが，年貢の納入がおくれたり，犯罪者がでたりしたときは，連帯責任をとらされた。また，村の秩序をみだすものには，村民の協議で村八分などの制裁が加えられることもあった。

村民のなかには，田畑や屋敷をもつ本百姓と，他人の田畑を借りて小作で生活している水呑百姓，本百姓に隷属する名子・被官などの階層があった。幕府にとって農民は納税者としてたいせつな存在であった。税の中心は田畑と屋敷にかけられる本年貢(本途物成)であったが，そのほか山林や副業などの収益に課せられる雑税(小物成)などがあり，宿駅に近い村々には宿駅で不足のときに人馬をだす助郷役が課せられた。これらの税は，零細な百姓には重い負担となった。

これに対し，幕府は本百姓の維持をはかり，1町歩(約1ha)の田畑をもつ農民を標準の百姓として，あまり小規模な農民にならないようにする政策をとった。1643(寛永20)年に田畑永代売買の禁令，1673(延宝元)年に分地制限令(分家の制限)をだしたのは，そのあらわれである。また，農民の衣食住にもこまかい制限を加えて生活を規制した*。

> ＊慶安の御触書　32カ条からなる「慶安の御触書」は，江戸幕府の農民生活の細部まで統制した法令として著名であった。しかし，この法は明治時代に司法省が編纂した『徳川禁令考』に登場するだけで，古い写本もない。近年の研究によると，17世紀に甲州徳川家が領内の有力農民対象にだした教諭書「百姓身持之事」36カ条が原型となって，1830年，美濃国岩村藩で「慶安の御触書」として出版され，天保の飢饉のころに全国に広まったものと考えられている。

身分と秩序

近世の社会では，いわゆる士農工商とよばれる身分の別がたてられた*。それは幕藩体制をかため維持してゆくためのもので，武士は四民の最上位におかれ，苗字・帯刀の特権をゆるされ，農民や町人の無礼に対して切捨御免がみとめられることもあった。農民は貢租の担当者として重視されたが，そのために生活の規制もきびしかった。都市に住む

◀裏長屋の生活（式亭三馬『浮世床』，部分）

裏長屋の入口の木戸をえがいたもの。店借は裏長屋に住み，行商や日用でその日を暮らす人や，看板をみれば「尺八の指南」「本道外科（内科のこと）」「お灸所」など，さまざまな職業の人がいたことがわかる。

▶長屋の生活

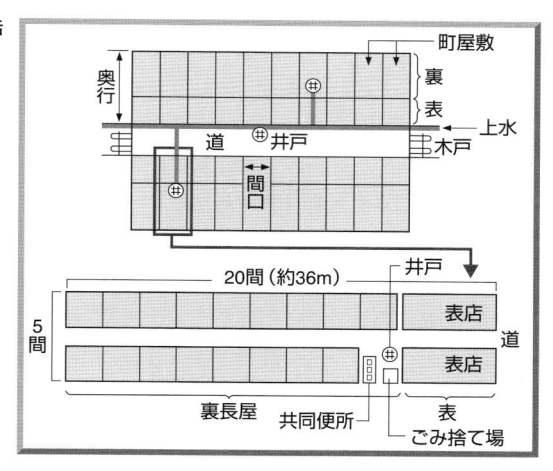

職人や商人は社会的には低い身分とされたが，統制は比較的ゆるやかであった。

　＊「士農工商」　かつては近世の身分序列を一言で理解できる語として定着したが，近年は当時の実態とかなりずれた理解をあたえかねないとして，慎重に取り扱われる。この語は元来古代中国の歴史書からの引用で，江戸初期の儒者中江藤樹が，支配者である「士」と被支配者である「農・工・商」をわけたものである。しかし，「農・工・商」の３身分の間には制度上の上下関係はなく，実態としても「工・商」はあわせて町人として都市に住み，農民よりも上位にみられることも多かった。幕藩体制は，徳川将軍が，諸大名の一定の政治的・経済的自立性をみとめつつも，その配下に組み入れ，幕藩領主が全体として百姓・町人などの民衆を支配

三くだり半と駆込寺

近世社会で，とくに重んじられたのは家であった。家の相続は通常は男性にかぎられたから，家族のなかでも男尊女卑の風が強く，「腹は借り物」といわれて妻の地位は低かった。このような家族関係にあっては，離婚問題も女性にきわめて不利であった。

当時，離婚のことは離縁とか離別とかよばれ，その際，夫から渡される離縁状は離別状・去状などとよばれた。離縁状はふつう3行半で書かれていたので三くだり半とよばれたが，かならずしも3行半でなくてもよかった。近年の研究では，離縁状を発行されることで，妻は再婚できる条件をえることになるというプラスの評価がされるようになった。

しかし，妻の側からの離縁請求はごく特別の場合にかぎられていたので，どうしても離婚したい女性は，江戸の場合なら鎌倉松ヶ岡の東慶寺（駆込寺・縁切寺）へ駆け込むという非常手段をとった。そこでまる2年のあいだ，きめられた生活を送ると，寺法によって離縁することがみとめられたのである。縁切寺はこのほかに，上野徳川（群馬県太田市）の満徳寺などかぎられたものだけであった。

一方，武家の場合はまったく異なり，双方の実家が話しあったうえ，幕府や藩庁に離縁の届けをだすことによって成立した。したがって離縁状のようなものは必要ではなかった。

し，搾取する社会体制であった。近世の身分制度は流動的であり，百姓身分と町人身分との間には，制度上，上下関係はなかった。

また「士農工商」の下には，「かわた」「ひにん」などとよばれる賤民身分の人々がおかれ，居住地や服装をはじめ，生活のさまざまな面で制約をうけていた。「かわた」は農業従事者をのぞいて多くは皮革製造・雑業などにしたがい，一定の場所に住まわされた。「ひにん」もまた乞食・刑場雑役などにしたがった。一般庶民でも犯罪や貧困で「ひにん」となることもあった。

幕府や諸藩はこのような身分差を設け，近世をつうじて，身分序列が動かせないものであるように人々に思いこませていった。

近世社会では多くのことが家を単位に考えられ，家のなかでは，家長

である男性の権限が強く，家長のあとをつぐ長男（家督）の立場は弟たちよりはるかに強かった。結婚は家の存続のためにむすばれるものと考えられていたから，妻の地位は低く，男尊女卑の風が強かった。

6　鎖国への道

家康の平和外交

　家康の外交方針は秀吉とは異なる和平主義であった。1600（慶長5）年，オランダ船リーフデ号が豊後に漂着すると，家康はオランダ人ヤン゠ヨーステン，イギリス人ウィリアム゠アダムズ（三浦按針）を江戸にまねいて外交・貿易の顧問とした。その後，オランダ人・イギリス人たちに平戸商館の開設と自由な貿易をゆるされたが，ポルトガル人やスペイン人が南蛮人とよばれたのにたいし，かれらは紅毛人とよばれた。

　一方，スペインに対しても貿易の振興をはかり，スペイン領のメキシコ（ノビスパン）に京都の商人田中勝介を派遣して通商をもとめた。ついで仙台藩主伊達政宗は，家臣の支倉常長をスペインに派遣し，メキシ

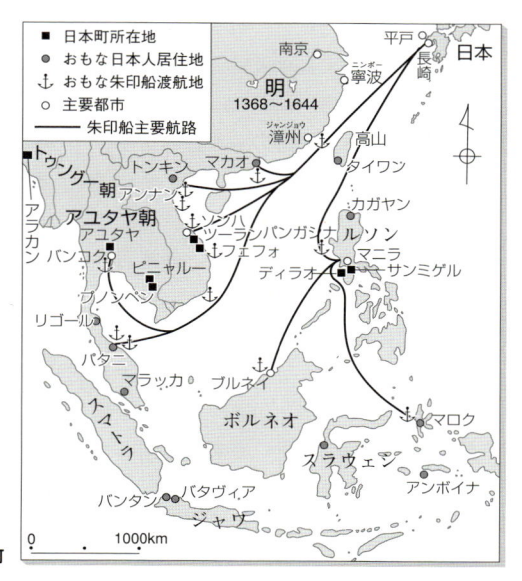

▶朱印船渡航地と日本町

コとの直接貿易をめざしたが，目的は達しなかった（慶長遣欧使節）。

　ポルトガル商人は，中国のマカオを根拠地として中国産の生糸（白糸）を長崎にもたらして大きな利益をえていたが，幕府は1604（慶長9）年に糸割符制度をはじめて生糸の輸入を統制したので，糸割符仲間とよばれる特定の商人が利益をえるようになった。

　また，海外におもむく商人たちには将軍の朱印を押した渡海許可状（朱印状）をあたえて，海賊船でないことを証明した（朱印船）。島津氏らの九州の大名，長崎・京都などの豪商が朱印船で貿易をおこなったが，その輸入品は生糸・絹織物・砂糖・鹿皮・鮫皮などのアジアの産物がおもで，日本からは銀・銅・鉄などを輸出した。そのため，日本人の海外発展はさかんとなり，東南アジアの各地に日本町とよばれる自治の町がつくられた。渡航日本人のなかには，山田長政のようにアユタヤ朝（シャム）の王室に重く用いられたものもいた。

　家康は朝鮮との国交回復も実現させ，1609（慶長14）年には，対馬藩主

朝鮮通信使

　秀吉の朝鮮出兵以後絶えていた日朝間の国交は，徳川氏の世になるとともに再開された。対馬の宗義智の交渉が実をむすび，1607（慶長12）年に朝鮮使が来日し，1609（慶長14）年には通商条約（己酉約条）がむすばれた。朝鮮通信使は1607〜1811（文化8）年までの約200年間に計12回来日した。一行はおおむね400〜500人で，対馬にたちよったのち，海路大坂につき，ここから陸路で江戸にむかった。幕府は半年もまえから特定の藩に接待役を命じ，木曽川には船橋を架けるなどして厚く待遇

し，使節の江戸の宿舎には多くの文人がおとずれたという。これに対して新井白石は待遇の簡素化をおこなったが，8代将軍吉宗の代になると，ほぼ旧制にもどった。

▲朝鮮人来朝図（奥村政信筆，東京国立博物館蔵）

の宗氏が朝鮮と己酉約条（己酉は慶長14年の干支）をむすんで，年々20隻の貿易船をだすことになった。また将軍の代替りには，朝鮮から慶賀の使節（通信使）がくるようになった。琉球に対しては，薩摩の島津氏が1609（慶長14）年に出兵して支配下においたが，なお名目上は明の朝貢国にしておき，琉球をつうじて明，ついで清の産物を獲得した。

禁教と鎖国

　家康はキリスト教に対して秀吉のとった禁教政策をいっそう強め，1613（慶長18）年には全国にキリスト教禁止令をだし，もと大名であった高山右近らをマニラなどに追放した。家康に禁教を決意させたのは，あらたに来日したオランダ人やイギリス人が，スペインやポルトガルの植民地政策の危険性を説いたからでもあった。

　キリスト教の禁止とからんで海外貿易もしだいに制限された。イギリスはオランダとの貿易競争に敗れて平戸の商館をとじて引きあげると，翌1624（寛永元）年には幕府はスペインとの関係をたちきった。日本人の海外渡航にもしだいに制限を加え，1633（寛永10）年には，日本人の渡航は，朱印状のほかに老中奉書という別の許可状をうけた奉書船にかぎることとした。そして，1635（寛永12）年には，日本人の海外渡航と国外にいる日本人の帰国とを全面的に禁止した。

　こうして鎖国政策*が強化されていったとき，九州で島原の乱がおこった。そのころ，島原・天草地方には多くのキリスト教徒がいたが，領主は徹底した禁教政策をとり，年貢の取り立てもきびしくした。この

▶**日本からみた外交秩序**　長崎・対馬藩・薩摩藩・松前藩の「四つの口」でオランダ・中国，朝鮮，琉球・アイヌ民族と交流がもたれた。

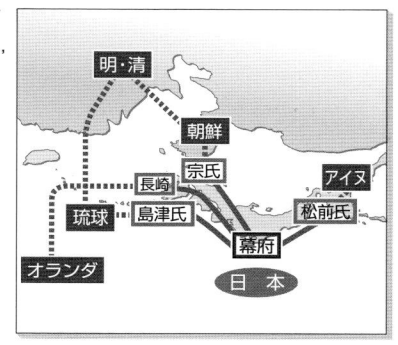

▲**踏絵** 左は絵踏をおこなっているところで（シーボルト『日本』京都外国語大学付属図書館蔵），上は真鍮でできた踏絵（東京国立博物館蔵）。

圧政に反抗した農民は，天草四郎時貞を総大将として，1637（寛永14）年から翌年にかけて島原半島の原城跡にたてこもり，幕府軍と半年近くも戦ったが，武器や食料がつきて敗北した。

> ＊鎖国　「鎖国」の語は，ドイツ人ケンペルが出版した『日本誌』の付録を長崎のオランダ通詞志筑忠雄が1801（享和元）年に「鎖国論」と題して訳したときに初めて使われ，幕末期には「開国」に対比して用いられた。近年，鎖国の研究が長崎貿易に片寄る傾向への批判から，朝鮮に対する対馬，アイヌに対する松前，琉球に対する薩摩の重要性に着目し，鎖国体制下の「四つの口」として重んじるほか，「鎖国」の語の適否についても議論されている。

　幕府は，一揆のなかにキリスト教徒が多かったために反抗がはげしかったとして，禁教政策をいっそうきびしくし，1639（寛永16）年にはポルトガル船の来航を禁止した。キリスト教を根だやしにするため，とくに信徒の多い九州北部などで絵踏をおこなわせた。また，全国にわたって寺請制度を設けて宗門改めを実施し，キリスト教に対してきびしい監視をつづけていった。

長崎の出島

　この結果，朝鮮・琉球以外で日本にくる外国船はオランダ船と中国船だけになり，その来航地も長崎一港にかぎられてしまった。平戸のオラ

◀**長崎の出島** はじめポルトガル人を移したが，1641（寛永18）年，オランダ商館やオランダ人を移した。出島は約4000坪（131アール）の扇形の埋立地で，館員の住宅のほか，倉庫・花畑・家畜飼育場などがあった。日本人は長崎奉行の許可がなければ出入りができなかった。（『寛文長崎図屏風』，部分，長崎歴史文化博物館蔵）

ンダ商館も長崎の出島に移され，幕府はここを窓口としてヨーロッパの文物を吸収するとともに，オランダ船の来航のたびに商館長が提出するオランダ風説書によって，海外の事情を知ることができた。

一方，中国船は明から清にかわっても来航をつづけたが，生糸をはじめとするその輸入額は年々ふえつづけたので，しだいに制限が加えられるようになり，1688（元禄元）年には中国人の居住地も長崎の一区画（唐人屋敷）だけとされた。

こうして鎖国政策は200年以上にわたってつづけられ，その結果，産業や文化にあたえる海外からの影響は制限されたが，幕府の支配はいっそう強固なものになった。

1 文治政治

由井正雪の乱

　1651（慶安4）年に3代将軍家光がなくなり，11歳の家綱があとをつぐと，その直後に兵学者の由井正雪が幕府に不満をもつ牢人を集めて幕府転覆をくわだてる由井正雪の乱（慶安の変）がおこった。

　この乱ののち，幕府は牢人の発生する原因が大名の領地を没収したことにあると考え，大名改易の政策をやわらげ，子のない大名が死にぎわにいそいで養子をとること（末期養子）を，50歳より下の大名にはみとめることとした。また主人が死んだときに家臣があとを追って自殺する殉死を禁止し，有力大名に幕府へ証人（人質）をださせることをやめるなど，戦国時代の遺風をなくする政策にあらためた。

　このようにして幕府は，これまでの武力による強圧的な政策から，法令・制度をととのえて幕府に服従させる文治政治への転換をはかった。大名のなかにも学問を奨励したり，儒学思想にもとづいて領民の教化をはかるものが多くでた。会津藩主の保科正之，岡山藩主の池田光政，水戸藩主の徳川光圀，加賀藩主の前田綱紀らはその例である。

元禄時代

　4代将軍家綱にはあとつぎの男子がなかったので，館林藩主であった弟の綱吉が5代将軍になった。彼が政治をおこなった時代を元禄時代とよぶ。

　綱吉ははじめ，きびしい態度で政治にのぞんだので，大名からもおそれられるようになったが，のちには側用人の柳沢吉保を登用して独裁的な政治がめだつようになった。学問を好んだ綱吉は，江戸の湯島に孔子

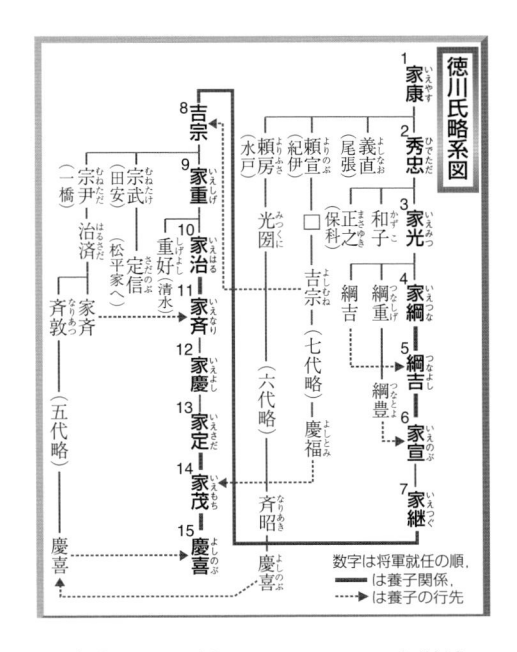

徳川氏略系図

数字は将軍就任の順。
—— は養子関係，
┈┈▶ は養子の行先

をまつった聖堂を移し，林信篤（鳳岡）を大学頭に任じたほか，歌学方や天文方なども設け，歌学方に北村季吟，天文方に安井算哲（渋川春海）を登用するなど，学問の興隆につとめた。その一方で生類憐みの令＊をだして犬や鳥獣の保護を命じ，それをきびしく励行させたため，庶民の不満がつのった。

> ＊生類憐みの令　江戸時代の悪法の代表とされてきた生類憐みの令は，近年見直しがすすんでいる。犬の愛護はそれまで食犬の風習や野犬公害の多かった江戸とその周辺で推進されてきたが，全国的には捨牛馬の禁止が重視された。また，法の対象は，捨子・行路病人・囚人などの社会的弱者にもおよんでおり，人を含む一切の生類を幕府の庇護下におこうとしたのである。これは殺伐な戦国の遺風を儒教・仏教により払拭することを政治に反映させようとする政策の一環であった。

貨幣の改鋳

　文治政治が進展した元禄時代は，商人がめざましい経済活動によって富みさかえた時代でもあった。しかし商人に豪商があらわれる一方，幕府や藩の財政はきわめて困難になってきた。

明暦の大火と江戸の再建

　"火事と喧嘩は江戸の華"といわれるように，江戸はしばしば大火にみまわれた。なかでも1657（明暦3）年の明暦の大火は，江戸幕府はじまって以来の大火であった。

　この年1月18日，本郷丸山の日蓮宗本妙寺から出火した火は，たちまち北西の風にあおられ四方へ燃えひろがり，翌19日にも出火して3日3晩燃えつづけた。そのために江戸城本丸の天守閣をはじめ，大名・旗本の多くの屋敷，300をこえる寺社，60余の橋が焼けおち，焼失した町数は500ないし800余町，江戸の町の半ば以上が焼野原となった。死者の総数も10万人をこえ，幕府はその供養のために両国に回向院をつくらせている。この大火はのちに振袖にまつわる因縁話をつけて振袖火事とよばれた。

　大火のあと，幕府はさっそく復興計画に着手した。区画整理をして寺社を江戸の外縁部に移し，大名屋敷も大移動させた。防火のために道路をひろげ，広小路・会所などとよばれる火除地を設け，高い防火堤もきずいた。これまでの江戸城をまもる大名火消のほかに，旗本たちに定火消役を命じて江戸全域の消火にあたらせ，町人も土蔵をつくったり地下室を掘ったりした。しかし，幕府がこれらの対策に投じた費用はばく大で，推定100万両をこえた。

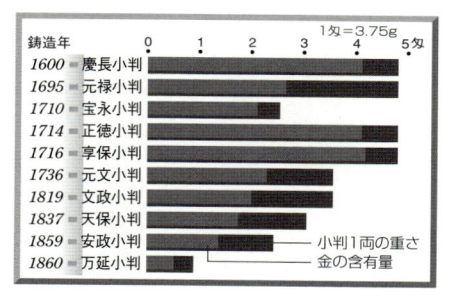

鋳造年　　　　0　　1　　2　　3　　4　　5匁
1匁=3.75g
1600 慶長小判
1695 元禄小判
1710 宝永小判
1714 正徳小判
1716 享保小判
1736 元文小判
1819 文政小判
1837 天保小判
1859 安政小判　　　　　　　　　小判1両の重さ
1860 万延小判　　　　　　　　　金の含有量

◀**金貨成分比の推移**　重量・金成分比率の減少が幕府財政の苦しさをよく示している。新井白石は悪貨の発行による物価高の進行をくいとめようとし，正徳金を慶長金と同質に復している。万延小判の重量が異常に少ないのは，開港後の大量の金流出を防止するために改鋳したからである。（『日本通貨変遷図鑑』より）

　幕府は近世初期には，佐渡・伊豆・石見の金・銀山など直轄の鉱山から多くの産出をえて，3代将軍家光の時代までは財政にゆとりがあった。しかし，やがてその産出も減少し，4代将軍家綱のときには，1657（明暦3）年の明暦の大火の復旧事業などで多額の金銀を消費し，さらに5

代将軍綱吉がさかんに寺社の造営をおこなったので，財政はまったく窮乏していた。そこで綱吉は，勘定吟味役荻原重秀（のち勘定奉行）の意見を用いて，財政再建の方法として貨幣の改鋳にふみきった。

重秀は，金が8割以上もふくまれていた慶長小判の質をおとし，金を6割以下に減らした元禄小判を大量に発行して，その差益を幕府の収入とした。しかし，財政の危機は一時的にすくわれただけで，これにともなう物価の値上りが，庶民のはげしい不満をよびおこすことになった。

新井白石

綱吉のあと6代将軍家宣と7代将軍家継父子の時代は，わずか7年ほどにすぎなかった。その間，幕政に参加して将軍を補佐したのは朱子学者の新井白石である。

家宣は白石の意見をたいてい聞きいれたので，白石は多くの改革をすすめることができた。元禄時代に貨幣の質をおとしたのは，幕府の信用にかかわるとしてふたたび改鋳にふみきり，質量ともに慶長小判にひとしい小判（正徳金）を発行した。しかしこの政策も長くはつづかず，のちにはまた悪質の貨幣が鋳造されるようになった。

白石は，幕府の儀式なども将軍の地位にふさわしい権威づけをすべきであると考え，江戸城の門構えや将軍や大名の礼服をあらためた。一方では朝廷とのあいだの融和をはかり，新しく閑院宮家を創設するなどした。朝鮮通信使の待遇についても，白石はこれまであまりに丁重すぎたとして，やや簡素にあらためた。

また朝鮮の国書には，将軍を「日本国大君」と記していたが，これを低い意味をもつとしてしりぞけ，「日本国王」とあらためさせた。これには国内でも強い反対にあったが，白石は自説をつらぬいた。これらはいずれも，儀礼を正しくすることによって将軍の権威を高めようというねらいがあった。

白石はまた長崎貿易を制限した。中国船やオランダ船によって輸入された品物は生糸を第一とし，毛織物・木綿・皮革類，白檀その他の木材などであったが，日本ではこれに対して金・銀・銅などで支払っていた。しかし金・銀の産出が減るとともに銅の輸出が増加したので，白石

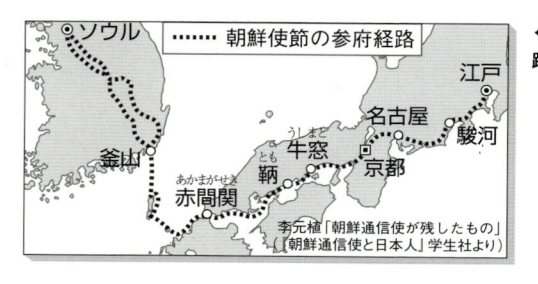

◀朝鮮使節の参府経路

は1715（正徳5）年に海舶互市新例（長崎新令・正徳新令）をだして，中国船とオランダ船の船隻数や貿易額を制限した。

　白石の政治は年号をとって正徳の治とよばれ，幕政のひきしめに役立ったが，ややもすれば理想に流れて実情にそわない点もあった。

2　産業の発達

農地の開発

　農業は近世になってめざましい発達をとげた。幕府や諸藩が新田開発を積極的にすすめた結果，各地で広域にわたる灌漑施設がつくられ，越後の紫雲寺潟新田など新しい耕地がひらかれた。初期には富力のある農民が開発にあたったが，のちには町人が資本を投じて大規模にすすめた（町人請負新田）。武蔵野に水を供給した玉川上水・見沼代用水や，箱根芦ノ湖の水を駿河方面に引いた箱根用水などがよく知られている。

　農業技術の面では，作物の品種改良，干鰯・油粕など金肥の使用がすすんだほか，農具の改良・発明によって農作業の飛躍的な効率化がはかられた。田おこしでは，備中鍬が考案され，それまでの平鍬にくらべ，より深く耕すことができるようになった。灌水には，畿内などで17世紀末に中国伝来の竜骨車が用いられ，18世紀半ばからは簡便な踏車がひろく使用されるようになった。脱穀は，扱箸に穂首をはさんで引きぬく作業であったが，17世紀末から18世紀初頭にかけて千歯扱が用いられはじめ，能率が数倍も高まった。

　年貢は米のほかに貨幣でもおさめることができたので，農民は現金収

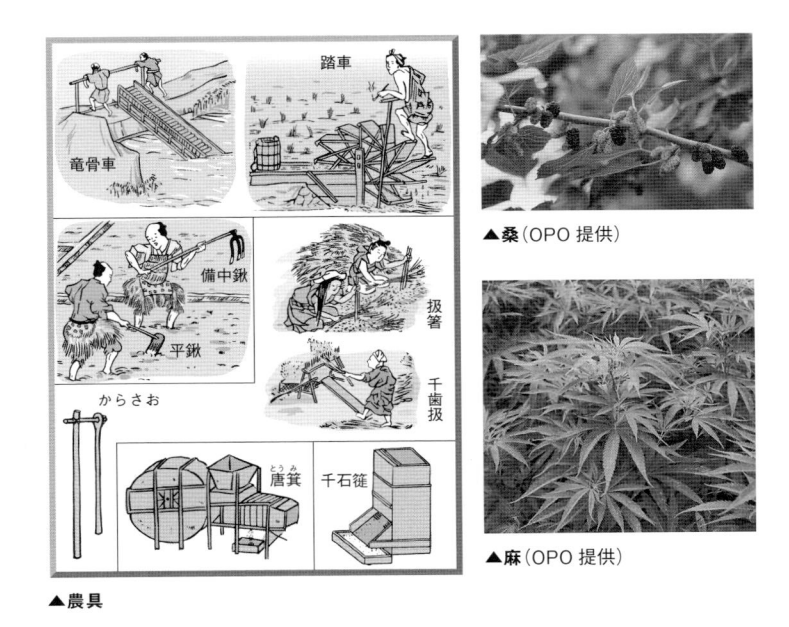

▲桑（OPO 提供）

▲麻（OPO 提供）

▲農具

入がえられるたばこ，桑・麻（衣料原料），油菜・荏胡麻（灯火油原料）などの商品作物を多くつくるようになり，都市の近くでは野菜の栽培がさかんになった。福岡藩士であった宮崎安貞が各地を実地に調査して刊行した17世紀末の『農業全書』をはじめ，多くの農書があらわされたことは，多様化した農業の生産力をさらに高めるために役立った。

漁業と鉱業

　海にかこまれた日本では漁業が各地でおこなわれていたが，とくに網を用いる漁法が発達し，捕鯨業などは紀伊から各地にひろまっていった。土佐沿岸（かつお），五島方面（まぐろ），九十九里浜（いわしの地引網）なども漁業のさかんな地方であった。製塩は瀬戸内海沿岸が主産地で，そこで生産された塩は全国におくられた。

　鉱山の開発もすすみ，とくに佐渡や伊豆の金山，石見大森や但馬生野の銀山，伊予別子・下野足尾の銅山などが知られている。

名産の成立

　手工業の発達もめざましかった。はじめは農業とむすびついた自給自足の農村家内工業が主であったが，しだいに都市の手工業者の生産がすすみ，各地に名産がうまれた。

　戦国時代から木綿が栽培されるようになると，麻布と綿布とが衣料として一般的となり，各地で製造された。綿花の栽培がさかんであった河内や尾張・三河地方では，綿織物業が発達し，麻布の原料になる青苧が生産される越後地方では，縮や晒が生産された。

　京都の西陣では，中国から輸入された生糸を原料にして高級な絹織物をつくっていたが，18世紀になると，国内産の生糸が多く生産されるようになり，西陣の技術が各地に伝えられ，関東の桐生など地方で機業が発達した。

　醸造業では，近世になると，それまでのにごり酒にかわって清酒をつくる技術がうまれ，伏見・池田・灘・伊丹などが名産地となった。そのほか，紙は美濃・越前などの各地で生産され，瀬戸・九谷・有田など優良な陶土のえられるところでは大量の陶磁器がつくられた。

清酒のはじまり

　戦国時代までは酒造は濁酒が中心であったが，16世紀末に濁酒に灰を入れ，ろ過して清酒をつくる灰澄法が開発された。これをはじめたのは摂津国伊丹付近の鴻池村の山中新六で，山陰の戦国大名尼子氏の忠臣山中鹿助幸盛の長男であるとつたえる。武士をやめ，この地方特産の醸造業で身を立てた新六は，鴻池屋を名のった。1599（慶長4）年，四斗樽2本を馬に背おわせて江戸へ出荷し，大好評をえた。

　1619（元和5）年，新六は大坂にでて酒の醸造と販売をおこなったが，1624（寛永元）年，淀川口の九条島がひらかれると，翌年から海運業に進出し，清酒を海路で江戸へおくるとともに，帰り荷には諸大名の貨物の輸送を託された。これがのちに両替商として発展する鴻池屋の起源である。やがて大坂と江戸をむすぶ酒樽の定期便である樽廻船の往来もはじまることになる。

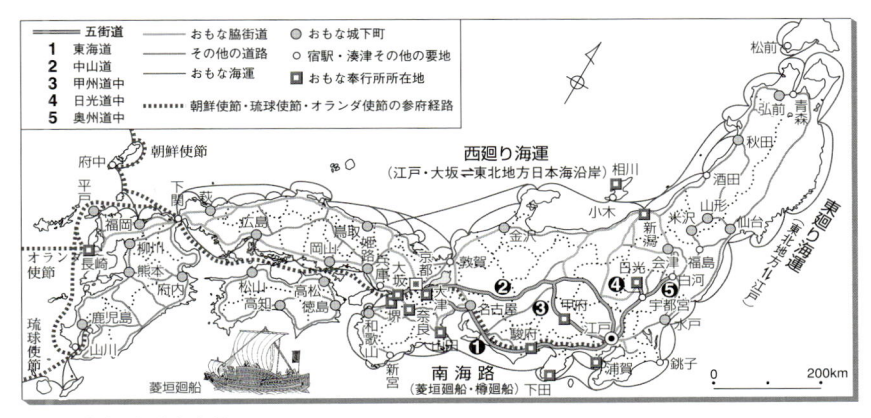

▲江戸時代の都市と交通

3　町人の経済活動

宿場と飛脚

　幕府の全国支配や商品流通の進展につれて，全国的な交通網もととのえられていった。そのうち東海道・中山道・日光道中・奥州道中・甲州道中の五街道を幕府は直轄にし，宿泊・運輸・通信のための施設をととのえた。

　街道には宿場（宿駅）がつくられ，大名たちが利用する本陣・脇本陣や，一般旅行者のための旅籠屋・茶店・商店などが軒をならべた。宿場には問屋場が設けられて輸送業務をあつかい，駕籠や長持をかついだり，馬で荷物をはこんだりするために，一定の人馬が用意されていたが，幕府の文書・荷物を継送する継飛脚の業務もあつかった。継飛脚にならった諸大名の大名飛脚，ついで江戸・大坂などに町人の手による町飛脚の業者もうまれ，日をきめて出発したので，庶民もそれに書状をたのむことができた。

　交通の発達にともなって，庶民の旅行もたやすくなった。伊勢神宮や讃岐の金比羅宮，安芸の厳島神社，信濃の善光寺などの社寺へ参詣におもむくもの，京都・奈良・大坂や江戸などに遊覧にでかけるもの，あ

旅と宿

江戸時代の旅人にとって，橋をもうけていない川を渡ることはひと苦労であった。東海道では，六郷・馬入・富士・天竜の各川には渡し舟があったが，酒匂・興津・安倍・大井は歩渡りだった。大井川では川越賃銭を川会所で支はらい，川札をもとめて肩車でわたった。大名ともなると本陣に朱塗の専用輦台をおき，駕籠のまま乗せて24人で担いだという。水が4尺をこえると馬を通さず，4尺5寸以上は人を通さなかった。これが川止めである。長雨をよろこんだのは大井川両岸の島田・金谷の旅宿であった。

街道には一里塚や松や杉の並木があり，団子・焼餅などを売る茶店もあった。日中は楽しい旅ができたが，日が暮れると危険なので，早めに宿をとらなければならなかった。公家・大名・幕府の役人は本陣にとまるが，庶民はまず木賃か旅籠かどちらかをえらぶ。宿で湯をわかして持参の乾飯をもどして食べ（自炊），燃料費＝木賃を支払うのが木賃，食事つきが旅籠である。旅籠屋は大きいところで6畳ぐらいの部屋が10室，小さいところで2室ぐらいであり，宿泊は合部屋がふつうなので盗難には注意する必要があった。

るいは上野の草津や伊香保，相模の箱根，伊豆の熱海，摂津の有馬，伊予の道後など各地の温泉に湯治にゆくものが増加した。それにつれて人々の見聞がひろまり，文物の交流もさかんになった。

幕府や藩は治安維持などの目的から，交通の要所に関所や番所を設けて通行人を調べ，ときには通行を禁止する街道もあった。

東廻りと西廻り

江戸と大坂は全国の物資の大集散地であったから，水陸の交通網もその両都市を中心として発達したが，物資の輸送では，陸上より水上運輸のほうがはるかに大きな役割をはたした。古くからの瀬戸内海などのほかに，江戸と大坂とをむすぶ南海路はもっとも重要な航路になり，菱垣廻船・樽廻船が定期的に就航した。

4代将軍家綱時代には，河村瑞賢によって陸奥と江戸とをむすぶ東廻り航路，出羽と大坂とをむすぶ西廻り（北国廻り）航路の安全が確保され

▶**江戸日本橋** 江戸城の東南の湿地がうめたてられて商工業地帯が造成され，その中心に日本橋がかけられたのは1603（慶長8）年という。ここは江戸商工業の中心としてさかえ，五街道の出発点ともなった。（東海道五十三次，日本橋）

たが，やがて大坂や北陸方面と松前（北海道西南部）とをむすぶ北前船も活躍した。

　河川では，関東の利根川，畿内の淀川がもっとも多く利用され，甲斐と駿河をむすぶ富士川，丹波と京都をむすぶ保津川，京都と伏見をむすぶ高瀬川などの水路が豪商の角倉了以によってひらかれ，各地の河川もさかんに利用された。

江戸と上方

　戦国時代以来，大名が農村に居住する武士を城下に集めて，各地に城下町が急速に発達したが，これとならんで江戸・大坂・京都の三都もいちじるしい繁栄をみせた。

　江戸は，家康が入城したころは小都市にすぎなかったが，大名や旗本が屋敷をかまえ，商工業者も移住してくるようになると，台地をけずって海がうめたてられ，町域がひろげられて商工業の中心地が形成された。明暦の大火後，江戸は面目を一新し，人口も急増した。市民のための人形浄瑠璃や歌舞伎その他の遊興施設もつくられた。

　大坂と京都は江戸につぐ大都市で上方とよばれ，そのにぎわいは江戸におとらなかった。多くの大名の蔵屋敷がおかれた大坂は"天下の台所"といわれて，日本の経済の中心となった。京都には文化的伝統にささえられて手工業が発達し，寺社に参拝するために各地からきた人々は，それらの産物を土産にもちかえるようになった。

町人の活動

　江戸や大坂・京都では，町屋敷は町奉行の支配下にあり，町年寄や町名主が町奉行の命令をうけて，町内の自治をおこなった。住人には，土地・屋敷をもつ町人（家持）と借家をしている店借との区別があったが，彼らはおもに商工業に従事した。

　当時の商品の主なものは，大名が年貢として徴収した米やその領内の産物で，これは蔵におさめられたので蔵物とよんだ。諸大名はそれらを売るために，大坂や江戸に蔵屋敷を設け，蔵元・掛屋などの町人に蔵物の売却や代金の保管をおこなわせた。江戸では，蔵米をうけとる旗本・御家人のために，浅草の幕府の米蔵の前（蔵前）に米の売却などをあつかう札差という商人が店を構え，金融業をかねて富をたくわえるものがでた。

　商業がさかんになるにつれて，商人のあいだには問屋・仲買・小売の別ができた。問屋のなかには組合（仲間）をつくって利益を独占しようとするものがあらわれたので，幕府はしばしばこれを禁止したが，18世紀になると，組合を公認し，かわりに運上・冥加などの税金をおさめさせるようになった。これを株仲間というが，大坂の二十四組問屋，江戸の十組問屋などが有名である。

　彼らは農民とはちがい，営業による利益には直接課税されなかったため，わずかのあいだに大金をえることができた。京都の角倉了以や江戸の河村瑞賢らは土木工事などで富をたくわえ，また大坂の鴻池家は酒造・海運・金融業をいとなみ，伊勢出身の三井家は呉服店と金融業で豪

◀**大坂の蔵屋敷**　大坂の中心中之島には諸大名の蔵屋敷があり，着船した米を検査して，蔵にはこびこんだ。（『摂津名所図会』）

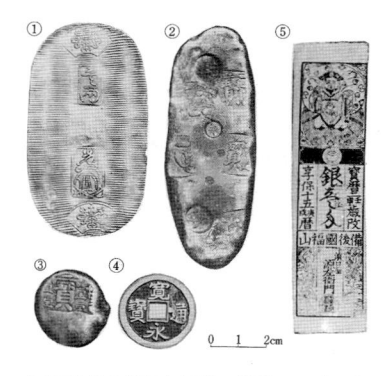

▲**江戸時代の貨幣と紙幣**　貨幣はいずれも江戸時代前期のもので，①は慶長小判，②は宝永永字丁銀，③は宝永豆板銀，④は寛永通宝一文銭，⑤は藩札で，1752（宝暦 2 ）年発行の備後福山藩の銀一匁札。（日本銀行金融研究所貨幣博物館蔵）

▶**貨幣の換算率**　江戸では主として金貨，大坂では銀貨が用いられたうえ，金銀の相場はつねに変動した。

▲**金座**　大判は大判座で，小判・一分判・二朱判などの通用金貨は金座で鋳造した。目方をはかり，品質の証明や偽造をふせぐための極印をうって幕府におさめた。（『金吹方之図』，部分，国立公文書館内閣文庫蔵）

金 1 両＝ 4 分　 1 分＝ 4 朱	1609（慶長14）年の換算率。
銀 1 貫＝1000 匁	このほか永（永楽銭の略）と
銭 1 貫＝1000文	いう単位もあり， 1 両は永
金 1 両＝銀50匁＝銭 4 貫	1000文（ 1 貫）であった。

商にのしあがった。

貨幣と金融

　江戸幕府が発行した貨幣は，金・銀・銭の 3 種で，あわせて三貨とよばれた。その鋳造権は幕府にあり，金貨は大判座と金座，銀貨は銀座，銭貨は銭座でつくられたが，商人が請け負ったから，貨幣の改鋳があると，金座や銀座の商人は利益をえた。

　金貨には大判（10両）・小判（ 1 両）・一分金などがあり，銀貨には丁銀・豆板銀などがあった。銭貨は真んなかに穴があり，銅貨の一文銭が主であった。中期以後になると，領主が財政の窮乏を救うために紙幣（藩札）を発行することも多くなった。

　貨幣はそれぞれ単位が異なり，交換の比率も一定していなかったうえ，改鋳がおこなわれると，古いのと交換する比率も変動したので，日常生活には不便なことが多かった。ことに銀貨は重量が意味をもち，目方が一定していなかったから，取引のときにはいちいち秤にかけなければな

らなかった。このため貨幣を交換する両替商がひろくうまれ，そのな
かから大きな富をたくわえるものもでてきた。

4　元禄文化

江戸前期の文化

　江戸時代の文化は武士や町人を主なにない手として発達しており，幕
府・諸藩の保護・育成をうける面が強く，鎖国によって外国の影響をう
けることが少なかったことから，独自の文化をうみだした。

　江戸時代の初期には新鮮で，かつ豪華な趣きをもつ桃山文化がうけつ
がれたが，幕藩体制の樹立にともなってしだいに落ちつきがあらわれ，
力強さが失われる傾向がみられるようになった。

　17世紀末から18世紀初めにかけての元禄時代に江戸前期の文化は頂点
をむかえたが，この時代は，幕藩体制がいちおうの安定をみせ，町人の
台頭がめざましくなってきた時期であったから，ここにうまれた元禄文
化は，明るくのびやかな性格をもち，文化のにない手となった町人はこ
の世を「浮き世」とみて，生活を楽しむ文化を自由に創造していった。

　とくにめだつ特色は，現実主義的傾向が高度に示されていることで，
儒学・古典の研究や自然科学の研究に合理的な精神が発揮されるように
なり，美術や芸能の世界でも現実的で華麗なものがあらわれた。古い伝
統をうけついだ京都・大坂などの上方豪商が主なにない手であった。

儒学の興隆

　学問の中心は儒学，なかでも朱子学であった。朱子学が君臣・父子の
別をわきまえ，上下の秩序を重んじて，大義名分を明らかにすることに
つとめたため，幕府・諸藩から手厚い保護が加えられたのである。

　幕府は，京都から朱子学者の藤原惺窩の門人であった林羅山（道春）
を江戸にまねき，その子孫に学問のことをつかさどらせた。羅山が上野
の忍ヶ岡の屋敷に孔子をまつる聖堂を建てると，学問好きの5代将軍
綱吉は，聖堂を湯島に移して大成殿と名づけ，参拝してみずから講義を

◀**林羅山**(左)と**林鳳岡**(右) 羅山は実名を信勝，号を羅山というが，僧号では道春という。孫の鳳岡(実名信篤)以後は僧籍にはいらず，代々，大学頭という官名を名のった。(左は東京大学史料編纂所所蔵，右は栗原信充『肖像集』，国立国会図書館蔵)

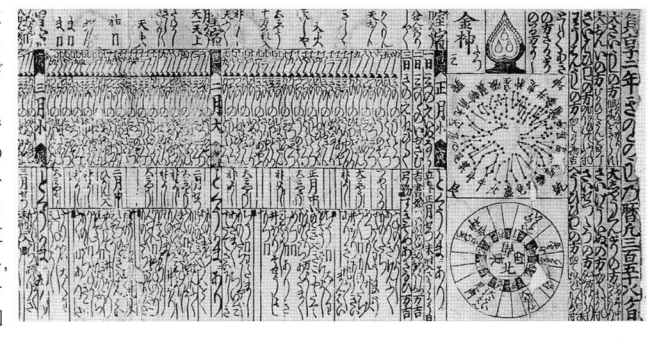

▶**貞享暦** はじめに貞観以降の宣明暦を新暦にあらためる旨が書いてある。貞享2乙丑(1685)年の暦であるが，最初に方角の吉凶を記し，正月～12月の月の大小をまとめている。つづいて正月から日を追って記し，その日の暦注をつけてある。(国立国会図書館蔵)

することもあり，この聖堂に付属する学問所が幕府の学問の中心となっていった。

朱子学の一派に南村梅軒が土佐でひらいたとされる南学の系統から，野中兼山や山崎闇斎がでたが，闇斎は神道を儒教流に解釈して垂加神道を説いた。朱子学に対して中江藤樹やその門人の熊沢蕃山は，明の王陽明によってはじめられた陽明学を学んだ。しかしこの学派は現実を批判して，その矛盾をあらためようと求める革新的な精神があったため，幕府から警戒された。

儒学のなかからは，朱子学や陽明学のような，後世の解釈を排し，孔子や孟子の古の教えにもどるべきだとする古学派があらわれた。山鹿素行は朱子学を攻撃して幕府の処罰をうけることになったが，伊藤仁斎・東涯父子は京都の堀川に私塾古義堂をひらいた。また荻生徂徠は江戸で私塾蘐園をひらくとともに，柳沢吉保や将軍吉宗に用いられた。

このころは，大名のあいだにも学問を尊ぶ風がさかんになった。水戸

藩主の徳川光圀は『大日本史』の編集をはじめ，加賀藩主の前田綱紀は木下 順庵ら多くの学者をまねき，多数の書籍を集めた。

　学者のなかには，大名につかえて政治にたずさわるものもあった。高知の野中兼山は山内家の家老として大土木工事をおこし，多くの新田を開発した。熊沢蕃山は岡山藩主の池田光政につかえて，治水事業などに功績をあげた。光政は閑谷学校をつくって，武士や庶民の教育にも力をつくしている。

諸学問の発達

　儒学の合理的・現実的な考え方は，本草学(博物学)・医学・数学・天文学などの自然科学の発達もうながした。和算の関孝和は円周率や円の面積・筆算代数などにすぐれた研究成果をあげた。安井算哲(渋川春海)は天文学や暦学を学び，当時，日本で用いていた暦の宣明暦にかなりの誤差が生じていたので，元の授時暦をもとに新しい暦(貞享暦)をつくった。算哲は幕府が新しくつくった天文方に任じられ，天体の観測や暦の作成にあたった。

　歴史学や国文学の研究にも実証的な態度がみられた。山鹿素行が古文書を引用して『武家事紀』をあらわし，新井白石は『読史余論』で武家政権の発展を段階的に考察する独自の史論を展開した。国文学の研究でも僧契沖は『万葉集』を研究して，和歌を道徳的に解釈する従来の説を排斥し，北村季吟は『源氏物語』や『枕草子』を自由な目でながめようとしたが，この動きが，のちの国学につながってゆく。

芭蕉・西鶴・近松

　元禄文化を特徴づけるのは人間性の追求をめざした町人文芸である。連歌からおこった俳諧は17世紀半ばには奇抜な趣向をねらう西山宗因の談林風が流行したのち，松尾芭蕉がでて幽玄閑寂を旨とする蕉風(正風)俳諧を確立させた。芭蕉は歌人の西行や連歌師の宗祇のように旅に生き，諸国をめぐった。なかでも奥羽地方から北陸をめぐる600里(約2400km)におよぶ旅は，『奥の細道』という紀行文にまとめられた。

　大坂の町人であった西鶴は，はじめ談林風俳諧で名を知られたが，や

江戸時代の出版

　営利事業としての出版は，江戸時代にさかんになった。まず京都でおこり，17世紀半ばころから出版物が急増すると，1682（天和２）年の『好色一代男』にはじまる西鶴の浮世草子の大流行がこの動きに拍車をかけ，元禄末期から京都の八文字屋八左衛門が出版した八文字屋本の全盛時代をもたらした。1692（元禄５）年の出版目録によると7200点の書物が全国で刊行されているが，他の刷り物もふくめ，元禄時代に流通した書物の部数は1000万部をこえていたと考えられる。しかし書物の値段は安くなく，『好色一代男』は銀５匁，現在の価格でいえば5000円ぐらいもした。そこで流行したのが貸本屋で，元禄期の京都には200軒ほどあったというが，江戸後期になると，1808（文化５）年に

は大坂に300軒，江戸に650軒存在し，1830（天保元）年になると江戸には800軒にものぼった。印刷はすべて木版であった。

　出版の発達にともない，幕府の統制が強化され，統制はすでに寛文年間からはじまっている。享保の改革ではまず三都書林仲間（京都・大坂・江戸の出版業者）が結成され，1722（享保７）年には出版条目が定められて，幕政の批判や風俗をみだす内容を禁じ，作者名・版元名を明記することが命じられた。以後，幕政改革のたびに出版統制はきびしくなった。なお，江戸の出版業は田沼時代ころから上方をしのぎ，須原屋・蔦屋といった版元が大量の書物を出版した。

がて浮世草子とよばれる小説に転じ，人間の愛欲本能を赤裸々にえがきだした『好色一代男』などの好色物や，町人の世界の金銭をめぐる悲喜劇をうつしだした『日本永代蔵』『世間胸算用』などで人気を集めた。

▲井原西鶴（久保克敬氏蔵）

▲松尾芭蕉（天理大学附属天理図書館蔵）

▲近松門左衛門（早稲田大学演劇博物館蔵）

◀『好色一代男』　図は巻1の表紙と，巻8の好色丸の船出を記した最後の部分である。（東京　大東急記念文庫蔵）

　芭蕉・西鶴に少しおくれてでた近松門左衛門は，若いころに京都に住んでいたが，そのころ上方では人形浄瑠璃がさかんで，竹本義太夫らの語り手の名人もいた。門左衛門はその浄瑠璃・歌舞伎の脚本を書いたが，『曽根崎心中』など実際に世間におこった事件をとりあげた世話物や，歴史上のことがらを題材にした時代物を書いて名をあげた。なかでも時代物の『国性(姓)爺合戦』は，17カ月も連続興行されるほどの人気を博した。江戸初期に女歌舞伎・若衆歌舞伎が風俗上の理由で禁止された歌舞伎は，男優だけの野郎歌舞伎として上演された。このころの歌舞伎はまだ人形浄瑠璃ほどの人気はなかったが，民衆演劇として発達しはじめ，江戸の市川団十郎や上方の坂田藤十郎らの人気役者もいた。

元禄の美術

　豪華な桃山時代の美術の様式は，江戸前期にもうけつがれた。幕府が多額の費用を投じて造営した日光東照宮をはじめとする霊廟建築が流行し，狩野派の絵画も永徳の孫探幽が幕府につかえてから，その一門が幕府や大名の御用絵師となって繁栄した。

　しかし，その一方では伝統的な公家文化の流れをひく優雅な美術も息づいていた。書院造に茶室をとりいれた簡素な数寄屋造の桂離宮の書院は，その代表ともいえる。また京都の上層の町衆で多才な文化人として知られる本阿弥光悦は，絵画・蒔絵・陶芸・書道など，あらゆる方面に独創的な才能を発揮した。

　土佐派の画法をもとに，独特のやわらかみのある装飾画の新様式をうみだした俵屋宗達もこのころの人である。元禄時代にでた尾形光琳は書

▲日光東照宮陽明門　徳川家康をまつる日光東照宮は権現造の代表的建築で，華美な装飾がほどこされている。とくに陽明門は，いたるところ彫刻や金具でかざられた。（日光東照宮社務所提供）

▲桂離宮　後陽成天皇の弟八条宮智仁親王（桂宮）の別邸であった。右は池に面した古書院で，その左に中書院や新御殿が雁行してならんでいる。いずれも茶室風をとりいれた数寄屋造の建物である。庭は小堀遠州作という。（京都　宮内庁京都事務所提供）

◀燕子花図屏風（尾形光琳筆）　金箔地に緑青と群青で濃彩にえがかれ，花弁や葉の配置にすぐれた律動感がみられ，装飾味が強い。(部分，東京　根津美術館蔵)

◀風神雷神図屏風(俵屋宗達筆)　二曲一双屏風の金地の大画面に，雷神(左)と風神(右)があざやかな色彩でえがかれている。（京都　建仁寺蔵）

　　画の教養もふかく，蒔絵にもすぐれていたが，のちに職業画家となった。その系統の絵を琳派とよぶが，宗達の画法をとりいれ，装飾的な表現を強くあらわして上層町人のあいだで観賞された。

　　だが，新しい境地を開いたのは浮世絵であった。菱川師宣は江戸で世

◀**見返り美人図**(菱川師宣筆)
師宣の肉筆画の傑作である。町
娘が歩きながらふとふり返った
瞬間のポーズをたくみにとらえ，
美しい色彩で印象的にえがいて
いる。(東京国立博物館蔵)

▲**色絵吉野山図茶壺**(野々
村仁清作) 黒地に金・銀
などで吉野の桜をえがき，
蒔絵のおもむきに似た豪華
なものである。(高さ28.6cm，
東京 静嘉堂文庫美術館
蔵)

◀**京都の市街** 17世紀半
ばすぎの京都のにぎわい。
町屋には2階建てなどの
家屋ができ，人々の服装
もはなやかになっている。
街路にも，獅子舞・万
歳・巡礼・子どもなど，
さまざまな人のようすが
えがきだされている。(住
吉具慶筆，『洛中洛外図
巻』，部分，東京国立博
物館蔵)

のなかの風俗を画材とした絵をえがき，浮世絵と名づけられた。1枚だ
けの肉筆画は高価で，庶民の手にはいりにくかったが，師宣は肉筆画の
ほかに，同じものを何回も刷ることのできる木版画をはじめて，絵本や
1枚刷りにして売りだし，町人の人気を集めた。

　陶芸では，17世紀前半に有田焼の酒井田柿右衛門が赤絵の磁器に成功
したあとをうけて，京都に野々村仁清，ついで尾形乾山があらわれ，高
雅な色絵の陶器をはじめた。染物では京都の宮崎友禅が友禅染をはじめ，
綸子や縮緬の生地にははなやかな模様をあらわして，大いに流行した。

庶民の生活

　はなやかな文化の恩恵をうけたのは富をたくわえた町人たちで，元禄模様などの華美な絹の衣装を身につけ，2階建て・瓦屋根の家に住み，劇場にでかけて人形浄瑠璃や歌舞伎を楽しむものがふえた。

　ところが，下層の町人はかならずしもそうではなかった。まして統制のきびしい農民の生活はまずしく，衣服は麻や木綿にかぎられ，食事も麦・粟などの雑穀が多く，家屋はかや葺やわら葺がふつうで，居間にむしろをしくぐらいであった。人々はそのような生活のなかで，古くからの風習に根強く支配されていた。

第10章

幕藩体制の動揺

1 享保の改革

吉宗の登場

　18世紀初め，7代将軍家継が幼年でなくなると，あとつぎがいなかったので，和歌山藩主であった徳川吉宗が将軍職をつぐことになった。

　そのころ幕府や諸藩は財政難に苦しみ，諸藩のなかには藩の特産物を専売するところもあったが，支出をおさえるために家臣の俸禄を減らしたり，大坂や京都の町人の貸付（大名貸）にたよったりして，財政難をしのぐところもあった。旗本・御家人・藩士などの窮乏はさらにはなはだしく，札差などから借金したり，内職によって生活をささえるのがふつうとなった。

　こうした時代に吉宗は，曽祖父にあたる家康時代の政治を理想として，幕府の権威を高め，幕政をひきしめようとして改革にのりだした。この改革を年号にちなんで享保の改革という。

財政の再建

　財政の安定をめざす吉宗は，まずはなやかな元禄時代の影響でぜいたくになっていた武士・町人の生活をひきしめるため，きびしい倹約令をだして質素な生活を命じるとともに，法会や寺社建立などの支出をおさえるようにした。また収入が不足し，旗本や御家人の給与も払えなくなったので，大名に上げ米を命じた。これは大名の江戸参勤の期間を半減し，そのかわりに石高の100分の1の米を幕府に上納させる制度で，10年近くつづけられた。

　これまで旗本などが役職につくと，それに相応した俸禄を増して，子孫まで世襲することになっていたが，これをその在職中にかぎって不足

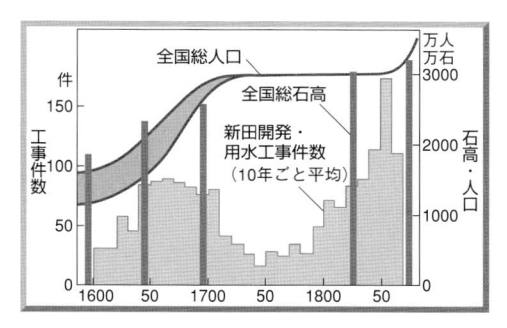

▲**新田開発と人口の変化**　新田開発は17世紀後半にさかんにおこなわれ，石高は17世紀をつうじて約1850万石から2600万石へとふえ，19世紀後半には3200万石に達した。しかし，人口は18世紀以後の統計でみると，あまり変化がない。（『日本土木史』などより）

分を増給することにした。これを足高の制という。こうして財政支出の増大をおさえるとともに，有能な人材を登用することが可能になった。

　吉宗はさらに積極的に収入の増加をはかり，大商人の出資をもとめて新田開発を奨励した。武蔵の玉川上水や見沼代用水ぞいなどには，この時期にひらかれた新田村が多くのこっている。しかし収入の安定・増加をめざして幕領の年貢引き上げをおこなったので，農民の不満が高まり，百姓一揆もしだいにふえてくるようになった。

　殖産興業に力をいれた吉宗は，甘藷（さつまいも）・甘蔗（さとうきび）・朝鮮人参などの栽培をすすめたほか，産業開発に役立つ実学を奨励するため，中国語に訳されたヨーロッパの書物（漢訳洋書）で，キリスト教に関係ないものの輸入を許可し，青木昆陽らに蘭学を学ばせて，新しい知識の導入をはかった。

法典の整備

　吉宗が登用した人物の一人に大岡忠相がいる。彼は江戸の町奉行を20年間つとめ，のちに寺社奉行に昇進し，大名になった。吉宗は忠相らに命じて，それまでの幕府の法令や処罰の先例を調べて公事方御定書をつくらせ，これを裁判の基準とした。また山積する訴訟を処理するため，急増した金銀貸借に関する訴訟をとりあげないで，当事者間の話し合い

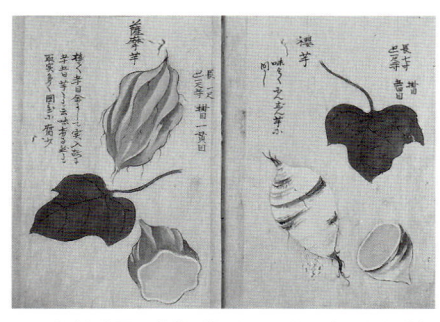

▲**甘藷**（青木昆陽著『甘藷記』，国立国会図書館蔵）青木昆陽は 救 荒作物として甘藷の効用と栽培法を説いた。

▲ **青 木 昆 陽**（1698～1769）『蕃薯（藷）考』をあらわし，甘藷栽培をすすめた。（早稲田大学図書館蔵）

で処理するように指令した（相対済し令）。

　吉宗は町の庶民の声を聞くために，評定所の前に目安箱をおいて投書させたが，ある町医者の投書により，小石川薬園（現，東京大学付属植物園）のなかに，貧困者のための施療病院として養生所を設けた。

　享保の改革はいちおうの成果はあげたが，米価の変動もはげしく，年貢増徴によって生活を圧迫された農民の不満は解消されなかった。

2　田沼時代

田沼意次

　吉宗のあと，子の家重，ついでその子家治が将軍となった。10代将軍家治は直接には政治を指導せず，この時代に権勢をふるったのは田沼意次であった。意次は600石の 小 身から身をおこして大名となり，側用人，ついで老中として20年間も幕政の中心にいたので，この時代を田沼時代とよんでいる。

　意次は幕府の財政を救うため，大商人たちの経済力を利用してそれまでにない積極的な政策をとった。幕府直営の座を設けて銅や鉄などを専売にしたり，一般商工業者の株仲間を積極的に公認して運上・冥加金を徴収したり， 俵 物とよばれる海産物の増産につとめて中国に輸出する

など，幕府の収入の増大をはかった。

　しかし下総の印旛沼や手賀沼の干拓事業は，途中で大洪水にあって失敗し，武蔵・上野に反物や綿糸の検査所を設置して検査料を徴収しようとしたことも，産地の農民が一揆をおこして抵抗したため廃止となった。

　意次が新しい計画をたてると，その利権をえようとする業者が暗躍し，役人のあいだにも公然と賄賂がおこなわれて，政治はみだれ，新事業も健全な発展をみることができなかった。

蝦夷地の開拓

　いまの北海道・千島・樺太の地は，近世までは蝦夷地とよばれていた。その大部分はアイヌが居住している地域で，わずかに北海道の西南の一部が松前氏の所領となっており，松前氏は幕府からアイヌと交易する権利をみとめられ，松前家の家臣たちはその権利をわけあたえられて，松前城下でもとめた本州の産物を支配地のアイヌの生産物と交換して利益をえていた。

　田沼時代のころからロシア船が蝦夷地の近海にあらわれ，通商をもとめてくると，この動きをみた仙台藩の医師工藤平助は『赤蝦夷風説考』をあらわして意次に献上し，ロシアの進出と対ロシア交易や蝦夷地開拓の必要性を説いた。これに応じて，意次は最上徳内らの調査隊を蝦夷地に派遣し，その報告によって俵物の増産に力をそそいだ。

飢饉と百姓一揆

　18世紀をつうじてさまざまの災害がおこり，凶作・飢饉がしばしばおそった。1707（宝永４）年には富士山が大噴火し，駿河・相模ではその降灰によって田畑に大被害があった。1732（享保17）年には，西日本一帯に大量のうんかが発生して，稲作が打撃をうけ，餓死者１万2000人，飢民265万人といわれた（享保の大飢饉）。このような災害に加え，領主の年貢が重くなって農民の生活が破壊されてゆくと，百姓一揆が各地におこった。江戸でも米価が上がり，米の買占めをした商人が打ちこわしにあった。

　江戸時代の百姓一揆は，これまで3000件以上が知られているが，一揆

アイヌと和人

　和人とよばれる本州人が蝦夷ヶ島とよばれた北海道の南部へ進出しはじめたのは14世紀ころであった。各地の館（いわゆる道南十二館）を築いて，武力に優越する和人はしだいに力を強め，アイヌを圧迫していった。

　15世紀には，蝦夷地の西南上ノ国にいた蠣崎氏が，1457（長禄元）年にアイヌの首長コシャマインの蜂起をしずめたのをきっかけに，勢力をのばした。

　松前に本拠を移した蠣崎氏は17世紀初め，徳川家康から蝦夷地の支配をみとめられ，松前氏と改姓した。米のとれない松前藩は，上級家臣には場所を定めて蝦夷地交易の権利を分与する体制をとった。家臣たちはやがてこの交易を和人の商人に請け負わせていったが，商人たちは本土からもちこんだ米・綿布・鉄器などをアイヌの鮭・鰊・昆布などの海産物と交換する際に，欺瞞的な行為によって不当な利益をえることが多かった。

　このためアイヌの不満は高まり，1669（寛文9）年にはシャクシャインの戦いがおこった。数年におよんだこの反乱を松前藩は武力で鎮圧し，和人の進出はいっそうはげしくなった。

　18世紀から19世紀にかけて，ロシア人の蝦夷地接近がしきりにおこった。幕府はこのとき，はじめて蝦夷地を"日本"の一部として理解し，千島・樺太をふくむ地域の調査をすすめる一方，東西蝦夷地を直轄地として警備をかためた。

　明治以降，蝦夷地は北海道と改称され，開拓使指導のもとに"開拓"がはじまった。このため，本州人の北海道進出と近代化政策，アイヌの同化策が着々とすすんでいったが，その間に差別や偏見がのこることとなった。

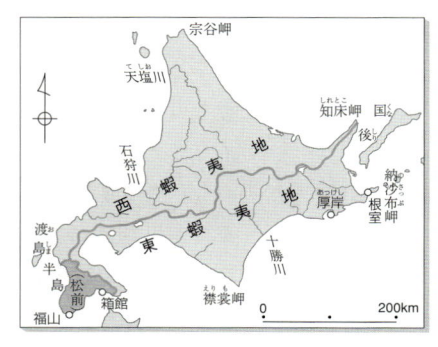

◀**近世の蝦夷地**（白山友正『松前蝦夷地場所請負制度の研究』より）

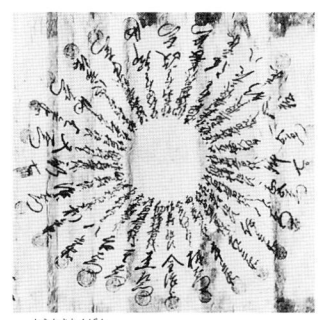

▲ 傘 連判状　これは1754（宝暦４）年，常陸国の旗本知行地で，11ヵ村の村役人たちが連名・連判して代官の罷免を要求した書状。（茨城　島田氏蔵）

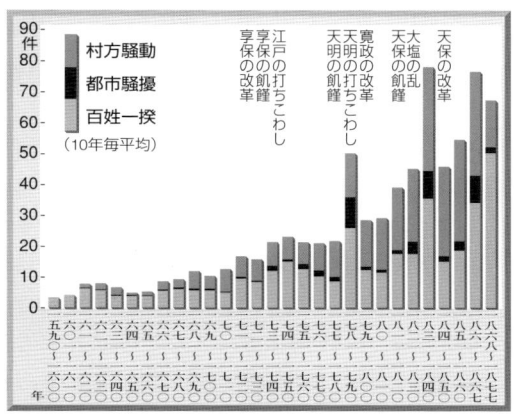

▲百姓一揆の推移（青木虹二『百姓一揆総合年表』より）

の発生は近世の前期にはそれほど多くなく，村役人などが代表になって領主にうったえる代表越訴型の一揆であった。このなかで下総の佐倉惣五郎のように，一揆の代表者が義民として伝説化された者もいる。18世紀にはいるころには，一般農民が団結して蜂起する惣百姓一揆の形をとるようになり，18世紀も末期になると一揆の件数もいちじるしくふえたうえ，要求内容にも年貢の減免のほか，街道の人馬徴発に反対するもの，村役人の不正を非難するものなどが加わり，規模もきわめて大きくなり，一藩全域にひろがるようになった。村では村役人と平百姓とが対立して村方騒動に発展することも多くなり，都市では打ちこわしがさかんになった。

　田沼時代の1783（天明３）年には浅間山の大爆発があり，周辺各地に多大の被害をあたえた。これにともなって東北地方を中心に冷害がつづき，多くの餓死者をだした（天明の大飢饉）。その間，各地で百姓一揆がおこり，1787（天明７）年には江戸・大坂その他で打ちこわしがおこった（天明の打ちこわし）。

　田沼意次はその前年，在職中の失政の責任を問われて老中を罷免され，この年に領地を没収された。全国が騒動のうずにまきこまれているさなかに，田沼時代はおわりをつげたのである。

天明の浅間焼け

　1783（天明３）年浅間山は大爆発をおこした。４月からはじまった小噴火はしだいにはげしくなり，ついに７月８日，大音響とともに空高く岩石を噴きあげた。噴出した溶岩は山腹の砂石をまきこみ，火砕流（かさいりゅう）となって北の斜面を流れくだり，千数百軒の家をうめつくし，1000人以上もの死者をだした。粘性の強い溶岩流が山腹にひえてかたまった岩石は，現在，「鬼押出し」（おにおしだ）とよばれる景観をつくりだした。

　噴きあげられた灰は12km もの高さに達し，長いあいだ成層圏にただよって日射をさえぎったため，農作物に冷害をもたらした。この結果，その後何年にもわたる凶作がつづき，東北地方では数十万人の死者をだし，ある村ではただ白骨がのこるだけで人影もなくなったという。

　大噴火により，200年間も泥流にうまっていた浅間山麓の嬬恋村（つまごい）では，発掘調査がおこなわれ，人骨や家屋，多くの生活具などが発見され，被害の実態が明らかになりつつある。

3　　寛政の改革

松平定信

　1787（天明７）年，江戸の打ちこわしがしずまったあとに老中となったのは，８代将軍吉宗の孫にあたる白河藩主松平定信である。定信は翌年，11代将軍家斉の補佐役となり，幕政の改革にのりだした。この改革を年号にちなんで寛政の改革という。

　定信はまず田沼政治の一掃（いっそう）にとりかかり，意次らがはじめた営利事業の大部分をとりやめ，株仲間の税の一部も廃止し，商業資本とむすびついたこれまでの政策をたちきることにつとめるとともに，旗本・御家人を救済するために，彼らに対する札差の貸金を帳消しにする棄捐令（きえんれい）をだした。

　農村の復興を急務と考えた定信は，農村から都市に出稼ぎにきている農民たちを出身地にかえすことをすすめ，貧困なものには農具代や食料

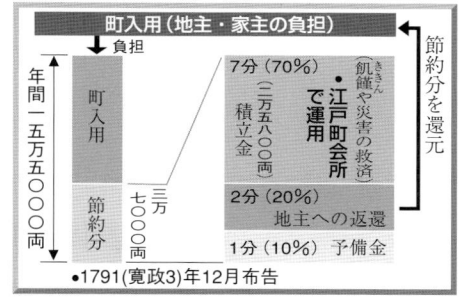

▶七分積金

町入用（地主・家主の負担）

節約分を還元

年間一五万五〇〇〇両

町入用

負担

節約分

三万六〇〇〇両

7分（70%）
飢饉や災害の救済
・江戸町会所で運用
（二万五八〇〇両）積立金

2分（20%）
地主への返還

1分（10%）予備金

●1791（寛政3）年12月布告

をあたえて自立できるようにつとめた。また江戸には各地から流れこんできた浮浪者や無宿者が多く，大きな社会問題となっていたので，定信は江戸石川島に人足寄場という収容所を設け，彼らを収容して治安の維持をはかるとともに，手工業などの職業訓練をおこなうことにした。

　また天明の飢饉にかんがみ，社倉や義倉を各地に設けて米穀の貯蔵をすすめ（囲米），江戸では，町人が負担している町費を町ごとに節約させ，節約した分の7分（70%）を積みたてておいて，火災や飢饉のときの救助にあてることにした。これは七分積金とよばれ，こののちの災害では多数の人を救うことができた。

　しかし定信は，政治や社会に対して学者などが批判を加えることを好まず，言論をきびしく統制した。1790（寛政2）年には聖堂付属学問所では朱子学だけを教えてそれ以外の学問を禁じ（寛政異学の禁），役人の登用試験も朱子学にかぎった。林家が主宰していた聖堂学問所も，幕府の官立の昌平坂学問所とあらためた。また，小説なども，政治を批判したり風俗をみだすものは禁止したので，町人の不満をまねいた。

　1792（寛政4）年，林子平が『海国兵談』などを出版して海防の必要を説いたのに対し，いたずらに無用の説をたてて人心を動揺させたとして，処罰した。ところがそのすぐあとに，ロシアの使節ラクスマンが蝦夷地の根室にきて，漂流してロシアに滞在していた伊勢の商人大黒屋光太夫をおくりとどけるとともに，日本との通商をもとめる事件がおこったので，定信は海防に力をいれ，みずから相模や伊豆の海岸警備の状態を視察した。

　このころ諸藩においても藩政改革の動きがめだっていた。諸藩では，

財政難の打開をめざして，とくに殖産興業の推進と専売制度の強化に力がそそがれた。なかでも細川重賢（熊本藩）・上杉治憲（米沢藩）・佐竹義和（秋田藩）らは国産の奨励・藩学の設立などに熱意をみせ，名君としての評判が高かった。

無宿者と人足寄場

無宿者とは欠落（家出）・勘当（親子の絶縁）などで人別帳からのぞかれたり，住所不定で正業についていない浮浪者のことをいう。江戸中期から増加し，とくに江戸には各地から流れこみ，大きな社会問題となった。

幕府は無宿者をとらえては佐渡の金山に送り，水替人足として酷使したりしたが，根本的対策にはならなかった。松平定信は1790（寛政2）年，火付盗賊改方長谷川平蔵の意見によって，江戸石川島（隅田川河口にきずかれた島）に人足寄場をおいた。無宿者で入墨・敲などの軽罪者を収容し，手に職をさずけて更生させようというのである。

1万6030坪余の敷地内には，役所をはじめさまざまな職種ごとの長屋が設けられ，大工・建具師のような専門技術や米つき・油しぼりのようなかんたんな仕事を身につけさせた。入所者は朝8時ころから午後4時ころまで作業にしたがい，その賃銭はたくわえられた。これは彼らが3年で放免されたとき，新しい仕事をはじめたり，奉公にでる際の資金として渡された。設置当初の収容者は平均120〜130人ほどであったが，天保年間の末ころには400人をこえた。

人足寄場は明治維新のとき廃止されたが，この制度は日本の近代的自由刑と近代的刑務所のはじまりであるとともに，欧米諸国よりもはやく制度化されていた点で，その意義は大きい。

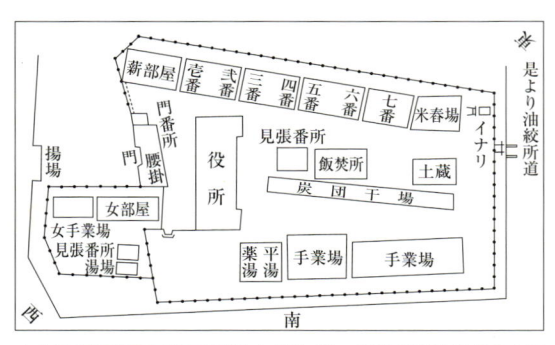

▲**人足寄場**（『天保撰要類集』より作成）　1843（天保14）年の人足寄場の図面。開設当初の状況と大きな変化はみられないものと思われる。

北方の警備

　日本が鎖国をしているあいだに，世界の情勢は大きくかわっていた。16世紀末に全世界に植民地をひろげていたスペインとポルトガルにかわって，17世紀にはオランダが活躍し，つづいてイギリスやフランスが海外に進出しはじめた。

　一方，ロシアは東方への進出に力をいれ，18世紀初めころにはシベリアをへて日本の近海にあらわれ，オットセイなどの毛皮獣をとるようになった。ラクスマン来航のあと，1804（文化元）年にはレザノフが長崎に来航して日本との通商をもとめた。このロシアの接近におどろいた幕府は，近藤重蔵や間宮林蔵を派遣して千島や樺太の探検をおこない，蝦夷地を幕府の直轄地にして，北方の警備をきびしくした。

　そのころ，南からもイギリスやアメリカが接近しており，1808（文化5）年には，イギリスの軍艦フェートン号がオランダ船を追って長崎に侵入し，乱暴をはたらく事件がおきた（フェートン号事件）。その後もイギリス・アメリカの捕鯨船が日本の近海にあらわれたので，幕府は1825（文政8）年，異国船打払令（無二念打払令）をだし，鎖国体制をまもりぬこうとした。このため，1837（天保8）年には，漂流した日本人の送還と，日本との通商開始を交渉するため，江戸湾入口に来航したアメリカの商船モリソン号を撃退する事件がおこった（モリソン号事件）。

大御所時代と大塩の乱

　幕政改革に懸命にとりくんだ松平定信は，在職6年でにわかに老中を

▲大黒屋光太夫に同行した磯吉（〈財〉東洋文庫蔵）

▶ **幕末の北方探検**　間宮林蔵は1808（文化5）年，樺太を踏査し，さらに単身で黒竜江下流を探検し，樺太が離島であることをたしかめた（間宮海峡の発見）。

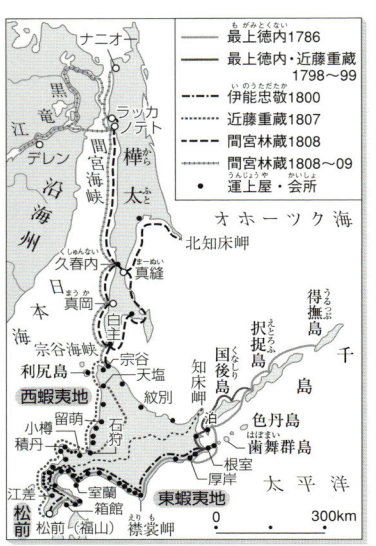

凡例：
- 最上徳内1786
- 最上徳内・近藤重蔵 1798〜99
- 伊能忠敬1800
- 近藤重蔵1807
- 間宮林蔵1808
- 間宮林蔵1808〜09
- ● 運上屋・会所

漂流民の処遇

　大黒屋光太夫は伊勢国の出身で，江戸へ運ぶ荷船の船頭であった。1782（天明2）年，32歳のとき，遠州灘で遭難し，アリューシャン列島に漂着した。その後，シベリアをへて，ペテルブルクでロシア皇帝エカテリナ2世に謁見し，帰国を許された。1792（寛政4）年，使節ラクスマンに同行して帰国したが，江戸でひっそりと生活した。

　中浜万次郎は土佐国の漁民の子にうまれ，1841（天保12）年，15歳のとき，出漁中に遭難した。鳥島に漂着して半年後，アメリカの捕鯨船にすくわれた。船長に才能をみとめられアメリカの小学校を「ジョン＝マン」の名で卒業した。その後，資金をつくって1851（嘉永4）年に琉球に上陸して帰国，翌年，幕府にめしだされ，外交関係の仕事などに従事した。明治維新後は開成学校の教授をつとめた。

　浜田彦蔵は播磨国のうまれで，1850（嘉永3）年，14歳のとき，遠州灘で遭難し，アメリカの商船にすくわれた。アメリカで教育をうけ，帰化して「ジョセフ＝ヒコ」と称した。1859（安政6）年，神奈川に帰国し，アメリカ領事館の通訳，その後は日米間の貿易に従事した。

免職された。そのあとをうけ，19世紀初めの文化文政期（化政時代）に政治をとったのは11代将軍家斉である。家斉は，つぎの天保年間に将軍職を子の家慶にゆずったのちも大御所（前将軍）として政権をにぎったので，50年間におよんだ家斉の治世を大御所時代とよぶ。

この時代は国の内外ともに情勢が緊迫していたが，家斉の側近にはすぐれた人物がおらず，将軍のぜいたくな生活をいさめるものがなく，政治は腐敗して治安もみだれ，田沼時代の悪い部分だけが再現された。

しかも19世紀半ば近くの天保年間になると，天明の飢饉にもおとらないほどの凶作がつづき，農村でも多くの餓死者がでた（天保の大飢饉）。都市でも食料が値上がりしてまずしい人々は買うことができず，餓死するものがあいついだ。そのため百姓一揆や打ちこわしが各地でおきた。

畿内でも米が不足していたが，幕府は救済手段をとらないばかりか，上方の米を江戸へ廻送させようとした。この幕府の処置にいきどおった大坂町奉行の元与力大塩平八郎は，1837（天保8）年，豪商をおそって金や米をうばい，貧民に分配しようとした（大塩の乱）。このくわだては密告によって失敗したが，大塩は有名な陽明学者でもあったから，事件はたちまち全国に伝わり，越後柏崎では国学者生田万が大塩門弟と称して乱をおこす（生田万の乱）など，大きな反響をよんだ。

▶**大塩勢の蜂起**　大塩勢は手製の大砲をひきだし，旗をおしたて市中に火をはなちながら進撃した。（『出潮引汐奸賊聞集記』，大阪歴史博物館蔵）

4 天保の改革

水野忠邦

　大塩の乱は幕府にも大きな衝撃をあたえたが，大御所の家斉は特別な対策もおこなわないまま，数年後の1841（天保12）年に世を去った。

　あとをうけた老中水野忠邦は，天保の改革を断行して幕府権力の強化につとめた。忠邦はきびしい倹約令をだして武士や庶民にぜいたくな生活を禁じ，風俗のとりしまりをおこなった。華美な衣服のほか，高価な菓子・料理などのぜいたく品，季節はずれの野菜や魚類を高く売ることも禁じた。

　江戸では劇場を市中から場末に移し，500軒もあった寄席を15カ所に制限するなど，娯楽施設を制限し，上演する内容も限定した。出版の統制もきびしく，柳亭種彦や為永春水らの作者が処罰された。農村では副業を制限するなど，とりしまりはあまりにもきびしく，人々のあいだには不満がつのっていった。

　忠邦はまた，物価が高いのは商工業者が株仲間をつくって価格を統制しているためだとし，株仲間を解散させて自由競争をおこなわせたが，商品流通はかえって悪化した。また農村の再建のために，人返しの法をだして農民の出稼ぎを禁じ，江戸に住む貧民を農村にかえらせた。

　さらに上知令をだし，江戸・大坂周辺の大名・旗本領を幕府領（天領）にして幕府権力を強化しようとした。しかしこれにははげしい反対がおこり，忠邦は失脚して，改革は2年あまりでつまずいた。

西南の雄藩

　財政を建て直し，政治権力を強化することは，幕府にかぎらず，どこの藩でも目標とするところであった。なかでも西南の大藩は，はやくから長崎などをつうじて海外の事情を知り，新しい文化をとりいれていたので，藩政の改革も東国の諸藩よりすすんでいた。

　薩摩藩は深刻な財政難になやんでいたが，調所広郷が中心となって藩の多額の借金をほとんど帳消しにし，琉球貿易や特産の砂糖の専売制度

▲佐賀藩にあった反射炉　1850（嘉永3）年に設立された大砲製造所に引き続き，1854年に完成された反射炉。幕府の注文をうけて大砲鋳造をおこなった。煙がでているのが反射炉で，熱反射による高熱で溶かされた金属は，大砲の鋳型に流し込まれた。（佐賀　鍋島報効会蔵）

▲産物役所（『広益国産考』）　諸藩は専売制強化のため，産物役所や産物方をおいて保護・統制した。図は農民に特産品をおさめさせている場面。（国立国会図書館蔵）

などによって，天保年間には財政を建て直し，つづいて下級武士の登用・洋式砲術の採用・機械工場の設立などをすすめて藩の力を強めた。

　長州藩でも村田清風が中心となって負債の整理や紙・蠟の専売などで財政を建て直すとともに，洋式の軍備をとりいれ，下級武士を登用するなどして藩の力を強化した。そのほか佐賀藩・土佐藩などでも，才能のある藩士が藩の実権をにぎるようになって，新しい制度がとりいれられていった。

　こうして西南の大藩は新しい知識や軍事力によって力を強め，幕末の政治上に大きな発言権をもつ雄藩への道を準備していった。佐賀藩は諸藩にさきがけて大砲を鋳造し，薩摩藩主島津斉彬は反射炉を設けて鉄などを精錬し，さまざまな近代工業技術の導入をはかった。また水戸藩主徳川斉昭は江戸の石川島に造船所をつくり，幕府も横須賀に製鉄所をつくった。

近代工業のめばえ

　生産の仕組みのうえでも近代への動きがはじまっていた。近世の工業は，はじめは農業とむすびついた自給自足の農村家内工業であったが，18世紀になると，資本をもつ問屋が農家に道具や原料を貸し，製品と引きかえに加工賃を払うという問屋制家内工業がしだいにひろまった。

◀**織屋の生産** 江戸後期から綿織物生産が急速に各地にひろまっていった。農家の家内工業では，一般に地機が用いられ，明治になるまでつづいたが，尾西(尾張の西部)地方のように織屋が専業的に織りだした。高機の使用が綿織物にもはじまり，それも多くの女性労働者が分業ではたらく形を示すようになった。(『尾張名所図会』，国立公文書館蔵)

さらにすすむと，工場をつくり，賃労働者を集めて作業する方法がとられるようになった。これはマニュファクチュア(工場制手工業)というが，酒・醬油などの醸造業では，はやくからおこなわれており，近世の後期には織物業・鋳物業などでもみられるようになったのである。

藩によっては，領内の手工業を保護・奨励し，その製品を藩の専売にするところも多くなった。幕末になると，大砲の鋳造，造船・紡績などで，幕府や藩が直営する大規模な洋式機械工業もおこってきた。これらは，おおむね明治政府にひきつがれてゆくことになる。

5　化政文化

化政文化

江戸時代の後期になると，江戸の繁栄にともなって文化の中心はしだいに上方から江戸に移ってきた。この時代の文化は，19世紀初めの文化文政期に最盛期をむかえたので，これを化政文化*とよんでいる。

化政文化は幕府のきびしい統制のなかで活気を失い，退廃と無気力の風にみちていたが，その一面で庶民の文化水準が向上してきた。寺子屋がしだいにふえて，村役人や神職・僧侶などが師匠となって読み書きを教え，その結果，庶民も和歌や俳諧をつくり，小説を読むことができる

ようになった。

> **＊化政文化**　江戸時代の文化は，17世紀末から18世紀初めにかけて上方の富裕な町人をにない手としてさかえた元禄文化と，19世紀初めに江戸を中心に都市の民衆をにない手としてさかえた化政文化の二つの大きな流れで記述されてきた。近年，両者のあいだに「宝暦・天明期の文化」の叙述をいれる教科書がふえてきた。これは18世紀後半，幕藩体制の動揺にむきあおうとする新しい学問が発達したことや，江戸を中心に化政文化を先取りする文芸や美術がさかんになったことが注目されるようになったからである。

化政文学

　小説の作者は，文芸は遊びのものと考えて，町人生活のさまざまな姿をおもしろおかしく描きだした。18世紀後半には，江戸の遊里を中心にした洒落本が流行したが，寛政の改革で禁止され，すぐれた作者であった山東京伝は処罰された。かわってさかんになったのが滑稽本と読本である。

　滑稽本では，十返舎一九が『東海道中膝栗毛』をはじめとするシリーズで江戸っ子の滑稽な旅行記をつづり，式亭三馬は『浮世風呂』や『浮世床』で，銭湯や床屋を舞台にして江戸庶民の生活をつぶさにえがいた。天保期の初めには恋愛を主題とする人情本が流行したが，天保の改革で禁止され，人気作家の為永春水が処罰された。こうした時代には勧善懲悪の思想をもりこんだ長編小説の読本がさかんに読まれ，なかでも滝沢（曲亭）馬琴の『南総里見八犬伝』は，約30年にわたり，100冊以上もつづいて人気を集めた。

　詩歌の世界でも通俗化の動きがみられた。俳諧では天明時代に与謝蕪

▶**滑稽本**（『東海道中膝栗毛』）　十返舎一九の膝栗毛は東海道をはじめ，四国・中国をへて木曽街道におよぶ続編をふくめて，1802（享和2）年から22（文政5）年までの21年間に多くの読者をえた。図は初編のさし絵の部分である。（早稲田大学図書館蔵）

▲『春色梅児誉美』（国立国会図書館蔵）　▲『南総里見八犬伝』

村，化政時代に小林一茶らがでており，庶民の人気をひろく集めたのは柄井川柳や蜀山人（大田南畝）を代表的作者とする川柳（狂句）や狂歌であった。

錦絵の流行

　美術の世界では，明・清の影響をうけた文人画（専門の画家でない文人・学者がえがいた絵）や，西洋画の遠近法や立体描写法をとりいれた円山応挙の写生画などがみられ，庶民がもっとも愛好したのは浮世絵であった。

　菱川師宣が大成した浮世絵版画は，墨一色のものであったが，しだいに工夫が加えられ，田沼時代に鈴木春信が多色刷の錦絵をはじめた。錦絵は絵師・彫師・摺師による総合芸術で，以後浮世絵版画は急速な進歩をみせ，安価なので庶民の手にもはいりやすかった。

　題材としては美人画が多かったが，やがて役者絵や風景画もさかんになった。18世紀末には，役者絵の東洲斎写楽，美人画の喜多川歌麿が人気を集め，さらにおくれて天保期には，風景画の葛飾北斎や歌川広重*が活躍した。北斎の『富嶽三十六景』や広重の『東海道五十三次』はよく知られている。

> ＊**安藤広重・歌川広重**　風景版画「東海道五十三次」の作者として名高い広重は，江戸の定火消同心安藤源右衛門の長子であったが，15歳で歌川豊広の門人となり，翌年，広重の画号をえた。したがって，「歌川広重」の名が正しく，武家時代の姓に画号をつけた「安藤広重」を名のった事実はない。誤った名が流布したのは，大正時代に『美術画報』に「安藤広重」でのったためで，1990年代以降，教科書でも「歌川広重」と適切に表記されるようになった。

◀**弾琴美人**(鈴木春信筆) 上流家庭の娘と思える細身の美人が, 打掛を着て琴を弾じている錦絵。(東京国立博物館蔵)

▲**市川鰕蔵**(東洲斎写楽筆) 「恋女房染分手綱」の重の井の父竹村定之進に扮した市川鰕蔵を描いた。(東京国立博物館蔵)

◀**富嶽三十六景・甲州石斑沢**(葛飾北斎筆) 富士山の情景をえがく北斎風景画の傑作。(東京国立博物館蔵)

◀**雪松図屏風**(円山応挙筆) 六曲一双の屏風の各双に墨一色で松をえがき, 金地の背景に白雪がうぎだして遠近感にもとみ, 雪晴れの朝の情景を強く印象づける。(部分, 三井記念美術館蔵)

生活と信仰

　都市の生活も豊かになってきた。町人たちの生活は階層によって上下の格差がはげしかったが, 都市には劇場や見世物小屋などの娯楽場が多くつくられ, 落語や講談などの演芸もさかんになった。寺子屋に学ぶ町人の数もふえた。

◀**富突**（日本銀行金融研究所貨幣博物館蔵）

▶**開 帳**（名古屋市博物館蔵）

　年中行事がひろくととのえられたのもこのころからである。五節句のように，古くは貴族の社会でおこなわれていたものや武士や庶民にひろまってきたものなどからなる。正月にむかえる年神，盆にむかえる祖先の霊，豊作を祈る春祭り，収穫を感謝する秋祭りなどはそれである。

　人々は寺社の縁日や開帳・富突（富くじ）などに集まり，湯治や物見遊山の旅にでる人もふえた。とくに伊勢神宮参詣や西国三十三カ所巡礼・四国八十八カ所巡りなどには多くの人が参加した。

▲国学者たち　左より本居宣長・契沖・賀茂真淵。
（東京大学史料編纂所蔵）

▲塙保己一（切手，部分，
郵政資料館提供）　7歳で
失明するが，1793年，江戸
に和学講談所を設け，『群
書類従』などを編さんする。

6　新しい学問

国学と尊王論

　幕藩体制の動揺のなかで，国学という新しい学問もおこってきた。すでに元禄時代に『万葉集』や『源氏物語』などの古典の研究がおこなわれたが，18世紀初めに，京都伏見の稲荷神社の社家出身である荷田春満は古典研究の必要性を説き，さらに18世紀半ばになると，遠江浜松の神職の家にうまれた賀茂真淵は『古事記』や『万葉集』の研究をもとに，外来思想の影響をうける以前の古代人の思想にもどることを主張した。

　その教えをうけた伊勢松坂の医師本居宣長は，古代の神話研究に対しては，後世の思想を加えない，すなおな気持ちでのぞみ，古代人の心を知るべきであると主張し，『古事記』の注釈書である『古事記伝』をあらわした。おなじころでた武蔵出身の盲目の学者塙保己一は，国学の研究をすすめるため，幕府にはたらきかけて和学講談所を設立し，多くの書物を集めた『群書類従』の編さん・出版をおこなった。

　宣長の死後，その教えをうけついだ平田篤胤は，儒教や仏教を強く排斥するようになり，共鳴する人々も多くでた。なかには外国のものはすべてよくないとして，日本中心の復古思想をいだくものもでてきた。そのような思想がひろまるなか，やがてアメリカやヨーロッパ諸国が日本

解體新書巻之一

日
本

若狭杉田玄白翼 譯
同藩中川淳庵 校
東都石川玄常世通 参
東都桂川甫周世民 閲

官醫

○解體大意篇第一
夫解體之書所以、解體之法也蓋竅形體
之名蒙及諸臓之内外一身之主用夫
欲其蒙定之審無不直刺夫厥其次無知
刺也。

▶ 解体新書　序図1冊と本文4冊がある。右は序図の扉絵，左は巻の一の最初のページ。序図には序文と解体図をおさめてある。良沢は署名をきらったので，名がでていない。（江戸東京博物館蔵）

『解体新書』訳述の苦労

　1771（明和8）年3月，刑死人の腑分けに立ちあった小浜藩医杉田玄白，中津藩医前野良沢，幕府医官中川淳庵は，オランダの医学書『ターヘル・アナトミア』の解剖図との一致に驚き，その翻訳を決意した。しかし，オランダ語が少しわかるのは良沢だけ，辞書もなく，教科書もないなか，挿絵と文字をにらめっこしながらの手探りの翻訳作業であった。40年後に書かれた玄白の『蘭学事始』によれば，「『ターヘル・アナトミア』の書にうち向ひしに，誠に艣舵なき船の大海に乗り出せしが如く，茫洋として寄るべきかたなく，

ただあきれにあきれて居たるまでなり。」「たとへば，眉といふものは目の上に生じたる毛なりとあるような一句も，彷彿として，長き春の日には明らめられず，日暮るるまで考へ詰め，互ににらみ合ひて，僅か一二寸の文章，一行も解し得ることならぬことにてありしなり。」こうした努力の結果，1774（安永3）年『解体新書』が完成したのであった。

　なお，オランダ語教科書『蘭学階梯』の出版は1788（天明8）年，蘭和辞書『ハルマ和解』の完成は，1796（寛政8）年のことであった。

に開国をもとめて近づくと，それらをすべて排撃しようという攘夷思想が生まれた。また国学からは，天皇が統治していた古代が理想の社会であったという考えもうまれ，これが尊王思想となっていった。

蘭学の発達

　西洋学術を研究する洋学も，18世紀初めの新井白石らによって研究の

ドイツ人シーボルトがオランダ商館医として来日したのは1823（文政6）年，27歳のときであった。彼は長崎郊外の鳴滝に診療所兼学塾をひらき，高野長英・高良斎・伊東玄朴・小関三英ら多くの俊秀をそだてた。また江戸にもゆき，多くの学者と交流した。事件は5年後，彼の帰国直前におこった。1828（文政11）年，彼がオランダ船に積みこんだ荷のなかから，国外持出しを禁じられていた日本地図が発見された。これは幕府天文方高橋景保からおくられた伊能忠敬の測量図の略図で，そのため高橋ら関係者50人余が捕えられ，高橋は獄中で病死した。シーボルトも再三審問をうけ，翌年，国外追放処分をうけた。

帰国したシーボルトは，日本研究の大著『日本』をあらわしたが，安政の開国で追放が解除されると，1859（安政6）年再来日し，かつて長崎で楠本お滝とのあいだにもうけた娘おいねと再会した。日本を去ったのは1862（文久2）年66歳のときであった。彼はお滝をオタクサ（お滝さん）とよんで愛していたが，日本が原産のアジサイに"オタクサ"（otaksa）という学名をつけた。もっともツンベルグがこれよりさきにマクロフィラ（macrophylla）と名づけていたので，現在はそれが用いられている。

道がひらかれた。ついで吉宗時代に漢訳洋書の輸入制限がゆるめられたが，その発展に画期的な意味をもったのは，田沼時代の『解体新書』の訳述であった。そのころは，長崎に輸入される寒暖計・望遠鏡などの舶来品を珍重する人もふえつつあったが，当時，蘭学とか蛮学とかよばれていた西洋の学問に関心をもつ人々もふえた。

幕府も18世紀半ばには天文台をつくり，19世紀初めには蛮書和解御用という役所を設けてヨーロッパの書物の翻訳をはじめた。医学の研究機関として種痘所もつくったが，これらは明治になって東京大学のもとになった。民間では19世紀前半に長崎出島のオランダ商館医であったドイツ人シーボルトが長崎郊外に鳴滝塾をひらき，緒方洪庵は大坂で適々斎塾（適塾）をひらいて，福沢諭吉・大村益次郎ら多くの人材を養成した。

1837（天保8）年，アメリカ船モリソン号が，異国船打払令によって撃

伊能忠敬の測量法

18歳で下総佐原の酒造家の養子となった忠敬は，50歳で家業をゆずり，隠居して江戸へでて，19歳年下の高橋至時に天文学・暦学・数学を学んだ。1800（寛政12）年，幕命をうけて蝦夷地を測量し，ついで全国の測量に着手し，1816（文化13）年，72歳で測量を終えた。以後は地図の作成に精魂を傾けたが，完成をみずになくなり，地図はその3年後の1821（文政4）年に完成した。

忠敬は三角測量法を知らなかったようで，歩数による距離の測定，杖の先に羅針盤をとりつけた小方位盤による局地的な方位の測定，大方位盤による山の方位の精密な測定などをおこなったという。いわば原始的な測定技術を組みあわせながら，それぞれの欠点をできる限り補正するように努力したのであった。歩測は複歩法とよばれ，きびしい訓練を必要とした。また，磁石に狂いを生じさせないために本物の刀をささず，寸鉄も身におびなかったという。忠敬はこの測量法を通じて，子午線1度＝28里2分，すなわち110.8 kmという数字をはじき出したが，これは今日の科学的測定にもとづく111kmと比較しても高い精度である。また，幸いなことに当時の日本では磁針がほとんど真北をむいてさし，偏角の補正計算が必要でなかったともいわれる。

退される事件がおこった。当時，渡辺崋山・高野長英らは尚歯会とよぶ蘭学研究グループをつくっていたが，この事件を知った崋山と長英は書物をあらわして，幕府の鎖国政策を批判した。これに対し幕府は崋山らが無人島渡航の計画をたてたとして逮捕し，それが事実無根であるとわかると，つぎに幕府批判の罪で処罰した。この事件は蛮社の獄といわれた。

批判的思想

幕藩体制の動揺とともに，鎖国政策の非難だけではなく，社会制度への批判や矛盾を打開するための意見が，さまざまの人々からとなえられてきた。

18世紀初め，古文辞学者の荻生徂徠は都市膨張の弊害を指摘して武士の土着を主張したが，徂徠の弟子太宰春台は，むしろ武士が商業活

▶地方測量のようす　測量には里程車（りていぐるま）も用いられたが，多くは歩測（ほそく）が採用された。忠敬は高橋至時（よしとき）に測地術を学び，その正確さは驚異的である。（明治大学博物館所蔵）

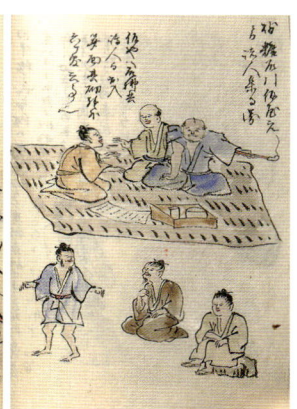

▶奄美（あまみ）大島での砂糖（さとう）取引　大島では近世前期に中国から黒砂糖の生産技術が伝わった。右は大島の薩摩藩の代官所での取引で，人々が集まって商談しているところ。左は買入糖（かいいれとう）の代米を支給しているところ。天保（てんぽう）の改革にあたり薩摩藩は大島・喜界島（きかいじま）・徳之島（とくのしま）の三島砂糖総買入れ制度を実施して，ばく大な利益をえた。（『南島雑話』，部分，奄美市立奄美博物館蔵）

動にのりだし，専売制度で利益をおさめるべきであると主張した。八戸（はちのへ）の医者安藤昌益（しょうえき）はすでに18世紀前半に『自然真営道（しぜんしんえいどう）』をあらわし，万人が平等にたがやす自然の世界を理想として，身分制の世を強く否定していた。また大坂の町人たちが出資して設立され，幕府公認の学問所となった懐徳堂（かいとくどう）からは富永仲基（なかもと）や山片蟠桃（やまがたばんとう）らがでて，合理主義の立場から儒教・仏教など既成の教学の権威に疑問の目をむけた。

　封建社会の矛盾をどのように打開してゆくかという議論が，さまざまに展開された。海保青陵（かいほせいりょう）は商売をいやしめる武士の偏見を批判して藩財政の再建を商工業によるべきだと説き，越後出身の本多利明は，貿易振興による国富増進の必要を力説し，出羽出身の佐藤信淵（のぶひろ）も産業の国営化と貿易の振興とを主張した。

儒学を基盤に尊王思想が水戸学などで主張され，天皇を「王者」として尊ぶという観念的な形で発達した。18世紀半ばには 竹内式部が京都で公家たちに尊王論を説いて追放刑となり（宝暦事件），ついで山県大弐も江戸で尊王論を説いて幕政を批判したため，死刑に処せられた（明和事件）。尊王論は幕末になると，しだいに現実の政治運動とむすびついていって，明治維新をうみだす一つの勢力となった。

第4部

近代・現代

平和祈念像（長崎市平和公園）

悲母観音 狩野芳崖筆，縦196㎝・横86.5㎝，東京藝術大学蔵

鮭 高橋由一筆，縦140㎝・横46.5㎝，東京藝術大学蔵

読書 黒田清輝筆，縦 98.2cm・横 78.8cm，東京国立博物館蔵

麗子微笑 岸田劉生筆，縦 44.5cm・横 36.8cm，東京国立博物館蔵

黒き猫 菱田春草筆，全図縦 150cm・横 51cm，東京　永青文庫蔵

近代国家の成立

1　黒船来たる

ペリー来航

　18世紀末以来，欧米諸国の船がしきりに日本にくるようになっても，幕府は鎖国政策をまもりつづけた。しかし1842（天保13）年に清国がアヘン戦争でイギリスに敗れたことが伝えられると，幕府はこれに衝撃をうけて異国船打払令を緩和し，いわゆる薪水給与令をだして漂着した外国船に薪水・食料をあたえることにした。それでもオランダ国王の開国勧告には応じようとしなかった。

　1853（嘉永6）年6月，アメリカ東インド艦隊司令長官ペリーのひきいる4隻の軍艦が，江戸湾入口の浦賀の沖に姿をあらわした。蒸気の力によって外輪を動かし，風や潮の流れにさからってすすむことのできる黒い巨大な軍艦を目のあたりにした多くの日本人は，これを“黒船”とよん

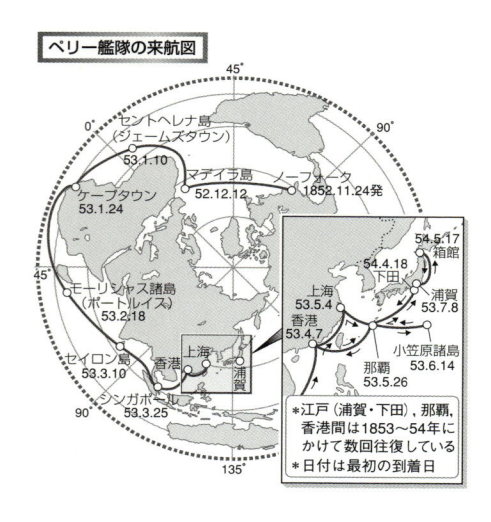

ペリー艦隊の来航図

ペリーの沖縄来航

　ペリーがひきいる4隻の黒船が浦賀沖にあらわれたのは，嘉永6年6月3日（1853年7月8日）の夕方のことであった。そのひと月半前の4月19日，ペリーは琉球（沖縄）に立ち寄り，12人の探検隊を上陸させて中城（なかグスク）の測量などをおこなわせるとともに，首里城に国王を訪問している。そして，一行は，中城の築城技術の水準の高さやさんごで舗装された美しい首里城の町に感心したのであった。しかし，ペリーの意図は，日本が開国に応じない場合に琉球を占領し，この地を基地化することであった。1852年12月14日の米国海軍長官J.ケネディ宛のペリーの上申書には，琉球は日本の領土といわれているものの，中国も異議をさしはさんでいること，島津侯の支配下におけるよりも，占領によって琉球人の状態が改善されるはずであることなどがのべられている。これに対し，アメリカのフィルモア大統領はエヴァレット国務長官名で返書を送り，琉球諸島が避難港として十分適していることを指摘している。結果的には，ペリーの琉球征服計画は江戸幕府の開国承認によって実現されなかった。しかし，太平洋の要石（ようせき）としての琉球の意義が，この時点において，すでに注目されていたのである。

▲ペリーの横浜上陸　1854（安政元）年2月，ペリーは横浜に上陸し，会見所（かいけんじょ）へむかった。高圧的態度でのぞむことが，開国交渉を成功させる最善の方法だと判断していた彼は，会見所を艦砲（かんぽう）の射程距離の範囲に設定することを要求し，いつでも発砲できる準備をしていたという。威儀をただした500人の海兵隊が左右に整列し，日本側は会見所入口で旗とのぼりをもってむかえた。図はそのありさまをえがいた石版画（せきばん）。（横浜開港資料館蔵）

で，おそれとおどろきの目をみはった。

そのころアメリカは，北太平洋での捕鯨や太平洋を横断して中国にいたる新しい貿易ルートを開拓するために，日本の港で食料や燃料を補給する必要を感じていた。このため上陸したペリーは，開国と通商をもとめるアメリカ大統領の国書を幕府側の役人に手渡した。

開　　国

ペリーは，これまでの外国使節よりもいっそう強硬な姿勢を取り，武力にうったえることも辞さないという態度を示した。幕府が翌年に回答すると約束したので，ペリーはいったん退去した。このとき老中首席<ruby>老中首席<rt>ろうじゅうしゅせき</rt></ruby>阿部正弘は，慣例を破ってこれを朝廷に報告し，諸大名・幕臣にも意見をもとめ，国をあげて難局にあたろうとした。このことは，諸大名に幕政への発言の機会をあたえることとなり，政局転換のきっかけとなった。ペリーにつづいてロシアの使節プチャーチンも来航し，開国をもとめた。これを聞くとペリーは，翌1854（安政元）年1月，ふたたび軍艦7隻をひきいて来航し，強く開国をせまった。

諸大名・幕臣らのあいだには開国に反対する声が強かったが，ペリーの強硬な態度におどろいた幕府は，アメリカの開国要求に屈服して，1854（安政元）年3月，日米和親条約（神奈川条約）をむすんだ。

この条約で日本は，(1)アメリカ船に食料・燃料・水などを供給すること，(2)下田・箱館（現，函館）を開港すること，(3)アメリカ領事が日本に駐在すること，(4)日本は外交上，一方的にアメリカに対して，もっとも有利なとり扱いをすること（最恵国待遇<ruby>最恵国待遇<rt>さいけいこく</rt></ruby>）などをみとめた。ついで幕府は，イギリス・ロシア・オランダとも同様の条約をむすび，200年以上もつづいた鎖国体制はおわりをつげた。

通商の取りきめ

1856（安政3）年，アメリカ総領事ハリスが下田に着任した。彼は江戸にでて将軍に謁見<ruby>謁見<rt>えっけん</rt></ruby>し，幕府と通商条約の交渉にはいったが，日本国内には攘夷<ruby>攘夷<rt>じょうい</rt></ruby>の気運が強く，幕府は交渉の引きのばしをはかった。そのようなとき，清国がアロー戦争で英仏連合軍に敗れたので，この機をとらえ

たハリスは強く幕府に条約調印をせまった。そこで幕府は老中堀田正睦を京都に派遣し，世界の大勢を説いて朝廷に条約調印の勅許をもとめた。朝廷は条約調印に反対したが，幕府は大老に就任した井伊直弼の決断により，勅許のないまま，1858（安政5）年6月，日米修好通商条約に調印した。

条約では，(1)神奈川・長崎・新潟・兵庫の開港（下田は閉鎖）と江戸・大坂の開市，(2)開港場でのアメリカ人の居留，(3)日米両国民の自由な通商，(4)日米両国の協議による関税の決定（協定関税），(5)アヘンの輸入禁止，(6)アメリカ人の犯罪に対するアメリカ領事による裁判（領事裁判権），などが取りきめられた。

しかし，関税自主権がなく，また領事裁判権をみとめている点で，この条約は日本にとって不平等条約であった。1860（万延元）年，幕府は条約批准書の交換のため，外国奉行新見正興を首席全権としてアメリカ

横浜居留地

通商条約で開港を約束した神奈川は交通量の多い宿場町であったため，幕府は，当時一漁村にすぎなかった横浜村に，外国側の反対をおしきって居留地を建設した。居留地は，運上所（税関）を中心に東側を外国人地区，西側を日本人地区とし，町割して周囲を川でかこみ，居留地につうじる吉田橋などに関門をもうけた。

開港後は多数の外国人商人が居留し，自治機関ももうけて居留地行政をおこない，当初神奈川におかれた各国領事館も移転して，領事裁判にもあたった。外国人急増のため，山手にも居住が認められたが，この地には1863（文久3）年から1875（明治8）年まで英仏軍隊が駐留した。

国内旅行が禁じられていた外国人商人たちは，居留地において，幕府の指示で支店をもうけた江戸商人や，一攫千金を夢みて進出した関東の在郷商人たちと取り引きをおこなった。しかし，この取り引きには，不当な手数料をとったりするなどの悪習がつきまとった。条約改正（1899年施行）によって居留地制度は解消したが，海外との直接取り引きが貿易の主流になるのは，明治末年のことであった。

に派遣した。このとき勝安房（海舟）らの指揮する幕府の軍艦咸臨丸が，これに随行してアメリカ西海岸に渡った。幕府はひきつづき，オランダ・ロシア・イギリス・フランスとも同様な条約をむすんで（安政の五カ国条約），日本は欧米諸国と貿易を開始することとなった。

国内経済の混乱

外国との貿易がすすむにつれて，生糸や茶の輸出が激増し，国内物資の不足をまねき，商人の買占めなどともあいまって，急激な物価上昇をもたらし，下級武士や庶民生活をおびやかした。また，金の銀に対する交換比率が外国では1対15，日本では1対5とことなっていたため，外国人は銀貨を日本に持ち込み，金貨にかえて持ち出した。この結果，大量の金貨が海外に流出*し，その額は10万両以上に達した。こうして国内経済はいっそう混乱した。幕府は物価抑制を理由に貿易を統制するため，1860（万延元）年，生糸・呉服など5種類の重要商品は，かならず江戸の問屋をへて輸出するよう命令した（五品江戸廻送令）。しかし，在郷商人や外国商人の反対で，効果はあがらなかった。

> ＊金の流出　日米修好通商条約にもとづく貿易がはじまると，当時日本では金に対して銀が割高であったことから，外国人は銀を大量に持ち込み，

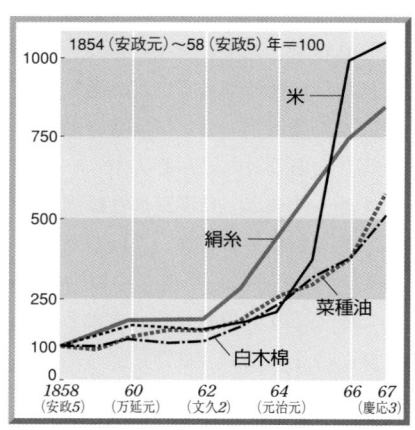

▲幕末の大坂における物価指数（大阪大学近世物価史研究会『近世大阪の物価と利子』より。銀匁価格から算出）

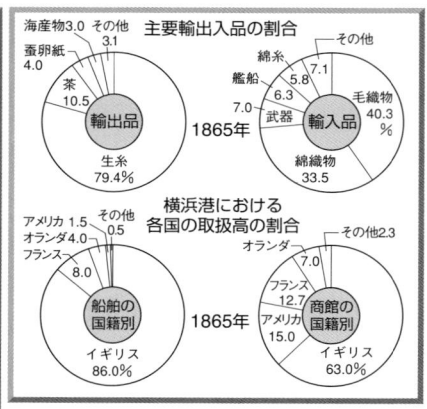

▲貿易の発展（石井孝『幕末貿易史の研究』より）

日本の金と交換し，3倍のもうけを手にした。こうして日本の金が海外へ大量に流出したが，その額については，従来は約50万両という説が有力であった。しかし，近年，最大の外国商人だったジャーディン・マセソン商会関係文書の分析結果などにより，約10万両とする説が有力となってきた。

2　攘夷から討幕へ

動揺する幕府

　ペリー来航をきっかけとして，欧米諸国との国力の差を強く感じた幕府は，海外事情の調査や洋学研究・教育のために洋学所(のち蕃書調所，開成所)，洋式航海術習得のために長崎海軍伝習所を設け，鉄製の大砲を鋳造するために反射炉を建設するなどの改革をすすめた。また，薩摩・長州・佐賀などの雄藩は，列強と対抗するため，なおいっそう洋式軍事技術を導入して軍備の充実をはかった。しかし，幕府が欧米諸国の圧力に屈して，勅許をえないまま通商条約をむすんだことは，国内の対外危機意識をふかめ，反幕府の気運は急激に高まった。

　そのころ13代将軍家定は病弱のうえ子がなく，後継者の決定をせまられていた(将軍継嗣問題)。薩摩藩主島津斉彬・越前藩主松平慶永らは，将軍のあとつぎに賢明な人物として人望のあった一橋慶喜(水戸藩主徳川斉昭の子)をおし，雄藩の力で幕府の改革を断行しようとした。これに対して大老井伊直弼は，譜代大名らの支持をえて，幼年ではあったが将軍に血統の近い紀伊藩主徳川慶福(14代家茂)をあとつぎと定め，一橋派の公家・大名・藩士らをきびしく処罰した(安政の大獄)。このとき，急進的な尊王攘夷論を説き，若い藩士たちに影響をあたえていた長州藩の吉田松陰，外様大名や有能な藩士・浪士を集めて政治改革をおこなうことをとなえていた福井藩の橋本左内らが死刑に処せられた。

尊王攘夷と公武合体

　幕府のこのような強硬な方針は，反対派の憤激をかきたて，1860(万

▲**桜田門外の変** 　1860（万延元）年3月3日，水戸浪士17名と薩摩藩士1名とが，大雪のなかを登城する井伊直弼を桜田門外におそった。直弼が駕籠のなかでたおれている。（彦根城博物館蔵）

延元）年，井伊直弼は江戸城へ登城の途中，桜田門の近くで水戸浪士たちに襲撃されて暗殺された（桜田門外の変）。この事件は，幕府の専制的な政治に大きな打撃をあたえた。その後，幕府は老中安藤信正を中心に朝廷の権威をかりて力を回復しようとはかり，井伊の策をついで孝明天皇の妹和宮を将軍家茂の夫人としてむかえるなど，公武合体の政策をすすめた。しかし，このような政策は，急進的な尊王攘夷論者の非難をあび，信正は1862（文久2）年水戸浪士におそわれて負傷し，辞職に追いこまれた（坂下門外の変）。

　こうしたなかで薩摩藩の島津久光は，朝廷と幕府にはたらきかけ，公武合体の立場から幕政改革をもとめた。幕府もそれをみとめて一橋慶喜を将軍後見職，松平慶永を政事総裁職に任じ，また，京都に京都守護職を新設して会津藩主松平容保をあてるなど，改革をおこなった。

外国との衝突

　攘夷の気運が高まるなかで，外国人殺傷事件もしばしばおこった。1862（文久2）年には神奈川に近い生麦で，薩摩藩士がイギリス人を殺傷する生麦事件がおこり，翌年イギリス艦隊がその報復として鹿児島を砲撃するという事態に発展した（薩英戦争）。幕府も急進派の動きにおされて諸藩に攘夷決行を命じ，長州藩では下関の海峡をとおる外国船を砲撃した。しかし朝廷内では，保守派の公家が会津藩とむすんで，1863（文

▶**占領された下関砲台**
（イラストレイテッド・
ロンドン・ニュース，
1864年12月24日号）
四国連合艦隊の攻撃を
うけた長州藩の攘夷派
は，列国の実力と攘夷
の不可能なことを身を
もって知らされた。（横
浜開港資料館蔵）

久3）年8月，武力を用いて三条実美ら急進派公家と長州藩の勢力を朝廷からのこらずしりぞけた（八月十八日の政変）。長州藩は翌64（元治元）年，池田屋事件をきっかけに京都に攻めのぼったが，薩摩・会津両藩は協力してこれを打ち破った（禁門の変，蛤御門の変）。こうして朝敵となった長州藩は，幕府の征討（第1次長州征討）をうけることになった。

　同じころ，イギリス・アメリカ・フランス・オランダの四国連合艦隊は，長州藩のおこなった外国船砲撃の報復として，下関に攻撃を加えた（四国連合艦隊下関砲撃事件）。窮地にたった長州藩は，4カ国の連合軍に和をこい，また幕府にも恭順の態度を示した。

討幕運動の高まり

　長州藩ではその後，高杉晋作・桂小五郎（木戸孝允）らの下級藩士が中心となって藩内の豪農や村役人らと手をむすんで軍事力を強め，藩論を尊攘から討幕に転換させた。また西郷隆盛・大久保利通らの下級藩士が藩政の実権をにぎっていた薩摩藩も，しだいに反幕府の姿勢を強めた。両藩は薩英戦争や四国艦隊の下関攻撃で，欧米列強の実力を身をもって知り，攘夷の方針をあらため，軍事力の充実を目的としてイギリスに接近していった。

　列強は日本国内の混乱に乗じて，1865（慶応元）年に兵庫に艦隊をおくって条約の勅許をえ，翌年には幕府に改税約書を調印させ，自国に有

▲「ええじゃないか」の乱舞（豊饒御蔭参，京都国立博物館蔵）

利な税率にあらためた。このころイギリスの駐日公使パークスは，幕府の国内統治能力に疑問をいだき，対日貿易発展のために，天皇を中心とする薩摩藩などの雄藩連合政権の実現に期待をかけるようになった。

一方，幕府はイギリスに対抗するフランス公使ロッシュの援助で軍事改革をすすめ，1865（慶応元）年ふたたび長州征討（第2次）を宣言した。しかし薩摩藩は翌年，土佐藩の坂本竜馬・中岡慎太郎らの仲介で薩長同盟をむすんで幕府の出兵命令に応じなかった。また長州藩は，農民・町人をも加えた奇兵隊などの諸隊を動員して，各地で幕府軍を打ち破った。このため幕府は，将軍家茂の病死をきっかけに戦闘を中止した。

長州再征のさなか，しばしば"世直し"をとなえる農民の一揆がおこり，江戸や大坂でも，生活に苦しむ貧民の打ちこわしがさかんに発生した。また，1867（慶応3）年には，東海地方や京坂地方一帯に伊勢神宮のお札が降ったとの噂が流れ，多くの男女が「ええじゃないか」ととなえて乱舞するというできごとがおこった。

幕末には備前に黒住教，大和に天理教，備中に金光教など神道系の民衆宗教が多くうまれたが，社会の動揺がふかまるなかで，救済をもとめる民衆のあいだにひろく浸透していった。

大政奉還

長州再征の失敗後，徳川（一橋）慶喜が15代将軍となったが，幕府の力

▶**小御所会議** 簾(すだれ)の奥にいる天皇の前で，徳川慶喜の排除に抗議した山内豊信(左)に対し，岩倉具視(右)が反論している場面。(聖徳記念絵画館蔵)

はすっかりおとろえた。土佐藩の坂本竜馬・後藤象二郎(しょうじろう)らは，欧米列強と対抗するためには，天皇のもとに徳川氏・諸大名・藩士らが力をあわせて国内を改革する必要を強く感じた(公議政体論)。彼らのはたらきかけで，前土佐藩主山内豊信(とよしげ)(容堂(ようどう))は，将軍慶喜に政権を朝廷に返上するよう進言した。慶喜もこれをうけいれ，1867(慶応3)年10月14日，朝廷に大政奉還を申しでた。しかし同じころ，薩長両藩の武力討幕派は，岩倉具視ら急進派の公家と手をむすんで討幕の密勅をえた。そして彼らの主導によって，同年12月9日，いわゆる王政復古の大号令が発せられ，若い明治天皇のもとに公家・雄藩大名・藩士などからなる新政府が発足し，二百数十年つづいた江戸幕府は滅亡した。このとき幕府や摂政・関白などは廃止され，それにかわって総裁(そうさい)・議定(ぎじょう)・参与(さんよ)の三職がおかれたが，下級武士出身の実力者たちは，公家や雄藩の大名たちとならんで新政府に加わった。

　新政府は成立当日の夜の小御所(こごしょ)会議で激論のすえ，徳川慶喜を新政府に加えないこと，慶喜に内大臣の官職と領地の返上(辞官納地(じかんのうち))を命じることをきめた。しかし，旧幕府側はこの措置に強い不満をいだいた。

3　明治維新

戊辰戦争

　1868(明治元)年1月，薩摩・長州両藩兵を中心とする新政府軍と，旧幕臣や会津・桑名藩兵を中心とする旧幕府軍とのあいだに，京都の近く

で武力衝突がおこった（鳥羽・伏見の戦い）。これに勝利をおさめた新政府軍は，徳川慶喜を朝敵として追討し，江戸へ軍をすすめた。新政府軍を代表する西郷隆盛と旧幕府側を代表する勝海舟との交渉により，同年4月，江戸は戦火をまじえることなく新政府軍により占領された。一部の旧幕臣や会津藩はなおも抵抗し，東北諸藩も奥羽越列藩同盟を結成して会津藩をたすけたが，つぎつぎに新政府軍に敗れ，同年9月，はげしい戦闘のすえ，会津藩も降伏した。

　翌1869年5月には，旧幕府の海軍をひきいて箱館を占領していた榎本武揚らが，五稜郭の戦いに敗れて降伏し，ここに戊辰戦争とよばれる一連の戦いはおわり，国内は新政府のもとに統一された。

新政府の方針

　新政府の当面の課題は，封建的支配体制を解体し，天皇を中心とした中央集権的国家体制の基礎をかためることであった。戊辰戦争のさなかの1868（明治元）年3月には，天皇が群臣をしたがえて神々にちかうという形式で，五箇条の誓文*を定め，公議輿論の尊重，開国和親など新しい政治理念の基本を宣言した。政府は翌日，一般庶民に対して五榜の掲示をかかげたが，その内容は五倫の道（君臣・父子・夫婦・長幼・朋友の道徳）を説き，徒党・強訴，キリスト教を禁止するなど，旧幕府の教

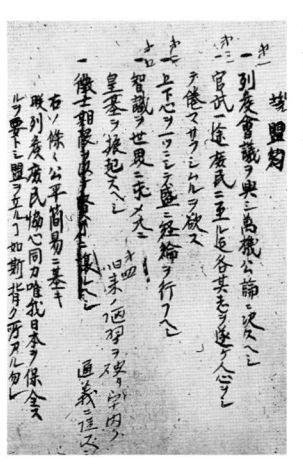

◀**五箇条の誓文の木戸草案**　はじめ諸侯会盟の議事規則として参与由利公正・福岡孝弟によって起草された。のち木戸孝允が国としてのすすむべき方針を示す条文として修正し，五箇条の誓文となった。（宮内庁書陵部蔵）

学政策をひきついだ。しかし五榜の掲示は数年以内にすべて廃止された。

＊**五箇条の誓文**　かつては「五箇条の御誓文」とよばれた重要史料であるが，近年は「五箇条の誓文」と記されることが多い。「御」がつけられたのは，後日，天皇への敬意を表すために付けられたものと考えられるが，当初，誓文の木戸草案には「盟約」の文字を消して「誓」と書き直されていた。

　ついで政府は政体書を発布して，太政官とよぶ中央政府に権力を集め，官制をととのえた。また人心を一新するため，同年9月，年号を明治とあらため，天皇一代のあいだ一年号とする一世一元の制をたてた。同年7月，江戸は東京とあらためられ，明治天皇が京都から東京に移ったのをはじめ，翌年には政府の諸機関も東京に移された。

　こうしてはじめられた明治新政府の一連の政治的・社会的大変革は，封建的な制度を打ち破り，近代日本の出発点となったもので，当時は“御一新”とよばれ，新しい時代の到来に大きな期待がかけられた。幕末から明治初年にかけての変革は，今日では明治維新とよばれている。

廃藩置県

　政府はまず，諸大名がみずからの領地と領民を支配するこれまでの体制を打ち破るため，1869（明治2）年，諸大名に命じて領地と領民を天皇に返上させた（版籍奉還）。しかし藩主は，石高にかわる家禄の支給をうけ，そのまま知藩事（地方官）とされて藩政にあたったため，中央集権の実効はあまりあがらなかった。

藩財政の窮乏と廃藩

戊辰戦争などによる巨額な出費は多くの藩の財政難を一層深刻化させた。諸藩はもはや政府に正面から対決できないほど経済的に弱体化していたのである。とくに仙台藩・秋田藩・水戸藩など13の藩では100万円以上の藩債をかかえていた。廃藩置県にあたって全国の諸藩が政府に申告した藩債の総額は、外債約400万円余をふくめて7813万円余に達した。これは当時の国家財政の歳入2年分に近い金額であった。このような藩の負債状況を考えれば、藩の側に廃藩をあくまで拒絶する力は失われていたのである。

政府はこれら藩債のうち、1843（天保14）年以前のものをすべて棄捐し、それ以降の分については政府の公債として引きついだ。1844（弘化元）年から1867（慶応3）年までの分を旧公債として無利息50年賦で償還することとし、1868（明治元）年から1871年7月の廃藩置県までの分を新公債として4分の利子付で22年間をかけて返却することとした。ほかに一部は現金で償却したが、結局、旧公債1097万円、新国債1242万円に達した。

財政難に苦しむ諸藩にとってみれば、ぼう大な負債からまぬかれることができるのであれば、廃藩はむしろ渡りに船という一面もあったのである。

そこで、木戸孝允・大久保利通ら政府の実力者たちは、中央集権体制を確立するため、1871（明治4）年7月、まず薩長土3藩から御親兵をつのって中央の軍事力をかため、ついでいっきょに廃藩置県を断行した。そして、すべての知藩事をやめさせて東京に住まわせ、政府の任命した府知事・県令を派遣して府県をおさめさせた。こうして全国は政府の直接支配のもとにおかれ、封建制度は解体した。

廃藩置県のような大変革が、諸藩からさして抵抗もうけずに実現したのはおどろくべき事実であったが、戊辰戦争で財政が窮乏していた諸藩には、もはや政府に対抗する力はほとんどなかったのである。

廃藩置県は政府が一方的に諸藩に通告したもので，藩の側からみれば，青天の霹靂であった。ちょうどそのころ，福井藩の藩校で物理・化学を教えていたアメリカ人教師グリフィスは，これを伝達する使者が東京から到着したとき，福井に大きな興奮と動揺がおこったことを克明に記している（『明治日本体験記』）。しかし，同時に彼は，知識ある藩士たちが廃藩置県の必要性を理解し，「これからの日本は，あなたの国やイギリスのような国々の仲間入りができる」と意気揚々と彼に語ったとも書いている。明治政府の実力者木戸孝允は，廃藩置県の発令された日の日記に「はじめてやや世界万国と対峙の基 定まるといふべし」と記しているが，こうした認識が政府と藩の双方にあったことは，廃藩置県が比較的円滑に実施された理由を理解するうえで興味ぶかい。

1871（明治 4 ）年10月 1 日，福井では城の大広間で前藩主と前藩士たちの告別の式典がおこなわれ，翌日，前藩主の東京出立を晴れ着で着かざった数千の領民たちがみおくったという。

4　強国をめざして

四民平等

　新しい日本にとって，なによりも重要な目標は，国家の独立をまもり，欧米列強と肩をならべる強国をつくることであった。そこで政府は"富国強兵"を合言葉に，欧米諸国から近代的な制度や技術を導入し，あらゆる分野にわたって改革をすすめた。

　封建的な身分制度の改革もその一つであった。まず，旧大名や上層の公家を華族，武士を士族，農工商民などを平民とし，異なった身分間の結婚や職業選択の自由，平民の苗字などをみとめ，四民平等政策をとった。1871（明治 4 ）年には，これまで「えた」「ひにん」とされていた人々も，いわゆる解放令によって平民に編入されたが，「えた」の流れをくむ被差別部落の人々に対する社会生活における実際上の差別は，居住・教育・

血税一揆

1872(明治5)年にだされた徴兵告諭には「凡ソ天地ノ間一事一物トシテ税アラサルハナシ。以テ国用ニ充ツ。然ラハ則チ人タルモノ固ヨリ心力ヲ尽シ国ニ報セサルヘカラス。西人之ヲ称シテ血税ト云フ。其生血ヲ以テ国ニ報スルノ謂ナリ」という文言があり，このなかの「血税」を血をしぼりとられることと早合点した人が多かった。「東京では，横浜に外国人がたくさん来ていて，日本の若い者の血をしぼって葡萄酒をつくり，それを呑ませるのだ。また毛布を赤く染めるのも，その血だ，というようなことをいった。それで葡萄酒は，血だといってその頃は決して呑まなかった」という話が記録されている。このような流言が流言をうみ，しかも新政府の他の政策に対する一般的な反感から，1873(明治6)年から翌年にかけて，いわゆる血税一揆が各地でおこったのである。

就職・結婚などさまざまな面におよび，その後も長くつづいた。

徴兵令と士族

軍事上の改革では，新政府成立の直後から長州藩の大村益次郎らが，国民皆兵による政府軍をつくる計画をすすめた。1873(明治6)年，陸軍卿 山県有朋を中心に政府は徴兵令を公布し，身分にかかわりなく満20歳以上の男子に兵役の義務を課した。こうしてこれまでの武士の軍隊にかわり，一般の国民を基礎とした新しい軍隊がつくられた。しかし徴兵制度によって，新しい負担を負うことになった農民のあいだには，これに反対する一揆もおこった(血税一揆)。また政府は翌1874(明治7)年，東京に警視庁をおいた。

華族・士族は，廃藩置県後も政府から家禄を支給されていた。しかし，その支出は国の総支出の約30%を占め，国家財政のうえで大きな負担であったから，政府はその整理をすすめ，1876(明治9)年，金禄公債を支給して，それを年賦で支払うこととし，いっさいの家禄支給を停止した(秩禄処分)。金禄公債が低額であった士族の打撃は大きく，なかには，

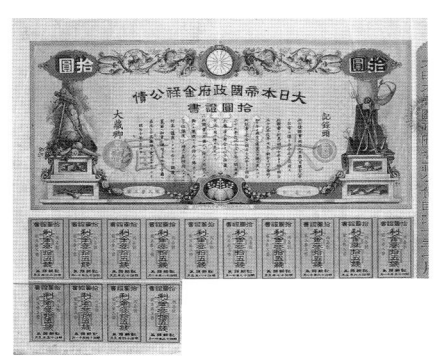

▶**金禄公債証書** 公債の額は家禄の5〜14年分で、1882（明治15）年から毎年抽選で償還した。償還までは公債額に応じて年2回，利子が支払われた。（日本銀行金融研究所アーカイブ保管資料）

▶**士族の商法** 1877（明治10）年ころの士族の商法や不平士族の動きを風刺したもの。「瓦斯提灯（巡査）」「不平おこし」「熊鹿戦べい」「困弊盗（浮浪の徒）」などの菓子の名に，士族の不満のようすがあらわれている。（早稲田大学図書館蔵）

官吏・教師・新聞記者などになって新しい生活をはじめたものもあったが，なれない商売に手をだして"士族の商法"といわれるように失敗したりしたものも多かった。政府は士族が新しい仕事をはじめる資金を貸しつけたり，土地を安く払い下げて開墾にあたらせたり（士族授産）したが，大部分の士族は急速に没落していった。

地租改正

多くの改革をすすめるには，財政を安定させる必要があった。政府の歳入のほとんどは，人口の大部分を占める農民が米でおさめる租税であったが，その率は地域によってまちまちであったうえ，米の相場は変動し，歳入は不安定であった。そこで政府は，土地制度と租税制度の改革にとりかかり，まず田畑永代売買の禁令を解き，地価を定めて地券を発行し，地主・自作農の土地所有権をみとめた。そして1873（明治6）年

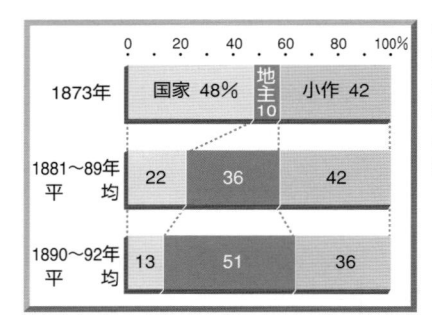

◀**地租改正後の小作人生産米の配分の変動**　米価上昇は地主の取り分をふやしたが，現物納の小作人にはほとんど利益をもたらさなかった。（丹羽邦男『地租改正と秩禄処分』より）

グラフ内の値：

1873年	国家 48%	地主 10	小作 42
1881〜89年 平均	22	36	42
1890〜92年 平均	13	51	36

には地租改正条例を公布し，豊作・凶作に関係なく地租を地価の3％と定め，土地所有者に現金でおさめさせることにした。しかし，地主と小作人の関係はかわらず，小作人はこれまでどおり小作料を現物で地主におさめた。

　地租改正は数年間をかけて全国的におこなわれ，政府は安定した財源を確保することができた。しかし，歳入をへらさない方針だったので，地租の額はいぜんとして重く，そのため，地租改正反対一揆がしばしばおこり，1876（明治9）年の三重・東海大一揆（伊勢暴動）のように隣接県にまたがり，数万の農民が加わったものもあった。これに対し，政府は翌年，地租率を2.5％に引き下げた。その結果，地租をおさめる農民の負担は，江戸時代のおおよそ20％ほど減ることになった。

国際関係の確立

　政府は開国和親の方針のもとに，諸外国との外交をすすめた。1871（明治4）年，岩倉具視を大使とする大規模な使節団を欧米諸国に派遣した。この岩倉使節団には，大久保利通・木戸孝允・伊藤博文ら明治政府首脳や中堅・若手官僚が多数加わっており，彼らは1年9カ月にわたって12カ国を歴訪した。その目的の一つであった不平等条約の改正は，日本がまだ近代国家の諸制度をととのえていなかったために成功しなかったが，使節団が欧米各国で議会・工場・病院・学校・銀行などの近代的諸施設を実地に視察し，西洋文明の実態を克明に観察したことは，その後の日本の近代化に大きく貢献した。

　欧米諸国の朝鮮進出を警戒した日本は，鎖国政策をとっていた朝鮮に

▶**岩倉使節団** 1871(明治4)年11月12日に横浜を出港し，1873(明治6)年9月に帰国した。写真はサンフランシスコで撮影したもの。

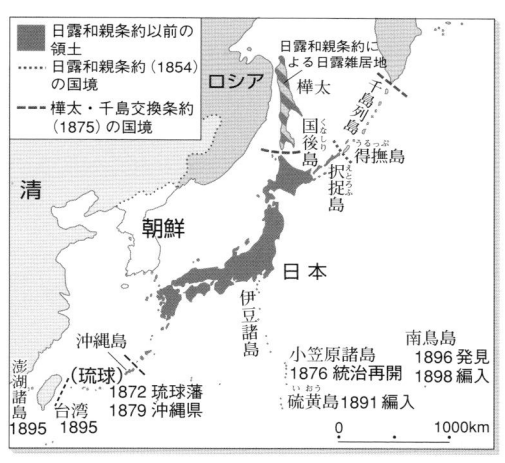

日露和親条約以前の領土

⋯⋯ 日露和親条約(1854)の国境

− −− 樺太・千島交換条約(1875)の国境

日露和親条約による日露雑居地

ロシア

樺太

千島列島

得撫島

国後島

択捉島

清

朝鮮

日本

伊豆諸島

沖縄島

(琉球)

1872 琉球藩
1879 沖縄県

澎湖諸島
1895

台湾
1895

南鳥島
1896 発見
1898 編入

小笠原諸島
1876 統治再開

硫黄島1891 編入

0 1000km

▶**日本の領土**

強く開国をせまった。これが拒否されると，西郷隆盛・板垣退助らは，武力を用いてでも朝鮮を開国させようと政府部内で征韓論をとなえた。しかし，1873(明治6)年欧米視察から帰国した岩倉具視・大久保利通らは，国内改革の優先を主張してこれに反対した。西郷らが政府をしりぞいたのち，1875(明治8)年，朝鮮西岸の沿海で測量をおこなっていた日本軍艦が，江華島に近づいて朝鮮側から砲撃をうけるという事件がおこった(江華島事件)。これをきっかけに，日本は朝鮮に圧力をかけ，翌年，日本側に有利な日朝修好条規(江華条約)をむすんで，朝鮮を開国させた。

また，清国に対しては，1871(明治4)年日清修好条規(1873年批准)をむすんだ。これは日本が外国とむすんだ最初の対等条約であった。しかし，その後日本は，江戸時代以来薩摩藩の支配下にありながら，清国

小笠原諸島の領有

1675（延宝3）年，江戸幕府は小笠原諸島へ調査船を派遣し，領有を示す木の標識をたて，八丈島役所の管下において「無人島」と称した。しかし，その後長く放置されたので，1827（文政10）年，イギリス艦船が父島を占領し，30年，欧米人5人とハワイ系住民20余人が移住して開拓に従事した。1853（嘉永6）年，日本開国交渉におもむくペリーが同島に寄港して貯炭所を設け，同島の占領を宣言した。これは英・米両国間の外交問題となったが，アメリカ政府はペリーの行動をみとめなかった。

このような動きに対し，幕府は1861（文久元）年，外国奉行水野忠徳ら90余名を軍艦咸臨丸で父島に派遣し，先住外国人の財産の保全を確約して服従させ，翌年には八丈島民30数名を植民させた。明治政府は1875（明治8）年，英・米両国に同諸島の日本領有を確認させ，翌年内務省の出張所をおいて統治を再開し，日本領有を列国に通告した。列国がこれに反対しなかったので日本帰属が決定し，1880（明治13）年に伊豆七島とともに東京府の管轄となった。

なお，島名の由来は1593（文禄2）年に小笠原貞頼が徳川家康の命を受けて伊豆下田から出帆し，島を発見したという伝承にちなむが，その証拠はない。

にも朝貢していた琉球の帰属をめぐって，清国と対立した。琉球を日本の領土と考えた政府は，まず琉球藩をおき，琉球島民が台湾で殺されたことを理由に，1874（明治7）年には台湾に出兵した（征台の役）。ついで1879（明治12）年，琉球藩を廃して沖縄県の設置を強行した（琉球処分）。

ロシアに対しては，幕末期の日露和親条約で，千島列島の択捉島以南は日本領，得撫島以北はロシア領と定められていたが，1875（明治8）年に樺太・千島交換条約をむすび，樺太をロシア領，千島列島を日本領と定めた。また，所属がはっきりしていなかった小笠原諸島も，国際的に日本の領土とみとめられた。

5　殖産興業

官営工場

　政府は，日本と欧米諸国との国力の大きなちがいは経済力の差に原因があると考え，これまで幕府や諸藩が経営していた工場や造船所を官営として引きつぐとともに，みずから多額の資金を投じて富岡製糸場など多くの官営工場を設立した。そして西洋人の技師をやといいれ，留学生を派遣して新しい技術や知識を学び，機械を輸入するなど，近代産業の育成に力をいれた。こうした産業育成を殖産興業とよぶ。

　政府はまた，貨幣制度の改革をはかり，1871(明治 4)年に新貨条例を制定し，貨幣の単位を円・銭・厘に統一した。新しい産業をおこすには多額の資金が必要であった。政府は，1872(明治 5)年渋沢栄一を中心に

▲富岡製糸場の内部(岡谷蚕糸博物館蔵)

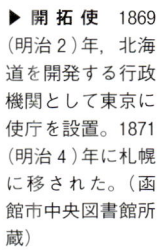

▶ 開 拓 使　1869(明治 2)年，北海道を開発する行政機関として東京に使庁を設置。1871(明治 4)年に札幌に移された。(函館市中央図書館所蔵)

国立銀行条例を制定し，商人・資産家・華族などによびかけ，紙幣の発行ができる国立銀行を民営で各地につくらせ，資金を貸しつけさせた。

　農業の面でも品種の改良や土地の開拓がすすめられた。とくに蝦夷地は北海道とあらためられて開拓使という役所がおかれた。北海道には，職を失った士族などが，荒地を開墾して農業に従事するかたわら，非常のときには武器をたずさえて北海道の防備にあたる屯田兵などとして移住し，本格的な開拓事業を展開した。また，政府は札幌農学校を開校して農業技術・経営の改良と発展をはかった。

鉄道の敷設

　通信・交通の手段も整備された。通信では江戸時代の飛脚の制度にかわり，近代的な郵便事業が前島密の尽力により，1871(明治4)年か

▲**新橋駅**　1872(明治5)年に完成し，長らく鉄道の起点となった。(物流博物館所蔵)

▲**郵便局**　明治10年代末の東京郵便局。左側が窓口で，右側に私書箱も設置されている。(郵政資料館所蔵)

ら政府の手で開始された。まず三府（東京・京都・大阪）のあいだでおこなわれ、翌年にはほぼ全国に実施され、1873（明治6）年からは均一料金制度がとられるようになった。電信も1869（明治2）年東京・横浜間で開通し、1880年代には全国的規模の電信ネットワークがほぼ完成した。

交通ではイギリスの鉄道技術をとりいれて、1872（明治5）年、新橋・横浜間にはじめて官営の鉄道が開通し、ついで数年のうちに、大阪・神戸間、京都・大阪間にも敷設された。また、海運事業は政府の保護のもとに、岩崎弥太郎の創立した三菱会社を中心に発達した。のちに、政府・三井系の共同運輸会社との競争がはげしくなり、1885（明治18）年、両社は合併して日本最大の海運会社である日本郵船会社を設立した。

松方財政

1877（明治10）年、西南戦争の戦費をまかなうため、政府は紙幣をしきりに発行した。しかしそれは正貨と引きかえることのできない紙幣（不換紙幣）であったから、インフレーションがおこり、物価が上昇した。そこで政府は財政を安定化するため、不換紙幣の整理にとりかかった。大蔵卿松方正義を中心に増税によって歳入の増加をはかる一方、財政を緊縮して歳出を切りつめ、余剰金を正貨準備にあてたうえ、1882（明治15）年には中央銀行として日本銀行を設立した。そして日本銀行にのみ紙幣発行権をみとめ、1885（明治18）年から、正貨である銀貨と引きかえ

▲**最初の日本銀行兌換券**　日本銀行は兌換銀行券条例により、100円・10円・5円・1円の4種類の兌換銀券を発行した。写真は最初の100円の兌換銀券である（横20.2cm、日本銀行金融研究所貨幣博物館蔵）。

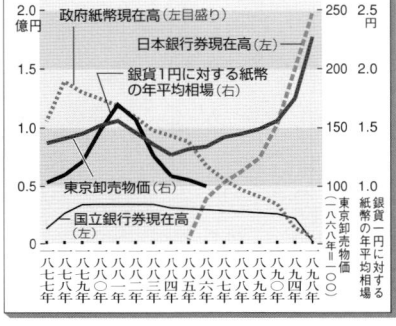

▲**紙幣整理の動向**（『近代日本経済史要覧』より）

のできる兌換紙幣を発行させた（銀本位制）。

　政府はまた，軍需工場をのぞく官営工場を民間に払い下げた。政府と密接な関係のある商人（いわゆる政商）のなかには，払い下げをうけて経営規模を拡大し，のちに財閥を形成していったものもあった。

　こうした政府の一連の財政政策（松方財政）によってインフレーションはおさまり，貨幣・金融制度は整備されて，民間の近代産業発展の基礎がつくられた。しかしその反面，不景気がおとずれ，とくに米価が下落したため，中小農民の生活は苦しくなり，自作農から小作農に転落したり，都市に貧民として流れこむなど，没落するものも少なくなかった。

6　文明開化

自由と権利の思想

　明治初年，政府は熱心に欧米の制度や文物をとりいれたので，さまざまな分野でいわゆる文明開化の風潮が高まった。

　福沢諭吉・加藤弘之・津田真道・西周・中村正直・中江兆民らの啓蒙思想家たちは，著作や講演会・演説会などをつうじて，人間の自由と権利，個人の自立を尊重する欧米先進諸国の学問・思想や，国民の権利をみとめる近代的な政治・社会の制度についての知識を日本国内にひろめた。

　とくに福沢諭吉は『学問のすゝめ』を書いて，人はうまれながらに貴賤の別があるものではなく，学問を学んで封建的な身分意識を打破すべきこと，個人の独立が国の独立をささえることなどをとなえ，また『文明論之概略』をあらわして人間の知徳の進歩が文明をすすめることを説き，新しい時代をめざす青年たちに大きな影響をあたえた。このころ本木昌造が鋳造に成功した鉛製活字による活版印刷術の発達によって，出版物が一度に数多く発行できるようになった。日本最初の日刊新聞『横浜毎日新聞』をはじめ，1870年代に新聞がつぎつぎと創刊されたり，福沢諭吉の著書が何十万部も出版されたのも，こうした印刷技術の進歩によるところが大きかった。

小学校のはじまり

　近代化をすすめるためには，国民の知識水準を高めることが必要であった。そこで政府は，すべての国民が自分の身をたてられるよう教育することを目標に，欧米諸国の学校教育制度をとりいれ，1872（明治5）年，学制を公布した。

　その結果，全国に2万校以上の小学校が設立され，学校教育が急速に

▲明治初年の小学校の授業風景　（国立教育政策研究所教育図書館所蔵）

▲開智学校　校舎は，日本人の大工が洋風建築をまねてつくった擬洋風建築の好例である。木造が主体で，窓は洋風である。屋根のうえの八角塔などは斬新な印象をあたえた。（旧開智学校蔵）

▲銀座通りの煉瓦街　銀座通りの朝野新聞社前のようすで，右側にはガス灯がみえる。1882年に日本橋・新橋間に開通した鉄道馬車，和泉要助らが発明した人力車もみえる。（マスプロ美術館蔵）

ひろまった。これは江戸時代から寺子屋でおこなわれていた庶民教育発展の基盤と伝統があったためであろう。しかし農村では，貴重な労働力である子どもの通学に反対する声もあり，そのうえ授業料や学校設立費の負担が重かったので，小学校の廃止をもとめる農民一揆もおこった。

ひろまる西洋風俗

　文明開化の風潮は，国民の生活の面でもいろいろな変化をもたらした。ちょんまげを切ってざんぎり頭になったり，洋服を着たり，牛や豚の肉を食べたりする習慣がひろまった。東京などの大都市では，煉瓦造（れんがづくり）の建物もみられるようになり，家々には石油ランプがともされた。ガス灯が明るく照らす街路には，馬車や人力車が走り，新しい時代を象徴する風俗となった。また，旧暦（太陰太陽暦）の明治5年12月3日が太陽暦の明治6（1873）年1月1日とあらためられ，以後，太陽暦が用いられるようになった。

　しかし，このような西洋の風俗・習慣がひろまったのは，主として大都市や開港場，役所・学校・軍隊のなかであり，地方の農村ではあいかわらず旧暦によって年中行事がおこなわれるなど，江戸時代以来の生活習慣がつづいていた。また，文明開化の風潮のなかで，日本の伝統的文化や生活様式がしりぞけられるという傾向もあらわれた。由緒ある貴重な文化財が売り払われたり，破壊されたりした。奈良の興福寺の五重塔が，わずか25円で売りにだされるという事件がおこったのも，このころのことである。明治初年に来日したドイツ人医学者ベルツは，教養ある日本人が日本固有の文化的伝統や歴史を軽視し，古いものをすべて野蛮だと考えるありさまにおどろいている。

　宗教の面では，政府ははじめ天皇中心の中央集権国家をつくるために神道による国民教化をはかろうとし，神仏分離令を発して神道を保護した。そのため一時全国にわたって廃仏毀釈（はいぶつきしゃく）の嵐が吹きあれた。また，政府は1870（明治3）年，神道国教化をめざして大教宣布（たいきょうせんぷ）をおこない，また国家的神社制度・祝祭日を制定した。祝祭日は，五節句などの古来の祝日にかえて，1873（明治6）年，天皇の誕生日を天長節，神武天皇が即位したといわれる日を紀元節とするなど，天皇を中心に国民の精神的

▶廃仏毀釈（『開化の入口』より）　神官らの主導で仏像・仏具・経巻（きょうかん）などが焼かれている。明治初年，各地でこのような騒動がおこった。

統一をはかろうとした。しかし，神道国教化のこころみは成果をあげるにいたらなかった。またキリスト教について，新政府は旧幕府の方針を継承して禁止したため，長崎の浦上（うらかみ）や五島列島（ごとう）のキリシタンは捕らえられ，各藩に監禁されるなどの事件がおこった。これに対し，諸外国が抗議したことから，政府は，1873（明治6）年にキリスト教を解禁し，幕末から日本にきていた新旧各派の宣教師の布教活動がさかんになった。

7　士族の抵抗

新政府への不満

　明治新政府の近代化のための変革は，あまりにも急激で，国民生活の実情を無視した点も少なくなかった。

　新政府は近代化に要する巨額の経費をまかなうために，農民から重い地租をとりたてた。農民はそのうえ，兵役の義務などの新しい負担を負わされたり，伝統的な生活様式を強制的にかえさせられたりしたので，これらに反対してしばしば一揆をおこした。

　明治初年の農民一揆には，地租改正反対・徴兵令反対・小学校廃止などの要求のほかに，廃藩置県による知藩事の罷免反対，伝染病予防措置反対などにみられるように，古い生活をまもろうとする要求もあった。

　一方，士族たちもつぎつぎと封建的な特権をうばわれ，社会的地位は低下して，経済的にもゆきづまった。そのため，政府に対する士族の不

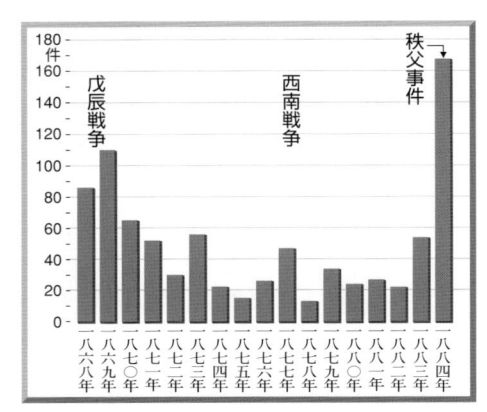

▲明治前期の農民一揆の発生件数（青木虹二『明治農民騒擾の年次的研究』より）

満はしだいに高まった。

民撰議院設立の建白

　欧米列強に負けない強国をつくるために，立憲政治をおこなう必要があることは政府部内ではやくから論議されていたが，征韓論をめぐる対立などのため，それはなかなか実行されなかった。しかも，政府の要職は薩摩・長州など雄藩出身の一部の政治家によって占められていた。

　征韓論がいれられずに辞職した板垣退助・後藤象二郎ら旧政府高官たちは，こうした状況を背景に1874（明治7）年，民撰議院設立の建白書を提出した。建白者たちはこのなかで，政府の一部の指導者たちによる専制政治が国をあやうくしていると攻撃し，官民一体となって国を建て直すためには，すみやかに議会を設立して国民を政治に参加させるべきであると主張した。これをきっかけに，民撰議院設立の問題をめぐる論争が新聞や雑誌上で論議され，政府に不満をもつ士族を中心に，自由民権運動がすすめられるようになった。

　政府は1875（明治8）年，大阪会議によって板垣らと妥協をはかり，徐々に立憲政体を樹立するという詔書（漸次立憲政体樹立の詔）をだすとともに，政府の法律制定の諮問機関として官選の元老院を設け，大審院をおいて裁判制度を整備し，地方官会議をひらいて地方議会の開設について討議した。また一方では，新聞紙条例や讒謗律を制定して，急進的

▲田原坂の戦い（永濯「田原坂激戦之図」熊本市立熊本博物館蔵）

な反政府の言論活動をとりしまった。

西南戦争

　民撰議院設立の建白書に名をつらねた江藤新平は，1874（明治7）年，郷里の佐賀で不平士族の首領となって反乱をおこした（佐賀の乱）。政府は軍隊を出動させてこれを鎮圧したが，廃刀令や家禄制度の廃止によって，士族の不満はいっそう高まった。1876（明治9）年，熊本で敬神党（神風連）の乱，福岡で秋月の乱，山口で萩の乱と一連の士族反乱がおこり，翌1877（明治10）年，ついに明治維新の最大の功労者の一人であった西郷隆盛を首領とする鹿児島士族ら約4万人が，政府に反対して兵をあげた。これが西南戦争である。

　西南戦争は明治政府にとって大きな試練であった。政府は徴兵制度による新しい軍隊などを総動員し，全力をあげて反乱の鎮圧にあたった。こうして約8カ月にわたって九州各地でははげしい戦闘が展開されたが，結局，政府軍の勝利におわった。この結果，不平士族の反乱はおわりをつげ，明治政府の基礎はゆるぎないものとなった。

　西南戦争のさなか，木戸孝允は病死し，西郷は戦死し，翌年には大久保利通が不平士族によって暗殺された。こうして明治維新の3人の最高指導者があいついで世を去り，時代は，大隈重信・伊藤博文・山県有朋らのつぎの世代の人々にゆだねられることになった。

8　自由民権運動

高まる国会開設運動

　民撰議院設立を建白したのち，板垣退助は郷里の高知に立志社を設立し，青年たちに自由民権の思想や西洋の知識をひろめた。こうして西南戦争後には，武力による反乱にかわって言論による自由民権運動が活発になった。1879（明治12）年から府県会がひらかれ，地主や豪農など地方の有力者が議員に選ばれたため，彼らの政治的関心が高まり，各地に民権派の政治結社（政社）が設立され，その代表を結集した愛国社の活動もさかんになった。1870年代末には，米価をはじめ農産物価格が上昇したので，農民の生活にもゆとりが生じ，政治活動の資金も豊かになり，自由民権運動はしだいに農民のあいだにも支持層をひろげていった。

　自由民権運動の共通の目標は国会開設であった。1880（明治13）年，全国の民権派団体の代表が大阪に集まって愛国社の大会をひらき，国会期成同盟を結成し，河野広中・片岡健吉が代表となり，8万7000名余の署名をつらねて政府に国会開設を請願した。

明治十四年の政変

　この動きに対抗して，政府は集会条例を制定するなど民権派の急進的な活動をとりしまる一方，政府の主導による立憲政治の実現にとりかかった。そのころ政府部内でも参議大隈重信がすみやかに憲法を制定して国会を開設し，イギリスを模範とした議会中心の政党政治をおこなう

◀**開拓使官有物払い下げ事件の風刺画**（『団団珍聞』1881年10月22日号）　開拓長官黒田清隆（タコ）と，これに対する大隈重信（クマ）の対決をあらわしている風刺画。（東京大学法学部附属明治新聞雑誌文庫所蔵）

ように主張した。しかし岩倉具視らは、十分な準備期間をかけ、ドイツ流の君主の権限の強い憲法をつくることをとなえて大隈と対立した。

　そのころ政府は、開拓使がこれまで経営してきた北海道の官営事業を政府と関係のふかい五代友厚らの商社に安い価格で払い下げようとしたため、世の非難をあびた（開拓使官有物払い下げ事件）。また、悪化した財政の建て直しの政策をめぐって政府部内の対立がふかまった。

　政府はこの苦境を打開するため、ドイツ流の憲法をつくる方針をかため、1881（明治14）年、国会開設の勅諭をだして1890（明治23）年に国会をひらくことを約束するとともに、大隈参議を辞職させた。また、開拓使官有物の払い下げは中止された。これは明治十四年の政変とよばれ、その結果、伊藤博文をはじめとする薩長派中心の政権が確立した。

自由党と立憲改進党

　政府が国会開設を約束した直後に、国会期成同盟を母体に板垣退助を党首とする自由党が結成され、ついで翌1882（明治15）年には、大隈重信を党首とする立憲改進党が発足した。両党とも各地で演説会をひらき、機関紙を発行するなど、政党政治の実現をめざし、都市の知識人（おもに士族）や地方の地主・豪農・商工業者などのあいだに勢力をひろめた。その活動は、志士的気風に富み行動力の活発な自由党のほうが、イギリス流の穏健で着実な議会政治を理想とする立憲改進党よりも急進的であった。

　また、政府系の政党として、福地源一郎を中心に立憲帝政党がつくられたが、さしたる活動をすることもなく、解散してしまった。

私擬憲法

　国会開設運動の高まりとともに、1870年代末から1880年代初めには、自由民権派をはじめ民間の人々や政府関係者が自分たちの理想とする憲法案を起草した。これが私擬憲法であり、この時期のものとしては、現在四十編以上があきらかにされている。これらはいずれも立憲君主制を定め、国民の権利と自由をみとめているが、議会の選挙制度では制限選挙を採用している。福沢諭吉の門下生を中心とした交詢社の「私擬憲法

板垣死すとも…

　1882(明治15)年4月6日，岐阜県金華山の麓(現，岐阜市)の神道中教院で，自由党の大懇親会がもよおされた。演説をおわった板垣が夕刻退出しようとして玄関にでると，突如一人の男が白刃をひらめかせて襲いかかった。とっさのことで板垣は両胸各一カ所，顔面一カ所，両手に傷をうけた。そのとき鮮血にまみれながら「板垣死すとも自由は死せず」と一喝したという。

　この名文句はたちまち全国にひろがり，民権派の志士を感奮させたのだが，刺し傷が肺に達していなかったとはいえ，全治2週間程度の傷を負いながら，このような言葉がでるものだろうか。板垣自身の回顧談によると「アッと思うたばかりで声がでなかった」といっている。また，板垣は負傷し，起きあがりながら「吾死スルトモ自由ハ死セン」と発言をしたとする上申書もあり，これを側近らが板垣の語として宣伝したというのが事実らしい。なお，このとき手当てをした医師は，後の鉄道院総裁・内務大臣後藤新平であった。

案」のように，イギリス流の二院制の議会による議会政治をとりいれ，君主は行政権を政府にゆだね，政府が議会の支持にもとづいて政治を運営するという構想のものが主流であった。

　また，高知出身の民権家植木枝盛の「日本国国憲案」や立志社の「日本憲法見込案」は，君主が行政権をにぎるとともに，一院制の議会のもとで人民が立法権をもち，人民の自由と権利を大はばにみとめている。さらに君権主義の立場からの私擬憲法*もあった。

　＊五日市憲法草案　東京の五日市町(現，あきる野市)の民家の土蔵から発見された五日市憲法草案は，地方自治の規定がないなど未完成な内容ではあるが，高い人権意識を示している点で注目される。1880(明治13)年4月，地元の民権家グループは宮城県出身の士族千葉卓三郎をまねいて学芸講談会という結社をつくった。同年11月に国会期成同盟が憲法研究方針を決めると，学芸講談会も研究をすすめたが，参加者のほとんどは20〜40代の士族ではない平民であった。そして，熱心な共同研究をもとに，翌年，この草案がつくられたのである。

　内容は全文5編204条からなっており，第2編公法の国民の権利が36条，第3編立法権が79条と，あわせて115条をかぞえ，国民の人権をまもる立場が明確に示されている。第2編冒頭の「日本国民」の規定では

「日本国民ハ，各自ノ権利自由ヲ達ス可シ。他ヨリ妨害ス可ラズ。且国法之ヲ保護ス可シ」と定め，以下に結社・集会の自由，信書の秘密，財産不可侵などの人権保障が強くうたわれている。

ビゴーと警察

　言論弾圧の風刺画で知られるビゴーは，1891（明治24）年，職業別ドキュメンタリー漫画『警官のたぼう』を出版した。これは東京の警察官の多忙な一日を描いたもので，警察官が朝起きて弁当をもって出勤し，さまざまな業務に誠実に取り組むようすがユーモラスにえがかれている。業務は，泥棒との遭遇と獲捕，溺死体の処理と官費による埋葬，火事場への駆けつけ，公道やどぶの清掃の監視，夜の巡回と酔っ払い，縊死死体の発見，大臣の護衛や外国人の警備，迷子の世話や道案内など，さまざまである。子を背負う女性に道を教える場面では，「むろん『まっすぐな道』しか教えない」とのコメントが記されている。ビゴーは数々の風刺画を描き，警察による弾圧を非難したため，公安警察からは危険人物としてつけねらわれていたはずである。しかし，この書にはそのような場面は登場しない。近代化の途上にあった日本において，公共の安全を維持するうえではたしていた警察の役割に光をあてた画集ということができる。

▲**言論の弾圧**（ビゴー「トバエ」1888年1月1日号）　警察官が記者たちをあつめて，政府に批判的な「トバエ」（ビゴーが主宰し，横浜居留地で発行された風刺画雑誌）に同調する記事を書かないよう申し渡している。窓からのぞくピエロがビゴー。

後退する民権運動

　政府は自由民権運動をきびしくとりしまる反面，民権派の活動家を官吏にとりたてるなどして，民権運動の切りくずしをはかった。また民権派も，農村の不況の影響で運動資金が苦しくなり，しだいに内部対立がめだちはじめると，一部の急進派は，直接行動によって政府に対抗しようとする動きを示すようになった。

　1882(明治15)年，福島県では，県令が住民に重い労役や負担金を課してすすめる道路造成事業に反対した農民や自由党員らが検挙された(福島事件)。これに続いて，加波山事件・秩父事件など，東日本各地で自由党員らによる暴発事件がつぎつぎにおこった。なかでもとくに大規模だったのは秩父事件である。

　しかし，それ以前から自由党員のなかには急進的行動をきらって離党するものがあいつぎ，統制力を失っていた自由党は，秩父事件の直前に解散し，まもなく立憲改進党もほとんど活動を停止してしまった。こうして自由民権運動は一時に衰退することになった。

　その後，国会の開設が近づくと，民権派は政府に対抗する政党をつくろうと大同団結運動をおこし，1887(明治20)年には条約改正問題をとらえ，外交の失敗の挽回(対等条約の実現)，地租軽減，言論・集会の自由をもとめて政府にせまった。これに対し，政府は保安条例を発して多くの民権運動家を東京から追放し，運動をおさえた。

9　帝国議会の幕あき

憲法の調査

　明治十四年の政変をつうじてドイツ流の君主権の強い憲法をつくる方針を定めた政府は，1882(明治15)年，憲法調査のため伊藤博文らをヨーロッパに派遣した。伊藤らは，グナイスト・モッセ・シュタイン・スペンサーらの講義を聞き，ドイツ・オーストリア・イギリス・ベルギーなどの近代国家の制度や立憲政治の実際の運用を研究した。

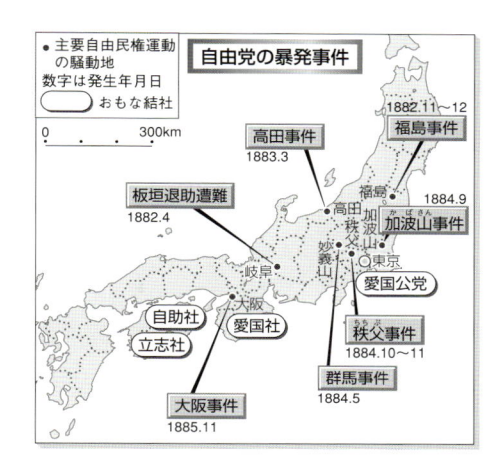

主要自由民権運動の騒動地
数字は発生年月日
おもな結社

0　300km

自由党の暴発事件

高田事件 1883.3
板垣退助遭難 1882.4
福島事件 1882.11〜12
加波山事件 1884.9
愛国公党
秩父事件 1884.10〜11
群馬事件 1884.5
大阪事件 1885.11
自助社
愛国社
立志社

秩父事件

　埼玉県秩父地方は山あいの盆地で，古くから養蚕業が発達し，生糸・絹織物の産地として名高い。ところが，1882（明治15）年ころから，松方財政による深刻な不況にみまわれ，生糸の値段は暴落した。このため生活に困った農民は高利貸から借金を重ね，返済できなくなると，土地や家財を失うことになった。彼らは困民党を結成して借金の返済延期の運動などをつづけたが，自由党急進派の影響もあって，運動はしだいに激化した。1884（明治17）年11月，農民たちは借金の10年すえおき40年年賦返済，学費節減のため小学校3

カ年休校，村費などの減免をもとめて蜂起し，高利貸・警察署・役場などを襲撃した。参加者は数千人といわれ，政府は軍隊まで出動させてようやくこれを鎮圧した。田代栄助ら7名の指導者が死刑の判決をうけたが，その一人井上伝蔵は行方不明となり検挙をまぬかれ，35年後北海道で死にのぞみ，はじめてそのことを家族にうちあけたという。

　なお，秩父事件については，自由民権運動としての性格は弱く，むしろ農村に伝統的な借金の返済をめぐる騒動とする見方もある。

官職	氏名	出身	年齢	爵位
総理	伊藤博文	長州	45	伯
外務	井上 馨	〃	51	伯
内務	山県有朋	〃	48	伯
大蔵	松方正義	薩摩	51	伯
陸軍	大山 巌	〃	44	伯
海軍	西郷従道	〃	43	伯
司法	山田顕義	長州	42	伯
文部	森 有礼	薩摩	39	
農商務	谷 干城	土佐	49	子
逓信	榎本武揚	幕臣	50	

▲第1次伊藤内閣の閣僚

ヨーロッパの政治家や学者の多くは，明治維新以来の日本政府の改革はあまりに急進的すぎると懸念し，立憲政治の採用は日本にとってまだ早すぎると忠告した。また仮に議会を開いても予算を決める権限を議会にあたえてはならないとも助言した。伊藤らはそうした忠告・助言はうけ入れなかったが，それは立憲政治の運用の困難さを理解する上で役立ったといえよう。

そして翌年帰国した伊藤を中心に，まず1884(明治17)年華族令を制定し，旧公家・旧大名のほか国家の功労者にも爵位をあたえて華族とし，貴族院をつくるための華族制度をととのえた。ついで1885(明治18)年，これまでの太政官制にかわって内閣制度を制定し，政府の強化と能率化をはかった。伊藤は初代の内閣総理大臣となったが，閣僚の大部分が旧薩摩・長州両藩の出身者で，反対派から藩閥政府として非難をあびた。

大日本帝国憲法

内閣制度の改革をすすめるかたわら，伊藤は井上毅・伊東巳代治・金子堅太郎らとともに，ドイツ人顧問ロエスレルらの助言をえて，憲法の草案づくりにとりかかった。憲法草案は，1888(明治21)年に新設され

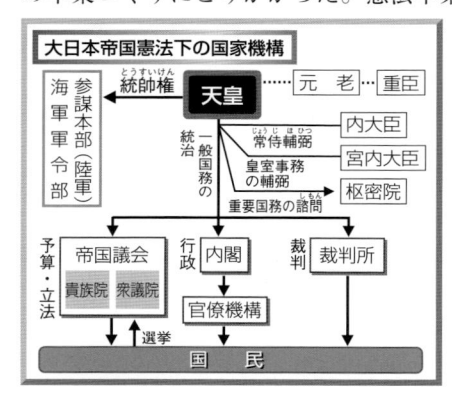

大日本帝国憲法下の国家機構

性急な改革を危ぶむヨーロッパの声と
日本の立憲主義

　伊藤博文らのヨーロッパでの憲法調査は1年2カ月におよんだ。この間，ヨーロッパの学者・政治家たちの多くは，異口同音に，あまりに性急な改革はさけるべきだと助言した。一方，日本側は，欧米先進国に肩をならべる強国の建設という国家目標を達成するためには立憲政治の実現が不可欠として意気込んでいた。しかし，それとはうらはらにヨーロッパ側は，日本の立憲政治実現構想には懐疑的・消極的だったのである。とりわけドイツでは，グナイストやモッセらが，日本は立憲政治よりもむしろ18世紀のプロシアにおけるフリードリヒ大王の施策を学ぶべきであると説いた。そして，やむをえず国会を開く場合でも，軍事権や財政権に国会の介入を認めるような制度は決してつくってはならないと力説した。

これは日本で憲法制定の顧問をつとめたロエスレルにも共通する考え方であり，議会が政府予算を否決した場合でも政府が天皇の裁断により予算案を実行できるような条項を憲法に盛りこむことを提案していた。

　しかし，井上毅らはこうした考え方は立憲主義に反し専制政治を愛惜するものだと強く反発し，あくまでも立憲主義を貫こうとした。こうして成立した帝国憲法のもとで予算案をめぐる政府と民党のはげしい政争がくりひろげられることとなったが，やがて伊藤自身が立憲政友会総裁となり，議会の多数党を基礎とする政権が形成されることとなる。こうした動きは明治政府が模範としたドイツではみられない展開であった。

た枢密院(伊藤博文議長)で審議されたのち，1889(明治22)年2月11日発布され，はじめて国民のまえに明らかにされた。これが大日本帝国憲法(明治憲法)である。

　この憲法は，天皇がつくって国民に下賜するという形式の欽定憲法であった。天皇は国の元首として国家を統治し，軍隊の統帥，宣戦・講和，条約の締結，官吏の任免，緊急勅令の発布など広汎な大権をもったが，同時にそれが憲法の条規にしたがって行使されるという立憲君主制の基本原則も明記された。また国務大臣は天皇を補佐し，天皇に対して責任

▲「帝国国会議事堂之図　貴族院議場」(歌川国利筆)　第一議会の開院式は，1890年11月29日に玉座のある貴族院でおこなわれた。現在の国会開会式が参議院でおこなわれるのは，その名残りである。(衆議院憲政記念館蔵)

を負うこととされたが，議会に対する責任は明確ではなかった。

　帝国議会は貴族院と衆議院の二院制で，貴族院は皇族・華族や多額納税者と，国家の功労者のなかから選ばれた議員（勅選議員）からなり，衆議院は国民から公選された議員で構成された。両院はほぼ対等とされ，立法や予算審議についての権限をもっていたが，その権限は現在の国会とくらべれば大きなものとはいえなかった。また国民は兵役や納税の義務を負うとともに，法律などによる制約はあるものの，言論・出版・集会・結社・信教・請願・官吏任用などの自由と権利をみとめられた。また，所有権・信書の秘密の不可侵も定められた。さらに憲法とともに制定された皇室典範では，皇位の継承・天皇の即位式などが規定された。

　憲法の発布により，天皇中心の国家体制が確立されるとともに，国民の権利と自由がみとめられ，国政参加の道がひらかれた。これらは今日の民主主義の観点からすれば不十分であったとはいえ，当時，日本はアジアの諸国にさきがけて，憲法と議会をもつ近代国家の道を歩みはじめたのである。

　憲法制定につづいて，民法・商法などの諸法典もつくられた。民法ははじめ法学者ボアソナードの助言のもとに，フランスの影響をうけたものであったが，日本の伝統的な国民生活の美風にそむくとして非難がおこり，実施が一時延期された（民法典論争）。修正された民法（明治民法）では家が重んじられ，戸主権が強く，女性の地位は低かった。また，市

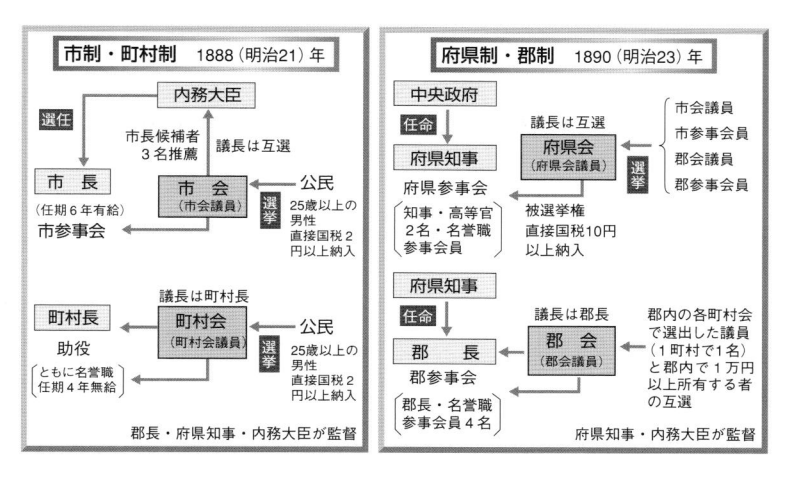

制・町村制，府県制・郡制が制定されて，地方自治の制度が整備された
が，府県知事は政府によって任命された。

初期議会の政争

　民権派が議会開設をめざし，大同団結運動によって政府に対抗する政
党勢力（民党）の再建をすすめたのに対し，政府は 超 然主義をとなえ，
不偏不党の立場で政治をおこなうという方針をうちだした。1890（明治
23）年，最初の衆議院議員総選挙が実施され，第一回帝国議会（第一議
会）がひらかれると，立憲自由党と立憲改進党を主力とする民党が衆議
院の過半数を占めた。彼らは国民生活安定のため，経費の節減や地租軽
減を主張して予算額の削減をはかるなど，第 1 次山県有朋内閣に対抗し
た。第二議会でも予算案審議などをめぐる対立がつづき，第 1 次松方正
義内閣は衆議院を解散し，はげしい選挙干渉により民党をおさえようと
したが，こうした強硬な政策は成功しなかった。その後，1892（明治25）
年に成立した第 2 次伊藤内閣のときに，政局の安定をもとめて，政府と
自由党がしだいに歩みよりをすすめ，協力して政治を運用するように
なった。

第12章

大陸政策の展開と資本主義の発達

1　脱亜入欧

条約改正の歩み

　19世紀後半，アジアの多くの国々は欧米諸国の植民地となっていた。明治維新の達成によって，日本はひとまず植民地化の危機を切りぬけたものの，幕末以来の不平等条約を少しでもはやく改正して，関税自主権の確立（税権回復）と領事裁判制度の撤廃（法権回復）とを実現することが，欧米諸国と対等の地位にたつため，日本にとってなによりも重要であった。

　しかし欧米諸国は，近代的諸制度をととのえていない日本に対して，なかなか条約改正に応じようとしなかった。1878（明治11）年外務卿寺島宗則のもとで，アメリカとのあいだに税権回復の交渉が成立したが，イギリスなどの反対で新しい条約は発効しなかった。そこであとをついだ外務卿（のちの外務大臣）井上 馨 は欧化政策をとり，風俗や生活様式を西洋化して条約改正の交渉を有利にはこぼうとした。井上の改正案は外国人に日本国内を開放（内地雑居）するかわりに税権の一部を回復し，領

◀鹿鳴館の舞踏会　1883（明治16）年，東京日比谷に建てられた鹿鳴館では，政府高官や外国公使などによる西洋風の舞踏会がしきりにひらかれ，政府の欧化政策の象徴となった。（錦絵，神戸市立博物館蔵）

事裁判制度を撤廃するというものであったが，欧米と同じような法典を編さんし，外国人を被告とする裁判には外国人の裁判官を起用するという条件がついていた。このため国権を傷つけるものだとして政府内外から強い反対がおこり，1887（明治20）年交渉は中止され，井上は辞職した。

これにつづいて大隈重信外相が，国別に改正交渉をすすめ，1889（明治22）年アメリカ・ドイツ・ロシアとのあいだに新条約を調印した。しかし，大審院にかぎり外国人裁判官の任用をみとめていたので，ふたたび国内に反対がおこり，大隈が国権主義者におそわれ負傷したため交渉は中止となり，新条約は発効しないままおわった。その後，青木周蔵外相の交渉が1891（明治24）年に訪日したロシア皇太子が，大津で警護の警察官に襲われて負傷した大津事件で挫折するなど，条約改正はなお難航した。

その後，イギリスは東アジアにおけるロシアの勢力拡張に警戒心をふかめ，国内の近代化をすすめ国際的地位を高めつつあった日本との条約改正に応じるようになった。1894（明治27）年，外務大臣陸奥宗光は，駐英公使青木周蔵に交渉をすすめさせ，イギリスとの間で領事裁判権の撤廃と関税自主権の一部回復を内容とした日英通商航海条約の調印に成功した（5年後実施）。1911（明治44）年には，外務大臣小村寿太郎は関税自主権の全面回復に成功し，長年の課題であった条約改正を実現した。

朝鮮をめぐる対立

条約改正とならんで，大きな外交問題となったのは朝鮮問題である。明治初年，朝鮮を開国させた日本は，列国にさきがけて勢力を朝鮮にひろめようとし，朝鮮を属国とみなしていた清国と対立した。1882（明治15）年の壬午軍乱（壬午事変）をきっかけに，朝鮮国内では清国にたよろうとする保守派（事大党）が力を増した。1884（明治17）年清仏戦争で清国が不利になると，この機会をとらえて，日本とむすんで国内改革をすすめようとする金玉均らの改革派（独立党）が，日本の援助のもとに漢城（現，ソウル）でクーデタをおこしたが，清国軍の出動によって失敗した（甲申事変）。翌年，日本は伊藤博文を天津におくり，清国全権李鴻章とのあいだに天津条約をむすび，日清両国はたがいに撤兵し軍事顧問を

▲**壬午軍乱**(橋本周延画) 親日派の閔妃政権に対し,大院君らがクーデタをおこし,日本公使館も襲われた。(東京経済大学図書館所蔵)

▲「漁夫の利」(ビゴー「トバエ」1887年2月15日号) 朝鮮と書かれた魚を釣りあげようとする日清に対し,その横取りをたくらむロシアの野心を描いた風刺画。(川崎市市民ミュージアム蔵)

おくらないことを定めるなど,武力衝突をさけた。しかし,日本国内では民権派が武力による朝鮮改革を計画し,政府も清国に対抗して海軍拡張をすすめるなど,朝鮮の支配権をめぐる日清の対立はしだいにふかまった。

日清戦争

1894(明治27)年,朝鮮で政府の専制政治に反対する大規模な農民の反乱(甲午農民戦争,東学の乱)がおこると,清国は朝鮮政府の要請でその鎮圧を理由に出兵した。第2次伊藤内閣はこれに対抗してただちに朝鮮に軍隊を派遣した。ちょうどこのころ,外務大臣陸奥宗光のもとで,ロンドンでは駐英公使青木周蔵がイギリスとの条約改正交渉をすすめ,領事裁判制度の撤廃と関税自主権の一部回復を内容とした日英通商航海条約が調印された。これに力をえた日本政府は清国に対して強い姿勢をゆるめず,同年7月末,ついに日清両軍は衝突し,8月,日本は清国に宣戦を布告し,日清戦争がはじまった。

日本では,それまで対立していた政府と政党が一時政争をやめ,巨額の軍事予算案を議会で可決するなど,挙国一致で戦争にのぞんだ。清国は近代化にたちおくれ,国内の政治的対立もはげしく,十分な戦力を発揮できなかった。こうして日清戦争は日本の圧倒的勝利のうちにおわり,1895(明治28)年4月,日本全権伊藤博文・陸奥宗光と清国全権李鴻章とのあいだで日清講和条約(下関条約)がむすばれた。

▲下関条約　1895年4月，下関の春帆楼にて会談した。日本全権伊藤博文・陸奥宗光と清国全権李鴻章とのあいだで，下関条約が調印された。(聖徳記念絵画館蔵)

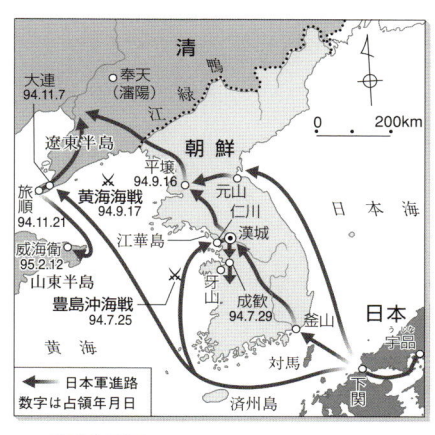

▲日清戦争要図

地図内表記：
清
奉天（瀋陽）
鴨緑江
大連 94.11.7
遼東半島
平壌 94.9.16
朝鮮
元山
旅順 94.11.21
黄海海戦 94.9.17
仁川
漢城
威海衛 95.2.12
江華島
山東半島
牙山
成歓 94.7.29
豊島沖海戦 94.7.25
釜山
黄海
対馬
日本海
日本
下関
済州島
0　200km

←　日本軍進路
数字は占領年月日

　この条約によって，清国は日本に，(1)朝鮮の独立，(2)遼東半島・台湾・澎湖諸島の割譲，(3)賠償金2億両（当時の邦貨で約3億1000万円）の支払い，(4)杭州・蘇州・重慶・沙市の開港をみとめた。この結果，日本は海外に植民地をもち，大陸進出の足場をきずくこととなったが，満州（現，中国の東北地方）にふかい利害関係をもつロシアは，日本の進出を警戒し，ドイツ・フランスとともに，日本に遼東半島を清国に返還するよう勧告した（三国干渉）。3国を相手に戦うだけの力がなかった日本政府は，やむなくこの勧告をうけいれたが，日本国内では"臥薪嘗胆"を合言葉に，3国，とくにロシアに対する反感が高まった。

2　藩閥・政党・官僚

最初の政党内閣

　日清戦争をきっかけとして，国内政治の面に大きな変化がおこった。それは政府と民党が手をにぎったことである。1895（明治28）年，第2次伊藤内閣は清国からの巨額の賠償金をもとに，軍備拡張・産業振興など積極的な戦後経営にのりだしたが，衆議院の第一党の自由党はこれをきっかけに伊藤内閣との提携を宣言した。つづいて翌年，伊藤のあとを

黄禍論と日本の反ドイツ感情

黄禍論の起源は，13世紀のモンゴル軍によるヨーロッパ侵攻時の恐怖感情に根ざすといわれる。19世紀末から20世紀初めにかけて，黄禍論はヨーロッパ諸国にひろまった。とくにドイツ皇帝ヴィルヘルム2世は，1895年以降，ロシア皇帝ニコライ2世にたびたび親書をおくり，黄禍の危険を訴えて，それへの対抗措置を説いた。同年の三国干渉の直後には主導権をとったロシアの行動を称賛する書簡をおくった。

一方，憲法制定の過程でドイツから学び，その多くの制度をとり入れた日本国内では，三国干渉とドイツ皇帝による黄禍論の提唱をきっかけにはげしい反ドイツ感情がひろがった。お雇い外国人として29年間日本に滞在したベルツは，1905年にドイツに帰国すると，翌年「日本における反独感情とその誘因」と題する評論をドイツの新聞に寄稿し，その原因が主としてドイツ側の対日姿勢にある点を力説した。しかし，「政治上の懸念」からその評論は掲載を拒否されたという。第一次世界大戦の勃発により，日本とドイツが敵国同士になったのは，それから8年後のことであった。

ついで首相となった松方正義は，進歩党（立憲改進党の後身）とむすんで第2次松方内閣をつくった。

こうして，政党の力はしだいに大きなものとなった。1898（明治31）年，第3次伊藤内閣が軍備増強などの財源にあてるため地租増徴案を議会に提出すると，自由党と進歩党はこれに反対して否決した。同年，両党が合同して憲政党を結成すると，伊藤博文は，内閣総辞職に際し，山県有朋ら他の元老たちの反対をおしきって，憲政党の最高指導者であった大隈重信と板垣退助に後継内閣の組織にあたらせるよう主張し，これを実現した。こうして大隈重信を首相，板垣退助を内相とする日本最初の政党内閣（第1次大隈重信内閣，隈板内閣）が成立し，この内閣は陸相・海相をのぞくすべての閣僚が憲政党員であった。内閣発足後まもなく実施された総選挙で，憲政党は衆議院で約8割の議席を占めたが，藩閥勢力の圧迫や憲政党の分裂によって，4カ月ほどで内閣は崩壊した。政党

▶立憲政友会発会式

1900年9月15日，帝国ホテルでおこなわれ，伊藤博文が総裁におされた。伊藤はこれまで2度にわたって政党結成を意図しながら，元老らの反対で実現できなかったが，ここによようやく初志をつらぬくことができた。

はまだ独力で政権を担当するには弱体であったが，他方，藩閥勢力にとっても，もはや政党を無視した政治運営ができないことは明らかであった。

立憲政友会の成立

　大隈内閣のあとをうけた第2次山県内閣は，憲政党(旧自由党系)の協

政府予算の財源の変化

　1898(明治31)年に成立した第2次山県有朋内閣のもとで，地租増徴とともに酒税・醤油税・葉煙草専売価格が引きあげられ，所得税法も改正された。また，1901(明治34)年には，北清事変にからんで消費税の増税，酒税の増徴がおこなわれ，麦酒税・砂糖消費税が新設された。

　これら各種の税の新設や増税は，日露戦争へむけての軍拡の必要から生じており，日清戦争中から戦後にかけて，軍事費は政府支出の35%以上を占めつづけた。一方，政府予算に占める地租の割合は相対的に減少し，1900(明治33)年の歳入額2億9600万円のうち，地租は4700万円で，歳入に占める地租の割合は約16%にとどまった。明治政府の財源はかつてはほとんど地租だけにたよっていたが，ここにいたって，それにかわる間接税を中心とした大衆課税が大きな意味をもつようになってきたのである。それは課税システムの充実ぶりを示すと同時に，商工業の発達による都市を中心とした国民生活の向上を反映するものでもあった。

元老政治家たち

元老とは法律上に何の規定もなかったが，天皇の相談相手として国家の最高の政策決定に参画した長老政治家たちの呼称である。元老に列したのは，長州藩出身の伊藤博文・山県有朋・井上馨と，薩摩藩出身の黒田清隆・松方正義・大山巌・西郷従道の合計7人で，明治時代末に桂太郎（長州藩）と西園寺公望（公家）が加わった。彼らは政治の第一線をしりぞいたあとも，内閣の更送にあたっては天皇の諮問をうけてつぎの首相を推薦したり，外国との戦争や講和を決める重要会議に加わるなど，大きな政治的発言力をもち，国内のさまざまな勢力をまとめる役割をはたした。

彼らのなかの実力者は，伊藤博文と山県有朋であった。伊藤は首相をつとめること4度，枢密院議長にもなり，憲法制定に大きな功績をあげた。再三外遊して国際的視野はひろく，山県にくらべると議会政治にも理解があり，初代立憲政友会総裁として政党内閣をつくったこともあった。対韓国政策では穏健派であったが，晩年は初代韓国統監となって韓国の民族運動の矢面にたたされ，韓国人青年に暗殺された。山県は軍人から政治家の道を歩み，「武断家」と目され，強い権力意志をもった手がたい現実的政治家で，軍部をはじめ政界・官界に巨大な派閥網をつくりあげた。明治時代末期にはその勢力は伊藤をしのぎ，大正時代にはいっても政党勢力に対抗して，藩閥・官僚勢力の頂点に位置した。

力をもとめて地租増徴を実現させるとともに選挙権を拡張し，被選挙権の納税額による制限を撤廃したが，一方では陸軍大臣・海軍大臣に就任する資格を現役軍人の大将・中将に限るとする軍部大臣現役武官制を定めるなど，政党の影響力の拡大をおさえようとした。

この間，藩閥政治家の有力者伊藤博文は政党結成に意欲を示し，1900（明治33）年，みずから総裁となって憲政党を中心に立憲政友会を結成し，これを基礎に第4次伊藤内閣を組織した。

立憲政友会は西園寺公望・星亨・原敬らを幹部とし，地主や実業家たちの支持を集め，そののち長く衆議院の第一党の地位を占めて，日本の代表的政党に発展した。こうして，日本における政党政治成立の基礎

がつくられたのである。

官僚の役割

　明治維新以来，日本の近代化は政府の指導による上からの近代化であっただけに，官僚が大きな役割をはたした。明治時代中ごろまでは，高級官僚では薩摩・長州両藩出身者，中堅・下級官僚では幕臣出身者が大きな比重を占めていた。

　そこで政府は官僚制の整備をすすめ，文官任用令などを定めて情実や出身地の縁故などによる官吏の任用にかわり，試験に合格した大学卒業者を行政上の専門的知識の持ち主として官吏に採用するようになった。明治時代末期には，身分や出身地

▲山県有朋（国立国会図書館蔵）　▲伊藤博文（国立国会図書館蔵）

に関係なく，帝国大学の卒業者が高級官僚の地位をほとんど独占した。こうして，いわゆる学閥官僚が大きな力をもつようになり，学歴社会の基礎がきずかれた。

　またこのころには，元老とよばれていた山県有朋・伊藤博文・松方正義ら明治維新以来の功労者である有力な藩閥政治家は，政治の第一線をしりぞいたが，なお天皇の相談相手として大きな権威をもった。

3　ロシアとの戦い

義和団事変と日英同盟

　19世紀末，欧米列強の帝国主義政策はいちだんと強まりつつあった。"眠れる獅子"としておそれられていた清国（中国）が，日清戦争の敗北で弱体ぶりを明らかにすると，列強はこぞって清国に進出をはかり，あいついで清国に租借地を設定し，鉄道敷設や鉱山開発などの権益を獲得した。

◀民衆の支持を集める義和団
義和団は，人形芝居の公演など
を通じて，各地の民衆の間に支
持をひろめ，外国人の建設した
鉄道や教会を襲撃した。（ユニ
フォトプレス提供）

　列強の侵略に対し，清国内では内政改革や外国人排斥の動きがおこっ
た。1900（明治33）年，「扶清滅洋」をとなえる義和団を中心とする外国人
排斥の暴動が激化し，清国政府も同調した。列強は暴動鎮圧のために共
同で清国北部に出兵し，日本もその一員に加わって軍隊を派遣した（義
和団事変，北清事変）。翌年，清国政府は列国とのあいだに北京議定書
を調印し，巨額の賠償金支払いと，列国の軍隊駐留をみとめた。

　一方，ロシアは義和団事変をきっかけに大軍を派遣して満州を占領し，
事変終息後も撤兵せず朝鮮半島にも影響を強めてきた。1897年，朝鮮は
国号を大韓帝国と改めたが，韓国内では，日清戦争で清国の勢力が後退
したのち，親日派と親露派が対立して政争がつづいていた。このような
情勢のなかで，日本政府の内部では，ロシアと直接に協商をむすんで事
態をおさめるか，ロシアの勢力拡張を警戒するイギリスと同盟をむすん
でロシアと対抗するか，二つに意見がわかれた。しかし，第1次桂太郎
内閣は，1902（明治35）年日英同盟協約をむすぶとともに，立憲政友会の
協力によって軍備拡張をすすめた。

日露戦争

　ロシアが満州から撤兵しないため，民間ではロシアへの反感がいちだ
んと高まり，『東京朝日新聞』など多くの有力新聞が対露主戦論をさけん
で，政府の対露姿勢を弱腰だと攻撃した。実業界や政府系の新聞は慎重
論をとなえ，社会主義者の幸徳秋水らやキリスト教徒の内村鑑三らは

日露戦争要図

ウラジヴォストーク

清
鉄嶺
奉天
1905.3.10
遼陽
鴨緑江
大連
元山
平壌
旅順
乃木第3軍
1905.1.1
威海衛
仁川
漢城
大韓帝国
山東半島
黄海
釜山
0　300km
済州島
対馬
下関
福岡
日本

バルチック艦隊
日本艦隊
日本海
欝陵島（松島）
日本海海戦
1905.5.27〜28

← 日本軍進路
数字は占領年月日

非戦論（反戦論）を主張したが，主戦論にくらべると世論への影響力は弱かった。日本政府はロシアに，満州を日本の利益範囲外とするかわりに，韓国に対する日本の軍事的・政治的支配権をみとめさせようとしたが，交渉は成立せず，1904（明治37）年2月，日本は開戦にふみきり，日露戦争がはじまった。

　白人大国ロシアとの戦争は，日本にとって文字どおり国の命運をかけた戦いであった。日本は日英同盟協約をうしろだてとし，巨額の戦費をまかなうためにイギリス・アメリカなどで外債を募集した。日露戦争の経費は約17億円で，当時の数年分の国家予算にひとしかった。そのうち8億円近くを外債で，他は国内で募集した国債や増税でまかなった。日本は総力をあげて戦うことができたが，当時，ロシアは国内で専制政治に対する反対運動が高まり，十分な戦力を発揮できなかった。

　日本陸軍は1905（明治38）年1月，激戦で多大の損害をだしながら，ロシアの海軍基地旅順を占領し，3月奉天の戦いで勝利をおさめた。また，同年5月には，ヨーロッパからはるばる航海をしてきたロシアのバルチック艦隊を，日本の連合艦隊が日本海海戦で撃ち破るなど，戦局は日本に有利に展開した。しかし，経済的にも軍事的にも，もはや戦争継続を困難と判断した日本政府は，日本海海戦の勝利の直後，アメリカ大統領セオドア゠ローズヴェルトに和平の仲介をたのんだ。

「戦友」の誕生

「ここは御国を何百里／離れて遠き満州の／赤い夕日に照らされて／友は野末の石の下…」ではじまる軍歌「戦友」は，1905(明治38)年9月刊行の『学校及家庭用言文一致叙事唱歌』に収録された。歌詞は，戦争を生きのびた男性の物語である。兵士として出征し，負傷したが，再び戦線にもどり，終戦とともに凱旋・帰郷する。その後，農業に精を出す一方で亡き戦友をとむらい，傷病兵を慰問する。そして，戦功により金鵄勲章をもらい，村民の尊敬をあつめて村長に選ばれるという内容である。京都師範付属の訓導であった真下飛泉が，義兄の体験談をもとに作詞し，京都の中学校教諭であった三善和気が作曲した。戦争を賛美せず，反戦・厭戦的気分をもち，歌詞全編をヒューマニズムが貫くとともに，哀愁にみちたメロディーで従軍兵士の心情を率直に歌いあげていた。この異色の軍歌は，マスメディアのなかったこの時代に全国的に流行し，その後も長く歌いつがれることとなった。

日露講和条約

こうしてアメリカのポーツマスで，日本全権小村寿太郎外相，ロシア全権ヴィッテらが出席して講和会議がはじまり，1905(明治38)年9月，日露講和条約(ポーツマス条約)がむすばれた。ロシアは日本に，(1)韓国における日本の支配権の全面的承認，(2)旅順・大連の租借権および長春・旅順間の鉄道権益の譲渡，(3)南樺太の割譲，(4)沿海州の漁業権などを約束したが，賠償金の支払いはみとめなかった。

講和条約の内容は，20万人にもおよぶ死傷者をだしながら苦しい生活

◀**日露講和条約の調印**　図の右側の署名しているのがロシアの首席全権ヴィッテ元蔵相，左側前列中央が日本首席全権小村寿太郎外相。(聖徳記念絵画館蔵)

ネルーを興奮させた日本の勝利

　ジャワハルラル・ネルー(1889〜1964)は，マハトマ・ガンジー(1869〜1948)とならぶインド独立運動の指導者で，第二次世界大戦後に独立を達成したインドの初代首相である。ネルーは北インドの富裕な家にうまれ，イギリスに留学し，ケンブリッジ大学に学んだ。日本海海戦で日本が勝利したという報に接したのはイギリス旅行中のことであった。ネルーは「日本の勝利は私の熱狂をわき立たせた。インドを

ヨーロッパへの従属から，アジアをヨーロッパへの従属から救い出すことに思いをはせた。ドーヴァーからの汽車の中で対馬沖での日本の大勝利の記事を読みふけりながら，私はとても上機嫌であった。」日露戦争における日本の勝利は，インドやトルコのようにロシアの脅威をうけていた国々ではとりわけ大きな興奮をもってむかえられたのであった。

にたえて戦争に協力してきた日本国民のあいだに，不満をよんだ。多くの新聞は政府を攻撃して講和条約廃棄・戦争継続を主張し，講和条約反対をさけぶ多数の群衆が，政府高官邸・交番・警察署や，講和を支持した政府系新聞社・キリスト教会などをおそう事件がおこった(日比谷焼き打ち事件)。政府は戒厳令を発布し，軍隊を出動して，これを鎮圧した。

韓国併合

　黄色人種の新興国日本が白人の大国ロシアに勝利をおさめたことは，世界に大きな衝撃をあたえた。日露戦争のおわりごろ，三民主義をとなえる孫文を指導者として，清朝打倒の革命をめざす中国同盟会が東京で発足したことに象徴されるように，それはアジアの民族運動の高まりに大きな影響をおよぼした。

　しかし日本は，列強の植民地政策をまねて，東アジアにおいて勢力拡大をはかった。日露戦争中から戦後にかけて，3次にわたる日韓協約をむすんだ日本は，韓国を保護国として統監をおき，韓国の外交・内政・

◀**朝鮮総督府** 1910年，韓国併合後の朝鮮統治のため，京城（漢城を改称，現在のソウル）に設立された。天皇に直属して，軍事・行政を統轄する。総督府の建物は，監視目的も踏まえ，韓国皇帝のいる景福宮に隣接して建てられたが，第二次世界大戦後，韓国政府によって取り壊された。（ユニフォトプレス提供）

軍事の実権をつぎつぎと手中におさめていった。

韓国では，韓国軍の解散に反対して義兵運動が展開されるなどはげしく日本に抵抗したが，日本は軍隊を出動させて鎮圧した。1909（明治42）年には，前韓国統監伊藤博文がハルビンで韓国の民族運動家に暗殺される事件がおこった。日本政府は1910（明治43）年，ついに韓国併合をおこなって（韓国併合条約），韓国を日本の領土とし，朝鮮総督府をおいて植民地支配をはじめた。この後，はたらき口をもとめて日本内地に移住する朝鮮人が多くなった。

また，日本は1906（明治39）年旅順に関東都督府をおくとともに，半官半民の南満州鉄道株式会社（満鉄）を設立して，南満州の経営をすすめていった。そして，第2次日英同盟協約と日露協約によって，これを国際社会にみとめさせた。

日米対立のめばえ

日露戦争に勝利をおさめた日本が大陸へ勢力をひろめたことは，中国や朝鮮の民族的抵抗をうけただけでなく，欧米諸国から，新しい競争相手の出現として警戒された。とくに，それまで協調的関係をたもってきたアメリカとのあいだに，満州の鉄道権益や日本人のアメリカ移民問題などをめぐって，対立がめばえはじめた。そのころアメリカには，太平洋沿岸諸州を中心に約10万人の日本人移民がいたが，安い賃金で長時間よくはたらき，白人労働者の職をおびやかしたことなどから白人の反感を買い，日露戦争後には，カリフォルニア州などで日本人移民排斥運動が高まった。

アメリカの日本人移民

日本人のアメリカ移民の最初は，1869（明治2）年カリフォルニア州に入植した旧会津藩士たちだったという。その後，一般の移民もはじまり，鉱山・鉄道敷設・道路建設・農場などの労働者としてはたらいた。1898年アメリカのハワイ併合により，ハワイの日本人移民はよりよい労働条件をもとめてアメリカ本土に渡ることが多くなり，20世紀にはいると，アメリカの日本人は毎年1万人くらいの割合でふえつづけた。毎年70〜80万人にも達したヨーロッパ系移民にくらべればそれほどの数ではなかったが，日本人移民は勤勉で長時間労働をいとわなかったので，白人労働者の地位をおびやかした。そのうえ生活習慣・宗教意識のちがいや言葉の障害などから，たとえば日曜日

も教会に行かずにはたらいたりしたため，なかなかアメリカ人社会にとけこめず，日米摩擦の原因となった。カリフォルニア州の日本人移民排斥運動は，1890年代からはじまったが，日露戦争のころになると，アメリカの全国的な労働組合団体がこれに加わるなど活発化し，1906年にはサンフランシスコで，日本人の学童が公立学校への通学を一時禁止される事件がおこった。その後，日本はアメリカへの移民を自主規制したが，カリフォルニア州では日本人の土地所有が禁止されるなど排日気運がいっそう高まり，結局，1924年には新移民法（いわゆる排日移民法）が連邦議会で成立し，日本人移民のアメリカ全土への入国はほとんどできなくなった。

4 すすむ工業化

日本の産業革命

1880年代になると，政府の殖産興業政策のもとで，民間にもしだいに近代的な産業がおこってきた。綿糸を生産する紡績業の部門では，明治初年に臥雲辰致が発明した簡単な足踏式や水車式の紡績機械（ガラ紡）などが用いられていたが，1882（明治15）年，財界の有力者や華族などによって大阪紡績会社が設立されたのをはじめ，つぎつぎに大規模な会社

◀大阪紡績会社
イギリス製の最新式紡績機械を用い，電灯を設備して昼夜交代制で操業し，大きな利益をあげた。（東洋紡提供）

がつくられた。そこでは蒸気の力を原動力とし，機械による大量生産がおこなわれた。

　こうして紡績業はめざましい発展をとげ，1891（明治24）年から10年間で綿糸の生産高は約4.5倍にふえていった。日清戦争後には，イギリスの綿糸と競争してさかんに清国や朝鮮に輸出され，1897（明治30）年には，輸出高が輸入高を上まわるようになった。

　生糸をつくる製糸業も，これまでの手工業的な座繰製糸にかわって，輸入機械に学んで技術的改良をはかった器械製糸による小工場がつぎつぎに建設された。そして日本の生糸は輸出の花形となり，アメリカ市場ではイタリアや清国の生糸との競争に勝利をおさめ，外貨のかせぎ頭の商品となった。このようにして日本では，1900（明治33）年ころまでに，紡績業・製糸業などの軽工業部門で産業革命が達成された。

農村の変化

　工業化がすすんだのに反して，農村の近代化はたちおくれた。農業は品種改良などの技術的進歩はあったが，いぜん米作を主とする小規模の経営が中心であった。製糸業の発展とともに農村では養蚕や桑の栽培がさかんになったが，紡績会社が原料としてインドやアメリカから安い綿花を輸入するようになったため，江戸時代以来の農村の綿づくりはすっかりおとろえた。また不況のたびごとに農村はそのしわよせをうけ，借金のすえに土地を手ばなす農民がふえた。地主はこれらの土地を買い集

▶明治20年代の秋田県での乾田馬耕（かんでん）　秋田では，由利郡の地主斎藤宇一郎（ういちろう）によって馬耕導入がすすめられた。（斎藤宇一郎記念会蔵）

め，小作人に貸しつけて耕作させた。こうしていわゆる寄生地主制（きせいじぬし）が確立していった。

重工業の発達

　政府は貿易や金融の面からも，産業の振興をはかった。日清戦争の賠償金を準備金として，1897(明治30)年，金本位制を採用したのはその一例である。

　軽工業にくらべて重工業の発展はかなりおくれていた。日清戦争後は軍備増強や鉄道建設のため，鉄の需要は増加する一方であったが，その大部分を輸入にたよっていた。そこで政府は約1000万円の巨費を投入して，官営の八幡製鉄所を建設した。1901(明治34)年，東洋一といわれたその溶鉱炉（ようこうろ）に火がいれられ，日露戦争後には生産が軌道（きどう）にのった。こうして1901～13(明治34～大正2)年のあいだに，国内の鉄の生産高は，銑鉄（せんてつ）が約4.5倍，鋼材（こうざい）は約40倍に急増した。しかし，それでも激増する鉄

	0	20	40	60	80	100%
1873	小作地 27.4%		自作地 72.6			
1883 ～84	35.9		64.1			
1892	40.2		59.8			
1903	43.6		56.4			
1912	45.4		54.6			
1922	46.4		53.6			
1932	47.5		52.5			
1940	45.9		54.1			

▶小作地率の変化（『近代日本経済史要覧』より）

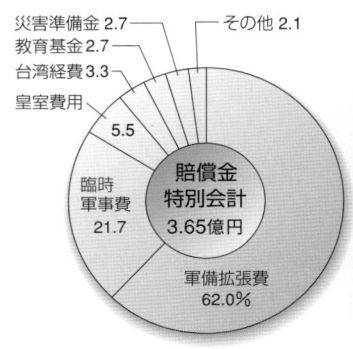

▲**日清戦争の賠償金の使途**　日清戦争の戦費は約2億円であったが，日本のえた賠償金は遼東半島還付の代償をふくめて2億3000万両（約3億6000万円），開戦前の日本の国家歳出（一般会計）の4年分をこえた。（『明治財政史』より）

▲**八幡製鉄所**　1897年に着工され，1901年，第一高炉（溶鉱炉）に火がはいり，日産165トンをほこる鉄鋼の生産をはじめた。写真は創業当時の景観。（新日鐵住金株式会社八幡製鐵所蔵）

の需要をみたすことはできなかった。

　また，三菱長崎造船所などを中心に，造船業の発展も本格的になり，日露戦争後には，1万トン級の大型鉄鋼船の建造ができるようになった。こうして日本は，重工業の面でも急速な工業化をすすめていった。

のびる鉄道

　産業の発展とともに，交通もめざましい発達をとげた。帝国議会の開設にまにあうように政府の手で建設がすすめられていた東海道線（新橋—神戸間）が，1889（明治22）年には全通した。また1891（明治24）年，上野・青森間が日本鉄道会社により開通するなど，1890年代には民間会社による鉄道敷設がさかんになった。やがて政府は，鉄道経営の全国的統一と軍事利用の必要から，日露戦争直後の1906（明治39）年，鉄道国有法を制定し，全国のおもな鉄道を国有化した。

　また，1890〜1900年代には，京都・名古屋・東京などの大都市でつぎつぎと市街電車が開通し，市民の足として親しまれるようになった。

　このような交通機関の発達によって，人と物資を短時間に大量に輸送することができるようになった。明治末期，遠隔地の町や村の男女が結

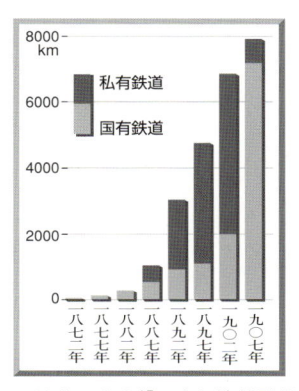

▲ 鉄道の発達（『日本経済統計総観』より）

▲ 路面電車（石井行昌撮影写真）　1895年，京都の塩小路　東　洞院・伏見下　油掛間に，はじめて路面電車（市街電車）が開業した。写真は堀川中立売付近の様子。

婚したり，学校の生徒の修学旅行が流行するようになったのも，交通機関の発達によるところが大きい。

5　社会問題の発生

悪い労働条件

　日本の資本主義は，政府の指導のもとに欧米先進諸国から技術や制度を導入する形できわめて短期間に発達した。しかしその反面，大企業と中小企業の格差が大きく，悪い労働条件や低い国内の消費水準など，ひずみもまた少なくなかった。

　近代産業の発展とともに工場労働者の数は増加したが，その多くは零細な農家の二・三男や娘たちで，彼らはまずしい家計をおぎなうため，現在とくらべるとひじょうに悪い労働条件ではたらかされていた。

　日清戦争後，アメリカから帰国した高野房太郎や片山潜らによって，1897（明治30）年労働組合期成会が結成され，労働者の団結によって労働条件の改善をはかろうとする労働組合運動がすすめられるようになった。しかし，運動が活発になり，労働争議がしばしばおこるようになると，第2次山県内閣は1900（明治33）年に治安警察法を制定して，争議の扇動

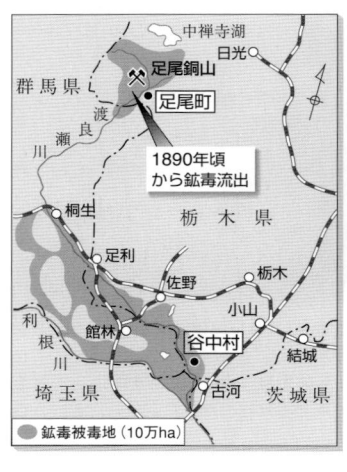

◀ **田中正造**

（1841〜1913）
第1回衆議院議員選挙で選出された正造は，足尾鉱毒事件の解決に奔走し，1901年12月10日，議会開院式から帰る天皇の馬車に向かって直訴した。（国立国会図書館蔵）

◀足尾鉱毒事件関係略図

行為を禁止するなど，とりしまりを強化した。

足尾鉱毒事件

　近代産業の急速な発展は，その副作用としていろいろな公害問題をひきおこした。そのなかでもとくに注目されたのは，足尾銅山の鉱毒事件である。

　江戸時代からの銅山として知られている栃木県足尾銅山は，明治初年古河市兵衛が経営者となった。彼は最新の洋式技術をとりいれて鉱石を採掘したので，銅の生産は飛躍的に増大した。しかし，それにともなって大量の鉱毒が渡良瀬川に流れこみ，洪水のたびごとに流域の田畑を荒廃させ，住民に大きな被害をあたえた。そこで，地元出身の代議士田中正造は被害民とともに，鉱毒防止・銅山の操業停止・被害民救済を主張して政府にたびたび請願した。政府も銅山側に鉱毒予防措置を指示したが，その対策はあまり効果がなく，その後も被害がつづいて大きな社会問題となった。

社会主義運動のおこり

　労働運動とともに，社会主義運動もおこってきた。1901（明治34）年，安部磯雄・幸徳秋水らを中心に日本ではじめての社会主義的綱領をか

▶大逆事件の判決を報じる新聞記事（『東京朝日新聞』1911〈明治44〉年1月19日付，朝日新聞社提供）

かげた社会民主党が結成されたが，治安警察法によってただちに結社禁止となった。

その後，1903（明治36）年，幸徳秋水・堺利彦らは平民社をつくり，週刊『平民新聞』を創刊して日露戦争反対をさけんだ。日露戦争後，日本社会党が結成されたが，社会主義運動は，議会主義的活動を主張する穏健派と，労働者の直接行動を重視する急進派とに分裂した。1910（明治43）年，幸徳秋水らが天皇の暗殺を企てたとして処刑された大逆事件がおこった。これをきっかけに，政府の社会主義運動に対するとりしまりはいちだんと強化され，社会主義者たちにとって，いわゆる“冬の時代”がおとずれた。警視庁内に特別高等課（特高）とよばれる思想警察がおかれたのもこのときからである。

しかしその一方で，政府は労働者と資本家の対立をやわらげるため，1911（明治44）年工場法を制定して労働条件の改善をはかり，1916（大正5）年からそれを施行した。工場法は日本で最初の労働者保護立法で，少年・女子の就業時間の限度を12時間とし，深夜業を禁止した。しかし適用範囲は15人以上を使用する工場に限られ，製糸業などに14時間労働，紡績業に期限つきながら深夜業をみとめるなど，不徹底なものであった。

6 新しい思想と教育

国家主義の思想

　明治時代の文化の特色は，成熟した江戸文化の伝統をうけつぎながら，欧米の近代文化をとりいれて，ひろく国民を基礎にした文化が形成されていったところにある。

　思想の面では，明治初年，国民の自由と権利をもとめる自由民権の思想が中江兆民・大井憲太郎らによってとなえられ，青年・知識層などのあいだにひろまった。しかし，それは同時に，欧米列強が東アジアに進出してくるという国際情勢のなかで，強い対外危機意識をよびおこし，国家の独立の強化やその勢力拡張の必要性を強調する国権論と強くむすびついていった。

　1880年代末になると，政府の表面的な欧化主義を批判し，日本の伝統的な民族文化の尊重を説く三宅雪嶺ら政教社一派が雑誌『日本人』を創刊し，国粋保存主義を主張した。また，徳富蘇峰は雑誌『国民之友』を発行して平民的欧化主義を説き，政府の西洋文明摂取の政策が，特権階級のためのものになっていると批判した。しかし，蘇峰も日清戦争を契機に，国家を強くすることをもっとも重要と考えるようになり，国家主義の立場を強調した。こうして明治時代後半には，一般に国家主義的風潮

▲『日本人』（日本近代文学館蔵）　『日本人』の創刊は，1888（明治21）年。

▲徳富蘇峰（国立国会図書館蔵）と『国民之友』（日本近代文学館蔵）　平民主義をとなえて政府を批判したが，のち国家主義の立場を強調した。『国民之友』の創刊は，1887（明治20）年。

が強まっていった。

宗教界の動き

　宗教の面では，江戸時代末期以来おこっていた天理教・金光教・黒住教など教派神道が民間の信仰としてひろまった。仏教も自由信仰論の立場にたつ島地黙雷らの努力により，廃仏毀釈の打撃からたち直った。また，キリスト教は1873（明治6）年の解禁以来，教育・社会福祉事業などとともに布教活動をすすめ，新島襄・内村鑑三らのすぐれた宗教家・思想家があらわれ，おもに青年・知識層のあいだにひろまった。しかし，それはしばしば国家主義的な忠君愛国の精神と衝突して排撃されることが多かった。たとえば，第一高等中学校の嘱託教員であった内村鑑三は，キリスト教信者としての立場から，教育勅語に拝礼しなかったため世の非難をあび，教職辞任に追いこまれた（内村鑑三不敬事件）。

学校教育の発展

　政府は国民教育を重視し，学校教育をつうじてその発展をはかった。明治初年にはフランスやアメリカにならった自由主義的傾向の教育方針がとられたが，その後1886（明治19）年森有礼文相のとき，小学校令・中学校令・帝国大学令などのいわゆる学校令が制定され，国家主義的な教育制度が体系化された。

　小学校令では，小学校8年のうちの最初の4年間の義務教育制が定め

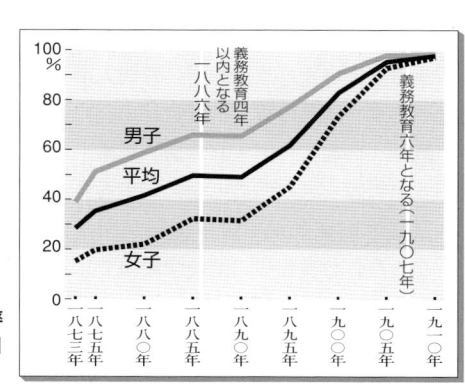

▶義務教育における就学率の向上（文部省『文教資料』より）

られたが，1907（明治40）年には6年に延長された。義務教育就学率は1890年代から飛躍的にのび，1900（明治33）年に，公立小学校の授業料が撤廃されると，女子の就学率も，明治時代末期にはほとんど男子との差がなくなった。国民教育の発展のため，教員養成を目的とする師範学校が政府の手によって各地に設けられた。

また1890（明治23）年，教育に関する勅語（教育勅語）が発布され，教育の基本として忠君愛国の精神と家族道徳とが強調された。そうした国家主義的教育方針は，1903（明治36）年から採用された小学校の国定教科書の制度によって，生徒のあいだにひろめられていった。

明治初年に設立された東京大学は，1886（明治19）年に帝国大学（のち東京帝国大学）となり，国家の指導的人材を育成する機関となった。一方，福沢諭吉の慶応義塾，大隈重信の東京専門学校（現，早稲田大学），

大学の前身名

大学進学率が上昇したことで大学は身近な存在となったが，第二次世界大戦以前，大学卒業者はエリート的存在であった。旧帝国大学は，1886（明治19）年の帝国大学令第1条に「国家ノ須要ニ応スル学術技芸ヲ教授シ，及其蘊奥ヲ攻究スルヲ以テ目的トス」とあるように，当時の国づくりと密接な関係をもっていた。東京大学は帝国大学と改称され，その後，約半世紀の間に，京都・東北・九州・北海道・京城・台北・大阪・名古屋の九帝大が創設され，戦後は旧植民地を除いて新制大学となった。教員養成の師範学校系では，東京師範学校→東京教育大学，女子高等師範学校→お茶の水女子大学，広島高等師範学校→広島大学，奈良女子高等師範学校→奈良女子大学。官立系では，東京外国語学校→東京外国語大学，商法講習所→東京商科大学→一橋大学，東京職工学校→東京工業大学，東京美術学校→東京芸術大学。私学系では，慶応義塾→慶応義塾大学，聖公会立教学校→立教大学，同志社英学校→同志社大学，東京法学社→法政大学，専修学校→専修大学，明治法律学校→明治大学，東京専門学校→早稲田大学，英吉利法律学校→中央大学，関西法律学校→関西大学，哲学館→東洋大学，日本法律学校→日本大学，女子英学塾→津田塾大学，日本女子大学校→日本女子大学。

新島襄の同志社などの私学は，新時代にふさわしい個性ある学風をもって，政界・実業界・言論界などに人材をおくりこんだ。女子教育の必要もさけばれるようになり，津田梅子の女子英学塾（現，津田塾大学），成瀬仁蔵の日本女子大学校などが設立された。

科学の発達

　19世紀後半の欧米諸国では，ダーウィンの進化論などの影響によって，科学的精神を重んじる学問がいろいろな分野で発達した。この成果は日本にもとりいれられ，大学を中心に各種の近代的学術研究や教育がすすめられた。それらは，明治時代前期には主として外国人教師の手でおこなわれたが，後期になると日本人自身による独創的な研究がうまれるようになった。物理学における長岡半太郎の原子模型理論，細菌学における北里柴三郎の破傷風菌の純粋培養，志賀潔の赤痢菌の発見，薬学における高峰譲吉のアドレナリンの抽出やタカジアスターゼの創製などはその例である。

　また人文科学の面でも，実証的・合理的研究がふかめられ，多くの分野ですぐれた成果があらわれるようになった。

7　文芸の新しい波

明治の文学

　文学や芸術の世界にも，新しい時代の波がやってきた。1885（明治18）年，坪内逍遙が『小説神髄』を発表し，小説は勧善懲悪の立場からではなく，人情や世間のありさまをありのままにえがくべきだという写実主義をとなえ，文学の自立化を説いて近代文学理論のさきがけとなった。

　日清戦争の前後から，北村透谷・島崎藤村ら『文学界』同人を中心に，人間性を解放し個人の自由な感情をうたいあげるロマン主義の運動がすすめられ，新体詩や小説がつぎつぎと発表された。ドイツがえりの森鷗外が叙情味あふれる作品で世に衝撃をあたえたのも，このころのことである。また，この時期に，庶民の哀歓をこまやかな筆致でえがいた樋口

 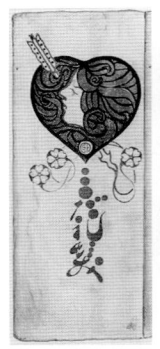 

▲『**小説神髄**』（日本近代文学館蔵） 文学士坪内雄蔵の名で出版された，明治最初期の文学論。文学は政治や道徳に左右されず，心理描写を主眼とすべきであると主張し，のちの文学に大きな影響をあたえた。

▲『**みだれ髪**』（左）と『**若菜集**』（右）（日本近代文学館蔵） 『みだれ髪』は1901（明治34）年に刊行された与謝野晶子の歌集。『若菜集』は1897（明治30）年8月刊行の島崎藤村の詩集。藤村が雑誌『文学界』に発表した作品を収録したもの。表紙の絵にもみずみずしさがあらわれている。

一葉，情熱的な短歌や詩をうたった与謝野晶子らの女流作家も活躍した。

日露戦争のころから，フランスやロシアの文学の影響をうけて，人生や社会の暗い現実をありのままにえがこうとする自然主義がさかんになった。ロマン主義の詩人島崎藤村は，このころになると田山花袋らとともに，自然主義の立場にたった小説を発表するようになった。一方，イギリス文学にふかくふれた夏目漱石は，反自然主義の立場から知識人の精神生活を知的な筆致でえがいて多くの読者を集めた。

美術と演劇

美術の分野では，フェノロサや岡倉天心が文明開化の風潮のなかでおとろえた日本の伝統的美術の復興につとめ，また政府も，東京美術学校を設立し，岡倉らは日本美術院を設立して，その育成をはかった。こうした努力のなかから横山大観らのすぐれた日本画家が活躍した。西洋画では，黒田清輝らがフランス印象派の画風を日本に伝え，数多くの清新な作品をのこした。その後，政府は西洋美術と伝統美術の共栄をめざして，文部省美術展覧会（文展）を開設した。

▲ **湖畔**（黒田清輝筆）　1897（明治30）年の第2回白馬会に出品した作品。清輝はパリに学び，明るい色調で「外光派」の指導者となった。モデルは清輝の夫人。（部分，東京文化財研究所提供）

▲ **竜虎図**（部分，左隻「虎」，橋本雅邦筆）　1895（明治28）年の内国博覧会に出品した作品で，雅邦の代表的な屏風絵。（静嘉堂文庫美術館蔵）

　演劇では，江戸時代以来の歌舞伎がひきつづき庶民に親しまれて発展し，9代目市川団十郎・5代目尾上菊五郎・初代市川左団次らの名優が輩出した（団菊左時代）。また，明治時代後期には川上音二郎らにより現代社会劇をあつかった新派劇がはじまり，さらに明治末期には，西洋近代劇も上演されるようになった。

　音楽の分野でも，東京音楽学校が設立されて専門的な西洋音楽の教育がはじまり，滝廉太郎らのすぐれた作曲家があらわれた。小学校教育では，西洋の歌謡を模した唱歌がとりいれられた。

▲ **団菊左時代**　明治中期の9代目市川団十郎・5代目尾上菊五郎・初代市川左団次によってきずかれた歌舞伎の黄金時代。（早稲田大学演劇博物館蔵）

「君が代」の成立

「君が代」の歌詞は『古今集』に「題知らず，詠人知らず」として「我が君は千代に八千代に…」とあるのを初めとし，『新撰和歌集』や『和漢朗詠集』などにもおさめられ，賀歌として朗詠されていた。曲は1870（明治3）年，軍楽隊教官の英国人フェントンがつくり，陸軍観兵式で吹奏したが，威厳をかくという理由で1876（明治9）年に廃止された。そこで宮内省雅楽課が新しく作曲することとなり，1880（明治13）年，林広守らが雅楽の音階で基本曲調をつくった。これを海軍雇楽長ドイツ人エッケルトが中心となって吹奏楽に編曲し，同年11月3日の天長節に宮中で吹奏した。1888（明治21）年，海軍はこの楽譜を印刷して「大日本礼式」として各条約国におくった。また，文部省は1893（明治26）年，『官報』で小学校で祝日・大祭日の儀式をおこなう際に唱歌用としてもちいる歌として「一月一日」「紀元節」「天長節」など8曲の一つとして制定・発表した。それ以後，事実上の国歌としてしだいに普及していった。

新聞の発達

明治時代をつうじて新しい文化は，都市を中心にしだいに国民のあいだにひろまったが，その際，大きな役割をはたしたのは，新聞や雑誌であった。1870年代に創刊された多くの日刊新聞は，80年代には自由民権運動とむすびつき，政治評論を中心とした政論新聞（大新聞）として発達した。

一方，江戸時代の“読売瓦版”の伝統を引きつぎ，社会のできごとを庶民に伝える小新聞もうまれた。1890（明治23）年前後になると，一般の読者を対象にニュース報道を中心とした全国的な商業新聞があらわれた。日清・日露戦争はニュース報道への関心を高め，教育の普及により文字を読める人口がふえ，明治末期には1日の発行部数が十数万部に達する有力新聞もでた。

かわる国民生活

実用的な西洋風の衣食住の生活は，官庁・学校・会社・軍隊などを中

都会人の食生活

明治時代後半になると，日本人の食生活はいろいろ豊富になり，とりわけ都会では，和食・洋食など各種の料理が食卓をにぎわすようになった。1897（明治30）年の調査では，東京には料理店が476軒，飲食店が4470軒，嗜茶店（喫茶店）が143軒もあった。牛肉店も多く，肉鍋（すきやき）のほか，オムレツ・カツレツ・ビフテキなどをだしたという。

1899（明治32）年夏，新橋にビヤホールが開店し，サンドイッチなどとともにビールを提供したところ，おすなおすなの大にぎわいで，これをまねてビヤホールがつぎつぎと誕生した。「水菓子」（果物）も桃・梨・柿・みかんといった在来の品種ばかりでなく，明治初年，アメリカからはいってきたりんごが青森や北海道で栽培され，植民地となった台湾のバナナやパイナップルとともに食卓にのるようになった。

一方，農村ではいぜん麦入りのごはんがあたりまえだったが，都会では米ばかりのごはんがふつうになっていたので，都会に嫁入りした娘が里帰りして，麦入りのごはんはいやだと駄々をこね，母親を困らせるといった光景もみられたという。

心に普及し，しだいに都会の一般家庭にもひろまった。1880年代から公共施設に電灯がともり，明治末期には一般家庭にもひろく用いられるようになった。大都会の中心部には，煉瓦造の洋風建築が建ちならぶようになった。肉食の習慣や洋服の着用もひろまったが，洋服で通勤し，家庭では和服でくつろぐというように，人々は洋風と和風の生活様式をたくみに使いわけた。

鉄道・郵便・電信の発達に加え，1890年代には電話事業もはじまった。このような交通・通信手段の発達により国民の生活圏は拡大し，せまい地域社会の範囲をこえた国家意識や国民としての自覚と一体感を庶民層にまでおしひろげることになった。

しかし，都市と農村の格差はいぜんとして大きく，たとえば都市では米飯が常食とされたが，農村ではもっぱら麦入りのごはんが主食であった。また，農村ではなかなか電灯が普及せず，石油ランプが多く使われた。

第13章　第一次世界大戦と日本

1　ゆれ動く世界と日本

第一次世界大戦

　20世紀初頭のヨーロッパではドイツが積極的な世界政策をすすめ，ロシア・フランス・イギリスの三国協商側とドイツ・オーストリア・イタリアの三国同盟側との対立があらわになった。とくに少数民族の対立のはげしいバルカン半島では，それが大国の利害とむすびついて，しだいに緊張が高まった。1914年6月，ボスニアのサライエボでセルビア人によるオーストリアの帝位継承者夫妻暗殺事件がおこると，同年7月，まずオーストリアがセルビアに宣戦し，8月にはロシア・フランス・イギリスがセルビア側に，ドイツがオーストリア側にたって参戦し，第一次世界大戦がはじまった。

　日本はこの機をとらえて東アジアにおける勢力の拡大と安定化をはかるため，日英同盟を理由として1914（大正3）年8月，ドイツに宣戦し，山東半島のドイツの軍事基地青島やドイツ領南洋諸島の一部を占領した。

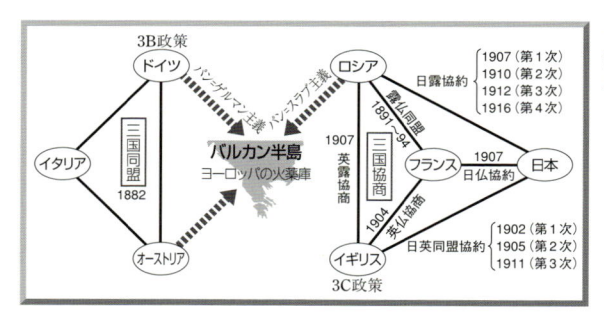

◀第一次世界大戦直前の世界

二十一ヵ条の要求

　中国ではこれにさきだって，1911年辛亥革命がおこり，翌年には，南京を中心に孫文を臨時大総統とする中華民国が成立し，清王朝はついにほろんだ。しかし，国内にはなお旧勢力が各地に分立し，軍閥の実力者袁世凱が孫文をしりぞけて大総統となり，北京に政権を樹立した。

　第2次大隈内閣はこのような混乱に乗じて，1915（大正4）年，中国の袁世凱政府に中国における日本の権益を大はばに拡大する内容のいわゆる二十一カ条の要求を提出し，最後通牒を発して要求の大部分をみとめさせた。しかし，中国国内ではこれに反発して排日気運が高まった。

　その後，日本は寺内正毅内閣のとき，袁のあとをついだ北方軍閥の段祺瑞の政権に莫大な借款をあたえて，政治・経済・軍事にわたる日本の影響力を強めようとした（西原借款）。1917（大正6）年にはアメリカとのあいだに石井・ランシング協定をむすび，中国の領土保全・門戸開放と中国における日本の特殊権益の承認とを確認しあった。

シベリア出兵

　連合国の一員だったロシアでは，1917年3月，ロシア革命がおこって帝政はたおれ，同年11月にはレーニンの指導により，世界最初の社会主

◀**シベリア出兵**　4年にわたる日本の出兵は，底なし井戸に金をつぎこむにひとしいと，国内でも非難の声が高かった。（さいたま市立漫画会館蔵）

義政権(ソヴィエト政権)が誕生し，翌年，ドイツおよびオーストリアと単独講和をむすんだ。

ロシア革命によって，ロシアが連合国側から離脱したことに衝撃をうけた連合国は，1918年シベリアにとりのこされた連合国側のチェコスロヴァキア軍の救援を理由に，シベリアに出兵した。アメリカから共同出兵を要請されると，日本も大軍をシベリア・沿海州・北満州におくり，革命をおさえようとした。日本は連合国の撤兵後も駐留していたので，内外の非難をあび，巨額の経費を使い多くの死傷者をだして，1922(大正11)年ほとんど成果をあげることなく撤兵した。

2　民衆の登場

大正政変

日露戦争後，藩閥・官僚勢力をうしろだてとした長州出身の陸軍大将桂太郎と，衆議院の第一党である立憲政友会総裁の西園寺公望とが交代で政権を担当し，ひとまず政局は安定した(桂園時代)。しかし，1912(大正元)年財政事情の悪化のため第2次西園寺内閣が，陸軍の要求する2個師団増設をみとめなかったことから，陸軍の抵抗をうけて総辞職し，かわって三たび桂内閣が成立した。

これを藩閥勢力や陸軍の横暴とみなした立憲国民党の犬養毅，立憲政友会の尾崎行雄らの政党政治家や言論人たちは，"閥族打破・憲政擁護"をとなえて桂内閣打倒の運動をおこした(第一次護憲運動)。桂はみ

◀護憲運動を支持して衆議院を包囲する民衆(日本近代史研究会提供)

「大正」の改元

明治天皇の死とともに皇太子嘉仁親王は践祚し，年号を「大正」とすることをさだめた。新年号制定の作業は，すでに明治天皇の病気が重くなった7月28日ころからはじまっており，3回の審議をへて，「大正・天興・興化」の3候補が西園寺内閣によってさだめられていた。案をうけた枢密院はこのなかから「大正」を選んだ。それは『易経』からとられたもので，天子が民の言をいれて政治を正しくおこなうのは天の道だという意味が込められていた。また，明治の場合は慶応4年が1月1日までさかのぼって明治元年と改められたのに対し，大正の場合は1912年7月29日までが明治，30日以降は大正となった。これにより，文字どおり一世一元となった。さらに大正改元後1カ月で，大行天皇とよばれていた明治天皇に「明治天皇」の追号がおこなわれ，天皇の諡号は元号と同一になった。

ずから政党（のちの立憲同志会）を組織して，議会の反対をおさえようとしたが成功せず，総辞職に追いこまれた（大正政変）。

ついで薩摩出身で海軍の長老である山本権兵衛*が，立憲政友会を与党として内閣を組織した。山本内閣は軍部大臣現役武官制を撤廃するなどの改革をおこなったが，海軍の高官たちが，ドイツのジーメンス会社などから軍艦などの購入に際し，多額の謝礼をうけとっていたとされるジーメンス事件が原因となって1914（大正3）年退陣し，言論界や民衆に人気のある大隈重信の内閣（第2次）が立憲同志会の支持で成立した。このような政変の過程をつうじて，民衆の政治的な動きが活発となり，政党の力はいっそうのびていった。

> *山本権兵衛　かつては「ごんのひょうえ」とよばれていたが，近年は遺族などからの聞き取りにより「ごんべえ」の読みが正しいということになった。なお，「ごんのひょうえ」の読みは，海軍の重職にあった山本が，軍艦の進水式において名をよばれる際，神主が祝詞用につけたものともいわれている。

都市の民衆暴動

　明治時代末期から大正時代にかけて，大規模な都市民衆の暴動事件がおこり，それが政局に重大な影響をおよぼすという現象がしばしばみられた。そのさきがけとなったのが日露講和条約に反対した日比谷焼き打ち事件であった。第一次護憲運動に際しても，1913（大正2）年桂内閣打倒をさけぶ数万の群衆が議事堂をとりまき，その一部が政府系の新聞社や交番をおそい，警官隊と衝突する騒動となった。翌年のジーメンス事件のときの山本内閣打倒の運動では，与党と野党がいれかわってい

たが，同じような民衆暴動事件が発生している。

　ここに登場する民衆は，おおむね選挙権をもたない下層市民を中心とする不特定多数の群衆で，みずから一定の恒常的な政治目標や組織をもつものではなく，そのときどきの反政府派に動員されるという傾向が強かった。このような民衆のエネルギーをどのように組織化してゆくかは，大正時代の政治指導者の新しい政治的課題となったのである。

民本主義

　第一次世界大戦がおこると，連合国側はこの大戦を民主主義と専制主義の戦いであると意義づけたが，これは世界的に民主主義的風潮をよびおこし，日本にも大きな影響をあたえた。

　こうしたなかで，東京帝国大学教授の吉野作造は民本主義をとなえ，民衆の利益と幸福を目的とした民意による政治運営を説いて，ひろく言論界の支持を集めた。それは議会を中心とする政治の実現をもとめる指導理論となり，元老・藩閥・軍部などの特権的勢力を攻撃する世論が高まって，いわゆる大正デモクラシーの気運が国内にみなぎった。

大戦景気と米騒動

　第一次世界大戦の長期化により，ヨーロッパ諸国の東アジア市場への輸出が減少し，かわって綿糸・綿織物などの日本商品が市場を独占した。アメリカ経済の好況を反映してアメリカむけの生糸の輸出も増大した。

▲**富山の女一揆** 富山県東・西水橋町，滑川町
の騒動を伝える1918(大正7)年8月8日付の新聞
記事(東京大学法学部附属明治新聞雑誌文庫蔵)。

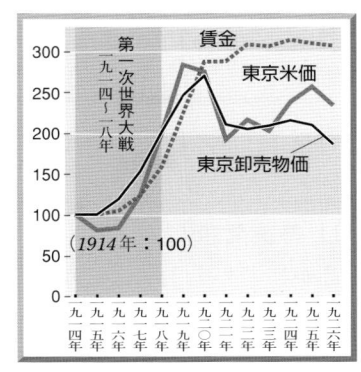

▲**大戦開始後の物価指数**(『日本経済統計総観』より)
数年のうちに，物価はほとんど3倍近くに上昇した。

世界的に船舶需要が激増したため，それに応じて造船・海運業が飛躍的
な発展をとげた。中小海運業者のなかには，このブームで巨万の利益を
あげ，いわゆる船成金とよばれるものが続出した。この結果，日本の造
船量はアメリカ・イギリスにつぎ世界第3位となった。薬品・肥料など
の分野では国産化がすすみ，化学工業も発展した。また水力発電による
電力事業が発達し，工業原動力の電化がすすんだ。

　好景気のなかで工業生産額は農業生産額を上まわり，輸出は増大して
国際収支は大はばな黒字となった。中国に対する資本の輸出もいちだん
と活発になり，大戦後には日本の大きな紡績会社が，安い労働力をもと
めてつぎつぎと中国に工場を建設した(在華紡)。労働者の賃金はかなり
あがったが，インフレ傾向がつづいたので，庶民の生活は必ずしも楽で
はなかった。

　1918(大正7)年にはいると，米価が急上昇し，下層の人々の暮らしは
苦しくなった。同年夏，富山県の漁村の主婦たちが米価の高騰を阻止し
ようと運動をおこした。この運動はたちまち全国にひろがり，各地で群
衆が米穀商・精米会社・資産家宅などを襲撃するという大規模な米騒動
に発展した。寺内正毅内閣は，米の安売りをはかるとともに，軍隊まで

出動させてようやく騒動をしずめたが，世の非難をあびて退陣した。

3　平民宰相

原内閣と普選問題

　米騒動がしずまったあと，寺内内閣が総辞職すると，政党ぎらいの元老山県有朋らも，もはや政党内閣でなくては国民の支持をえられないことをさとった。そこで，1918(大正 7)年衆議院の第一党である立憲政友会の総裁原敬が元老の推薦で総理大臣となり，陸軍・海軍・外務大臣をのぞく全閣僚を立憲政友会の党員から選んで，本格的な政党内閣を組織した。原は藩閥に無関係な旧南部藩(岩手県)出身で，華族ではなく衆議院に議席をもつはじめての首相だったので，"平民宰相"とよばれて国民の期待を集めた。

　原内閣は，3 年あまりにわたって政権を維持し，産業の振興・教育施設の拡充など，積極政策をおしすすめた。また，1919(大正 8)年選挙法を改正し，納税資格を直接国税10円以上から 3 円以上に引き下げて，選挙権を大はばにひろげた。しかし，知識人・労働組合・野党(憲政会と国民党)などを中心に普通選挙の実現を要求する運動(普選運動)が高ま

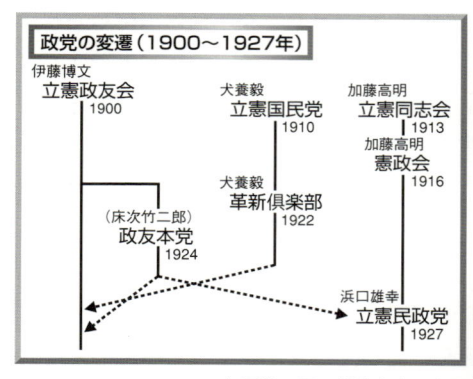

政党の変遷(1900〜1927年)

伊藤博文
立憲政友会
1900

犬養毅
立憲国民党
1910

加藤高明
立憲同志会
1913

加藤高明
憲政会
1916

犬養毅
革新倶楽部
1922

(床次竹二郎)
政友本党
1924

浜口雄幸
立憲民政党
1927

▶原敬　原は外務次官や大阪毎日新聞社長をへて政治家となった。(原敬記念館蔵)

ると，原内閣と立憲政友会は時期 尚早としてこれをしりぞけた。

この時代に政党は勢力を大きくのばしたが，小選挙区制のもとで絶対多数の議席を確保した立憲政友会の強力な政治運営は，"多数党の横暴"という印象を国民にあたえ，原は1921(大正10)年暗殺された。

高まる社会運動

第一次世界大戦中，空前の好景気にわきかえった日本経済は，戦後まもない1920(大正9)年，一転して深刻な不況にみまわれた(戦後恐慌)。ついで，1923(大正12)年の関東大震災により，さらに大きな打撃をうけ，東京・横浜の下町はほとんど焼野原となった。死者・行方不明者は10万人をこえ，被災者は340万人以上に達した。被災地域には戒厳令がしかれたが，この大混乱のさなか，「朝鮮人暴動」の流言がひろまり，これに不安を感じた住民の自警団などの手で多数の朝鮮人が殺されるという事件もおこった。

このような経済と社会の変動を背景に，いろいろな方面で革新の気運が高まった。大戦中のロシア革命や米騒動に刺激されて，労働運動・社会運動は活気をとりもどした。1912(大正元)年労資協調的な労働者の組織として鈴木文治を中心に発足した友愛会は，大戦後，会員の数を増すとともに急速に急進化し，1921(大正10)年には日本労働総同盟と改称して，労働争議や労働組合の組織化を指導した。1920(大正9)年には，日本で最初のメーデーもおこなわれた。農村でも小作争議がしだいに増加し，1922(大正11)年には日本農民組合が結成された。

知識人のあいだでも，東京帝国大学の新人会など，教師と学生が中心となって革新的な啓蒙団体がつぎつぎにつくられた。女性運動の面では，1911(明治44)年，平塚明(らいてう)らが青鞜社を結成し，雑誌『青鞜』を創刊して女性解放を主張した。1920(大正9)年には平塚明・市川房枝を中心に，新婦人協会が発足して，婦人参政権獲得運動がはじまった。被差別部落の人々がみずから行動をおこして，社会的差別からの解放をもとめる部落解放運動もさかんになり，1922(大正11)年にはその全国組織である全国水平社が創立され，その後，1955(昭和30)年の部落解放同盟に発展した。

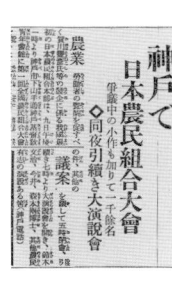

神戸で
日本農民組合大會

◆**日本農民組合結成を報じる新聞記事**（『万朝報』1922年4月9日）　杉山元治郎（組合長）・賀川豊彦を指導者として神戸で結成された。（国立国会図書館蔵）

▲**杉山元治郎**（1885〜1964）

▲**賀川豊彦**（1888〜1960，賀川豊彦記念・松沢資料館蔵）

◆**新婦人協会第1回総会で挨拶する市川房枝**　1920年3月に設立された新婦人協会は，男女同権，母性保護，女性の権利擁護にとり組んだ。（毎日新聞社提供）

◆**全国水平社の創立**（1922年3月）　創立大会で西光万吉起草の水平社宣言が採択される。後列右端が西光万吉。部落差別に苦しんでいた人々は，みずからの解放を求めて立ちあがった。（水平社博物館蔵）

　こうした状況のなかで，社会主義・共産主義の運動も活発になり，1920（大正9）年には各派の社会主義者たちを集めて日本社会主義同盟が発足した。大杉栄らの無政府主義（アナーキズム）と共産主義とが対立したが，1922（大正11）年にはひそかに結成された日本共産党が，革命をめざす非合法活動を開始した。一方，国家主義の立場から国家の改造をはかろうとする運動も，北一輝・大川周明らを中心にすすめられ，急進的な国家主義者や青年将校に大きな影響をあたえた。

4　国際協調の時代

パリ平和会議

　第一次世界大戦は，アメリカの連合国側への参戦やドイツの国内事情の悪化などにより，1918年11月，ドイツ側の敗北でおわった。アメリカ大統領ウィルソンの提案した十四カ条の平和原則をもとに，翌1919年，フランスのパリで連合国とドイツとの平和会議がひらかれ，日本も西園寺公望らを全権におくった。

　この会議で民族自決の原則により東欧諸国などの独立がみとめられた。朝鮮でも同年，民族独立をもとめる運動(三・一独立運動)が高まったが，日本は軍隊を出動させてこれを鎮圧した。パリ平和会議の結果，日本は，山東半島の旧ドイツ権益の継承，国際連盟の委任による赤道以北の旧ドイツ領南洋諸島(サイパン島など)の統治をみとめられた。しかし，中国は日本の山東権益継承に強く反対し，大規模な反日民族運動(五・四運動)が展開された。また，日本がこの会議に提出した人種差別撤廃案は，アメリカなど大国の反対で採択されなかった。

　1919(大正8)年，パリ平和会議で調印されたヴェルサイユ条約によって，ヨーロッパではヴェルサイユ体制とよばれる新しい戦後の国際秩序が成立した。またこの条約により，1920年には世界ではじめて常設的国際平和機構として国際連盟が発足し，日本はイギリス・フランス・イタリアとともに常任理事国に選ばれた。このとき，アメリカは上院の反対でヴェルサイユ条約を批准せず，国際連盟に加盟しなかったが，連盟の活動には協力した。

▶**パリ平和会議**　ウィルソン米大統領(中央左)，ロイド＝ジョージ英首相(中央右)，クレマンソー仏首相(中央)，西園寺公望(後列右から5人目)ら各国の首脳が一堂に会した。(サー＝ウィリアム＝オーベン画)

条約名	参加国	内容その他
ヴェルサイユ条約 (1919.6)	27カ国	第一次世界大戦後の処理。国際連盟成立(1920)
ワシントン会議　四カ国条約 (1921.12)	英・米・日・仏	太平洋の平和に関する条約 これにより日英同盟協約廃棄
ワシントン会議　九カ国条約 (1922.2)	英・米・日・仏・伊・ ベルギー・ポルトガ ル・オランダ・中国	中国問題に関する条約(中国の主権尊重，門戸開 放，機会均等)。この条約に関連して，山東懸案 解決条約で山東半島における旧ドイツ権益を返還
ワシントン会議　海軍軍縮条約 (1922.2)	英・米・日・仏・伊	主力艦保有量の制限 今後10年間，主力艦の建造禁止
*ジュネーヴ会議 (1927.6)	米・英・日	米・英・日の補助艦の制限，合意に至らず
不戦条約(パリ) (1928.8)	15カ国	国策の手段として戦争放棄
ロンドン海軍軍縮 条約(1930.4)	英・米・日・仏・伊	主力艦の保有制限および建造禁止を1936年まで延 長。英・米・日の補助艦保有量の制限

▲**おもな国際条約**　条約名欄の( )は調印の年月，＊印は決裂。

　こうして，日本は欧米列強と肩をならべる大国になったが，同時に西洋の大国と東洋の発展途上国の狭間にたって，双方から反発と警戒の目をむけられるという苦しい国際的立場にたたされることになった。

ワシントン会議

　第一次世界大戦後，国際政治の主導権をにぎったアメリカは，日本・イギリスとの軍備拡張競争を抑制し，日本の中国進出をおさえて，東アジアの国際秩序を確立するため，1921(大正10)年，各国によびかけてワシントン会議をひらいた。日本政府は，アメリカとの協調関係を強化するよい機会であり，また財政の破綻をさけるためにも軍備縮小が必要であると判断し，海軍大臣加藤友三郎・駐米大使幣原喜重郎らを全権として会議に派遣した。

　この会議ではまず，日本・アメリカ・イギリス・フランスが太平洋の島々の安全保障をとりきめた四カ国条約をむすび，日英同盟協約は廃棄となった。ついで翌年，この4カ国にイタリアを加えた5カ国間にワシントン海軍軍縮条約がむすばれ，主力艦の建造を10年間中止すること，その保有量比率を，英・米各5，日本3，仏・伊各1.67とすることなどが定められた。また，この5カ国に中国など4カ国を加えて九カ国条約

▶しずめられる軍艦
軍艦津軽は軍縮で廃艦
となり，1924（大正13）
年5月27日，神奈川県
横須賀沖でしずめられ
た。

軍縮と軍人の反発

　日露戦争後，軍人の人気が高かった時代に職業軍人への道を志した少年たちが，やがて将校として一人前になるころ，軍縮の時代がやってきた。兵力の削減がすすむにつれ，軍人は出世の道をせばめられ，失業の不安にさらされるようになった。世間の目はきびしくなり，軍人の社会的地位は低下した。とりわけ都会では，軍人が軍服姿で街のなかを歩くことが，はばかられるような雰囲気がひろがったという。ある師団長は先輩への手紙のなかで，結婚がきまっていた部下の将校で，軍縮がはじまったため婚約者の女性から破談を申しわたされた例もあるとして，軍縮により若い将校たちが動揺し，師団内の士気が低下していることをなげいている。こうした世間の風潮に対する軍部側の反発が，やがて政府の手で推進された協調外交や軍縮政策に不満をいだき，テロやクーデタでそれを打破しようとする急進派軍人たちをうみだす背景になったと考えられる。

　がむすばれ，中国の主権・独立・領土保全の尊重，中国に対する機会均等・門戸開放の原則がとりきめられた。そして，国際協調の方針にそって，日本は中国に山東半島の権益を返還することになった。

　こうして，東アジアには米・英・日3カ国の協力関係を軸に，ワシントン体制とよばれる新しい国際秩序が形成された。

協調外交の展開

　1920年代をつうじて，世界的にも国内的にも国際協調の気運が高まった。日本は国際連盟の有力国として国際協調につとめ，1924（大正13）年加藤高明内閣の外務大臣に就任した幣原喜重郎を中心に，とくにアメリカとの協調関係の維持に力をそそいだ（幣原外交）。また，1925（大正14）年には日ソ基本条約をむすび，革命以来はじめてソ連との国交を樹立した。中国に対しては，武力的干渉をさけ，外交交渉によって条約で日本にみとめられた権益をまもっていこうとする政策をとった。

　日本国内では，海軍の軍備縮小につづいて陸軍の軍縮も実行に移されたので，軍事費が大はばに減り，財政の緊縮に役立った。

　政界・財界・言論界は，政府のこうした政策をおおむね支持した。しかし，軍部の一部や国家主義団体のあいだには，アメリカが日本の対外発展をおさえて，国際政治で優位を確保しようとしていると考え，協調外交や軍縮政策はこれに屈服するものとして非難する声もあった。

5　政党政治の明暗

護憲三派内閣の成立

　原内閣のあとをついだ立憲政友会の高橋是清内閣が，党内の対立から6カ月あまりで退陣し，それ以後約2年間，3代にわたって非政党内閣がつづいた。

　1924（大正13）年，貴族院の勢力を基礎に清浦奎吾内閣が成立すると，憲政会・立憲政友会・革新倶楽部のいわゆる護憲三派は，これを「時代錯誤の特権階級による内閣」とはげしく攻撃し，清浦内閣の打倒と政党内閣の樹立をめざして第二次護憲運動を展開した。清浦内閣は衆議院を解散して対抗したが，同年の総選挙で護憲三派が衆議院の絶対多数を占めたので，ついに退陣した。選挙で第一党となった憲政会の総裁加藤高明は，護憲三派の連立内閣を組織した。

世界各国における普通選挙の実現

　普通選挙とは，納税額・財産・身分・性別などによる差別なしに選挙権・被選挙権をみとめる制度をいう。ただし女性の参政権がない場合でも，それ以外の制限が撤廃されていれば，普通選挙とよぶことが多い。フランスでは1830年の七月革命の結果，選挙権がいくらか拡張されたが，なお納税額によるきびしい制限があり，有権者は人口の0.5%あまりにすぎなかった。しかし，1848年の二月革命の直後，フランスは男性の普通選挙制を採用した。ドイツでは，プロイセン（プロシア）の下院議員選挙で20世紀になっても有権者を納税額によって3級にわける3級選挙法が用いられていたが，ドイツ帝国の場合は1871年の成立時から男性の普通選挙が実施された。これは，一般大衆の強い支持によって自由主義的な中産階級の反対をおさえようとするビスマルクの政略によるものだったという。アメリカは州によって異なるが，おおむね19世紀半ばころまでに普通選挙が実現している。イギリスは1832年以来，何回かの改正で選挙権が拡大したが，普通選挙はようやく1918年に実現した。このとき30歳以上の一定の財産ある女性にも参政権がみとめられた。

　婦人参政権の運動は19世紀後半にはアメリカやヨーロッパでかなり高まったが，国政選挙で女性の参政権がみとめられたのは，1893年のニュージーランドが最初である。ドイツでは第一次世界大戦後，1919年のワイマール憲法で，アメリカでは翌1920年，イギリスでも1928年に男女平等の普通選挙が実現した。しかし，フランスやスイスでは，女性の参政権の全国的な実現は第二次世界大戦後にもちこされ，1945年および71年のことであった。

公布年	公布時の内閣	実施年	選　　挙　　人			
			直接国税	性別年齢	総数	全人口比
				以上	万人	%
1889	黒　田	1890	15円以上	男 25歳	45	1.1
1900	山　県	1902	10円以上	男 25歳	98	2.2
1919	原	1920	3円以上	男 25歳	306	5.5
1925	加藤（高）	1928	制限なし	男 25歳	1240	20.8
1945	幣　原	1946	〃	男女20歳	3688	50.4
2015	安　倍	2016	〃	男女18歳	10636	83.8

▲選挙法主要改正表　女性に選挙権・被選挙権があたえられたのは第二次世界大戦後である。（金丸三郎『新選挙制度論』などによる）

普通選挙と治安維持法

　加藤高明内閣は協調外交と軍縮政策をすすめるとともに，立憲政友会の賛成をえて，懸案の普通選挙の実現をはかった。1925(大正14)年，衆議院議員選挙法が改正されていわゆる普通選挙法が成立し，25歳以上の男性は納税額に関係なく選挙権をあたえられることになった。この結果，有権者数はこれまでの約4倍に急増したが，女性の参政権はみとめられなかった。

　また，同じ議会で治安維持法が成立したことも注目する必要がある。これは，共産主義運動の活発化にそなえて「国体を変革」したり「私有財産制度を否認」する活動をとりしまるのが目的で，これによって無産政党(社会主義政党)の活動は大きな制約をうけることとなった。治安維持法の制定は，この年に実現した日ソ国交樹立や，普通選挙で共産主義の活動がさかんになることにそなえるものであったが，のちには自由主義・民主主義の運動までも，この法律でとりしまるようになった。

政党政治の定着

　加藤高明内閣成立以来，1932(昭和7)年の五・一五事件で犬養毅内閣が崩壊するまで，政党内閣がつづき，立憲政友会と憲政会(のち立憲民政党)の二大政党が交代で政権を担当した。ただ一人の元老西園寺公望や総理大臣経験者などの重臣たちも，政党政治を“憲政の常道”とみなして，これに協力した。

　しかし，議院内閣制が憲法上に制度化されたわけではなく，議会の権限はかぎられたもので，軍部・枢密院・官僚のような議会外の勢力もなお大きな力をもっていた。また政党政治とはいっても，総選挙の結果により政権の交代がおこなわれたことはほとんどなく，野党は政権をとるため，しばしば議会外の勢力と手をにぎって政府・与党を攻撃した。

　こうして，政党相互の対立はいちだんとはげしくなった。普選の実施で有権者が急増したため，選挙資金はますます巨額になり，政党は政治資金の調達などをつうじてふかく財界とむすびつき，政党政治家の汚職事件もしばしばおこった。そのため政党政治は“金権政治”であるとして，国民の不信感が高まった。このような状況のなかで軍部や国家主義団体

などの政党政治排撃の動きが，しだいに勢いを増していった。

6　都市化と大衆化

都市化の進行

　大正から昭和初期にかけての文化の特色は，ひとことでいえば大衆文化の発展であり，それを推進したのは都市を中心とする知識層であった。

　大正時代，とくに第一次世界大戦後には本格的な工業の発展にともなって都市化がすすんだ。明治初期には約3300万人だった日本の内地人口は，大正末期には約6000万人になったが，増加した人口の多くは，大都市の第二次・第三次産業に吸収された。

　大都市の住宅地域は近郊にまでひろがり，通勤用の郊外電車や，新しい市民の足としてバス（乗合自動車）が発達した。東京をはじめ大都市には官公庁・会社・公共建築物を中心に鉄筋コンクリートの建物が建ちならび，個人の住宅にも洋風の文化住宅がさかんに建てられ，ガス・水道が普及し，農村でも電灯がひろまった。都市の俸給生活者（サラリーマン）が大量に出現し，女性の職場への進出もさかんになった。政府が社会政策の立場から，交通問題や住宅問題など，各種の都市問題や労働問題をとりあげるようになったのも，だいたい1920年代のことである。

▶東京駅
（辰野金吾設計）

◀サラリーマンの風景(三菱地所提供)

▲1923年に完成した丸の内ビル(丸ビル)
アメリカの建設会社の施工(せこう)による，地上
8階・地下2階建てのオフィスビル。
5000人が通勤した。(毎日新聞社提供)

◀バスガール(女性車掌)の登場　都市交通
として私鉄や市電とともに，乗合自動車
(バス)も拡充した。1924(大正13)年，東京
にはじめてバスガール(赤襟(あかえり))が登場。「職
業婦人」の花形となる。(石川光陽撮影)

▶電話交換手　電話の開通は1889(明治
22)年，翌年から官営の電話交換事業が
はじまった。1901(明治34)年に男性交換
手が全廃され，電話交換業務はすべて女
性がおこなうようになった。写真は昭和
初期のもの。(国立国会図書館蔵)

文化の大衆化

　教育の面では義務教育がいっそう普及し，1920(大正9)年には就学率
が99%をこえ，文字をまったく読めない人はほとんどいなくなった。ま
た，このころには中学校の生徒数も急増し，1918(大正7)年には大学令
が制定されて単科(たんか)大学や公・私立の大学の設立がみとめられ，学生数が
増大した。このような高等教育機関の拡充によって，都市の知識層が大
はばにふえた。

　文化の大衆化に大きな役割をはたしたのは，ジャーナリズムの発達で
ある。新聞は第一次世界大戦や関東大震災のような大事件の報道をつう
じて急速に発行部数を増し，1920年代半ばには，有力新聞は1日100万
部前後に達した。また，月刊数十万部も売れる大衆雑誌も創刊された。

大正末期，大学や専門学校の卒業生はおおむね官吏や会社づとめのサラリーマン（俸給生活者）となった。初任給（月額）は大学卒が50〜60円だった。重工業部門の男性労働者の平均賃金が日給2円50銭，大工が3円50銭程度だから，ホワイトカラーとブルーカラーの給与の差は，明治時代よりはずっと小さくなった。また職業婦人の平均月給は，タイピスト40円，交換手35円，事務員30円ぐらいだったという。当時の物価は，米1升（約1.5kg）50銭，ビール1本35銭，うなぎの蒲焼30銭，タクシーの市内料金1円均一，東京・大阪間の鉄道運賃6円13銭（3等，普通列車），郵便料金封書3銭，葉書1銭5厘，新聞購読月極め80銭〜1円といったところだった。

1925（大正14）年，建坪18坪（約59㎡）・木造2階建て・土地25坪（約83㎡）付きの小住宅108戸を，大阪市が分譲した。頭金420円，毎月32円で15年5カ月の月賦という条件だったが，申込みが殺到し，32倍の競争率になった。応募者の70％以上がサラリーマンだったという。

1920年代後半になると，1冊1円（円本）の文学全集や文庫本が登場し，出版物が安い値段で大量に発行されるようになった。ラジオ放送も1925（大正14）年からはじまり，ニュースの速報に威力を発揮した。

学問の新傾向

大正時代には人文科学・社会科学の諸分野で，自由主義的立場にたった実証的な研究がすすんだ。

近代法学の立場から天皇主権説を批判し，いわゆる天皇機関説を説いてひろく学界の支持をえた美濃部達吉，民間伝承や風俗などをつうじて庶民の生活史を明らかにした民俗学の柳田国男，記紀の神話の形成過程など日本古代史の実証的研究をすすめた津田左右吉，『善の研究』など東洋思想をとりいれて独創的な哲学体系を確立した西田幾多郎らは，この時代のすぐれた学者たちであった。

自然科学では，KS磁石鋼の発明者本多光太郎，黄熱病の研究で名

▲理化学研究所
◀大衆文化の 隆 盛　大正末期から昭和初期にかけてモガ（モダンガール）とよばれる女性の風俗が流行した。（毎日新聞社提供）

高い野口英世らが，世界的な評価と名声をえた。また，理化学研究所・航空研究所・地震研究所などがあいついで設立された。1920年代になる

大正時代の技術革新

　大正時代の消費生活拡大の波にのって急成長をとげた企業のなかには，財閥ではない中小企業の出身者も多く，現代の一流企業に発展したものも少なくない。電力供給量の増大を背景として東京芝浦電機がマツダランプというタングステン電球の量産化に成功したのは1913（大正2）年であった。これはアメリカのゼネラル＝エレクトリック社と提携して開発に成功したもので，その名はペルシア神話の光明の神「アフラマツダ」からとられ，従来の炭素電球にくらべて切れにくく，3倍の効力をもっていた。

　1918年，松下幸之助はアタッチメントプラグと2灯用クラスターを発売し，5年後には新型の自転車用ランプを開発して爆発的な売れゆきとなった。森永の箱入りキャラメルは1913（大正2）年に発売されていたが，1919（大正8）年7月，三島海雲はモンゴルの乳酸飲料にヒントをえたといわれるカルピスを発売した。これは「初恋の味」というキャッチフレーズやドイツの図案家による黒人のマークとあいまって人気を博した。このほか，自動織機の豊田佐吉，味の素の鈴木三郎助，雪印乳業の黒沢酉蔵，パイロット万年筆の並木良輔，「大正新時代の家庭必需品」といわれた「亀の子たわし」の西尾正左衛門らが輩出している。

と，自由主義経済学者河上 肇 がマルクス主義経済学を研究するなど，人文・社会科学の分野でマルクス主義思想の影響が一般に強まっていった。

新しい文学

　文学の面では，明治時代末期から志賀直哉・武者小路実篤ら白樺派の作家たちが，人道主義的作品を多く発表し，また，これとならんで谷崎潤一郎・永井荷風ら感覚美を尊重する作家たちが，男女の愛をいろいろな角度からとらえた作品をあらわした。ややおくれて，芥川竜之介ら新現実派の作家たちが登場し，理知的な作風でするどく現実をとらえた。1920年代になると，社会主義運動の高まりを反映して，マルクス主義と無産階級の立場にたつプロレタリア文学がさかんになり，小林多喜二・徳永 直 らがあらわれた。

　大衆娯楽の発達もめざましかった。いわゆる大衆小説が多くの読者を集め，演劇では松井須磨子らの新劇の人気が高まった。映画も庶民の娯楽として大正時代から昭和初期にかけて急速に発達した。

▲『蟹工船』の表紙（左）と『白樺』創刊号の表紙（右）　小林多喜二は『蟹工船』で，北洋ではたらく蟹工船乗組員のきびしい生活と彼らの強い団結力とをえがいた。雑誌『白樺』は1910（明治43）年 4 月に創刊し，反自然主義の立場で文芸活動をすすめた。（日本近代文学館蔵）

7　ゆきづまった協調外交

中国情勢の変化

　1920年代後半になると，中国の情勢に大きな変動があった。すなわち，1924年に孫文が国共合作の方針を打ちだし，そのあとをついだ中国国民党の蔣介石が，広東（現，広州）を勢力基盤に1926年から全国統一をめざし，国民革命軍をひきいて北伐を開始した。翌1927年，その勢力は長江流域におよんだ。

　そのころから日本では，軍部の急進派，野党の立憲政友会，国家主義団体，中国に利権をもつ実業家などのあいだから，憲政会の若槻礼次郎内閣（幣原外相）の対中国不干渉政策は，日本の中国における権益をまもれない"軟弱外交"であるとして非難する声が高まった。

金融恐慌

　国内では1920年代をつうじて不況がつづいていた。1927（昭和2）年には，関東大震災のとき決済不能となった震災手形の処置をめぐって，多くの銀行の不良貸付の実情が表面化し，取付け騒ぎがおこり，銀行の休業が続出した。これが金融恐慌である。

　このとき台湾銀行は，第一次世界大戦中に急成長したものの，戦後恐

◀**銀行におしかけた預金者たち**
銀行の経営悪化の内情が伝えられると，預金者たちは預金を引きだそうと銀行におしよせ，取付け騒ぎとなった。そのため，全国の銀行は一時休業した。写真は1927（昭和2）年，東京中野銀行のようす。（朝日新聞社提供）

金融恐慌の拡大と収束

　金融恐慌に際し，若槻内閣は緊急勅令によって台湾銀行を救済しようとしたが，枢密院が拒否したため内閣は総辞職し，台湾銀行は休業に追いこまれた。銀行の取付け騒ぎは全国に拡大し，華族の銀行として当時五大銀行の一つにかぞえられていた十五銀行も休業するにいたった。立憲政友会の田中義一内閣（蔵相は高橋是清）は，この混乱をしずめるために緊急勅令によって債務の支払いを 3 カ月間猶予するとともに，日銀は紙幣不足をおぎなうため，現在の数十万円にあたる額面200円の高額紙幣を片面印刷で大急ぎで準備し，各銀行に手配した。こうして，支払猶予令発令後 4 日目に銀行は開業することができ，取付け騒ぎは沈静化へとむかったのである。

　なお，枢密院が若槻内閣の緊急勅令による台湾銀行救済を拒否した背景には，"軟弱外交"の若槻内閣（幣原喜重郎外相）を倒す意図がかくされていた。こうして成立した田中内閣は金融恐慌を鎮静化させるとともに，積極外交へと舵を切ることになるのである。

慌の影響で経営が悪化し，倒産寸前になっていた鈴木商店に対する多額の不良債権をかかえていた。若槻内閣はこれを救済するため，緊急勅令をだそうとしたが，枢密院で否決されて総辞職に追いこまれた。

　これにかわって成立した立憲政友会の田中義一内閣は， 3 週間のモラトリアム（支払猶予令）と，日本銀行からの非常貸出によって，金融恐慌をしずめた。

　不況の1920年代をつうじて，産業界では企業の独占・集中がすすみ，三井・三菱・安田・住友の四大財閥が大きな力をにぎるようになった。とくに，銀行の産業界支配が強まり，いわゆる金融資本が形成された。金融恐慌により多くの中小銀行が経営難におちいって大銀行に整理・統合され，とりわけ三井・三菱など五大銀行が支配力を強化した。こうして，大銀行を中核とした大財閥は，多くの産業部門を傘下におさめて多角的経営をおこなうコンツェルンを形成して経済界を支配するとともに，政党とのむすびつきを強めて，政治への発言力を増していった。

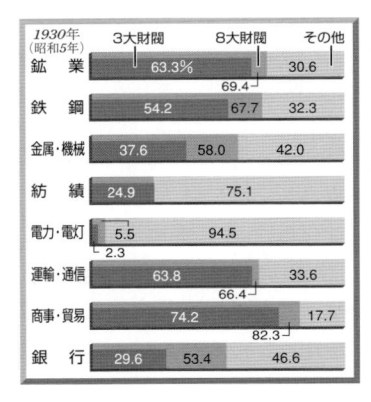

◀業種別払込資本金の財閥への集中
1930（昭和5）年末現在。三大財閥は三井・三菱・住友，八大財閥はこのほかに安田・浅野・大倉・古河・川崎をふくめていう。（柴垣和夫『三井・三菱の百年』より）

田中外交

　中国では1927年，反共クーデタを強行した蔣介石が南京に国民政府を樹立し，北伐を再開して中国北部に兵をすすめた。日本の権益が侵害されることを恐れた田中内閣は日本人居留民の保護を理由に，1927〜28（昭和2〜3）年，3回にわたって山東出兵をおこない，北伐の阻止をはかるとともに，満州の実力者張作霖を利用して日本の権益の維持・拡大につとめた。

　このころ満州に駐屯していた日本軍（関東軍）のなかには，張にかわって日本の自由になる新政権を樹立させようとする動きがあり，1928（昭和3）年，奉天郊外で張作霖を爆殺した（満州某重大事件）。しかし張作霖の子張学良は国民政府の傘下にはいったため，満州の権益を拡大しようとする日本の政策は困難となった。田中外交はその一方で欧米諸国とはあくまで協調関係をたもつことを基本としており，1928（昭和3）年には不戦条約をむすんで，国際紛争の平和的解決の方針を明らかにした。

　内政面では，1928（昭和3）年普通選挙による最初の総選挙が実施された。これにそなえて労働農民党など無産政党があいついで結成され，左右の対立をはらみつつも活動を展開し，総選挙で衆議院の8議席をえた。この選挙で共産党の動きが活発化したので，田中内閣は選挙直後，治安維持法を発動して多くの共産党関係者を検挙した（三・一五事件）。

満州某重大事件

　張作霖の爆殺は，関東軍の参謀がひそかに計画し，部下の軍人たちに実行させたものであった。この事件をきっかけに満州を軍事占領し，新政権をつくらせて満州を日本の支配下におこうとする意図であったといわれるが，関東軍首脳の同意をえられず，それは実現しなかった。

　関東軍当局は，事件を中国国民政府側の仕業（しわざ）と発表したが，田中義一首相は現地からの極秘情報で，日本の軍人が犯人であることを知った。事件の真相は一般国民には知らされなかったが，議会では，事件に疑惑をいだいた立憲民政党など野党側が，「満州某重大事件」として田中内閣の責任を追及した。日本の国際信用の回復と陸軍部内の規律の確立を重視した元老西園寺公望・内大臣牧野伸顕（のぶあき）の強い要請もあり，田中首相は軍法会議をひらいて真相を究明し，犯人を処罰する決意を示し，その旨（むね）を天皇に上奏した。

　しかし閣内には田中の考えに反対の声が高く，陸軍大臣をはじめ陸軍当局も軍法会議開催に強く反対した。田中は陸軍軍人出身の政治家であったが，現役をしりぞいていたため陸軍部内をおさえることができず，結局，真相は明らかにされないまま，警備上に手落ちがあったという理由で，犯人は行政処分に付されたにすぎなかった。田中首相は，それまでの上奏との喰い違い（くちがい）を天皇に指摘され，内閣総辞職に追いこまれた。

金解禁と昭和恐慌

　張作霖爆殺事件の処理に失敗した田中内閣が，内外の非難のなかで，1929（昭和4）年退陣したあとをうけて，立憲民政党の浜口雄幸内閣が登場した。不況下でありながらインフレ傾向がつづく経済界の体質をあらためるため，浜口内閣は井上準之助（じゅんのすけ）蔵相のもとで，緊縮財政と産業合理化によって物価引き下げと国際競争力の強化をはかり，そのうえで1930（昭和5）年1月，懸案の金輸出解禁を実施した。しかし前年の1929（昭和4）年10月，アメリカにはじまった恐慌が全世界にひろがりつつあったので（世界恐慌），金解禁は「嵐のなかで雨戸（あまど）をひらく」結果をまねき，輸出はふるわず，かえって外国からの安い商品が流れこんで大量の

▲**張作霖遭難を伝える新聞記事** 1928（昭和3）年6月4日，張作霖ののった特別列車が爆破された。新聞には現地からそのなまなましいもようが報道されたが，張の死はまだ伏せられ，遭難とのみ報じられた。（朝日新聞社提供）

国　名	禁　止	解　禁	再禁止
アメリカ	1917.9	1919.6	1933.4
ド イ ツ	1915.11	1924.10	1931.7*
イギリス	1919.4	1925.4	1931.9
イタリア	1914.8	1927.12	1934.5*
フランス	1915.7	1928.6	1936.9
日　　本	1917.9	1930.1	1931.12

▲**各国の金輸出禁止と解禁・再禁止の動き**（＊印は為替管理）

◀**世界恐慌** 1929年10月24日，ニューヨークのウォール街の株式取引所でおこった株価の大暴落は，アメリカをはじめヨーロッパ諸国，日本などに波及し，世界恐慌による経済危機の発端となり，世界を大きくゆり動かした。（ユニフォトプレス提供）

金が海外に流出し，経済界は混乱した。とくに生糸の対米輸出が激減して，製糸業と農村の主要な現金収入であった養蚕に大きな打撃をあたえ，不況は深刻化した（昭和恐慌）。こうした経済政策の失敗により，国民のあいだには政党政治と財閥に対する不信感が急速にひろまった。なお，1931（昭和6）年，不況に対処して政府は，重要産業統制法を制定し，カルテルの結成を助長した。これは1930年代後半における統制経済のさきがけとなった。

ロンドン条約問題

　外交の面では，浜口内閣のもとで幣原外交が復活したが，中国側の反日民族運動がはげしくなり，対外危機はしだいにふかまった。1930（昭和5）年イギリスの提唱によって，ロンドン海軍軍縮会議がひらかれると，浜口内閣は元首相若槻礼次郎らを全権としておくり，ロンドン海軍軍縮条約に調印して，日・米・英3国間で海軍の補助艦保有量の制限をとりきめた。しかし，海軍の強硬派は強い不満を示し，内閣が海軍軍令部の反対をおしきって条約をむすんだのは，天皇大権の一つである統帥権の干犯であると攻撃した。国家主義団体や野党の立憲政友会もこれに同調し，同年，浜口首相は右翼の青年に狙撃され，これがもとで翌年に死亡した。こうして協調外交路線はゆきづまっていった。

▶**落穂をあつめる子どもた
ち**（毎日新聞社提供）

	イギリス	アメリカ	日本	日米比(%)
大型巡洋艦（甲級）	14万6800t	18万0000t	10万8400t	60.2
小型巡洋艦（乙級）	19万2200t	14万3500t	10万0450t	70.0
駆逐艦	15万0000t	15万0000t	10万5500t	70.3
潜水艦	5万2700t	5万2700t	5万2700t	100.0
合　計	54万1700t	52万6200t	36万7050t	69.8

▲**ロンドン海軍軍縮条約による補助艦の保有量**　日本は大型巡洋艦は対米60.2％で妥協し，小型巡洋艦や駆逐艦は対米70％以上であったが，合計すると69.8％でわずか0.2％海軍軍令部の要求にみたなかった。

▲**ロンドン海軍軍縮会議で発言する若槻礼次郎代表**　1930年1月21日から4月22日まで開催された。日本全権は若槻礼次郎（元首相）・財部彪（海相）・松平恒雄（駐英大使）・永井松三（ベルギー大使）であった。（毎日新聞社提供）

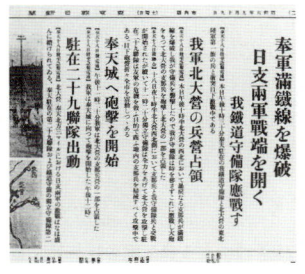

上部に縦書きで見出しが並ぶ新聞記事。

| 第14章 | # 軍部の台頭と
第二次世界大戦 |

1　孤立する日本

満州事変

　1930年代にはいって，協調外交がゆきづまり，中国の反日民族運動が激しくなって，満州における日本の権益がまもれないのではないかとの危機感が高まると，陸軍のあいだには，軍事力を用いてでもこれを打ち破ろうとする気運が高まった。

　1931（昭和6）年9月18日，武力による満州の制圧をくわだてた日本の関東軍は，奉天近郊の南満州鉄道の線路をみずから爆破し（柳条湖事件*），戦争のきっかけをつくって奉天付近の中国軍への攻撃を開始した。こうして満州事変がはじまった。第2次若槻内閣は「事変の不拡大」を内外に声明したが，関東軍はこれを無視して軍事行動を拡大した。

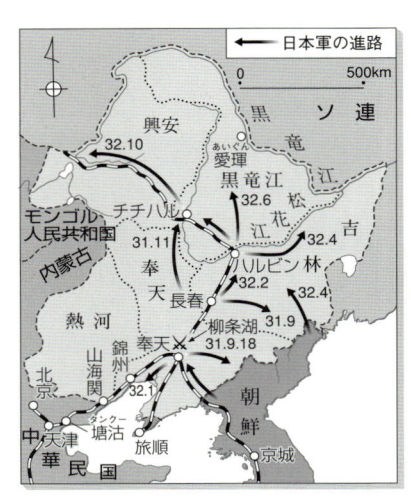

▲満州事変要図

▲柳条湖事件を伝える新聞記事
（『東京朝日新聞』1931〈昭和6〉年
9月19日，朝日新聞社提供）

満州事変の新聞報道

1930年代初め，『東京朝日』『大阪朝日』『東京日日』『大阪毎日』の４大新聞は，いずれも発行部数が１日100〜150万部に達し，国内世論の形成に大きな影響力をもっていた。

柳条湖事件は関東軍の少数の参謀を中心に実行されたものであったが，関東軍当局は中国側が鉄道線路を爆破したと発表して軍事行動の口実とした。新聞もいっせいに「明らかに支那側の計画的行動」と断定的に報道して中国側を非難し，日本軍の行動を熱狂的に賛美するキャンペーンを展開した。現地からおくられてくる写真をのせた新聞号外の発行や，ニュース映画の上映などにより，満州各地をつぎつぎに占領する日本軍のようすが伝えられると，国民の興奮はいっそう高まった。

第２次若槻内閣は事変不拡大を内外に声明し，いかに日本軍の行動をおさえるか苦慮したが，多くの新聞は「国民の要求するところは，ただわが政府当局が強硬以て時局の解決に当る以外にはない。われ等は重ねて政府のあくまで強硬ならんことを切望するものである」(『東京日日新聞』1931〈昭和６〉年10月１日社説)といった調子の強硬方針を主張して日本軍の行動を支持した。

協調外交の推進者だった幣原喜重郎はこのような新聞論調を「偏狭なる排外思想」と非難したが，政府の不拡大方針は，こうして世論の支持を失っていったのである。

＊**柳条湖事件**　かつては「柳条溝事件」とよばれていたが，1981(昭和56)年，中国人研究者が「事件を『東京朝日新聞』本社に伝えた新聞記者が「りゅうじょうこ」を「りゅうじょうこう」と言い間違えたためである」とする説を発表した。その後の研究により，関東軍が事件を最初に発表したとき，「柳条湖」について，それとは異なる場所である「柳条溝」とまちがえた結果であることが判明した。

かねてから"満蒙の危機"を国民に強くうったえていた多くの有力新聞は，満州事変がおこるといっせいに日本軍の行動をたたえる記事や写真で紙面をうめつくした。このようなジャーナリズムの活動をつうじて，満州事変における軍事行動を全面的に支持する熱狂的な世論がつくりだされた。若槻内閣の不拡大方針は失敗し，軍部をおさえることができないまま，1931(昭和６)年12月，内閣総辞職に追いこまれた。

　こうして日本軍は半年ほどで満州の主要地域を占領し，1932（昭和7）年3月，清朝最後の皇帝だった溥儀を執政（のちに皇帝）にむかえて，満州国の建国が宣言された。しかし，軍事・外交はもとより，内政の実権も関東軍や日本人官吏がにぎっており，満州国は日本が事実上支配するものとなった。日本のこうした行動は，不戦条約および九カ国条約に違反するものとして国際的な非難をあびた。

政党内閣の崩壊

　国内政治の面でも，軍部の急進派や民間の国家主義団体のあいだに，政党・財閥など支配層の腐敗と無能が国家の危機と国民の窮状の原因であるとして，直接行動によってこれらを打倒し，国家の改造をおこなおうとする動きが活発になった。1931（昭和6）年の三月事件・十月事件は，ともに未遂におわったとはいえ，政党内閣をたおし，軍事政権を樹立しようと計画したものであった。また1932（昭和7）年2〜3月には，前蔵相井上 準之助・三井合名会社理事長団琢磨らが暗殺された（血盟団事件）。ついで同年5月，海軍の青年将校を中心とする一団が首相官邸などをおそい，犬養毅首相を射殺するという事件がおこった（五・一五事件）。

　この結果，犬養内閣はたおれ，陸軍が政党内閣の存続に強く反対したため，元老西園寺公望は，つぎの首相に政党政治家ではないが穏健派とみられていた海軍大将斎藤 実を推薦した。斎藤は，軍部・官僚・政党・貴族院などの各勢力から閣僚を選んで，いわゆる挙国一致内閣を組

織した。ここに 8 年間つづいた政党内閣はおわり，太平洋戦争後の1946（昭和21）年まで，復活することはなかった。

国際連盟の脱退

　中国政府は満州事変を日本の武力侵略であるとして，国際連盟にうったえた。1932（昭和 7 ）年，国際連盟は実情を調査するためにリットン調査団を派遣し，同年10月，リットン報告書を公表した。その内容は，満州に対する中国の主権をみとめ，満州国の独立を否定してはいたが，満州における日本の特殊権益には理解を示し，満州に自治権をもった政府をつくるという，かなり妥協的なものであった。しかし，軍部や国内世論の強いつきあげで，斎藤実内閣はリットン報告書の公表の直前，日満議定書をむすんで満州国を正式に承認していた。

　1933（昭和 8 ）年 2 月，国際連盟臨時総会がリットン報告書にもとづいて，満州を占領している日本軍の撤退などをもとめる勧告案を圧倒的多数で可決すると，同年 3 月，日本はついに国際連盟脱退を通告した（1935年発効）。

　こうして日本は，国際協調路線から大きく方向転換して，孤立化への道を歩むことになった。

2　泥沼の戦い

天皇機関説問題

　満州事変以後，言論界・思想界にも国家主義の影響がふかまった。共

産主義者や無産政党の関係者のなかにも，国家主義に転向したり，軍部に近づいたりするものがあらわれた。

　共産主義の活動やマルクス主義思想だけでなく，自由主義の思想や学問に対するとりしまりも，いっそうきびしくなった。1933（昭和8）年，京都帝国大学教授の滝川幸辰は，その自由主義的な刑法学説が家族の道徳に反すると非難されて休職処分となり（滝川事件），ついで1935（昭和10）年には美濃部達吉のいわゆる天皇機関説が，国体に反する学説として軍部や国家主義団体などからはげしく攻撃された（天皇機関説問題）。

　これは統治権の主体は法人としての国家であり，天皇は国家の最高機関として憲法の定めにしたがって統治権を行使すると説くもので，それまでは学界はじめ政界・官界でもひろくみとめられていた憲法学説であった。しかし，ときの岡田啓介内閣は公式に天皇機関説を否認して国体明徴声明をだし，美濃部は著書を発売禁止とされ，貴族院議員辞任に追いこまれた。

二・二六事件

　こうして軍部はしだいに政治的発言力を強め，日本は，ワシントン海

▲二・二六事件　1936（昭和11）年2月26日未明に蜂起した「蹶起部隊」は首相官邸・警視庁など東京の中心部を占拠した。戒厳司令部は，「勅命下る軍旗に手向かふな」と書いたアドバルーンをあげるとともに，「下士官兵ニ告グ」のビラをまいて「反乱部隊」の帰順をよびかけ，29日になって兵は原隊に復帰した。左上の写真は警視庁を占拠した兵士たち。（毎日新聞社提供）

軍軍縮条約を廃棄し，ロンドン海軍軍縮会議も脱退して，着々と軍備拡張をすすめた。

このころ，陸軍の内部では皇道派と統制派の派閥的対立もからんで緊張が高まりつつあったが，1936(昭和11)年2月26日，皇道派系の急進的な陸軍青年将校が，千数百名の兵士をひきいて反乱をおこし，内大臣斎藤実・大蔵大臣高橋是清ら要人を殺害し，首相官邸などを占拠した。これが二・二六事件である。戒厳令がだされ，反乱はまもなく鎮圧されたが，陸軍当局はその指導者を処刑し，陸軍部内の統制を確立するとともに，事件後の広田弘毅内閣に圧力をかけて，軍部大臣現役武官制を復活させるなど，政治の主導権をにぎっていった。

枢軸陣営の形成

1930年代後半にはいって国際的孤立化をふかめていた日本は，ヒトラーのひきいるナチスの独裁政権のもとでヨーロッパの新秩序をつくろうとしていたドイツや，これと手をむすんでいたムッソリーニの指導するファシスト党政権下のイタリアに接近した。1936(昭和11)年，国際的な共産主義の活動に対抗することを旗印に，日独防共協定が成立し，翌年，イタリアもこれに参加した(日独伊三国防共協定)。

こうして，世界の自由主義諸国や社会主義国と対抗するいわゆる枢軸陣営が形成された。

日本はしだいに中国北部にも勢力をのばし，この地方の軍閥に力を貸して，国民政府の影響から切りはなそうとした。そのころ中国では，国民政府と共産党の内戦がつづいていたが，1936(昭和11)年に張学良が蔣介石を監禁して抗日への転換をせまった西安事件をきっかけに，内戦を停止して日本に抵抗する気運が高まった。

日中戦争

そのような状況のなかで，1937(昭和12)年7月7〜8日，北京郊外で日本軍と中国軍の武力衝突がおこった(盧溝橋事件*)。つづいて上海でも日中両軍が衝突し，戦火は中国中部にもひろがった。日本がつぎつぎに大軍をおくって戦線を拡大したのに対し，中国側は国民党と共産党が

▲盧溝橋　永定河(えいていが)にかかる全長200m余，大理石の歴史的名橋である。（CPC 提供）

◀日中戦争要図

（地図内の凡例・地名）

日中戦争による戦線の拡大
←　日本軍の進路
数字は戦闘または占領年月

ノモンハン ×39.5〜9
張鼓峰 38.7〜8
ソ連
満州国
盧溝橋 37.7
北京
熱河
関東州
ウラジヴォストーク
包頭
天津
旅順
大連
朝鮮
京城
日本海
中華民国
西安
太原 37.11
青島
威海衛 38.3
黄海
河南 44.3 38.10
徐州 38.5
漢口
南京 37.12
上海
東シナ海
重慶
長沙 41.9
安慶
杭州 37.11
南昌 38.11
広州 38.10
香港 41.12
台湾
日本
広州湾 43.2（フランス借）
0　1000km

協力して抗日民族統一戦線を結成し（第 2 次国共合作(こっきょうがっさく)），日本に抵抗した。こうして事変は宣戦布告がないままに，本格的な日中戦争**に発展した。

> ＊盧溝橋事件　かつては「蘆溝橋事件」と表記されていたが，近年は「盧溝橋事件」と表記されるようになった。これは1987(昭和62)年，中国人研究者陳抗氏の提唱によるもので，それまで併存していた地名を統一し，「盧溝橋」とすべきであると主張したのである。その根拠は，橋の東側にある石碑に清の乾隆帝が書いた「盧溝暁月」の文字であった。
>
> ＊＊日中戦争　盧溝橋事件の後，戦闘が拡大すると「北支事変」とよんだ。そもそも「事変」とは国家の治安に関わる騒乱や異常事態を示す近代の戦争用語である。したがって，宣戦布告のなかったこの戦争を「事変」とよんだのである。その後，戦火が長江以南におよぶと「支那事変」と名称を変え，戦後は「支那」の語を避けて「日華事変」とした。さらにそれが実態としては戦争であることをふまえ，日中国交正常化の流れのなかで「日中戦争」とよぶようになった。

　1937(昭和12)年12月，日本軍は中国の首都南京を占領した。このとき日本軍は，非戦闘員をふくむ多数の中国人を殺傷して，国際的に大きな非難をうけた（南京事件）。このころ，ドイツを仲介に日中間の和平交渉がすすめられていたが，日本側が過大な要求を示したため，交渉はなか

なかまとまらず，1938（昭和13）年１月，第１次近衛文麿内閣は，参謀本部が反対したにもかかわらず，今後は「国民政府を対手とせず」という声明（近衛声明）をだし，みずから和平の機会をたち切ってしまった。

近衛内閣は，戦争の目的が日本・中国・満州国の協力による"東亜新秩序"の建設にあることを声明し，国民政府の有力指導者の一人汪兆銘（精衛）を重慶から脱出させて，1940（昭和15）年には南京に新政府をつくらせた。しかし重慶を首都にした国民政府は共産党と協力して，アメリカ・イギリス・ソ連などの援助でねばり強く抗戦をつづけ，日本はいつはてるともしれない長期戦の泥沼にふみこんでいった。アメリカは，1939（昭和14）年７月には日米通商航海条約の廃棄を通告し（条約の失効は1940年１月），対日経済制裁を強めた。

国家総動員

日中戦争が長期化すると，国家のすべての力を戦争に集中できる体制をつくることが緊急の課題となった。そこで政府は，国民精神総動員運動をはじめるとともに，ナチス゠ドイツやソ連のような国家による統制経済・計画経済を研究し，1938（昭和13）年には国家総動員法を制定した。その結果，議会の承認なしに，物資や労働力を戦争遂行のために全面的に動員できるようになった。

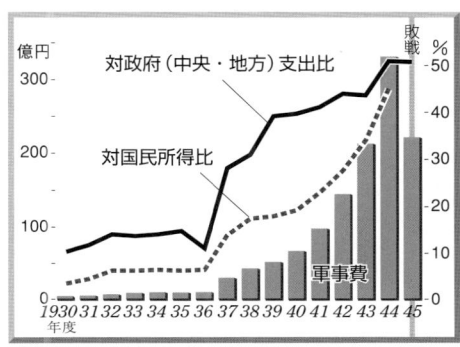

▲政府（中央・地方）支出・国民所得に対する軍事費の割合（『長期経済統計』より）

▲切符制による販売　1939（昭和14）年12月15日，長野県の神科村産業組合がもっともはやく切符制を開始した。消費者は，あらかじめ配布された切符を，品物に応じて定められた点数分だけだしたうえ，代金を支払う仕組みになった。（朝日新聞社提供）

軍事費は年々増大し，1938(昭和13)年度には一般会計歳出の約4分の3を占めた。そして軍事優先の物資動員計画が実施され，1939(昭和14)年には国民徴用令の公布により，民間の人々が軍需産業に労働力として動員された。また各企業ごとに，職場で労働者と経営者が一体となって戦争に協力するための産業報国会がつくられた。それは，1940(昭和15)年には大日本産業報国会に統合され，労働組合は解散させられた。

軍需産業はめざましく発達したが，民需品の生産や輸入はきびしく制限され，1940〜41(昭和15〜16)年には，砂糖・マッチ・木炭・米・衣料などがつぎつぎに切符制・配給制となり，農家には米の供出制度が実施された。消費物資はなかなか手にはいらなくなり，「ぜいたくは敵だ」の合言葉のもとに，国民生活はあらゆるところで切りつめられた。

3　新しい国際秩序をめざして

第二次世界大戦の勃発

1938年には，ヨーロッパにおけるナチス゠ドイツの勢力拡張がますますさかんになり，オーストリアを併合し，チェコスロヴァキアの一部も自国の領土とした。ついで1939年8月，ドイツはソ連と不可侵条約をむすんで全世界をおどろかせた。このころ，日本は日独伊三国防共協定でソ連と対抗し，ソ満国境で張鼓峰事件(1938年)，満州・外蒙古の国境でノモンハン事件(1939年)と，ソ連との軍事衝突をおこしていたため，独ソ不可侵条約に大きな衝撃を受け，平沼騏一郎内閣は方向をみうしなって退陣した。

ドイツはソ連との不可侵条約の秘密付属協定で東ヨーロッパの勢力分割を取り決め，1939年9月1日，ポーランド侵攻を開始した。これに対しポーランドと同盟をむすんでいたイギリス・フランスは，9月3日，ドイツに宣戦を布告した。こうしてヨーロッパを戦場として第二次世界大戦がはじまった。一方，ソ連は独ソ不可侵条約の秘密協定により，ポーランドの東半分，バルト3国などを侵攻し，支配下においた。

第二次世界大戦がおこったとき，阿部信行内閣は「大戦不介入」を宣言

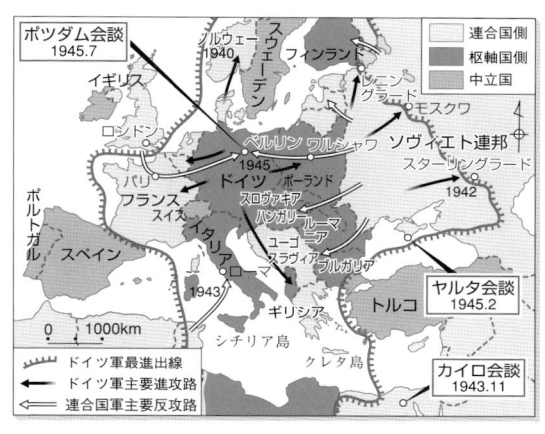

▶第二次世界大戦中のヨーロッパ
ドイツ軍は1940年にほぼヨーロッパ大陸の西半分を支配した。1941年からの独ソ戦争でもはじめは優勢であったが，43年になるとソ連軍の反攻によって後退した。一方，米英軍は1943年にイタリア，44年にフランスに上陸した。

し，つづく米内光政内閣もこの方針をうけついだ。しかし1940(昭和15)年5月から6月にかけて，ヨーロッパでドイツが大勝利をおさめると，日本国内では陸軍をはじめ多方面から，この好機にドイツとの提携を強化しようとする気運がにわかに高まった。そして，その力をうしろだてに，東南アジアにあるイギリス・フランス・オランダの植民地を日本の勢力圏にとりいれ，石油・ゴムなどの重要物資を獲得するために，アメリカ・イギリスとの衝突を覚悟しても，さらに南方に進出すべきだという声が強くなった。

国内の新体制

国内ではナチス゠ドイツにならい，近衛文麿を擁立して強い政治指導力をもつ全体主義的な一国一党組織をつくろうとする新体制運動がさかんになり，陸軍はこれを積極的にあとおしした。1940(昭和15)年7月，対独提携と南進政策に消極的だった米内内閣が陸軍の圧力でたおれたのち，第2次近衛内閣が成立した。このころになると，諸政党はつぎつぎと解党して新体制運動に加わり，同年10月，近衛を総裁とする大政翼賛会が発足した。こうして複数政党制は解消し，議会はすっかり無力なものとなってしまった。

学校教育の面でも，1941(昭和16)年から小学校が国民学校にあらためられるなど，軍国主義教育の色彩が濃厚となった。

▲**大政翼賛会の発足** 1940(昭和15)年10月12日に発足した大政翼賛会は，首相を総裁(初代は近衛文麿)とし，道府県，郡・市町村に支部をもち，町内会・隣組などを末端機構として国民を戦争に動員するうえで大きな力を発揮した。しかし，意図したようなナチス流の強力な一国一党組織にはならなかった。(共同通信社提供)

▲**紀元二千六百年祭** 1940(昭和15)年は，神武天皇即位から2600年目というので，各地で盛大な行事がおこなわれた。国民は，祭りに熱狂した。図は東京地下鉄労働者のパレード。

◀**日独伊三国同盟条約の調印式** 1940(昭和15)年9月27日ベルリンで調印。前列左から，チアノ伊外相・リッベントロップ独外相・来栖三郎駐独大使。この日，東京でも松岡外相・オットー駐日ドイツ大使らが出席して祝賀会がおこなわれた。

日独伊三国同盟

　一方，近衛内閣は松岡洋右外相を中心にドイツ・イタリアと交渉をすすめ，1940(昭和15)年9月，日独伊三国同盟条約を締結した。この同盟では，東アジアにおける日本，ヨーロッパにおけるドイツ・イタリアの指導的地位をたがいにみとめあい，日中戦争とヨーロッパの戦争に加わっていない国(ソ連をのぞく)から同盟国が攻撃をうけた場合，政治的・経済的・軍事的に援助することがとりきめられた。そのねらいは第二次世界大戦へのアメリカの参戦を阻止することにあった。こうして，東アジアとヨーロッパに新しい国際秩序の建設をめざす3国の結束がい

ちだんと強化された。

　三国同盟の成立と前後して，アメリカ・イギリスなど連合国側の中国援助ルート（援蔣ルート）をたち，東南アジアに勢力圏を確立する足場をきずくため，日本軍は北部仏印（フランス領インドシナ北部）に進駐し，日本の南進政策が開始された。

　さらに，近衛内閣はソ連との国交調整をはかり，1941（昭和16）年4月，松岡洋右外相がモスクワで日ソ中立条約に調印した。松岡は日独伊三国同盟と日ソ中立条約の圧力により，アメリカとの関係を日本に有利に調整しようとしたが，こうした日本の政策は，かえってアメリカを刺激し，日米関係をますます悪化させた。

4　太平洋戦争の勃発

ゆきづまった日米交渉

　日独伊三国同盟の成立と日本の南進開始以後，日米関係は悪化の一途をたどったが，1941（昭和16）年4月からワシントンで日米交渉がはじまり，戦争を回避するための努力もつづけられた。しかし，日本軍の中国からの撤兵問題などをめぐって交渉は難航した。

　1941年6月，独ソ戦争がはじまると，日本はドイツが優勢になればソ連との戦争にのりだす準備をするため，関東軍特種演習（関特演）という名目で，ソ連との国境近くの北満州に大軍を動員するとともに，同年7月，南部仏印（フランス領インドシナ南部）進駐をはじめた。アメリカはこれに対抗して在米日本資産の凍結，対日石油輸出の禁止を断行し，イギリス・中国・オランダと協力して，日本に対する経済封鎖を強めた（ＡＢＣＤ包囲陣）。石油の大部分をアメリカから輸入していた日本にとって，これは大きな打撃であった。日本国内では陸軍が対米開戦論をとなえ，慎重だった海軍でも，強硬意見が大勢を占めるようになった。

日米開戦

　1941（昭和16）年10月，日米交渉にゆきづまって第3次近衛内閣が退陣

◀太平洋戦争の勃発　右は12月8日の日米開戦を報じる新聞記事。左は真珠湾奇襲攻撃をうけて炎上するアメリカ太平洋艦隊。

すると，かわって陸軍の実力者東条英機が内閣を組織した。日米交渉はなおもつづけられたが，妥結のみとおしはほとんどなくなっていた。アメリカは日本のあいつぐ南進政策に不信感をいだき，同年11月，日本へきわめて強硬な内容のハル゠ノートを提示したので，日本はここに最終的に開戦を決定した。

　1941（昭和16）年12月8日，日本海軍はアメリカのハワイの真珠湾を奇襲攻撃し，陸軍はイギリス領マレー半島に上陸するなど，東南アジア・太平洋各地で軍事行動をおこし，アメリカ・イギリスに宣戦を布告した。こうして太平洋戦争がはじまり，つづいて，ドイツ・イタリアもアメリカに宣戦して，第二次世界大戦は全世界にひろがった。

初期の戦局

　開戦後，半年ほどで，日本は香港・マレー半島・シンガポール・フィリピン・オランダ領東インド（現，インドネシア）・ビルマ（現，ミャンマー）など，東南アジアのほとんど全域を占領した。日本は，アメリカ・イギリス・オランダなどの植民地支配からアジアを解放し，共存共栄の“大東亜共栄圏”をつくるという戦争目的をかかげ，これまでの支配者に対する民族運動を奨励した。1943（昭和18）年には，占領地域の代表者を東京に集めて大東亜会議をひらくなど，戦争への協力をもとめたが，実際には日本軍が実権をにぎって支配をつづけたため，占領地域で

日本占領下の東南アジア

日本軍は占領地に軍政をしいた。戦争初期には，日本軍が欧米諸国の植民地支配からの解放をもたらすものとして，歓迎をうけた地域もあった。日本側も現地住民の民族運動を支援した。たとえば，ビルマ人による独立軍，日本軍の捕虜となったインド兵士によるインド国民軍が組織され，日本軍とともにイギリス軍と戦った。1943（昭和18）年，日本はビルマ・フィリピンの独立をみとめ，自由インド仮政府を承認した。

しかし，なによりも優先されたのは，日本軍の作戦上の必要だった。日本の東南アジア占領のおもな目的は，石油・ゴム・ボーキサイトなど重要軍需物資の獲得にあり，そのための資源の略奪的調達は，現地の経済を混乱させた。また，住民の歴史・文化・生活様式などを無視した神社参拝や天皇崇拝の強要，土木工事への強制就労，集会の禁止などは住民の反発をよんだ。とりわけ，シンガポールでは多数の中国系住民を反日活動の容疑で殺害し，フィリピンでも数々の残虐行為があったため，これらの地域では，抗日の動きがはやくから強かった。こうして戦局の悪化にともない，日本軍は各地で住民の抵抗運動になやまされたのである。

はしだいに反日気運が高まった。

日本国内では戦争初期の大勝利がよびおこした熱狂的興奮のなかで，政府・軍部に対する国民の支持が高まった。東条内閣はこの機会をとらえて，1942（昭和17）年4月，衆議院議員総選挙を実施した。これは政府系の団体が，定員だけの候補者を推薦するといういわゆる翼賛選挙で，自由立候補もみとめられたが，選挙の結果，当選者の80％以上が推薦候補であった。当選者は翼賛政治会に組織され，戦争遂行のための国内体制が強化された。

また，きびしい言論統制のもとで，ジャーナリズムもすべて戦時色にぬりつぶされ，国民は生活必需物資の欠乏になやまされながら，苦しい生活にたえて，挙国一致で戦争遂行のために協力させられた。1942（昭和17）年11月，大政翼賛会などが主催して，国民の決意をあらわす標語が募集されたが，その入選作の一つ"欲しがりません勝つまでは"は，政

府やジャーナリズムをつうじて，戦時下の国民のあるべき態度を示す標語として全国に宣伝された。

5　日本の敗北

戦局の悪化

　日本の真珠湾奇襲攻撃は，アメリカの国論を沸騰させ，アメリカは挙国一致で日本との戦争に突入した。アメリカの西海岸諸州に住む10万人以上の日系アメリカ人は，戦争がはじまると，家や土地をすてさせられて強制収容所に収容された。市民権をもつ日系二世のなかには，アメリカ合衆国への忠誠の証として，志願してアメリカ軍の兵士となるものもあった。

　はじめ日本に有利だった戦局も，1942（昭和17）年6月のミッドウェー海戦の敗北をきっかけに，急速に日本側に不利となった。翌年にはアメリカ軍を中心とする連合国軍の本格的な反攻がはじまり，ガダルカナル島の敗退をはじめ，各地で日本軍の後退がつづき，1944（昭和19）年7月には南洋諸島中の重要な軍事基地サイパン島が陥落した。

　これを機会に，国内では東条内閣が総辞職に追いこまれた。しかし，

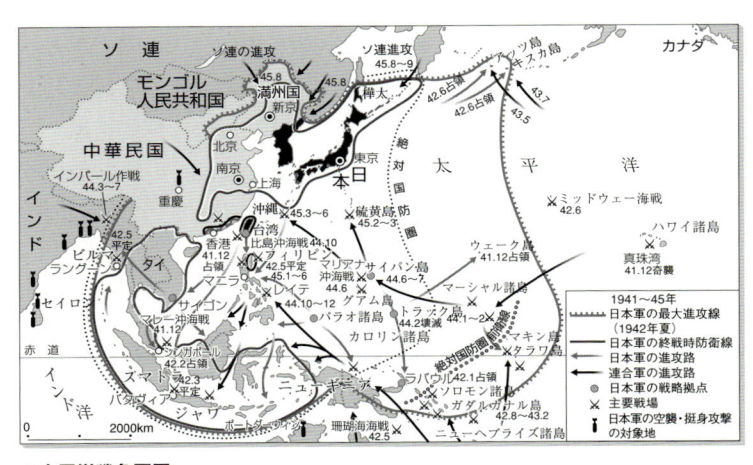

▲太平洋戦争要図

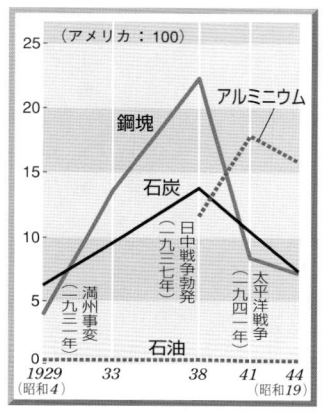

▲日米の主要物資生産高比較
(『近代日本経済史要覧』より)

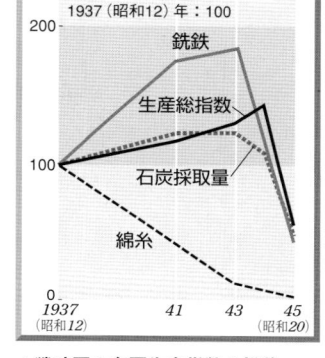

▲戦時下の主要生産指数の推移
(『昭和産業史』第3巻より)

これにかわった小磯国昭内閣のもとで，戦争はなおつづけられた。

荒廃する国民生活

　政府・軍部は国のあらゆる生産能力を軍需目的に集中したが，アメリカの巨大な生産力にはとうてい追いつけなかった。はたらきざかりの青年が戦地へおもむいたため，労働力不足も深刻となった。学徒勤労動員や徴用によって，中等学校以上の男女学生・生徒や，中・高年の人たちまでもが軍需工場にかりだされ，また当時日本の植民地であった朝鮮の人々や，支配下におかれていた中国の人々も強制的に日本に連行されて，きびしい労働に従事させられた。朝鮮・台湾にも徴兵令がしかれ，朝鮮・台湾の人々も徴兵されて日本軍に加わった。国内では，生活必需品の欠乏や食料不足が深刻となった。

　1943(昭和18)年，文科系学生・生徒の徴兵猶予が停止となり，いわゆる学徒出陣がはじまり，また，翌年夏以降，空襲の危険をさけるため，大都市の学童たちがつぎつぎと地方に疎開した(学童疎開)。戦局の悪化にもかかわらず，政府・軍部は国民に真相を知らせず，ジャーナリズムはしきりに"鬼畜米英撃滅"をさけんで"必勝の信念"を説いたが，国民の戦意はしだいにおとろえていった。

▲**防空訓練** もんぺに防空頭巾という服装でバケツリレーなどによる消火訓練をさせられたが，実際のB29の焼夷弾による空襲に対しては，ほとんど無力であった。（毎日新聞社提供）

▲**学童の集団疎開** 親もとをはなれた児童たちが，地方の旅館や寺などに収容された。写真は，1944（昭和19）年9月，疎開先の福島県の旅館で学習する東京都目黒区の国民学校の4年生たち。（東京　目黒区教育委員会）

戦争の終結

　一方連合国側は，1943（昭和18）年11月，米英中の3国首脳がカイロ宣言を発して，日本とあくまで戦いぬくことや日本の植民地を独立または返還させることなどを明らかにした。1944（昭和19）年末以降，アメリカ軍機による本土空襲が本格化した。とくに1945（昭和20）年3月の夜間大空襲による焼夷弾攻撃で，東京の下町が焼きつくされたのをはじめ，あいつぐ空襲のため，全国の主要都市はほとんど焼野原となった。同年3月，アメリカ軍が沖縄に上陸すると，住民をまきこんだはげしい戦闘がくりひろげられ，6月には日本軍が全滅し，沖縄はアメリカ軍によって占領された。沖縄では，この戦闘で民間人約10万人をふくむ約20万人の日本人が死亡した。

　ヨーロッパでも，1943年9月，イタリアが連合国に降伏し，45年5月にはドイツも降伏した。鈴木貫太郎内閣は，同年6月，日本と中立関係にあったソ連を仲介として和平工作に着手したが，すでに同年2月，ローズヴェルト・チャーチル・スターリンの米英ソ3国首脳はひそかにヤルタ協定をむすび，日露戦争で失った領土の回復や千島の獲得などを条件に，ドイツ降伏後の2〜3カ月後にソ連が対日参戦することをとりきめていた。1945年7月，米英ソ3国首脳はふたたびポツダムで会談し，

▲**広島**(上)・**長崎**(下)**の爆心地の惨 状**　原爆は広島市中心部の上空で爆発し，約20万人が生命を
うばわれ，ついで長崎でも死者は7万人以上と推定されている。現在でも多くの人が放射能障害で
苦しんでいる。

　その機会に米英中3国(のちソ連も参加)でポツダム宣言を発し，日本に
降伏をよびかけた。

　しかし，ソ連を仲介とする和平の実現に期待していた日本政府は，は
じめポツダム宣言を黙殺する態度をとった。これに対してアメリカは，
同年8月6日広島に，9日には長崎に原子爆弾を投下し，一瞬のうちに
市街地を壊滅させ，多数の一般市民を死亡させた。そのうえ8月8日，
ソ連が日ソ中立条約を侵犯して対日宣戦を布告し，満州・千島などに侵
入を開始した。

　日本政府もついに意を決し，昭和天皇の裁断という異例の形をとって
軍部などの戦争継続論をおさえ，1945(昭和20)年8月14日，ポツダム宣
言受諾を連合国に通告し，翌8月15日，天皇自身のラジオ放送をつうじ
て，国民にこれを明らかにした。そして9月2日には，東京湾内のアメ
リカ戦艦ミズーリ号上で，日本は連合国とのあいだで降伏文書に調印し
た。

　こうして6年にわたって，全世界に史上空前の惨害をもたらした第二

◀**降伏文書の調印** 1945年9月2日，東京湾内の戦艦「ミズーリ号」で降伏文書の調印式がおこなわれた。日本政府代表重光 葵 外相，軍部代表梅津美治郎参謀総長とマッカーサー連合国軍最高司令官と9カ国の代表が署名し，3年8カ月にわたった太平洋戦争が終結した。(毎日新聞社提供)

次世界大戦は，枢軸陣営の敗北によっておわりをつげた。第二次世界大戦における日本の死者・行方不明者の正確な数字はわからないが，軍人と民間人あわせて約300万人，被災者合計約875万人と推定されている。なお，戦後，ソ連軍に降伏した日本兵ら約60万人がシベリアやモンゴルなどに連行され，強制労働に従事させられ，約6万人が死亡した。

第15章 現代世界と日本

1 占領された日本

連合国軍の日本占領

　敗戦により日本は連合国軍の占領下におかれた。ソ連の北海道占領の要求はアメリカによって拒否されたので，それは実質的にはアメリカの単独占領となった。占領軍の大部分はアメリカ軍であり，アメリカ大統領によって任命された連合国軍最高司令官マッカーサーは，東京に総司令部（ＧＨＱ）を設置し，絶大な権力をふるって対日占領政策をすすめていった。占領政策の政策決定機関として米英中ソなど11カ国からなる極東委員会がワシントンに，最高司令官の諮問機関として米英中ソ４カ国からなる対日理事会が東京に設けられたが，あまり影響力をもたなかった。

　日本にとって外国軍に占領されたのは，歴史上はじめての体験であった。しかし，同じ敗戦国であったドイツやイタリアとは異なり，日本の場合，沖縄をのぞけば国内での陸上戦闘や大規模な反政府運動はなく，

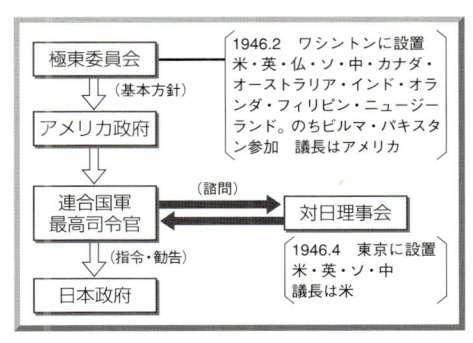

極東委員会
↓（基本方針）
アメリカ政府
↓
連合国軍最高司令官 ←（諮問）→ 対日理事会
↓（指令・勧告）
日本政府

1946.2　ワシントンに設置
米・英・仏・ソ・中・カナダ・オーストラリア・インド・オランダ・フィリピン・ニュージーランド。のちビルマ・パキスタン参加　議長はアメリカ

1946.4　東京に設置
米・英・ソ・中
議長は米

▲連合国軍の日本統治機構

▶厚木飛行場についたマッカーサー　1945（昭和20）年８月30日の着任以来，連合国軍最高司令官として５年７カ月余にわたって占領政策実施に絶大な権力をふるった。（毎日新聞社提供）

政府が国内統治能力を維持したまま敗戦をむかえたので、連合国軍は日本政府をつうじて間接統治をおこなった。連合国軍の日本占領が大きな混乱もなくすすめられた重要な条件は、こうしたアメリカ軍の単独占領と間接統治にあったといえよう。

非軍事化と民主化

アメリカの対日占領政策の基本方針は、日本がふたたび世界の、とりわけアメリカの脅威にならないように、その軍事能力を徹底的に破壊すること、およびそのために国内体制を民主化することであった。敗戦とともに成立した東久邇宮稔彦（王）内閣が、そうした課題に対応できずに退陣したあと、ＧＨＱは占領政策を批判する活動をきびしくとりしまりながら、1945(昭和20)年10月、幣原喜重郎内閣に対して、(1)婦人の解放、(2)労働者の団結権の保障、(3)教育の自由主義化、(4)圧政的諸制度の廃止、(5)経済の民主化のいわゆる五大改革指令を発し、非軍事化と民主化の政策をおしすすめさせた。

極東国際軍事裁判

平和と人道に対する罪をおかしたとして、戦前・戦中の日本の指導者が多数逮捕され（Ａ級戦争犯罪人）、うち28人がアメリカなど11カ国の代表からなる極東国際軍事裁判でさばかれた。裁判は、1946(昭和21)年5月からはじまり、48(昭和23)年11月、東条英機元首相・広田弘毅元首相ら7人に絞首刑、木戸幸一元内大臣・平沼騏一郎元首相ら、のこり全員（途中病死または病気免訴をのぞく）に終身または有期の禁固刑が宣告された。これは、文明の名において侵略戦争を断罪したものであったが、一方では勝者の敗者に対する報復的裁判であるとする批判もあった。インドのパール判事は、被告全員を無罪とする少数意見をのべて注目を集めた。また、連合国のあいだには天皇を戦犯として起訴しようとする動きもあったが、アメリカ政府とGHQは、占領政策を円滑にすすめるため、日本の国民感情を考慮して、それをさけた。なお、このほかＢＣ級戦犯として多くの日本軍人らが国の内外でさばかれた。

▶**青空教室** 戦争で破壊された校舎の庭で，焼けのこった資材を集めて授業がはじまり，雨の日は自宅で自習した。教科書をもっていない子供もいた（1945〈昭和20〉年11月，東京　品川）。（朝日新聞社提供）

　1946（昭和21）年１月，天皇はいわゆる人間宣言をおこない，みずから天皇の神格を否定した。同月，ＧＨＱは軍国主義者・超国家主義者とみなされる各界の旧指導者たちの公職追放を指令した。教育改革の面では，1947（昭和22）年３月，平和主義と民主主義を基本理念とする教育基本法，六・三・三・四制の新教育制度を定めた学校教育法が制定され，４月から実施された。この結果，男女共学や９年の義務教育制が採用された。

　経済の民主化としてとくに重要だったのは農地改革と財閥解体である。２度の農地改革によって，不在地主の全小作地と在村地主の平均１町歩（北海道は４町歩）をこえる小作地が，国家に強制買収され，小作人に安く売りわたされた。その結果，長いあいだ農村を支配してきた寄生地主制は一掃された。また財閥解体は，三井・三菱など財閥の資産凍結にはじまり，1947（昭和22）年制定の独占禁止法や過度経済力集中排除法によって，巨大企業の分割がおこなわれた。

社会の混乱

　敗戦直後，日本は深刻な経済危機にみまわれた。空襲による破壊や軍事産業の撤去などにより，生産力は極度に低下し，物資の不足はいちじるしく，インフレーションがすさまじい勢いですすんだ。政府は1946（昭和21）年２月，金融緊急措置令を発布して預金を凍結するなど物価上昇をおさえようとしたが，効果はなかった。東京の小売物価指数は1934〜36（昭和９〜11）年の平均にくらべて，46年８月には21倍，48年８月には172倍に達した。

　1945（昭和20）年は史上まれにみる凶作だったため，食料不足は深刻な

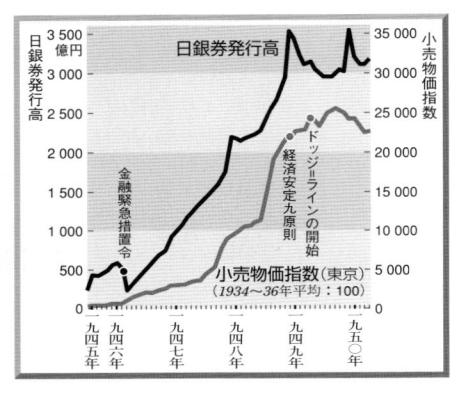

▲戦後の経済界の動き（『本邦経済統計』より）

▲**引揚げ者** 敗戦時，海外にいた日本の軍人は350万人，民間人も280万人をかぞえた。これらの人々の復員，引揚げは1957（昭和32）年ころまでかかった。また，中国大陸には敗戦後の混乱のなかで多数の日本人孤児がのこされた。写真は1946（昭和21）年7月，福岡県福岡市にて。

ものとなった。食料の配給は1人1日2合1勺（315g）と定められていたが，それも遅配がつづき，栄養失調で死ぬ人もしばしばあった。海外にあった数百万の人々は，着のみ着のままで日本に引き揚げてきたが，国内では定職や住む家のない場合が多かった。

　こうしたなかで1945（昭和20）年，労働組合法の制定によって労働者の団結権・団体交渉権・ストライキ権が保障され，労働運動はいちだんとはげしくなった。1947（昭和22）年には，官公庁の労働者を中心に二・一ゼネストが宣言されたが，社会の混乱をおそれたGHQの命令によって中止された。また，1946（昭和21）年には労働関係調整法，翌年には労働基準法が制定されて，労働条件が大きく改善された。

政党の復活

　民主化のすすむなかで，旧立憲政友会系統の日本自由党，旧立憲民政党の流れをくむ日本進歩党，旧無産政党諸派を統合した日本社会党，戦前は非合法とされていた日本共産党が結成・再建されるなど，政党も復活して活動を再開した。1946（昭和21）年，女性の参政権がみとめられた最初の衆議院議員総選挙では，日本自由党が第一党となり，総裁吉田

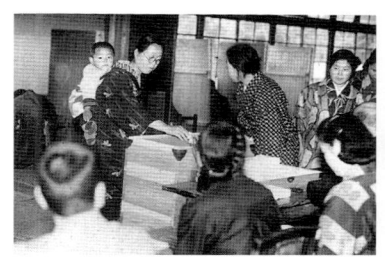

▲**女性の参政** 「五大改革の指令」をうけて，1945年12月17日，衆議院議員選挙法が改正・公布され，翌年4月10日には，女性がはじめて選挙権を行使した。

▲**女性議員の誕生**（読売新聞社提供）

茂^{しげる} を首班とする政党内閣が14年ぶりに復活した。また，この選挙で日本ではじめての女性議員39名が出現したのも，民主主義時代の到来を象徴していた。

日本国憲法の制定

　占領下の諸改革の中心となったのは，日本国憲法の制定であった。はじめ幣原内閣の手で作成された憲法改正案は，明治憲法をいくらか手なおしした程度だったため，GHQはこれを拒否し，国民主権や戦争放棄の原則をもりこんだ新憲法案をみずから作成して日本側に提示した。そこで政府はGHQ案をもとにあらたに草案をつくり，帝国議会の審議をへて，1946（昭和21）年11月3日，国民主権・平和主義・基本的人権の保障の原理にもとづく日本国憲法が公布され，翌年5月3日から施行された。

　新しい憲法とともに制定された地方自治法により，都道府県知事や市町村長は住民の直接選挙によって選ばれることとなった。また，1947（昭和22）年には民法が改正され，家を中心とした戸主^{こしゅ}の制度は廃止され，女性にも男性と同じ権利がみとめられた。

　1947（昭和22）年4月，日本国憲法公布後はじめての総選挙では，労働運動の高まりを背景に，野党の日本社会党が第一党となり，同年5月，新憲法にもとづく第一特別国会で，社会党の委員長片山哲^{かたやまてつ}が総理大臣に指名され，社会・民主・国民協同3党の連立内閣をつくった。社会主義

▲**日本社会党の結党大会**（1945年11月2日）　日本社会党の綱領・政策・党則などを発表する中央執行委員の鈴木茂三郎。結党直後は，社会民主主義者の西尾末広らの右派が優勢であった。1947年4月の総選挙で，第一党となる。（毎日新聞社提供）

	1946.4	1947.4	1949.1
日本自由党	140	131	民自264
日本進歩党	94	民主121	69
日本社会党	92	143	48
日本協同党	14	国協29	14
日本共産党	5	4	35
諸　　　派	38	25	24
無　所　属	81	13	12
計	464	466	466

▲**衆議院議員総選挙における政党の勢力分野**

政党が政権を担当したのは，日本でははじめてのできごとであったが，社会党内の左右両派の対立が原因で，翌年2月に内閣は退陣した。これについで民主党の芦田　均が同じ3党の連立内閣をつくったが，昭和電工疑獄事件で8カ月たらずで退陣した。その間，政党の離合集散がつづいたが，1948（昭和23）年民主自由党の第2次吉田内閣が成立し，翌年1月の総選挙で絶対多数の議席をえて，長期安定政権を確立した。

2　主権の回復

冷たい戦争

　大戦中，協力しあったアメリカとソ連は，1945年，戦後の国際平和・協力機関として発足した国際連合においても中心的役割をはたした。しかし，両国はそれぞれ自由主義陣営と社会主義陣営の中心となってしだいに対立をふかめ，両陣営間の対立，いわゆる冷たい戦争（冷戦）が戦後の国際情勢を左右するようになった。

　かつて欧米諸国の植民地であったアジアの諸地域では，つぎつぎに独立国が誕生したが，冷たい戦争とからんで複雑な対立がうまれた。朝鮮

冷たい戦争

第二次世界大戦では連合国として協力した米ソ両国も，戦後のヨーロッパ復興をめぐって対立し，それぞれ西欧資本主義諸国の自由主義陣営と東欧人民民主主義国家群の社会主義陣営を形成するにいたった。1946年3月，訪米中のイギリスの元首相チャーチルは，ミズーリ州フルトン市で演説をおこない，「バルト海のシュテティンからアドリア海のトリエステまでヨーロッパ大陸をまたぐ鉄のカーテンが降りてしまった。その線の向こう側に，中・東欧の古き諸国の首都が並んでいる。…共産党はそもそも，これらの東欧諸国においてとても小さな存在にすぎなかったにもかかわらず，優越する地位へと押し上げられ，みずからの規模を越えた権力を確保し，あらゆる場所で全体主義的なコントロールを手に入れようとしている」と述べて明確な反共の意志を表した。翌47年にアメリカの国務長官マーシャルは欧州復興援助計画（マーシャル・プラン）を発表したが，ソ連・東欧諸国はこの計画に不参加を表明し，両陣営の対立がきびしくなった。このころ，アメリカの外交評論家ウォルター・リップマンが「ニューヨーク・ヘラルド・トリビューン」に，"Cold War"と題した評論を発表すると，「冷たい戦争」（冷戦）の語はひろく用いられるようになった。

半島では1948年，北緯38度線の南にアメリカの支持する大韓民国（韓国）が，北にはソ連をうしろだてとする朝鮮民主主義人民共和国（北朝鮮）が成立した。また，中国では1949年，共産党が内戦に勝利し，北京に毛沢

▶中華人民共和国の成立　日本が敗れたあと，国民党軍と共産党軍の内戦となり，共産党軍が勝利した。1949年10月1日に毛沢東（写真左端）が北京で中華人民共和国の成立を宣言すると，蔣介石の国民党は台湾にのがれて中華民国を維持した。（共同通信社提供）

<ruby>東<rt>とう</rt></ruby>を主席とする中華人民共和国が成立し，台湾にのがれた国民党の中華民国と対立した。

占領政策の転換

　こうした国際情勢のなかで，アメリカは自由主義陣営における日本の役割を重視し，それまでの日本の経済力を弱める政策をあらためて，その再建と自立をもとめるようになった。1948（昭和23）年12月，GHQはインフレをおさえるため，予算の均衡・徴税の強化・物価の統制など経済安定九原則の実行を日本政府に指示した。そして，翌年いわゆるドッジ゠プランによる緊縮財政と，シャウプ勧告による税制改革が実施された。また1949（昭和24）年4月，1ドル＝360円の単一為替レートが設けられた。こうした政策によってインフレは収拾され，経済再建の基礎がきずかれたが，同時に不況がおとずれて中小企業の倒産があいつぎ，失業者が増大し，労働運動も激化した。

朝鮮戦争

　1950年6月，朝鮮半島では北朝鮮軍が北緯38度線をこえて韓国に侵攻を開始した（朝鮮戦争）。国際連合の安全保障理事会は北朝鮮を侵略者として武力制裁を決議し，アメリカ軍を中心とする国連軍が韓国側に立って参戦した。一方，北朝鮮側には中国軍が人民義勇軍の名で加わり，はげしい戦闘がくりかえされたが，1953年7月，<ruby>板門店<rt>はんもんてん</rt></ruby>で休戦協定がむすばれた。

　戦争発生直後にはGHQの指示により，日本では警察予備隊（のちの

◀**朝鮮戦争での休戦協定の調印**　1951年7月10日，開城ではじまった休戦会談は中断し，南北軍事境界線上の板門店で再開された。1953年7月27日，国連軍主席代表ハリソン中将と北朝鮮主席代表南日大将が休戦協定に調印した。（PANA通信社提供）

▲サンフランシスコ平和条約の調印 署名するのは首席全権の吉田茂首相。（毎日新聞社提供）

▲単独講和反対集会 写真は, 1951（昭和26）年 5 月 1 日, 東京芝公園の中部地区メーデー。（朝日新聞社提供）

自衛隊）が発足して自衛力の強化がはかられ, また, 多くの共産主義者が官公庁や言論機関から追放された（レッド゠パージ）。朝鮮戦争で国連軍の補給基地となった日本には, にわかに好景気がおとずれた（朝鮮特需）。こうして1951（昭和26）年, 日本の鉱工業生産はほぼ1934～36（昭和9～11）年の平均水準を回復した。

平和条約と安保条約

　少しずつすすんでいたアメリカの対日講和の動きは, 朝鮮戦争の勃発で急速に具体化した。第 3 次吉田茂内閣も, これに応じて早期講和の実現をはかった。講和問題をめぐっては, 日本国内の革新政党や労働組合などの勢力は, 時間がかかっても社会主義諸国をもふくめた講和（全面講和）をおこなうべきだと主張したが, 保守・中道政党や財界には, 自由主義諸国とだけでもはやく講和（単独講和）して国際社会に復帰すべきだという意見が強かった。1951（昭和26）年 9 月, サンフランシスコで開かれた講和会議に吉田茂首相が全権として出席し, 同年 9 月 8 日, アメリカ・イギリスなど自由主義陣営の48カ国とサンフランシスコ平和条約を締結した。平和条約は1952（昭和27）年 4 月28日に発効し, 連合国の日本占領はおわり, 日本は主権を回復し, 自由主義陣営の重要な一員として, 国際社会に復帰することとなった。1953年, 戦後アメリカの施政権下におかれていた奄美大島が日本に返還された。

　また, 平和条約と同時に日米安全保障条約（安保条約）がむすばれ, 日

本国内およびその周辺に，ひきつづきアメリカ軍が駐留し，極東の平和維持に必要な場合などには出動できることとなった。そして，日米行政協定によって，日本は駐留軍に基地（施設・区域）を提供した。ついで日本は，中華民国と日華平和条約，インドと日印平和条約をむすんだ。また，日本は1950年代に，戦後つぎつぎに独立した東南アジア諸国と賠償の支払いを取り決め，無償の経済援助などをおこなった。

国連加盟

　サンフランシスコ平和条約には，ソ連や中華人民共和国など社会主義諸国は加わらず，日本と社会主義諸国との国交回復は未解決の課題となった。

　しかし，1950年代中ころから二大陣営の“雪どけ”による国際的な緊張緩和のきざしがあらわれはじめた。1955（昭和30）年には日本をふくむアジア・アフリカ（ＡＡ）の29カ国代表がバンドンに集まり（ＡＡ会議），植民地主義の排除，ＡＡ諸国の協力，世界平和の促進などを宣言した。

　吉田内閣のあとをついだ鳩山一郎内閣は，こうした変化を背景に，ソ連との国交回復の交渉に着手した。1956（昭和31）年10月，日ソ共同宣言が調印され，北方領土など未解決の問題をのこしたまま，両国は国交を回復した。その結果，これまでソ連の反対で阻止されていた日本の国際連合加盟がようやく実現した。

▲**日ソ共同宣言の調印**　国交回復のための日ソ交渉は，北方領土問題をめぐってたびたび暗礁にのりあげたが，1956（昭和31）年10月19日，ようやく日ソ共同宣言が調印された。写真はモスクワのクレムリンで調印にあたる鳩山・ブルガーニン両国首相。（読売新聞社提供）

保守・革新の対立

　日本国憲法のもとで，政党政治は国政運営の基本となった。1948(昭和23)年10月の第2次吉田内閣の成立以来，政局は安定し，政権はその後長く保守政党によって担当された。吉田内閣は，朝鮮戦争勃発後強まりつつあったアメリカからの再軍備要求を最小限におさえつつ経済発展をはかり，国力にみあった自衛力の漸増をすすめた。警察予備隊は保安隊をへて，1954(昭和29)年，ＭＳＡ協定によりアメリカからの軍事・経済援助とひきかえに，陸海空からなる自衛隊に改組された。また，政府は1952(昭和27)年，左右の過激な活動をとりしまるため破壊活動防止法を制定した。

　これに対し，革新勢力は保守政権によるこうした動きを「逆コース」として反対し，石川県内灘や東京都砂川などでアメリカ軍基地反対運動をすすめた。1954(昭和29)年，日本漁船(第五福竜丸)がアメリカのおこなった水爆実験で被爆したことをきっかけに，日本国内では原水爆禁止運動が高まり，翌年8月第1回原水爆禁止世界大会がひらかれた。

　革新政党の中心となった日本社会党は，1951(昭和26)年講和問題で左右両派に分裂したが，総評など労働組合を支持基盤に勢力を回復し，

▲自衛隊　自衛隊は，1954年7月1日に発足した。写真は陸上自衛隊の観閲式のようす。(毎日新聞社提供)

▲砂川事件　アメリカ軍立川基地の拡張計画に対し，地元の砂川町民と支援の革新勢力が激しく抵抗した。(毎日新聞社提供)

◀安保条約改定反対のデモ
1960年5月から6月にかけて，労働組合・文化人集団・学生団体などによる数万人のデモが，連日のように国会周辺をうめつくし，アメリカ大統領の日本訪問も中止された。

1955（昭和30）年10月ふたたび統一した。同年11月，これに対抗して保守政党の側でも，自由党と日本民主党が合同して自由民主党（自民党）を結成し（保守合同），両院における絶対多数を確保した。こうして自民・社会両党を中心とした保守・革新の対立（いわゆる55年体制）がつづいた。

　1957（昭和32）年に成立した岸信介内閣は，日本の自立化を強めようとして自衛力漸増計画をおしすすめるとともに，日米安全保障条約の改定をはかり，1960（昭和35）年1月，日米相互協力及び安全保障条約（新安保条約）に調印した。新安保条約では，アメリカ軍の日本防衛義務，軍事行動に際しての日本側との事前協議，相互の防衛力強化などが規定されていた。これに対し国内の革新勢力は，新安保条約の締結が日本をアメリカのアジア戦略に組みこむものだとして反対運動をすすめ，いわゆる安保闘争が国民的規模にまで高まった。国会の承認によって同年6月，新安保条約は成立したが，岸内閣は翌月退陣した。

3　高度成長と生活革命

経済の繁栄

　1950年代後半にはいると，日本経済は世界的好況にめぐまれ，輸出が急増して好景気をむかえ，鉱工業生産は戦前の最高水準を突破した。1960（昭和35）年，岸内閣のあとをついで成立した池田勇人内閣は，"所

▶海外に進出した家庭電器工場　1960年代には発展途上国に日本の企業がつぎつぎに進出し，現地で生産にあたった。写真は日本とフィリピンの合弁会社における白黒テレビの製造作業の風景(1965年)。

得倍増"をとなえ高度経済成長政策をおしすすめた。そして池田内閣とそれにつづく佐藤栄作内閣のもとで，1960年代から70年代初めにかけて，日本経済は空前の繁栄をとげた。石油化学・自動車など重化学工業の多くの部門で，技術革新と設備投資が飛躍的にすすみ，1960年代末には，日本の国民総生産（ＧＮＰ）は，自由主義諸国のなかでアメリカについで第2位となった。

貿易額も大はばにのび，日本は欧米諸国からの要請で，1964（昭和39）年には国際収支を理由に為替管理をおこなえない国際通貨基金（ＩＭＦ）8条国に移行して貿易の自由化にふみきり，ついで経済協力開発機構（ＯＥＣＤ）への加入などによって，資本取引の自由化をすすめた。

生活革命

こうして日本は世界でも指おりの高度工業国に成長し，"経済大国"となった。産業構造の面では，第1次産業の比率が急速に低下し，第3次産業が大きな比重を占めるようになった。勤労者の所得も年々上昇し，国民の生活水準はいちじるしく向上した。戦前にみられた都市と農村の較差もほとんどなくなり，電気冷蔵庫・カラーテレビ・乗用車などの耐久消費財が一般家庭にひろく普及した。

1964（昭和39）年には海外旅行の自由がみとめられ，1980年代には毎年数百万人の人々が海外旅行を楽しむようになるなど，レジャーの国際化がひろまった。また，衛生環境の改善や医療の進歩により，国民の平均

製　品　名	1966.2	1980.3
	%	%
電 気 洗 濯 機	75.5	98.8
電 気 冷 蔵 庫	61.6	99.1
電 気 掃 除 機	41.2	95.8
カ ラ ー テ レ ビ	2.1	98.2
カ　メ　ラ	52.9	82.9
ピ　ア　ノ	4.2	15.8
乗　用　車	12.1	57.2
ルームエアコン	2.0	39.2

▲**耐久消費財の普及率**　数字は全世帯当りのもの。(『朝日年鑑』より)

年次	世帯人員	実収入	実支出(食費)
	人	円	円　　　円
1955	4.71	29,169	26,786 (10,465)
1960	4.38	40,895	32,093 (12,440)
1965	4.13	65,141	54,919 (17,858)
1970	3.90	112,949	91,897 (26,606)
1975	3.82	236,152	186,670 (49,828)
1980	3.83	349,686	282,263 (66,245)
1985	3.79	444,846	360,642 (74,369)
1990	3.70	521,767	412,813 (81,451)

▲**勤労者世帯の収入・支出**　数字は年平均1カ月間のもの。(『朝日年鑑』より)

寿命は大はばにのび，1980年代には男性約75歳，女性約80歳と，日本は世界で一，二をあらそう長寿国となった。

　国土開発も本格的にすすみ，東京・大阪間の新幹線の開通(1964年)をはじめ，高速自動車道路の建設，大都市を中心とする地下鉄の発達やあいつぐ高層ビルの建築など，敗戦直後に廃墟にひとしかった日本は，30年ほどのあいだにまったく面目を一新した。

　しかし，1960年代から70年代にかけて，急速な高度経済成長は同時にさまざまな深刻な問題をうみだした。いそぎすぎた産業開発により，自然環境が破壊され，産業廃棄物や排出ガスによる大気・河川・海水の汚染をうみだし，各地で公害病が発生した。また東京をはじめとする大都

	新潟水俣病	四日市ぜんそく	イタイイタイ病	熊本水俣病
被害状況	1964年ごろから新潟県阿賀野川流域で水銀中毒患者発生	1961年ごろから三重県四日市の石油コンビナートの煙害でぜんそく発生	大正年間から富山県神通川で骨がもろくなる奇病	1953年ごろから熊本県水俣湾周辺で水銀中毒患者発生
提訴日 判決日	1967. 6. 12 1971. 9. 29	1967. 9. 1 1972. 7. 24	1968. 3. 9 1972. 8. 9	1969. 6. 14 1973. 3. 20
原告人数	76	12	33	138
被告 裁判所 判決	昭和電工 新潟地裁 原告全面勝訴 賠償金2億7779万円	三菱油化など6社 津地裁 原告全面勝訴 賠償金8821万円	三井金属鉱業 名古屋高裁 原告全面勝訴 賠償金1億4820万円	新日本窒素 熊本地裁 原告全面勝訴 賠償金9億3730万円

▲**四大公害裁判**

市には過度に人口が集中し，地価の高騰・深刻な住宅難・交通事故の頻発・交通渋滞など過密化(かみつか)にともなういろいろな問題がうまれた。反面，地方の農村では人口流出による過疎化(かそか)がすすみ，とりわけ青年男女の人口減少が大きな問題となった。

公害や自然環境破壊は大きな社会問題となり，これに反対する住民運動が高まった。政府は1967(昭和42)年公害対策基本法を制定し，71(昭和46)年には環境庁を設置して，公害問題と環境保護対策とにとりくんでいる。

自由民主党の長期政権

1960〜70年代をつうじて，自由民主党の衆議院における絶対多数がつづき，政局は安定したが，反面，その長期政権への国民の倦怠感(けんたいかん)，党内の派閥争いや汚職事件などに対する不信感もあらわれ，自由民主党の議席と得票率はおおむね漸減(ぜんげん)傾向を示し，両院における与党と野党の勢力分野は少しずつその差をちぢめていった。1983(昭和58)年の衆議院議員総選挙では，自民党は過半数を割る形勢となり，第2次中曽根康弘(なかそねやすひろ)内閣は新自由クラブとの連立によってこれをのりきった。

一方，革新勢力の内部では，日本社会党がのびなやむ反面，社会党の脱党派による民主社会党(のち民社党(みんしゃとう))の成立，宗教団体を基盤とする公明党の結成などによって中道勢力(ちゅうどう)が強くなり，また日本共産党の勢力回復などにより，しだいに多極化傾向をふかめた。地方自治体では福祉や環境問題への取り組みをつうじて，1970年代，革新勢力のおす首長が各地で誕生したが，80年代にはいると，その多くは姿を消した。

文化の大衆化と国際化

現代文化の大きな特色として，大衆性と国際性とをあげることができる。

テレビ放送は1953(昭和28)年にはじまったが，1960年代以降めざましい普及を示し，1980年代にはテレビ受像機が全国で3000万台をこえ，その普及率は98%に達した。80年代半ばからテレビの衛星放送がはじまり，世界各国のできごとの映像が，そのまま国民の茶の間に伝えられるよう

▲**湯川秀樹**（読売新聞社提供）

▲**ノーベル文学賞を授与される川端康成**
（共同通信社提供）

▲**東京オリンピック**（毎日新聞社提供）

　になった。また1日の発行部数700万〜800万部に達する大新聞や，各種の週刊誌があらわれるなど，マス゠コミュニケーションのめざましい発展が，国民の生活様式の均質化をうみだした。

　教育の大衆化もめざましく，1970年代には高等学校への進学率は90％をこえ，高等学校は事実上義務教育的な機関となった。大学進学率も急増し，1970年代後半には30％をこえた。しかし，このような教育の大衆化は，同時にはげしい進学競争や学校間の格差をもたらした。

　学問や芸術の分野では，とくに自然科学・科学技術の発達がめざましく，その国際化もすすんだ。物理学者湯川秀樹・朝永振一郎，文学者川端康成らのノーベル賞受賞や，東京オリンピック（1964年），大阪での日本万国博覧会（1970年）の開催は，日本の学問・芸術・文化・技術などが国際的に高く評価されてきたことを示すできごとといえよう。また文化財保護法が制定され，文化庁や国立歴史民俗博物館が設立され，古い町

浮世絵をめぐる日仏交流

19世紀後半，フランスではジャポニスムとよばれる日本趣味が流行した。喜多川歌麿・葛飾北斎らの浮世絵は高く評価され，はなやかな色彩と大胆な構図によって，新しい美術運動がはじまった。これが「印象派」である。モネは，1860年代末から浮世絵の影響をうけた作品を制作し，ゴッホは歌川広重らの作品を模写し，独創的な作品をえがいた。

浮世絵が西洋で評価されると，日本国内でも再評価の動きが高まった。東洲斎写楽は，日本では長く埋もれていたが，20世紀初めに西洋で注目されると，国内でももてはやされるようになった。こうして，海外へ流出した浮世絵の買戻しもおこなわれるようになった。明治の元勲，松方正義の子で実業家の幸次郎もその熱心な一人で

あった。松方はもともとフランス印象派の絵画の収集家であったが，1927（昭和2）年の金融恐慌で経営にゆきづまると，買い集めた絵画はいったん松方の手を離れた。

第二次世界大戦後，フランスに残された松方の収集群は，フランス政府から保存と公開を条件に寄贈返還された。この結果，東京の上野にル・コルビュジエ設計の国立西洋美術館が建てられ，松方コレクションの常設展示がはじまった。

▲国立西洋美術館外観（© 国立西洋美術館）

並みや民間の芸能などが保存されるようになったのも，新しい文化ばかりでなく，伝統的な文化遺産の尊重の姿勢をあらわしている。

4　現代の世界と日本

多極化する国際社会

1960年代以降も，米ソ両国の平和共存政策はつづけられ，緊張緩和（いわゆるデタント）の気運が高まった。1963年，米英ソ3国間に部分的

核実験禁止条約，68年には核兵器拡散防止条約がむすばれ，日本をはじめ世界の多くの国々がこれに参加した。しかし，中国とフランスは参加せず，独自に核兵器の開発をすすめ，インドもまた核実験に成功するなど，核兵器拡散の傾向もすすんだ。

　中華人民共和国は，1960年代後半から文化大革命のため国内の混乱がつづいたが，国際的にはしだいに発言力を強め，1971年台湾（中華民国）にかわって国連の代表権をみとめられ，安全保障理事会の常任理事国となった。この間，中国とソ連の対立がふかまった。ソ連はチェコスロヴァキアやアフガニスタンへの軍事介入によって国際世論の非難をあびたが，とくに中国はソ連を"社会帝国主義"としてはげしく攻撃した。

　一方アメリカは，不安定な政情がつづいていたベトナムに軍事介入して（ベトナム戦争），内外の非難をあび，1973年和平協定をむすんでベトナムから撤退した。その結果，ベトナムなどインドシナ各国に社会主義政権がうまれ，アメリカの勢力は全面的に後退した。しかし，中国とベトナムなど社会主義国相互の対立を反映して，インドシナの戦火はその後もやまず，大量の難民が流出して，大きな国際問題となった。

　このように，国際社会における米ソ両国の威信はしだいに低下し，両国を中心とした第二次世界大戦後の国際秩序は，しだいに多極化の方向にむかった。こうした状況のなかでアジア・アフリカ・オセアニアの諸地域では，あいついで独立国が誕生したが，大国の利害の対立ともからんで，世界の各地で軍事的な国際紛争はいぜんつづいた。

　イスラエルとアラブ諸国の対立により，第二次世界大戦後，しばしば戦争がくりかえされてきた中東では，1973年第4次中東戦争が勃発し，アラブ諸国はイスラエル寄りとみられる欧米諸国や日本への原油の供給削減と値上げを発表した。これはまもなく解除されたが，石油不足と原油価格の暴騰でいわゆる石油ショックがおこり，先進工業国の経済は大きな打撃をうけ，日本は以後いわゆる安定成長の時代にはいった。

日中国交正常化

　流動化する国際情勢のなかで，日本はアメリカとの協力関係を外交政策の基本とし，アジアにおいても，自由主義陣営の国々との結束強化を

	鉱工業生産	生産者製品在庫率	稼働率	全産業常用雇用
昭和29年不況	−5.1%	+31.5%	……	−1.3%
33年不況	−9.4	+58.2	−19.9	−0.2
37年不況	−3.3	+33.7	−10.7	−1.4
40年不況	−2.9	+13.3	−8.2	−1.2
46年不況	−2.7	+27.8	−8.8	−1.4
石油危機不況	−20.2	+78.1	−24.0	−4.0

▲**第1次石油ショックの深刻さ**（内野達郎『戦後日本経済史』による）

▶**日中国交正常化**（共同通信社提供） 毛沢東主席（左）から図書を贈られる田中角栄首相。

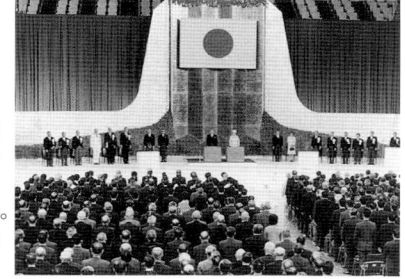

▶**沖縄返還記念式典** 1971年の佐藤首相とニクソン大統領による沖縄返還協定をうけて、1972年5月15日に沖縄が祖国復帰をはたした。写真は日本武道館での記念式典のようす。（共同通信社提供）

　はかった。1965（昭和40）年，佐藤内閣は日韓基本条約をむすび，韓国との国交を正常化した。

　1968（昭和43）年には，アメリカの施政権下にあった小笠原諸島が日本に返還され，つづいて71（昭和46）年沖縄返還協定が調印され，翌年5月には念願の沖縄の日本復帰が実現した。しかし，アメリカ軍基地の問題や本土との経済格差の問題など，なおのこされた課題は少なくない。

　一方，中華人民共和国との国交正常化は，田中角栄内閣のもとで急速にすすんだ。1972（昭和47）年9月，田中首相が中国をおとずれ，日中共同声明が発せられて日中の国交が正常化された。中国は毛沢東の死後，文化大革命による混乱を収拾して，現実主義的な近代化路線を推進した。その結果，日中経済協力も強められ，1978（昭和53）年8月，福田赳夫内閣のとき，日中平和友好条約がむすばれた。

◀**東京サミット出席の各国首脳** 1986年5月4日，第12回主要先進国首脳会議が東京赤坂の迎賓館で開幕した。左からドロール（ＥＣ委員長），クラクシ（イタリア），ルベルス（ＥＣ議長），コール（西ドイツ），レーガン（アメリカ），中曽根（日本），ミッテラン（フランス），サッチャー（イギリス），マルルーニー（カナダ）。（毎日新聞社提供）

国際協力と経済摩擦

　ベトナム戦争のための巨額な出費などによってアメリカの経済力はかなり後退し，1971（昭和46）年にはドルが切り下げられ，1ドル＝308円となった。翌々年には変動為替相場制が導入され，円高がすすんだ。このように経済大国となった日本の国際社会での役割はますます重要性を増し，アメリカ・イギリス・西ドイツ・フランス・イタリア・カナダとともに，自由主義陣営における先進工業国の一員として，1975（昭和50）年以降，毎年，主要先進国首脳会議（サミット）に加わり，世界経済そのほかの重要問題について協議している。

　1970年代後半以降，石油ショックを克服した日本は，いっそう輸出を増大させ，国際収支は大はばな黒字となった。1980年代にはいると，最大の貿易相手国であるアメリカは，日本側の巨額の輸出超過に対して，自動車など日本の重要輸出品の規制や農産物，とりわけ米の市場開放などの要求を強め，日米貿易摩擦問題が深刻化した。またアメリカは，日本が経済力にふさわしい防衛努力をするよう強くもとめた。一方，ＥＣ諸国や東南アジア諸国でも，日本商品の大量進出に対する警戒と反発がおこった。

安定成長から平成不況へ

　1980年代をつうじて日本経済は安定成長をつづけ，とくに80年代後半から91（平成3）年初めまで大型の景気拡大が持続された。その間，中曽

根康弘内閣のもとで，電電・専売・国鉄の民営化が実現した。しかし一方では，大都市の地価の暴騰，労働力不足と外国人労働者の流入，出生率の低下と寿命ののびによる少子・高齢化などが問題化した。

1991（平成3）年半ば以降，いわゆるバブル経済の崩壊により景気は一転して低迷にむかった。多くの企業で収益は悪化し，証券会社や金融機関の経営破たんがあいついだ。各企業が経営の効率化をすすめる過程で多くの失業者をだした結果，雇用不安が高まった。財政事情も苦しくなり，1989（平成元）年に新設された消費税の税率が，高齢者福祉の財源捻出のためとして，1997（平成9）年に3％から5％に引き上げられたが，こうした動きは不況をいっそう長びかせる結果となった。

冷戦の終結と国際情勢

1980年代末から90年代にかけて，国際社会では大きな変動がおこった。それは，社会主義諸国における自由化・民主化の高まりである。ソ連では1980年代後半からペレストロイカ（改革・再編）がすすめられ，1990年代にはいると経済危機が深まるなかで，共産党の一党独裁体制が崩壊し，複数政党制と資本主義的な市場経済への移行が進行した。そして，ソ連邦内の共和国がつぎつぎに独立した。その結果，1991年ソ連は解体し，ロシア連邦を中心に，主権をもつ共和国によるゆるやかな独立国家共同体（CIS）となった。

また，1989年東西をわかつベルリンの壁が撤去され，翌年西ドイツが

▶**消費税実施を報じる新聞記事**
1989年4月，竹下登内閣の税制改革の一環で，すべての商品・サービスを対象とした消費税3％が導入された。1997年に税率が5％に引き上げられた。（朝日新聞社提供）

東ドイツを吸収する形でドイツ統一を実現したのをはじめ，東欧諸国であいついで社会主義体制がくずれ去った。一方，中国では政治的には，1989年に民主化をもとめる学生たちの大規模なデモを武力で鎮圧した天安門事件以後，共産党の支配体制が強化されたが，経済的には資本主義的な市場原理をとりいれた改革・開放路線がすすめられて高度成長が続き，ぼう大な人口(2009年現在約13億人)とあいまって世界経済に大きな影響力をもつようになった。

こうしたなかでロシアは西側先進諸国に接近し，東西両陣営の冷戦体制は解消の方向にむかった。

しかし一方では，イラクのクウェート侵攻から湾岸戦争がおこり，中東・東欧・旧ソ連内・中国国内などで民族紛争が頻発して，民族問題が深刻化している。また，1995(平成7)年に日本国内でオウム真理教教団による地下鉄サリン事件がおこり，アメリカ国内で2001年に大規模なテロ事件が発生するなど，国際情勢の不安定要因は多く，それはなお流動的である。

国際貢献と55年体制の崩壊

激動する国際社会のなかで，日本の国際的役割はいっそう高まった。1991(平成3)年には，発展途上国への日本の政府開発援助(ODA)の額は，世界第1位に達した。しかし湾岸戦争をきっかけに，経済以外の分野，とりわけ人的分野での国際貢献を日本にもとめる声が，アメリカをはじめ国際社会からあがり，1992(平成4)年，自由民主党の宮沢喜一内閣のもとで，国際連合平和協力法(PKO協力法)が制定され，カンボジアの総選挙実施に協力するため，自衛隊の現地派遣が実現した。

日本国内では，1989(平成元)年，昭和天皇がなくなり，元号が平成とあらたまったが，1990年代にはいって政治資金調達をめぐる汚職事件が頻発し，政治腐敗防止をめざす改革が急務となった。しかし，この問題で自民党は分裂し，一部は脱党して新生党を結成した。1993(平成5)年の衆議院議員総選挙で自民党は過半数を大きくわり，宮沢内閣は退陣し，38年間つづいた自民党政権にかわって日本新党の細川護熙が，新生党・日本社会党・公明党など非自民8党派による連立内閣を組織した。

ついで，1994（平成6）年には自民党・社会党・新党さきがけの3党連立内閣が成立し，社会党（のち社会民主党）は自衛隊のPKO参加をみとめるなど，これまでの政策を大きく転換して自民党に歩み寄った。一方，野党側の諸党派も離合集散がくりかえされ，1996（平成8）年，非自民諸党派の大部分が合同して，民主党が結成された。こうして政界再編成がすすみ，55年体制は終わったが，その後も，自民党を中心とした政権がつづいた。

現代の課題

　21世紀にはいると，自民党は公明党との連立政権を維持し，小泉　純一郎内閣のもとで大胆な構造改革の実現をめざした。2001（平成13）年，アメリカでイスラム過激派によると思われる大規模な同時多発テロが発生すると，国際的なテロ対策が緊急の課題となった。アメリカのよびかけで，この事件の背後にあるテロリスト集団を支援しているアフガニスタンに対する武力制裁が，国連安全保障理事会の決議にしたがって実行され，多くの国がそれに参加した。

　日本でも小泉内閣によってテロ対策特別措置法が国会で成立し，それにもとづいて，インド洋に海上自衛隊の艦船が派遣され，インド洋の安全確保のために活動している外国の軍艦への補給活動を実施した。2003（平成15）年にアメリカのイラク攻撃がはじまると，有事法制の整備をすすめ，翌年にはイラクの復興支援のために自衛隊を派遣した。

　また，小泉内閣は2005（平成17）年には衆議院総選挙での大勝を背景に，郵政民営化を決定した。これは財政の健全化と景気浮揚策の一環とされたが，福祉政策の後退と地方経済の疲弊をまねき，所得格差・地域格差が増大した。

　その後も自民党・公明党の連立政権がつづいたが，政局は安定せず，2009（平成21）年，総選挙で自民党が破れ，民主党の鳩山由紀夫内閣が成立した。しかし，政局はなおも不安定で，短命な内閣がつづいた。2012（平成24）年の総選挙で自民党が大勝すると，第2次安倍晋三内閣が成立し，震災からの復興，景気の浮揚，北朝鮮による日本人拉致問題や核開発問題，アメリカとの同盟関係の強化など，内外に山積する課題に取り

組んでいる。

　近年，グローバル化が進み，情報通信ネットワークのいちじるしい発達がみられる一方，これにともなう犯罪や事故も多発している。また，1995（平成7）年の阪神・淡路大震災や2000（平成12）年の三宅島の噴火などの自然災害のほか，2011（平成23）年の東日本大震災の際には，原子力発電施設の深刻な事故も発生している。さらに産業化社会の進展と化石燃料の大量消費により，地球の温暖化が懸念されている。

　このような内外の変動のなかで，国際化の道を歩む日本にとって，世界の平和と安定や人類の福祉のために，とりわけ経済以外の分野でどのような形で本格的な国際貢献をはたすことができるか，国の内外から真剣な問いかけがなされている。

日本史年表

~701　飛鳥時代

年代	天皇	政治・経済・社会	文化	世界
			◆ 旧石器時代 ◆ 縄文文化 　（新石器文化） 弥生文化 　（水稲耕作・金属器）	◆ オリエントで農 　耕・牧畜(前7000) 前221 秦, 中国統一 前202 漢(前漢)おこる 前108 楽浪4郡設置 前7／前4頃 イエス誕生
紀元前 紀元後		前1世紀頃, 倭, 小国分立		
57 100		倭の奴国王, 後漢に入貢。印綬を受ける	◆ 方形周溝墓出現	25 後漢(～220)
107 147 200		倭の国王帥升ら, 後漢に入貢。生口を献上 この頃より倭おおいに乱れる	◆ 弥生後期に登呂遺跡	◆ 中国で製紙改良 ◆ ガンダーラ美術
239 266		卑弥呼, 魏に遣使, 親魏倭王の称号を受ける 倭の女王(壱与？), 晋に遣使	◆ 前方後円墳出現	05頃 帯方郡設置 20 　中国, 三国時代 　　（～280）
300				
391		この頃ヤマト王権, 統一進む この頃より倭軍, 朝鮮半島へ出兵		13 楽浪郡, 滅ぶ 75 ゲルマン人移動始 　まる
400				
413 421 438 443 462 478	(讃) (珍) (済) (興) (武)	倭, 東晋に遣使 倭王讃, 宋に遣使 倭王珍, 宋に遣使, 安東将軍の称号を受ける 倭王済, 宋に遣使, 安東将軍の称号を受ける 済の世子興, 安東将軍の称号を受ける 倭王武, 宋に遣使・上表, 安東大将軍 の称号を受ける	◆ 技術者集団の渡来 　（渡来人） ◆ 巨大古墳の築造 71 稲荷山鉄剣 ? 江田船山鉄刀 ◆ 群集墳出現	14 高句麗, 好太王碑 　建立 39 中国, 南北朝時代 　（～589） 86 フランク王国おこる
500				
512 527 562 587 592 593	(継体) (〃) (欽明) 用明 崇峻 推古	百済, 加耶に進出する 筑紫国造磐井の反乱 新羅, 加耶(加羅)を滅ぼす 蘇我馬子, 物部守屋を滅ぼす 馬子, 崇峻天皇を暗殺 厩戸王, 政務に参加する	03? 隅田八幡神社人物 　画像鏡（一説443） 38? 仏教公伝(戊午説) 　（一説552壬申説） 88 飛鳥寺建立	70頃 ムハンマド生誕 89 隋, 中国を統一
600				
603 604 607 608 630 643 645 646 658 663 667 670 672 684 689 694	〃 〃 〃 〃 舒明 皇極 孝徳 斉明 〈天智〉 〈 〃 〉 天智 天武 天武 持統 〃	冠位十二階制定 憲法十七条制定 小野妹子を隋に派遣(遣隋使) 隋使裴世清来日。妹子, 留学生と再度入隋 第1回遣唐使：大使は犬上御田鍬 蘇我入鹿, 山背大兄王を襲い自殺させる 乙巳の変：蘇我入鹿暗殺。難波宮に遷都 改新の詔 阿倍比羅夫, 蝦夷を討つ 白村江の戦い：倭軍, 唐・新羅軍に敗北 近江大津宮に遷都 庚午年籍をつくる 壬申の乱。飛鳥浄御原宮に遷都 八色の姓制定 飛鳥浄御原令施行 藤原京に遷都	07? 法隆寺建立 70 法隆寺火災 80 薬師寺創建 　（698ほぼ完成） 81? 国史の編纂開始 ◆ 高松塚古墳	18 隋滅び, 唐おこる 60 百済滅ぶ 68 高句麗滅ぶ 76 新羅, 半島統一 98 渤海おこる(～926)
645 646	大化1 2			
700				
701	大宝1	文武	大宝律令完成	

年代		天皇	政治・経済・社会	文化	世界
708	和銅 1	元明	和同開珎鋳造(711年に蓄銭叙位令)		
710	3	〃	平城京に遷都		
712	5	〃	出羽国を建てる。翌年, 大隅国を建てる	12『古事記』	12 唐の玄宗即位
718	養老 1	元正	藤原不比等ら, 養老律令を撰定	13 風土記撰進を命ず	
722	6	〃	百万町歩の開墾計画	20『日本書紀』	
723	7	〃	三世一身法施行		
724	神亀 1	聖武	陸奥国に多賀城を設置		
727	4	〃	渤海使, はじめて来日(～929)		
729	天平 1	〃	長屋王の変。光明子, 皇后となる		
740	12	〃	藤原広嗣の乱。恭仁京に遷都	41 国分寺建立の詔	
743	15	〃	墾田永年私財法。大仏造立の詔	51『懐風藻』	
757	天平宝字	孝謙	養老律令を施行。橘奈良麻呂の変	52 東大寺大仏開眼供養	55 唐, 安禄山・史思
764	8	淳仁	恵美押勝(藤原仲麻呂)の乱	56 聖武天皇遺品を東大寺へ納入(正倉院宝物)	明の乱(～763)
765	天平神護 1	称徳	道鏡, 太政大臣禅師(翌年法王)となる		
770	宝亀 1	光仁	道鏡を下野薬師寺別当に追放	59 唐招提寺建立	
784	延暦 3	桓武	長岡京に遷都	70 百万塔陀羅尼	
792	11	〃	諸国の兵士を廃し, 健児をおく	◆『万葉集』	
794	13	〃	平安京に遷都		
800					
802	21	嵯峨	坂上田村麻呂, 胆沢城を築く	04 最澄・空海, 入唐	00 フランク王国カー
810	弘仁 1	淳和	藤原冬嗣, 蔵人頭となる	05 最澄, 天台宗を開く	ル大帝, 西ローマ
823	14	仁明	大宰府管内に公営田制を実施	06 空海, 真言宗を開く	皇帝となる
842	承和 9	清和	承和の変：伴健岑・橘逸勢らを処罰	21 藤原氏, 勧学院創開	29 イングランド諸国
858	天安 2	陽成	藤原良房, 摂政となる(人臣摂政の初め)	28 綜芸種智院設立	の統一
866	貞観 8	光孝	応天門の変：伴善男流罪		
879	元慶 3	宇多	畿内に官田をおく		75 唐：黄巣の乱
884	8		藤原基経, 関白となる(関白の初め)		(～884)
894	寛平 6		遣唐使派遣中止	◆『竹取物語』	
900					
901	延喜 1	醍醐	菅原道真を大宰権帥に左遷。延喜の治	01『日本三代実録』(六	07 唐滅ぶ
902	2	〃	延喜の荘園整理令。班田記録の最後	国史の最後)	18 高麗の建国
914	14	〃	三善清行, 意見封事十二カ条を進上	05『古今和歌集』	26 渤海滅ぶ
939	天慶 2	朱雀	平将門の乱・藤原純友の乱始まる(～41)	35 この頃『土佐日記』	36 高麗, 朝鮮統一
947	天暦 1	村上	天暦の治	◆ 空也, 念仏を勧める	60 宋おこる(～1127)
969	安和 2	冷泉	安和の変：源高明を左遷	74 この頃『蜻蛉日記』	62 神聖ローマ帝国成立
988	永延 2	一条	尾張国郡司百姓等, 国司の非法を訴える	85『往生要集』	
1000					
1017	寛仁 1	後一条	藤原道長, 太政大臣, 頼通, 摂政となる	01 この頃『枕草子』	◆ 中国で火薬発明
1028	長元 1		平忠常の乱(～31)	10 この頃『源氏物語』	
1045	寛徳 2	後冷泉	寛徳の荘園整理令：前任国司後の荘園停止	22 道長の法成寺なる	38 セルジューク朝建国
1051	永承 6		前九年合戦(～62)	52 末法第 1 年	66 英, ノルマン朝成
1069	延久 1	後三条	延久の荘園整理令。記録荘園券契所設置	53 平等院鳳凰堂なる	立
1083	永保 3	白河	後三年合戦(～87)	59? この頃『更級日記』	
1086	応徳 3	堀河	白河上皇, 院政を始める	◆『栄華物語』	96 第 1 回十字軍
1100					
1156	保元 1	後白河	保元の乱	◆『大鏡』	15 金(～1234)
1159	平治 1	二条	平治の乱	24 中尊寺金色堂建立	27 宋滅び南宋おこる
1167	仁安 2	六条	平清盛, 太政大臣となる。平氏全盛	64? この頃平家納経	47 第 2 回十字軍
1177	治承 1	高倉	鹿ヶ谷の陰謀	75 法然, 専修念仏をと	
1179	3		清盛, 後白河法皇を幽閉	なえる(浄土宗開宗)	
1180	4	安徳	源政変・以仁王挙兵。福原京遷都。源頼朝・源義仲挙兵。頼朝, 侍所設置		
1183	寿永 2	〃	平氏の都落ち。頼朝の東国支配権確立		
1184	元暦 1	〃	頼朝, 公文所・問注所を設置		
1185	文治 1	後鳥羽	平氏滅亡。頼朝, 守護・地頭任命権獲得	91 栄西帰国し, 臨済	89 第 3 回十字軍
1189	5	〃	頼朝, 藤原泰衡を討ち, 奥州を平定	宗を広める	

年代		天皇	将軍	政治・経済・社会	文化	世界
1192	建久 3	後鳥羽	頼朝	頼朝，征夷大将軍となる	95 東大寺再建供養	
1199	正治 1	土御門	頼家	頼朝死去。頼家，家督相続。13人合議制		
1200			**執権**			
1203	建仁 3	〃	時政	頼家，将軍を廃され，実朝，将軍となる	05 『新古今和歌集』	02 第4回十字軍
1204	元久 1	〃	〃	修禅寺で北条時政に殺される		06 チンギス＝ハン，モ
1213	建保 1	順徳	義時	和田合戦。義時，侍所別当を兼ねる	12 『方丈記』	ンゴルを統一
1219	承久 1	〃	〃	将軍実朝，公暁に殺される（源氏将軍断絶）		15 マグナ＝カルタ
1221		仲恭	〃	承久の乱：3上皇配流。六波羅探題設置	20 『愚管抄』	19 チンギス＝ハン，
1223	貞応 2	後堀河	〃	新補地頭の得分を定める（新補率法）		西アジア遠征（〜
1224	元仁 1	〃	泰時	北条泰時，執権となる	24 親鸞，『教行信証』	24）
1225	嘉禄 1	〃	〃	連署をおく。評定衆設置	を著す	28 第5回十字軍
1226		〃	〃	藤原頼経，将軍となる（藤原将軍の初め）	27 道元帰国し，曹	36 バトゥ（モンゴル）
1232	貞永 1	〃	〃	御成敗式目（貞永式目）制定	洞宗を伝える	の東欧遠征
1247	宝治 1	後深草	時頼	宝治合戦：三浦泰村の乱	◆ 『平家物語』	48 第6回十字軍
1249	建長 1	〃	〃	幕府，引付を設置		
1252	4	〃	〃	宗尊親王，将軍となる（皇族将軍の初め）	53 日蓮，鎌倉で法	70 第7回十字軍
1268	文永 5	亀山	政村	モンゴルの使者，国書をもたらす	華宗を広める	71 モンゴル，元を
1274	11	後宇多	時宗	文永の役：元軍，九州に来襲	74 一遍，時宗をと	建国
1275	建治 1	〃	〃	異国警固番役を強化。阿氏河荘民の訴え	なえる	75 マルコ＝ポーロ，
1276	2	〃	〃	博多湾岸に防塁を築く	◆ 金沢文庫創立	元に仕える
1281	弘安 4	〃	〃	弘安の役：元軍，再度来襲	80? 『十六夜日記』	（〜90）
1285	8	〃	貞時	霜月騒動：安達泰盛一族滅ぶ		76 南宋，元に降伏
1297	永仁 5	伏見	〃	徳政令発布（永仁の徳政令）		
1300						
1317	文保 1	花園	高時	文保の和談：両統迭立が定まる	◆ 『吾妻鏡』	02 仏：三部会招集
1321	元亨 1	後醍醐	〃	院政廃止，後醍醐天皇親政	22 ◆ 『元亨釈書』	18 ダンテ『神曲』
1324	正中 1	〃	〃	正中の変：討幕計画もれる	◆ 『徒然草』	——ルネサンス
1331	元弘 1	〃	守時	元弘の変：後醍醐天皇，笠置で捕われる		始まる
1332	2	〃	〃	後醍醐天皇，隠岐に配流		
1333	3	〃	〃	鎌倉幕府滅亡。後醍醐天皇，京都に還幸		
1334	建武 1	〃	〃	建武の新政		
1335	2	〃	〃	中先代の乱。足利尊氏反す		
1336	建武 3／延元 1	光明／後醍醐	**将軍**	建武式目制定。後醍醐天皇，吉野に移る		
1338	暦応 1／延元 3		尊氏	足利尊氏，征夷大将軍となる	39 『神皇正統記』	39 英仏：百年戦争
1342	康永 1／興国 3	光明／後村上	〃	尊氏，天龍寺船を元に派遣	42 五山・十刹を定める	48 この頃ヨーロッ
1350	観応 1／正平 5	崇光／後村上	〃	観応の擾乱（〜52）		パにペスト（黒死
				◆この頃倭寇の活動盛ん（前期倭寇）		病）流行
				◆琉球で三山（北山・中山・南山）分立		
1352	文和 1／正平 7	後光厳／後村上	〃	半済令発布	56 『菟玖波集』	68 元滅び，明おこる
1371	応安 4／建徳 2	後円融／長慶	義満	九州探題今川了俊の赴任	◆ 『太平記』	70 ティムール朝おこ
1378	永和 4／天授 4	後小松	〃	足利義満，室町に花の御所造営		る（〜1507）
1391	明徳 2／元中 8	後小松／後亀山	〃	明徳の乱：山名氏清討たれる		78 ローマ教会大分裂
1392	明徳 3	後小松	〃	南北朝の合一		（〜1417）
1394	応永 1	〃	義持	足利義満，太政大臣となる	◆ 五山文学盛ん	92 高麗滅び，朝鮮
1399	6	〃	〃	応永の乱：大内義弘討たれる	97 義満，金閣造営	おこる
1400						
1401	8	〃	〃	義満，第1回遣明船派遣	◆ 『風姿花伝』	02 明，永楽帝即位
1404	11	〃	〃	勘合貿易始まる	◆ この頃，茶の湯・	◆ マヤ・アステカ
1411	18	〃	〃	明と国交一時断絶（〜32）	生花など流行す	文明，インカ文明
1419	26	称光	〃	応永の外寇：朝鮮，対馬をおかす	る	
1428	正長 1	後花園	〃	正長の徳政一揆	◆ この頃，能楽大	
1429	永享 1	〃	義教	播磨の土一揆。尚巴志，琉球王国を建国	成	29 ジャンヌ＝ダル
1432	4	〃	〃	足利義教，明に遣使，国交再開	39 上杉憲実，足利	ク，オルレアン
1438	10	〃	〃	永享の乱：鎌倉公方足利持氏を討つ	学校を再興	を救う

年代	天皇	将軍	政治・経済・社会	文化	世界
1441 嘉吉 1	後花園	義教	嘉吉の変：義教暗殺。嘉吉の徳政一揆		53 ビザンツ帝国滅ぶ
1455 康正 1	〃	義政	足利成氏, 下総古河に拠る（古河公方）		55 英：バラ戦争
1457 長禄 1	〃	〃	足利義政, 政知を伊豆堀越におく（堀越公方）。		（〜85）
			コシャマインの戦い	67 雪舟, 明に渡る	
1467 応仁 1	後土御門		応仁の乱始まる	71 吉崎道場建設	79 スペイン王国成立
1477 文明 9	〃	義尚	応仁の乱ほぼ鎮まる	89 義政, 銀閣を造営	80 モスクワ大公国
1485 　 17	〃	〃	山城の国一揆（〜93）	95 『新撰菟玖波集』	独立
1488 長享 2	〃	〃	加賀の一向一揆, 一国支配（〜1580）	96 蓮如, 石山本願寺	92 コロンブス, ア
1493 明応 2	〃	義稙	北条早雲, 伊豆の堀越公方を滅ぼす	を創建	メリカに到達
1500					
1510 永正 7	後柏原		三浦の乱：朝鮮在留日本人の反乱	◆『犬筑波集』	10 ポルトガル人,
1512 　 9	〃		壬申約条：宗氏, 朝鮮と貿易協定	18『閑吟集』	ゴアを占領
1523 大永 3	〃	義晴	寧波の乱：細川・大内両氏の争い		17 ルターの宗教改革
1532 天文 1	後奈良	〃	京都で法華一揆（〜36）		19 マゼランの世界
1536 　 5	〃	〃	天文法華の乱		周航（〜22）
1543 　 12	〃	〃	鉄砲が伝わる		34 イエズス会成立
1549 　 18	〃	義輝	ザビエル, キリスト教を伝える		41 カルヴァンの宗
1551 　 20	〃	〃	大内氏滅亡, 勘合貿易断絶		教改革
1560 永禄 3	正親町	〃	桶狭間の戦い。		
			◆この頃後期倭寇盛ん		
1561 　 4	〃	〃	川中島の戦い（1553〜64, 5回）	◆ 三味線伝来	
1565 　 8	〃	〃	将軍義輝, 松永久秀らに殺される		
1568 　 11	〃	義昭	織田信長, 足利義昭を奉じて京都に入る		
1570 元亀 1	〃	〃	姉川の戦い。石山合戦（〜80）	69 信長, フロイス	71 スペイン, マニ
1571 　 2	〃	〃	信長, 比叡山を焼打ち	にキリスト教の	ラを建設
1573 天正 1	〃	〃	室町幕府の滅亡：信長, 義昭を追放	布教を許可	
1575 　 3	〃		長篠合戦		
1576 　 4	〃		信長, 安土城築城開始		
1580 　 8	〃		信長, 本願寺と和す		
1582 　 10	〃		天目山の戦い：武田氏滅亡。本能寺の変。	82 天正遣欧使節：大	81 オランダ独立宣言。
			山崎の合戦。太閤検地開始	友・大村・有馬3	ロシア, シベリ
1583 　 11	〃		賤ヶ岳の戦い。大坂城築城（〜88）	大名, ローマ教皇	アヘ進出
1584 　 12	〃		小牧・長久手の戦い。スペイン人平戸来航	に使節派遣	
1585 　 13	〃		羽柴秀吉, 四国平定, 関白となる		
1586 　 14	後陽成		秀吉, 太政大臣, 豊臣の姓を賜わる	87 聚楽第なる	
1587 　 15	〃		秀吉, 九州平定。バテレン追放令		88 英, スペイン無
1588 　 16	〃		刀狩令。海賊取締令。天正大判を鋳造		敵艦隊を破る
1590 　 18	〃		秀吉, 小田原を平定。家康, 関東に移封	90 天正遣欧使節帰	
			秀吉, 奥州平定（全国統一完成）	着。活字印刷機	
1592 文禄 1	〃		文禄の役：秀吉, 朝鮮に出兵	を伝える	
1596 慶長 1	〃		サン＝フェリペ号事件。26聖人殉教	◆ 朝鮮より活字印	
1597 　 2	〃		慶長の役	刷・製陶法伝わる	
1598 　 3	〃		秀吉死去。朝鮮より撤兵		
1600					
1600 　 5	〃		オランダ船リーフデ号漂着。関ヶ原の戦い		00 英, 東インド会社
1603 　 8	〃	家康	徳川家康, 征夷大将軍となる	03 阿国歌舞伎始ま	設立
1604 　 9	〃	〃	糸割符制度始まる	る	02 蘭, 東インド会社
1607 　 12	〃	秀忠	朝鮮使節はじめて来日	◆ 姫路城なる	設立
1609 　 14	〃	〃	島津氏, 琉球出兵。オランダ, 平戸	12 幕領でキリスト	
			に商館開設し, 貿易開始。己酉約条	教禁止, 翌年,	
1613 　 18	後水尾	〃	伊達政宗, 慶長遣欧使節。イギリス, 平戸に商館開く	全国に及ぶ	
1614 　 19	〃	〃	大坂冬の陣	◆ 人形浄瑠璃成立	
1615 元和 1	〃	〃	大坂夏の陣：豊臣氏滅亡。一国一城令。		16 ヌルハチ, 後金
			武家諸法度・禁中並公家諸法度発布	17 日光東照宮なる	を建国
1616 　 2	〃	〃	欧州船の寄港地を平戸・長崎に制限	20 桂離宮の造営	18 三十年戦争（〜48）
1623 　 9	〃	家光	イギリス, 日本より撤退	（〜24）	23 アンボイナ事件
1624 寛永 1	〃	〃	スペイン船の来航禁止	30 キリシタン書籍	28 英：権利請願
1629 　 6	〃	〃	紫衣事件。この頃長崎で絵踏始まる	の輸入禁止	

年代		天皇	将軍	政治・経済・社会	文化	世界
1631	寛永 8	明正	家光	奉書船の制開始：老中奉書必須		
1633	10	〃	〃	奉書船以外の渡航禁止		
1635	12	〃	〃	日本人の海外渡航・帰国禁止		36 後金を清と改称
1637	14	〃	〃	島原の乱（〜38）		40 英：イギリス革
1639	16	〃	〃	ポルトガル人の来航禁止		命（〜60）
1641	18	〃	〃	平戸のオランダ商館を長崎出島に移す		43 仏：ルイ14世
1643	20	後光明	〃	田畑永代売買の禁止令	54 明僧隠元，黄檗	の治世（〜1715）
1649	慶安 2	〃	〃	慶安の触書発布とされるが疑問	宗を伝える	44 明の滅亡
1651	4	〃	家綱	由井正雪の乱。末期養子の禁を緩և	57 『大日本史』の編纂	51 英：航海法
1655	明暦 1	後西	〃	糸割符制を廃し，相対貿易とする	着手（1906完成）	82 露：ピョートル
1657	3	〃	〃	明暦の大火：江戸城本丸など焼失	65 諸宗寺院法度	1世即位（〜1725）
1669	寛文 9	霊元	〃	シャクシャインの戦い	82 『好色一代男』	88 英：名誉革命
1671	11	〃	〃	河村瑞賢，東廻り海運を開く	84 貞享暦採用，翌	（〜89）
1673	延宝 1	〃	〃	分地制限令	年より使用開始	89 ネルチンスク条約
1685	貞享 2	〃	綱吉	生類憐みの令（〜1709）。糸割符制復活	90 聖堂を湯島に移す	（清・ロシア）
1700						
1702	元禄15	東山	〃	赤穂浪士大石良雄ら，吉良義央を討つ	08 宣教師シドッチ，	01 スペイン継承戦争
1709	宝永 6	中御門	家宣	幕府，新井白石を登用（正徳の政治）	屋久島に着く	（〜13）
1715	正徳 5	〃	家継	海舶互市新例（長崎新令・正徳新令）	15 『国性爺合戦』	
1716	享保 1	〃	吉宗	徳川吉宗，享保の改革（〜45）	◆ 『西洋紀聞』	
1719	4	〃	〃	相対済し令		
1721	6	〃	〃	人口調査開始。評定所に目安箱設置	20 洋書輸入の禁緩和	33 ジョン＝ケイ（英），
1722	7	〃	〃	上げ米令。参勤交代を緩和		飛び杼発明（産業
1723	8	〃	〃	足高の制	29 石田梅岩，心学	革命の出発点）
1732	17	〃	〃	享保の飢饉：西国，蝗害で大凶作	を講ず	40 オーストリア継
1742	寛保 2	桜町	〃	公事方御定書なる		承戦争（〜48）
1758	宝暦 8	桃園	家重	宝暦事件：竹内式部，捕らえられる	53 ？『自然真営道』	57 プラッシーの戦い
1767	明和 4	後桜町	家治	田沼意次，側用人となる（田沼時代〜86,72老中）	65 鈴木春信，錦絵	（インドでの英仏
				明和事件：山県大弐死刑。竹内式部流罪	を始める	対決）
1778	安永 7	後桃園	〃	ロシア船，蝦夷地に来航	74 『解体新書』	75 アメリカ独立戦争
1782	天明 2	光格	〃	天明の飢饉，翌年浅間山大噴火	84? 志賀島で委奴国	76 アメリカ独立宣言
1787	7	〃	家斉	松平定信，老中となる（寛政の改革〜93）	王の金印を発見	89 フランス革命
1789	寛政 1	〃	〃	棄捐令：旗本・御家人の負債免除	91 『海国兵談』	（〜99）
1790	2	〃	〃	人足寄場設置。寛政異学の禁	93 和学講談所設立	96 清：白蓮教徒の乱
1792	4	〃	〃	林子平の筆禍。ラクスマン，根室に来航	97 昌平坂学問所直轄	（〜1804）
1798	10	〃	〃	近藤重蔵ら，千島探査	◆ 滑稽本流行	
1800						
1804	文化 1	〃	〃	レザノフ，長崎に来航，通商要求	11 蛮書和解御用設置	04 ナポレオン，帝
1808	5	〃	〃	間宮林蔵，樺太探査。フェートン号事件	◆ 読本流行	位につく
1825	文政 8	仁孝	〃	異国船打払令（無二念打払令）	14 『南総里見八犬伝』	14 ウィーン会議（〜
1828	11	〃	〃	シーボルト事件	（〜41）	15)
1833	天保 4	〃	〃	天保の飢饉（〜39）	21 大日本沿海輿地	23 モンロー宣言
1837	8	〃	家慶	大塩の乱。生田万の乱。モリソン号事件	全図	40 アヘン戦争
1839	10	〃	〃	蛮社の獄	◆ 人情本流行	（〜42）
1841	12	〃	〃	天保の改革（〜43）。株仲間の解散令		42 南京条約
1842	13	〃	〃	天保の薪水給与令	38 中山みき，天理教	51 太平天国の乱
1843	14	〃	〃	人返しの法。上知令失敗で水野忠邦失脚	を開く	（〜64）
1846	弘化 3	孝明	〃	ビッドル，浦賀に来航，通商要求	42 人情本出版禁止	53 クリミア戦争（〜
1853	嘉永 6	〃	〃	ペリー浦賀に。プチャーチン長崎に来航		56)
1854	安政 1	〃	家定	日米和親条約		56 アロー戦争（〜60）
1858	5	〃	家茂	日米修好通商条約。安政の大獄	56 蕃書調所を開設	58 アイグン条約・
1860	万延 1	〃	〃	桜田門外の変。五品江戸廻送令	58 種痘館設置。	天津条約。
1862	文久 2	〃	〃	坂下門外の変。和宮降嫁。生麦事件	福沢諭吉，私塾	ムガル帝国滅亡
1863	3	〃	〃	薩英戦争。八月十八日の政変	を開く（68慶応義塾）	60 北京条約
1864	元治 1	〃	〃	禁門の変。第1次長州征討		61 イタリア統一。
1865	慶応 1	〃	〃	第2次長州征討宣言。条約勅許	65 大浦天主堂完成	米：南北戦争（〜
1866	2	〃	〃	薩長連合。改税約書調印。長州再		65)
				征中止		

政治・経済・社会（天皇・将軍・総理大臣）

年代	天皇	将軍・総理大臣	政治・経済・社会
1867　慶応3	明治	慶喜（将軍）	大政奉還。王政復古の大号令
1868　明治1	〃		戊辰戦争。五箇条の誓文、一世一元の制
1869　〃2	〃	**大政大臣**　三条	東京遷都。版籍奉還
1871　〃4	〃		新貨条例、廃藩置県
1872　〃5	〃		田畑永代売買の解禁。国立銀行条例
1873　〃6	〃		徴兵令、地租改正条例。征韓論破れる
1874　〃7	〃		民撰議院設立の建白。佐賀の乱。台湾出兵
1875　〃8	〃		元老院・大審院設立、立憲政体の詔。樺太・千島交換条約。江華島事件
1876　〃9	〃		日朝修好条規。廃刀令。秩禄処分。神風連・秋月・萩の乱。三重県に農民一揆
1877　〃10	〃		西南戦争。立志社建白
1878　〃11	〃		地方三新法制定
1879　〃12	〃		琉球藩を廃し、沖縄県設置（琉球処分）
1880　〃13	〃		国会期成同盟結成、工場払下げ概則。集会条例
1881　〃14	〃		自由党結成。国会開設の勅諭。明治十四年の政変
1882　〃15	〃		立憲改進党結成、壬午軍乱、日本銀行設立
1884　〃17	〃		華族令制定。秩父事件・甲申事変
1885　〃18	〃	**総理大臣**　伊藤	内閣制度制定。大阪事件
1887　〃20	〃		保安条例。大同団結運動
1888　〃21	〃	黒田	市制・町村制。枢密院設置
1889　〃22	〃	山県	大日本帝国憲法公布
1890　〃23	〃		府県制・郡制公布。第1回帝国議会開会
1891　〃24	〃	松方	大津事件。足尾鉱毒事件問題化
1894　〃27	〃	伊藤	日英通商航海条約調印。三国干渉
1895　〃28	〃		下関条約調印。三国干渉（〜95）
1897　〃30	〃	松方／山県	金本位制の確立。労働組合期成会結成
1899　〃32	〃		改正条約実施（法権回復）
1900　〃33	〃		治安警察法。立憲政友会結成
1901　〃34	〃		社会民主党結成。八幡製鉄所操業開始
1902　〃35	〃	桂	日英同盟協約締結
1904　〃37	〃		日露戦争（〜05）。第1次日韓協約
1905　〃38	〃		第2次日英同盟協約。第2次日韓協約（保護協約）
1906　〃39	〃	西園寺	日本社会党結成。鉄道国有法。満鉄設立
1907　〃40	〃		ハーグ密使事件。第3次日韓協約
1909　〃42	〃	桂	伊藤博文暗殺される
1910　〃43	〃		大逆事件。韓国併合条約。日韓併合条約調印
1911　〃44	〃	西園寺	工場法公布。第3次日英同盟協約（関税自主権回復）
1912　大正1	大正	桂	友愛会結成
1913　〃2	〃	山本・大隈	大正政変（第一次護憲運動）
1914　〃3	〃		シーメンス事件。第一次世界大戦に参戦
1915　〃4	〃		中国に二十一カ条の要求
1917　〃6	〃	寺内	金輸出禁止。石井・ランシング協定
1918　〃7	〃	原	シベリア出兵。米騒動。原内閣成立
1919　〃8	〃		三・一独立運動。ヴェルサイユ条約調印
1920　〃9	〃		新婦人協会発足。日本社会主義同盟結成
1921　〃10	〃	高橋	
1922　〃11	〃	加藤（友）	九カ国条約・海軍軍縮条約調印。全国水平社・日本農民組合・日本共産党結成
1923　〃12	〃	山本	関東大震災
1924　〃13	〃	清浦／加藤（高）	第二次護憲運動。虎の門事件

文化

- 68　神仏分離令、廃仏毀釈運動／浦上事件
- 70　大教宣布
- 71　郵便開業。新橋・横浜間鉄道開通／戸籍法
- 72　学制公布、新橋・横浜間鉄道開通、太陽暦採用
- 73　禁教の高札撤廃／明六社発足
- 75　同志社創立
- 76　札幌農学校創立
- 77　東京大学開設
- 79　教育令制定
- 83　鹿鳴館落成
- 85　小説神髄
- 86　学校令制定
- 87　東京音楽学校・東京美術学校創立／京都帝室博物館設置
- 89　東海道線全通
- 90　教育勅語発布
- 92　北里柴三郎、伝染病研究所を設立
- 96　白馬会創立
- 98　日本美術院創立／日本映画はじめて製作
- 02　木村栄、Z項発見
- 03　小学校教科書国定化／「平民新聞」発刊
- 06　義務教育6年
- 07　文部省美術展覧会（帝展）
- 08　戊申詔書
- 09　自由劇場創立
- 10　「白樺」創刊
- 11　「青鞜」創刊
- 14　日本美術院再興（院展）／二科会結成
- 17　理化学研究所設置
- 19　帝国美術院設置（帝展）
- 20　森戸事件
- 21　「種蒔く人」創刊
- 24　築地小劇場完成

世界

- 70　プロイセン=フランス戦争（〜71）
- 71　ドイツ帝国成立
- 77　ロシア=トルコ戦争（〜78）
- 81　イリ条約
- 82　独・墺・伊三国同盟
- 84　清仏戦争
- 91　シベリア鉄道起工
- 94　露仏同盟成立／甲午農民戦争
- 98　アメリカ=スペイン戦争／青年トルコ革命（〜1902）
- 99　南アフリカ戦争（〜1902）
- 00　義和団事件（〜01）／北京議定書
- 05　英仏協商／シベリア鉄道完成
- 07　英仏露三国協商
- 08　青年トルコ革命
- 11　辛亥革命
- 12　中華民国成立
- 14　第一次世界大戦（〜18）
- 17　ロシア革命／五・四運動
- 19　ヴェルサイユ条約
- 20　国際連盟成立
- 21　ワシントン会議（〜22）
- 22　イタリア、ファシスト政権成立

年代	天皇	総理大臣	政治・経済・社会	文化	世界
1925 大正14	大正	加藤(高)	日ソ基本条約、治安維持法、普通選挙法	25 ラジオ放送開始	
1927 昭和2	昭和	若槻 田中(義)	金融恐慌、山東出兵(〜28)		
1928 3	〃	〃	普通選挙実施、三・一五事件、済南事件		28 不戦条約
1930 5	〃	浜口	金輸出解禁、ロンドン海軍軍縮条約調印	29 「蟹工船」	29 世界恐慌
1931 6	〃	〃／若槻	柳条湖事件・満州事変、血盟団事件、金輸出再禁止	31 旅客飛行開始、清水トンネル開通、初の国産トーキー映画	30 ロンドン海軍軍縮会議
1932 7	〃	犬養／斎藤	上海事変、五・一五事件、満州国建国宣言		33 ドイツ、ナチ党政権成立。アメリカ、ニューディール政策開始
1933 8	〃	〃	国際連盟脱退通告	33 京浜大滝川事件	
1934 9	〃	岡田	塘沽停戦協定	34 丹那トンネル開通	
1935 10	〃	〃	天皇機関説、国体明徴声明となる	35 湯川秀樹、中間子論・第1回芥川賞・直木賞	35 イタリア、エチオピアに侵入
1936 11	〃	〃／広田	二・二六事件、日独防共協定		36 スペイン内戦(〜39)、西安事件
1937 12	〃	林／近衛	盧溝橋事件・日中戦争、日独伊防共協定	37 文化勲章制定	
1938 13	〃	〃	国家総動員法、近衛声明	38 国民精神総動員運動	38 独ソ不可侵条約、第二次世界大戦(〜45)
1939 14	〃	平沼／阿部	北部仏印進駐、新南海条約廃棄通告		39 独ソ不可侵条約、第二次世界大戦(〜45)
1940 15	〃	米内／近衛	日独伊三国同盟成立	40 津田左右吉著書発禁	40 南京に汪兆政権
1941 16	〃	〃／東条	日ソ中立条約締結、ハワイ真珠湾攻撃・太平洋戦争(〜45)	41 国民学校令公布	41 大西洋憲章、独ソ戦争
1942 17	〃	〃	翼賛選挙、ミッドウェー海戦	42 関門海底トンネル開通	
1943 18	〃	〃	ガダルカナル撤退、学徒出陣		43 イタリア降伏、カイロ会談
1944 19	〃	〃／小磯	サイパン島陥落、本土爆撃本格化		
1945 20	〃	鈴木(貫)／東久邇／幣原	東京大空襲、アメリカ軍、沖縄本島上陸、広島に原子爆弾、ソ連参戦、長崎に原子爆弾、ポツダム宣言受諾、降伏文書に調印、連合国軍の本土進駐		45 ヤルタ会談、ポツダム会談、国際連合成立、インドネシア独立
1946 21	〃	吉田	五大改革指令、天皇人間宣言、金融緊急措置令、新選挙法で女性に参政権、公職追放令、農地改革、日本国憲法公布	46 第1回国展、第1回国民体育大会、当用漢字告示	46 フィリピン独立、インドシナ戦争(〜54)
1947 22	〃	片山	極東国際軍事裁判開始、二・一ゼネスト中止、労働基準法、独占禁止法、日本国憲法施行	47 教育基本法・学校教育法公布、六三制実施	47 インド・パキスタン分離独立、コミンフォルム結成(〜56)
1948 23	〃	芦田／吉田	過度経済力集中排除法、昭和電工事件、経済安定九原則、ドッジ=ライン、単一為替レート決定(1ドル=360円)	48 教育委員会法公布、法隆寺壁画焼損、湯川秀樹、ノーベル物理学賞	48 ビルマ・大韓民国・朝鮮民主主義人民共和国成立
1949 24	〃	〃	下山・三鷹・松川事件、シャウプ税制勧告	49 岩宿で旧石器確認	49 北大西洋条約機構成立、中華人民共和国成立
1950 25	〃	〃	警察予備隊創設、レッド=パージ	50 金閣全焼、文化財保護法制定	50 朝鮮戦争(〜53)
1951 26	〃	〃	サンフランシスコ平和条約・日米安全保障条約		54 インドシナ休戦協定
1952 27	〃	〃	社会党分裂、日米行政協定、メーデー事件、破防法成立、IMF加盟		55 アジア=アフリカ会議、ワルシャワ条約機構成立
1953 28	〃	〃	内灘事件、日米MSA協定、防衛庁・自衛隊発足	53 テレビ放送開始	
1954 29	〃	鳩山(一)	砂川事件、社会党統一	54 平城宮跡の発掘開始	
1955 30	〃	〃	日米共同宣言、国連加盟、民主自由党結成		57 ソ連、人工衛星打上げ成功
1956 31	〃	〃／岸	日ソ共同宣言、社会党統一、民主自由党結成	56 新教育委員会開始	
1960 35	〃	岸／池田	農業基本法制定、民主社会党結成	57 南極観測始まる、東海村原子炉の点火	62 キューバ危機
1961 36	〃	〃		57 南極観測始まる、東海村原子炉の点火	65 米、ベトナム北爆開始
1963 38	〃	〃／佐藤	部分的核実験禁止条約に調印		66 中国文化大革命(〜77)
1964 39	〃	〃	ILO87号条約承認、OECD加盟	64 東海道新幹線開通、東京オリンピック開催	67 EC発足
1967 42	〃	〃	公害対策基本法制定、日韓基本条約調印		68 核兵器拡散防止条約、ソ連・東欧軍のチェコスロヴァキア侵入
1968 43	〃	〃	日中覚書貿易成立、小笠原諸島返還	68 文化庁設置	69 アポロ11号で、人類初の月面到達
1969 44	〃	〃	資本主義国第2位実現、GNP、日米共同声明(沖縄72年返還)		

年代		天皇	総理大臣	政治・経済・社会	文化	世界
1970	昭和45	昭和	佐藤	核兵器拡散防止条約参加	70 人工衛星打上げ。日本万国博開催	
1971	46	〃	〃	沖縄返還協定調印。環境庁発足		71 印パ戦争
1972	47	〃	〃/田中(角)	沖縄日本復帰実現。日中共同声明	72 札幌オリンピック。高松塚古墳壁画発見	73 ベトナム和平協定
1973	48	〃	〃	円の変動為替相場制移行。石油危機		79 米中国交樹立。
1976	51	〃	三木	ロッキード事件問題化	75 沖縄海洋博開催	ソ連，アフガニスタンに軍事介入
1977	52	〃	福田(赳)	漁業専管水域200海里時代の開幕	78 新東京国際空港(成田)開港	80 イラン＝イラク戦争(〜88)
1978	53	〃	〃	日中平和友好条約調印		
1983	58	〃	中曽根	参議院，比例代表制による初の選挙	83 国立歴史民俗博物館開館	86 ソ連の原子力発電所原子炉事故で放射能拡散
1986	61	〃	〃	行政改革で総務庁発足		
1987	62	〃	〃/竹下	JR新会社。全民労連(連合)発足	85 科学技術万国博覧会開催	
1989	平成 1	今上	〃/宇野	消費税実施。参議院選挙で与野党逆転		89 ベルリンの壁撤去
1991	3	〃	海部/宮沢	証券不祥事問題化	88 青函トンネル・瀬戸大橋開通	91 ソ連消滅
1992	4	〃	〃	PKO協力法成立		93 EU発足
1993	5	〃	〃/細川	自民党分裂。非自民連立内閣成立	94 三内丸山遺跡で縄文時代の巨大建造物などの遺構発見	
1994	6	〃	羽田/村山	社会・さきがけ・自民3党連立内閣		
1995	7	〃	〃	阪神・淡路大震災		
1996	8	〃	橋本	小選挙区比例代表並立制の総選挙		
1997	9	〃	〃	アイヌ文化振興法成立		
1998	10	〃	小渕	日韓首脳共同宣言	98 長野オリンピック	99 EU，単一通貨ユーロ導入
1999	11	〃	〃	新ガイドライン関連法		
2000						
2000	12	〃	森	沖縄サミット開催	00 旧石器ねつ造事件	
2001	13	〃	〃/小泉	中央省庁再編。テロ対策特別措置法成立		01 米で同時多発テロ
2002	14	〃	〃	日本・北朝鮮，初の首脳会談		
2003	15	〃	〃	有事関連三法成立		03 米・英，イラク攻撃
2004	16	〃	〃	自衛隊，イラクへ派遣		04 スマトラ沖で津波災害
2005	17	〃	〃	JR西日本福知山線で脱線事故。郵政民営化法成立		05 京都議定書発効
2006	18	〃	〃/安倍	教育基本法の改正	06 H2Aロケット打上げ成功	
2007	19	〃	〃/福田(康)	参議院選挙で自民党大敗		08 リーマン＝ショック
2008	20	〃	〃/麻生	北海道洞爺湖サミット	07 高松塚古墳の石室解体	
2009	21	〃	〃/鳩山(由)	衆議院選挙で民主党大勝		
2011	23	〃	菅/野田	東日本大震災。東京電力福島第一原子力発電所，事故		11 中東諸国で民主化運動「アラブの春」
2012	24	〃	〃/安倍	消費税増税法成立。衆議院選挙で自民党圧勝	12 東京スカイツリー開業	
2013	25	〃	〃	参議院選挙で自民党圧勝。特定秘密保護法成立		14 ウクライナ騒乱
2015	27	〃	〃	改正公職選挙法で選挙権年齢を満18歳以上に引下げ。安全保障関連法成立		15 アメリカ・キューバ国交回復
2016	28	〃	〃	伊勢志摩サミット開催		16 イギリス，国民投票でEU離脱支持が過半数

編者・執筆者

故 平野 邦雄 ひらのくにお

五味 文彦 ごみふみひこ

故 児玉 幸多 こだまこうた

鳥海 靖 とりうみやすし

荒井 晴夫 あらいはるお

装　幀　菊地信義

本文デザイン　中村竜太郎

新 もういちど読む山川日本史

2017年7月25日　1版1刷　印刷

2017年7月31日　1版1刷　発行

編　者　五味文彦・鳥海靖

発行者　野澤伸平

発行所　株式会社 山川出版社

〒101-0047　東京都千代田区内神田1-13-13

電話　03(3293)8131(代表)

https://www.yamakawa.co.jp/

振替　00120-9-43993

印刷所　株式会社 加藤文明社

製本所　株式会社 ブロケード

政党・政派の変遷

年表目盛： 1875　80　85　90　95　1900　05　10　15

自由党系
- 愛国公党 74
- 愛国社 75　板垣退助
- 立志社 74
- 〈愛国社再興〉78
- 国会期成同盟 80　〈改称〉
- 自由党 81　板垣
- 〈解党〉84
- 立憲自由党 90　板垣
- 自由党 91　板垣
- 憲政党 98　板垣
- 立憲政友会 1900　伊藤博文
- 西園寺公望 03
- 原敬 14

改進党系
- 立憲改進党 82　大隈重信
- 〈大隈ら脱党〉84
- 〈大隈復党〉91
- 進歩党 96　大隈
- 憲政本党 98　大隈
- 憲政党 98　大隈・板垣
- 立憲国民党 10　犬養毅　大石正巳　河野広中
- 犬養 13
- 立憲同志会 13　桂太郎・加藤高明
- 憲政会 16　加藤

帝政党・国民協会系
- 立憲帝政党 82　福地源一郎
- 〈解党〉83
- 大成会 90　杉浦重剛・元田肇
- 国民協会 92　西郷従道・品川弥二郎
- 帝国党 99　佐々友房
- 大同倶楽部 05　安達謙蔵
- 中央倶楽部 10

社会主義系
- 社会主義研究会 98
- 社会主義協会 00　〈改組〉片山潜
- 社会民主党 01　幸徳秋水〈直後に禁止〉
- 日本社会党 06　〈結社禁止〉07

内閣（下段）
伊藤内閣①／山県内閣①／黒田内閣／松方内閣①／伊藤内閣②／松方内閣②／伊藤内閣③／大隈内閣①／山県内閣②／伊藤内閣④／桂内閣①／西園寺内閣①／桂内閣②／西園寺内閣②／桂内閣③／山本内閣①／大隈内閣②／寺内内閣／原内閣

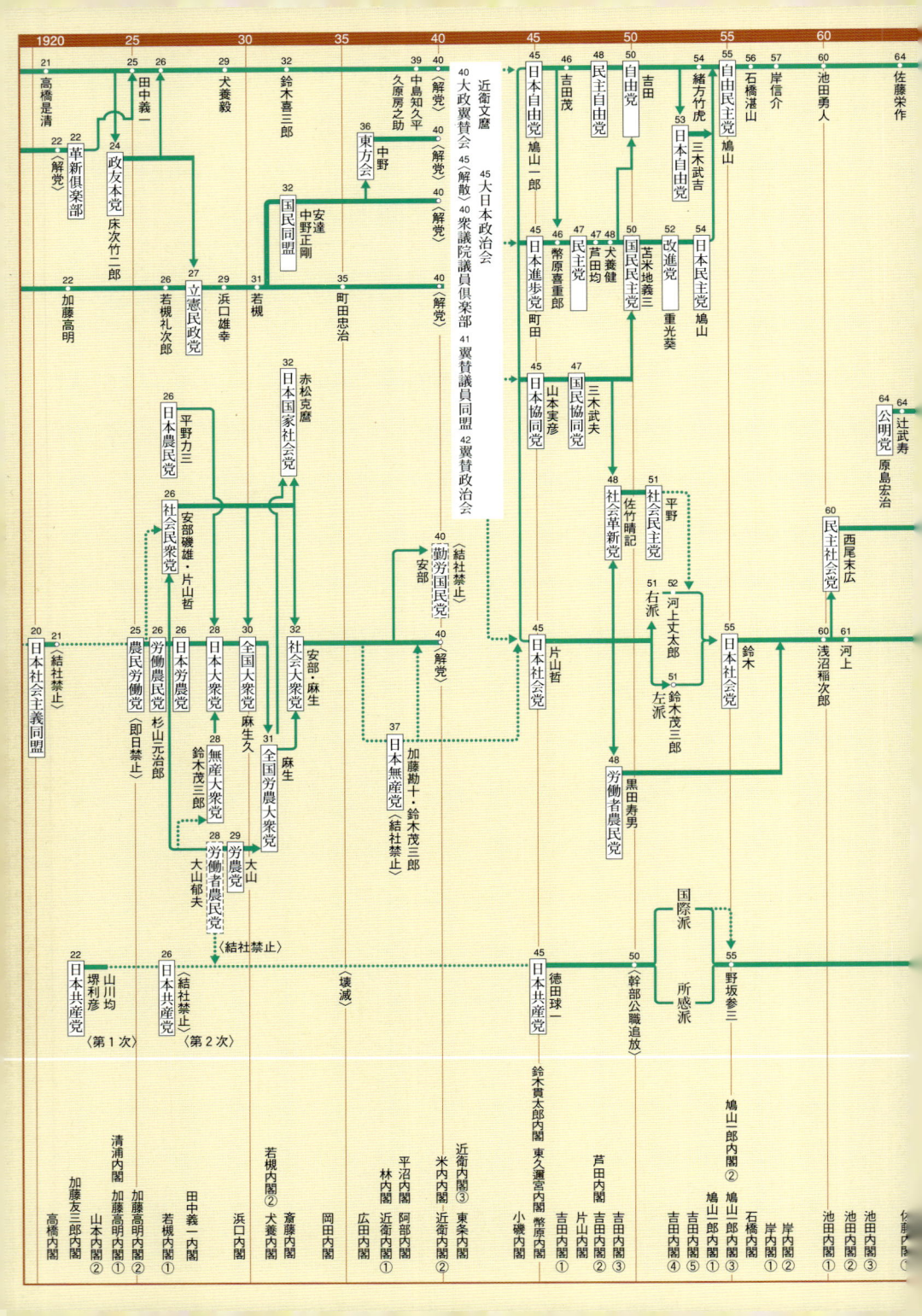